Prognostik 03:
Trends & Zyklen der Zeit

Christof Niederwieser

Prognostik 03:
Trends & Zyklen der Zeit

Erstausgabe 2020

Christof Niederwieser
Prognostik 03: Trends & Zyklen der Zeit

Erstausgabe
ISBN 978-3-9464-9513-0

Die Deutsche Nationalbibliothek verzeichnet diese Publikation
in der Deutschen Nationalbibliografie

ZUKUNFTSVERLAG
www.prognostik.com

Inhalt

II. ZYKLISCHE ZEITMODELLE

01. Archaische Zeitmessung und Kalenderbauten

02. Wahrsagekalender

03. Empirik moderner Kalenderprognostik

04. Die Geschichte der Astrologie

05. Astrologie in der Moderne

06. Empirische Studien zur Astrologie

07. Sozial- und Humanzyklen

08. Geschichtszyklen und Kulturkreislehren

Vorwort

Der Blick in die Zukunft hat eine lange Geschichte. Seit Urzeiten verspürt der Mensch die Sehnsucht, mehr über das Kommende zu wissen und so der Willkür des Schicksals, seiner Geworfenheit ins Unwägbare beizukommen. Ein großer Teil menschlicher Handlungen und Entscheidungen basiert auf Annahmen über die Zukunft. Das weite Feld der Vorhersage reicht in zahlreiche Lebensbereiche hinein. Dennoch gibt es bislang kaum wissenschaftliche Arbeiten, welche das Thema Prognostik in all seiner Vielschichtigkeit erfassen. Vielmehr werden in der Literatur meist nur fragmentarische Ausschnitte der Zukunftsschau behandelt:

Ein Teil der Veröffentlichungen beschäftigt sich lediglich mit jenen Wahrsagemethoden, welche dem modernen Menschen gemeinhin als magisch oder abergläubisch gelten. Dazu zählen anthropologische und historische Publikationen über Naturvölker und vergangene Kulturen ebenso wie jene aus Esoterik, Religion oder Parapsychologie. Andere Publikationen stellen die zahlreichen Ansätze der Moderne vor: Konjunkturprognostik, Börsenprognostik, Wahlprognostik, Klima- und Umweltprognostik, Futurologie, Zukunftsforschung oder Technikfolgenabschätzung, Methoden wie Delphi-Befragung, Szenariotechnik, Modellsimulationen, Kondratieff-Zyklen oder Elliott-Waves sind nur einige Beispiele dafür.
Weitere Arbeiten beschäftigen sich mit den weltanschaulichen Grundlagen der Zukunftsschau. Emanation, Kausalität, Finalität, Schicksal oder Zufall sind wichtige Konzepte zum Verständnis der Hintergründe von Prognosemethoden. Doch ihre Darstellung beschränkt sich hauptsächlich auf philosophische Werke. Und schließlich gibt es Forschungsarbeiten aus Bereichen wie Psychologie, Neurobiologie oder Gehirnforschung, welche die psychologisch-medizinischen Hintergründe von Schicksalsglauben, Mustersehen, Wahrnehmungsirrtümern und Denkfallen erläutern, die oftmals für prognostische Praktiken verantwortlich sind.

Die Prognostik-Reihe ist der Versuch einer großen Zusammenschau all dieser Facetten. Sie ist nicht bloß eine umfassende Monographie, Enzyklopädie und Morphologie der Prognostik, sondern auch eine Reise in die Tiefen der menschlichen Geistesgeschichte. In diesen Tiefen liegen uralte Sehnsüchte, Weltsichten und Wahrnehmungsmuster verborgen, welche seit Jahrtausenden die Versuche der Zukunftsschau prägen. Nur die Oberflächen, die Spekulationsumhüllungen, die Zeitgeistmasken ändern sich, wechseln ihre Begrifflichkeiten, Werkzeuge und Stilistiken. Jede neue Moderne verdrängt die alten Modernen ins Kuriositätenkabinett des Aberglaubens. Und so zeigt die Geschichte der Prognostik die Relativität scheinbarer Objektivitäten. Welche unserer zeitgenössischen „harten wissenschaftlichen Theorien und Disziplinen" werden für kommende Generationen in hundert, fünfhundert oder tausend Jahren noch Gültigkeit haben? Die Geschichte zeigt: die allerwenigsten. Das liegt selten daran, dass sie im Rahmen unseres aktuellen Paradigmensystems falsifiziert werden. Vielmehr werden künftige Paradigmensysteme in der Bewertung eine vollkommen andere Art von Logik zugrunde legen, welche mit unserer aktuellen Logikblase nicht mehr kompatibel sein wird. Im kulturhistorischen Vergleich wird dieses Maskenspiel der Zeitgeister offensichtlich. Und so findet sich nicht selten Modernes in den magischen Methoden und Magisches in den Modellen unserer Zeit.

Der erste Band „Zukunftsvisionen" widmete sich der visionären Prognostik, jenen Vorhersagemethoden, welche auf Inspiration und Intuition gründen: Trance und Besessenheit, Wahrträume, Präkognition, religiöse Zukunftsmythen, Utopien, Gesellschaftsvisionen und Science Fiction bis hin zu den qualitativen Methoden der aktuellen Trend- und Zukunftsforschung. Der zweite Band „Zeichendeutung" stellte jene Ansätze vor, die aus den Signaturen der Erscheinungswelt die Zukunft lesen: Omen und Orakel in Afrika, Leberschau in Babylon, römischen Auspizien, Physiognomik und Typenlehren in Indien oder I-Ging in China bis zu den Wahlprognosen, Wirtschafts- und Börsenanalysen, Gentests, NLP Patterns und Smart Data Forecastings von heute.
Der vorliegende dritte Band „Trends & Zyklen der Zeit" rückt nun die zeitendeutende Prognostik in den Fokus, all jene Ansätze, für welche die Zukunft in der Gestalt des Zeitflusses selbst offenbart wird: von den Weltzeitaltern, Wahrsagekalendern und astrologischen Systemen historischer Hochkulturen über die Stadien, Stufenleitern und Kulturzyklen der abendländischen Philosophie bis hin zu den Verlaufsformeln, Wachstumskurven und Trend-Extrapolationen, den Wirtschaftszyklen und Klima-Projektionen der Moderne.
Wie bereits die ersten beiden Bände, spannt auch dieses Buch einen großen Bogen. Es verknüpft teils in kurzer Abfolge verschiedenste Fachge-

biete, Kulturen und geschichtliche Epochen, vergleicht und verbindet unterschiedlichste Denkstile und Vorstellungswelten. Das mag für manchen Leser eine gewisse Herausforderung darstellen. Wahrscheinlich werden auch Sie Themen finden, welche Ihnen enorm spannend erscheinen und andere, die Sie gar nicht interessieren. Darum möchte ich Sie ermuntern, dass man die Prognostik-Reihe gar nicht seriell von vorne nach hinten lesen muss. Vielmehr habe ich die Kapitel so aufgebaut, dass Sie diese auch durch spontanes Herumspringen erkunden oder als Nachschlagewerk verwenden können. Folgen Sie einfach dem Rhizom Ihres Instinkts, um Ihren eigenen Weg durch die Fülle des Materials zu finden.

Für eine solch umfassende Arbeit hätte ich im fordernden Berufsalltag kaum die notwendige Zeit und Muße finden können. Darum gilt meine große Danksagung dem IKGF Erlangen. Dieses Buch wurde durch einen Forschungsaufenthalt im Rahmen des aus Mitteln des Bundesministeriums für Bildung und Forschung (BMBF) geförderten Internationalen Kollegs für Geisteswissenschaftliche Forschung „Schicksal, Freiheit und Prognose. Bewältigungsstrategien in Ostasien und Europa" der Universität Erlangen-Nürnberg ermöglicht.
Ich möchte vor allem den Direktoren Prof. Dr. Michael Lackner und Prof. Dr. Klaus Herbers herzlich danken für die freundliche Einladung, Dr. Rolf Scheuermann und Petra Hahm für die tolle Organisation und Betreuung, Dr. Matthias Heiduk, Dr. Michael Lüdke, Dr. Hans-Christian Lehner und Matthias Schumann für viele spannende Diskussionen und Anregungen, meinen Forscherkolleg*innen Dr. Vérène Chalendar, Dr. Miriam Czock, Alexandra Fialkovskaya, Dr. Esther-Maria Guggenmos, Prof. Petra Maurer, Dr. Bernd-Christian Otto, Prof. Mario Poceski, Prof. Dr. Fabrizio Pregadio, Dr. Alberto Spataro, Dr. Nicole Volmering und Dr. Wen Zhao für die kurzweiligen gemeinsamen Monate und die Fülle an Wissen aus Sinologie und Mediävistik, ganz besonders Dr. Jeffrey Kotyk, Prof. David Pankenier und Prof. Kocku von Stuckrad für die erhellenden Gespräche über die Geschichte der Astrologie, dem Advisory Board, insbesondere Prof. Dr. Dr. h.c. Johannes Fried, Prof. Dr. Joachim Gentz, Prof. Dr. Marta Hanson, Prof. Dr. Marc Kalinowski, Prof. Dr. Dr. h.c. Stefan M. Maul und Prof. Dr. Dr. h.c. Agostino Paravicini Bagliani für die motivierenden Gespräche, Prof. Dr. Stéphanie Homola, Prof. Dr. Alexander Smith, Dr. Dimitri Drettas, Anna Schneider und Sven Grundmann vom Elite-Studiengang SDAC („Standards of Decision-Making Across Cultures") für den regen Aus-

tausch und natürlich auch dem technischen Team und den studentischen Mitarbeiter*innen Alexander Klages, Thorsten Grassmann, Masami Hirohata, Philipp Hünnebeck, Max Kruse, Alanah Marx, Fionna Prell, Lena Sahaikewitsch und Eric Schlager. Sie alle haben in dieser einzigartigen, inspirierenden Atmosphäre des IKGF entscheidend zum Gelingen dieses Buches beigetragen.

Ein besonderes Dankeschön gilt zudem allen Referierenden der Konferenz „Die Zukunft der Prognostik – Was wir heute und morgen vorhersagen können", welche ich gemeinsam mit Prof. Michael Lackner am IKGF der Universität Erlangen organisiert habe (23./24. Juli 2019) und welche viele erkenntnisreiche Einblicke in die modernen Zukunftswissenschaften gebracht hat:
Matthias Horx (Zukunftsinstitut, Frankfurt & Wien), Prof. Wolfgang Kießling (Paläoumwelt, FAU Erlangen), Detlev Majewski (DWD Deutscher Wetterdienst, Offenbach), Prof. Manuel Mattheisen (Psychiatrische Genetik und Epigenetik, Universitätsklinikum Würzburg), Corinna Mayerl und Günther Ogris (SORA Institute for Social Research and Consulting, Wien), Prof. Thomas Mölg (Klimatologie, FAU Erlangen), Dr. Hansjörg Neth (Social Psychology and Decision Sciences, Universität Konstanz), Dr. Nazar Rasul (Global Head of Technology & Innovation Management, Siemens Healthcare Erlangen) und Dr. Rainer Sachs (Experte für Rückversicherung, München).

Herzlich bedanken möchte ich mich zudem bei jenen Wirtschaftsprofessoren, die in den frühen 2000er Jahren meine Arbeit besonders bereichert haben, vor allem Prof. Dr. Richard Weiskopf für die vielen Reisen in die Postmoderne und die freigeistige Betreuung meines Erstlingswerks „Über die magischen Praktiken des Managements", sowie Prof. Dr. Oswald Neuberger für die Veröffentlichung meines ersten Buches in seiner Schriftreihe „Organisation & Personal", welche mich erst zum Verfassen der Prognostik-Bände ermutigt hat.
Prof. DDr. Ekkehard Kappler für die lebendige und inspirierende Betreuung meiner Dissertation „Prognostik in Magie und Moderne", welche seit 2006 Grundlage der Prognostik-Reihe ist, sowie Prof. Dr. Alan Scott und Prof Dr. Stephan Laske für die wohlwollende Begutachtung; allen für das weltoffene, kreative Klima an der Universität Innsbruck, welches in der zweckdominierten Betriebswirtschaftslehre nicht selbstverständlich ist

und in dem die Wurzeln einer solchen Arbeit überhaupt erst gedeihen konnten.
Dr. Johannes Lugger und Dr. Renaud Tschirner für Jahrzehnte der Freundschaft, meinen Eltern für die großzügige Unterstützung dieses Unterfangens, insbesondere meinem Vater DDr. Erwin Niederwieser für die unermüdlichen Stunden des Lektorats und ganz besonders meinen beiden Kindern Vinzent und Annabell.

Christof Niederwieser, Dezember 2019

Einleitung

Die dritte Art der Zukunftsvorhersage ist die Zeitendeutung. War die Zeit bei der visionären Prognostik (Band 1) und der Zeichendeutung (Band 2) lediglich ein Neutrum zwischen Vergangenheit, Gegenwart und Zukunft, so erhält sie nun eine eigenständige Bedeutung. Sie ist nicht mehr bloßes Medium, in welchem die Kräfte von Visionen und Zeichen, von Göttern oder Naturgesetzen walten. Vielmehr steckt in ihr selbst die Kraft des Waltens. Sie ist nicht Träger der Ereignisse, sondern sie ist ihr Schöpfer. In der zeitendeutenden Prognostik wird die Zeit zur eigenständigen Wesenheit. In ihrem Fortschreiten, in ihren Rhythmen, Wellen und Zyklen ist der Weltencode verborgen.

Vision – Zeichen - Zeit

Bei den bisherigen Methoden hat der Mensch die Geheimnisse des Schicksals in Visionen und in den Zeichen der Natur gesucht. Bei der visionären Prognostik ist der Mensch selbst das Medium, der Empfänger der Zukunft. Seine Erkenntnisquelle ist die Eingebung. Der magische Mensch möchte die Stimmen der höheren Geister empfangen in Trance, Besessenheit und Ekstase. Ihm offenbart sich die Zukunft in Träumen und göttliche Visionen. Der moderne Mensch versucht, mit Intuition, Inspiration und Kreativität in die Zukunft zu blicken. Mit Gesellschaftsutopien und Science Fiction, Kreativitätstechniken, Expertenbefragung, Szenarios oder Megatrends schreibt er Geschichten der Zukunft.

Bei der zeichendeutenden Prognostik verlagert sich der Schwerpunkt von der Eingebung durch innere Bilder hin zur Anschauung der äußeren Welt. Der Mensch betrachtet die Erscheinungen, die Zeichen der Natur, das Phän-Omen, die Sig-Natur. Er betrachtet die Welt und versucht, in ihren Zeichen die Zukunft zu lesen. Im Flug der Vögel, im Lauf der Wolken, im Wogen des Wassers offenbart sich das Wogen der Welt. Im Körper des Menschen sind die Zeichen seines Schicksals eingraviert wie in einem offenen Buch. Die Linien seiner Hand, die Muttermale und Falten auf seiner Stirn, Form und Größe seines Schädels oder die Längenverhältnisse seiner Finger zeigen nicht nur, wer er ist, sondern auch, wohin er geht und was ihm geschehen wird.

Schließlich beginnt der Mensch, diese Zeichen der Natur nicht nur passiv zu betrachten und zu interpretieren, sondern sie aktiv zu befragen. Die Zeichen werden kultiviert durch Experiment und Messung. Der magische Mensch baut Wahrsageapparate und legt diese der Natur zum Urteil vor. Mäuse laufen über Sandzeichnungen. Termiten knabbern aufgestellte Stäbchen an. Vergiftete Hühner überleben oder sterben. Er bringt mit Feuer Schildkrötenpanzer und Schulterblätter zum Bersten. Er opfert Tiere, um in ihren Eingeweiden zu lesen. Mit all diesen Aktionen stellt er den Göttern seine Fragen. Und diese offenbaren ihren Willen in den Flecken und Sprüngen der Opferknochen oder in den Formen der Eingeweide. Der moderne Mensch kultiviert die Zeichen durch Versuchsanordnungen und Messungen. Er macht aus ihnen Indikatoren und Kennzahlen und versucht, aus diesen die Zukunft zu lesen. Am Verhalten der Bioindikatoren, medizinischen Indikatoren, Börsenindikatoren oder Sentimentindikatoren erkennt er das künftige Verhalten des untersuchten Systems. Zwischen den Kennzahlen konstruiert er Wirkmechanismen und versucht, damit Prognosen zu erstellen.

Je komplizierter diese Wirkmechanismen konstruiert werden, desto mehr wird aus den schlichten Messungen, Kennzahlen und Indikatoren schließlich ein großes Modell, in welchem die kultivierten Zeichen derart abstrahiert sind, dass ihr natürlicher Ursprung aus der Wahrnehmung verschwindet. Sie werden zu künstlichen Zeichen. Das künstliche Zeichen hat nur mehr eine symbolische Beziehung zu den Erscheinungen der Welt. Es ist das geistige Abbild, Zerrbild, Schattenbild oder Scheinbild der Wirklichkeit. Es verweist auf Dinge, ohne dass diese Dinge präsent sein müssen. Mit den künstlichen Zeichen versucht der Mensch, die stoffliche Welt als geistige Welt nachzubauen. Er kehrt zurück in den geistigen Raum. Doch diesmal ist er nicht mehr Empfänger von Visionen, sondern aktiver Baumeister und Architekt von Modellen, von Bauwerken aus Gedanken. Er versucht, die Welt in seine Vorstellung zu bringen, sie in einer Miniaturwelt abzubilden. Er will in ihr innerstes Wesen eindringen durch Abstraktion, durch Theorien und Hypothesen, durch Formeln und Gesetze, durch Idealtypen und Urmuster. Damit folgt er einer Tradition, die bereits vor Jahrtausenden mit magischen Weltencodes wie dem chinesischen I-Ging, der jüdischen Kabbala oder numerologischen Wahrsagesystemen begann.

All diese Prognosemethoden haben den Menschen von den Eingebungen und Visionen über die Anschauung der natürlichen Erscheinungen bis hin zu deren experimentellen Erforschung geführt. So ist er schließlich zu statischen Modellen gelangt, zu Strukturplänen der Welt. Nun tritt mit der Zeit das dynamische Element hinzu. Die Modelle beginnen sich zu bewegen. Ihre Zahnräder fangen an, sich zu drehen. Solche dynamischen Modelle haben wir bereits kennengelernt, etwa World3 vom Club of Rome.[1] World3 versucht nicht nur, die wesentlichen Einflussfaktoren auf die Zukunft der Menschheit zu abstrahieren und deren Wirkungszusammenhänge zu modellieren. Es möchte auch deren gesetzmäßige Veränderungen im Zeitverlauf simulieren. Die bisherigen Entwicklungen werden in die Zukunft extrapoliert. Parameter werden variiert, um deren Auswirkungen auf den künftigen Status Quo der Welt zu veranschaulichen. Wie sieht die Welt im Jahr 2050 aus, wenn sich alle Faktoren so weiterentwickeln wie bisher? Wie verändert sich die Zukunft, wenn im Jahr 1975 strengere Umweltauflagen eingeführt werden? Wie verändert sie sich, wenn diese Maßnahme erst ab dem Jahr 1995 erfolgt? So entstehen die verschiedenen Zukunftsszenarien durch Extrapolation der Verlaufsgrößen. Noch extremer wird dieser Ansatz im 21. Jahrhundert forciert. Smart Data und Predictive Analytics werten Millionen von Daten aus. Und selbstlernende Algorithmen erkennen eigenständig Trends und Muster darin und nutzen diese zur Prognose. Kaum eine prognostische Disziplin der Gegenwart, von der Meteorologie über die Wahlforschung bis hin zu Wirtschaftsprognosen, kommt heute ohne Datenanalytik aus.[2]

Manche Prognosemethoden gehen noch einen Schritt weiter. Für die Zeitendeutung gründen Trends und Entwicklungen nicht nur auf kausalgesetzlichen Verflechtungen der Erscheinungswelt. Vielmehr sind die Verlaufsgesetze, ist der Weltencode in der Zeit selbst eingespeichert. Die materiellen Erscheinungen sind also nicht Ursache, sondern Ergebnis dieser zeitlichen Rhythmen, Wellen und Zyklen. So ist der Schlüssel zur Zukunft auch nicht in den Zeichen und Sig-Naturen verborgen, sondern in der Zeit selbst. Die Zeichen sind nur Wirkung, Symptom, Kulisse, aber nicht Ursache des Schicksals. Vielmehr offenbart sich die Zukunft, indem man die Zeit selbst untersucht, ihre evolvierenden Strukturen und wiederkehrenden Muster. So versuchen Zeitendeuter und Zyklenforscher, in Zeitreihen bestimmte Regelmäßigkeiten oder gar Gesetzmäßigkeiten zu erkennen und aus diesen Prognosen abzuleiten.

Lineare und zyklische Zeitmodelle

Es gibt eine Vielzahl von Modellen, welche auf solchen Gesetzmäßigkeiten im Zeitverlauf basieren. In meinem Buch über „Die magischen Praktiken des Managements" habe ich bereits die verschiedenen philosophischen Sichtarten des Fortschritts herausgearbeitet: Fortschritt, Rückschritt, Kreisschritt, Scheinschritt, Blindschritt und Forttritt.[3] In Bezug auf die praktische Prognostik lassen sich diese grob in zwei Arten unterteilen. Auf der einen Seite gibt es die linearen Zeitmodelle. Für diese ist Zeit ein langer Fluss vom Anfang bis zum Ende. Dieser Fluss weist bestimmte Muster auf. Er lässt sich beispielsweise in verschiedene Phasen oder Epochen unterteilen. Die Weltzeitalter früherer Kulturen oder die Stufenleitern der Geschichte aus der abendländischen Philosophie sind dafür exemplarisch. Auch die Modelle der Moderne, welche Entwicklungen in eine feste Abfolge von Phasen unterteilen, gehören dazu. Eine andere Art linearer Muster ist die Extrapolation von Trends. Auch die modernen Wachstums- und Evolutionstheorien gründen auf einem linearen Zeitverständnis. Und das tun sie selbst dann, wenn sie sich seit einigen Jahrzehnten gerne den Begriffen der Nichtlinearität und der Dynamik verschreiben. Der Fluss der Zeit läuft von der Geburt bis zum Tod, vom Aufgang bis zum Untergang, vom Anfang bis zum Ende. Und was dazwischen liegt, das lässt sich anhand von Entwicklungsmustern berechnen.

Auf der anderen Seite stehen die zyklischen Zeitmodelle. Nicht mehr die Linie, sondern der Kreis ist ihr Leitgedanke. Auf jeden Tod folgt eine Wiedergeburt, auf jeden Untergang ein neuer Aufgang, auf jedes Ende ein Neubeginn. Das Rad des Daseins dreht sich in die Ewigkeit. Und ewig kehren die alten Muster wieder. Die Prognosekalender vieler alter Hochkulturen sind ein Beispiel dafür, auch die verschiedenen astrologischen Systeme von der Antike bis in die Gegenwart. In Philosophie und Geschichtsforschung erklären die Kulturkreislehren den Gang der Menschheitsgeschichte aus der ewigen Wiederkehr des Gleichen und des Ähnlichen. Schließlich gibt es auch in der Moderne zahlreiche zyklische Prognosemodelle. Etwa der Kondratieff-Konjunkturzyklus oder die Elliott-Waves versuchen, das Auf und Ab des Wirtschaftslebens in rhythmischen Kreisläufen zu erfassen und dadurch berechenbar zu machen. In Meteorologie und Klimaforschung arbeitet man mit einer Vielzahl von Zyklen, welche sich vom kurzfristigen Wetter bis zu den Ultralangzeitentwicklungen des Klimas erstrecken. Für all diese Ansätze sind Kreis, Welle und Spirale das Leitmotiv, das Primodell, welches sich unter stetig wandelnden Zeitgeistmasken durch die Jahrtausende zieht.

I.
LINEARE ZEITMODELLE

01. Weltzeitalter, Schicksalschroniken und Stufenleitern

Für die linearen Zeitmodelle ist die Zeit ein Fluss von einem Anfang hin zu einem Ende. Ihr Horizont reicht von der Schöpfung der Welt bis zu ihrem Untergang. Ein derartiges Weltbild ist insbesondere in den westlichen Kulturen weit verbreitet. Und so begann man bereits früh, die Linie der Geschichte in verschiedene Abschnitte zu unterteilen.

Die fünf Zeitalter bei Hesiod

Einer der ersten Versuche stammt vom griechischen Dichter Hesiod (um 700 v. Chr.). In „Werke und Tage" erzählt er davon, dass Götter und Menschen vom gleichen Ursprung abstammen. Am Anfang war das Goldene Zeitalter, voller Glück und Harmonie. Doch von diesem Urzustand der Perfektion ausgehend begann der Abstieg. Die Welt wurde immer schlechter, böser, ungerechter. Und schließlich, in der Gegenwart Hesiods, war man im schlechtesten aller Zeitalter, im Eisernen Zeitalter voller Krieg und Ungerechtigkeit angelangt. Hesiod stufte seine fünf Zeitalter oder auch Menschheitsgeschlechter folgendermaßen:[4]

Goldenes Zeitalter: Zuerst schufen die Unsterblichen des Olymp das goldene Geschlecht der Menschen. Dieses lebte wie die Götter, frei von Not, Jammer und Mühsal, unter der Herrschaft von Kronos. Es gab weder Furcht, noch Krieg oder Ungerechtigkeit. Die Erde brachte Früchte und Herden im Überfluss. Ihre Körper alterten nicht. Sie starben hohen Alters friedlich im Schlaf.

Silbernes Zeitalter: Danach schufen die Götter das silberne Geschlecht. Dieses war weit geringer und kam dem goldenen weder an Wuchs, noch an Geist gleich. Die Kindheit dauerte hundert Jahre lang. Das Erwachsenenleben hingegen währte nur kurz. Es war ungestüm, unbedacht und voller frevlerischer Gewalt. Da sich das silberne Geschlecht weigerte, den Göttern Opfer darzubringen, wurde es schließlich vom Kroniden Zeus zerstört.

Ehernes Zeitalter: Danach schuf Zeus aus Eschenholz ein drittes Geschlecht, das bronzene oder eherne Geschlecht. Dieses war noch furchtbarer als das silberne. Habsucht und Hinterlist hielten Einzug. Sie huldigten dem Kriegsgott Ares, waren kriegslüstern, blutrünstig, kaltherzig und furchteinflößend. Ihre Rüstungen und ihre Häuser waren aus Bronze. Ihre Waffen waren unbesiegbar. So rotteten sie sich schließlich gegenseitig aus. Der Rest wurde vom schwarzen Tod hingerafft. Das eherne Geschlecht versank im Hades.

Heroisches Zeitalter: So erschuf Zeus ein viertes Geschlecht, welches edler und rechtschaffener war, heldenhafte Halbgötter – die Heroen. Viele von ihnen starben in Schlachten und Kriegen, etwa in Theben und in Troja. Den Überlebenden gewährte Zeus ein sorgenfreies Leben am Rand der Welt, auf der Insel des Seligen, wo endlos der Honig fließt und Überfluss herrscht.

Eisernes Zeitalter: Als letztes schuf Zeus das eiserne Geschlecht, das niedrigste von allen. Das Leben der Menschen besteht nur noch aus Arbeit, Sorgen und Problemen. Alle sind in Zwietracht, der Vater mit den Kindern und die Kinder mit dem Vater, der Bruder mit dem Bruder, der Gast mit dem Gastgeber, der Kamerad mit dem Kameraden. Treue, Gerechtigkeit und Güte gehen leer aus. Der Böse und Gewalttätige wird belohnt. Der Gemeine schädigt den Guten. Neid, Lügen und üble Nachrede stehen an der Tagesordnung.

Im Gegensatz zu den philosophischen Stufenleitern bei Hegel, Comte oder Marx, welche wir später noch kennenlernen werden, ist die Geschichte der Menschheit kein Fortschritt hin zum Höheren, Besseren und Edleren. Vielmehr ist sie ein fortlaufender Abstieg zum Schlechteren, eine Degeneration des Reinen und Wahrhaftigen zum Unreinen und Falschen. Hesiod ist somit einer der ersten Kulturpessimisten. Seine Lehre von den Weltzeitaltern dürfte auf orientalische Vorbilder zurückgehen, auf den persischen Bahman Yast und die indische Lehre von den vier Yugas.[5] Auch die Parallelen seiner Zeitalter zu den vier Weltreichen des alttestamentarischen Propheten Daniel, beide nach Gold, Silber, Erz und Eisen benannt, sind offensichtlich. Die bekannteste antike Reminiszenz auf Hesiods Zeitalter stammt vom römischen Dichter Ovid (43 v. Chr. – 17 n. Chr.). Er widmet ihrer Darstellung einen Teil des ersten Buchs seiner „Metamorphosen".[6]

Die Etruskische Säkularlehre

Auch bei den Römern war es gebräuchlich, die Geschichte in Epochen zu gliedern. Dies geschah in Form der etruskischen Lehre von den Säkula, wonach das Schicksal dem etruskischen Volk eine Lebenslänge von zehn Säkula zugeteilt hat. Ein Säkulum war definiert als das höchste Lebensalter jenes Menschen, der zu Beginn des jeweiligen Säkulums bereits am Leben war. Dadurch variiert seine Länge zwischen 100 und 123 Jahren.

Der Anfang der Säkula liegt rechnerisch etwa im Jahr 968 v. Chr. Jeder Säkulumwechsel wurde durch Wunderzeichen, durch die Ostenta Saecularia angekündigt, beispielsweise durch Kometen, Seuchen, laute Geräusche aus dem Himmel oder sonstige seltene Ereignisse. So wurde das Ende des neunten Säkulars durch das Erscheinen eines Kometen angekündigt und durch die Ermordung von Julius Caesar.
Man glaubte zudem, dass jedes neue Säkulum mit dem Einzug neuer Sitten und Lebensverhältnisse in Verbindung stünde, dass es tiefgreifende Veränderungen für die Gesellschaft mit sich brächte. Aus diesem Grund war es üblich, die Ostenta Saecularia im Rahmen der Säkularfeiern zu sühnen. Dies geschah entweder durch Einschlagen eines Säkularnagels oder durch das Abhalten von Spielen. Mit dieser Sühnung versuchte man, die Götter gnädig zu stimmen für die kommende Epoche und den Untergang möglichst lange hinauszuschieben.

Wie die amerikanische Etruskologin Nancy de Grummond (*1940) feststellt, fallen die Säkula tatsächlich mit wichtigen Perioden der Etruskischen Geschichte zusammen. So tauchten die Etrusker erstmals im 10. Jahrhundert v. Chr. auf. Im 1. Jahrhundert v. Chr. wurden sie schließlich endgültig von der Römischen Kultur absorbiert. Das Etruskische als Sprache starb aus. Es deutet also vieles darauf hin, dass die Säkularlehre bedeutenden Einfluss auf die Entscheidungen der Etrusker und Römer hatte.[7]

Säkulum	**Dauer**	**Datum**
1	100 Jahre	968 – 868 v. Chr.
2	100 Jahre	868 – 768 v. Chr.
3	100 Jahre	768 – 668 v. Chr.
4	100 Jahre	668 – 568 v. Chr.
5	123 Jahre	568 – 445 v. Chr.
6	119 Jahre	445 – 326 v. Chr.
7	119 Jahre	326 – 207 v. Chr.
8	119? Jahre	207 – 88 v. Chr.
9	44 Jahre	88 – 44 v. Chr.
10	?	44 v. Chr. - ?

Die Etruskischen Säkula[8]

Die christlichen Weltzeitalter

Ebenfalls stark im linearen Zeitmodell verhaftet ist die christlich-abendländische Tradition. Auch für sie bildet die Zeit eine Linie zwischen Anfang und Ende, zwischen Schöpfung und Apokalypse. Am Anfang erschafft Gott die Erde. Er scheidet zuerst Licht und Finsternis, dann Himmel, Erde und Wasser. Schließlich bevölkert er diese mit Pflanzen, Tieren und den ersten Menschen. So nimmt der Lauf der Geschichte seinen Anfang. Wie eine lange Straße zieht sich der Fluss der Zeit in die Zukunft. Ereignis reiht sich an Ereignis. Aus dem Früheren folgt das Spätere. Schritt für Schritt geht die Menschheit diesen Weg entlang bis irgendwann das Ende kommt, das Ende der Welt und das Ende der Zeit. Die Geschichte der Welt und ihr Ziel sind von Anfang an festgelegt. In der großen Apokalypse stürzt die Schöpfung wieder in sich zusammen. Die Welt hört auf zu existieren und mit ihr die Zeit. Danach wartet das Reich Gottes, die Ewigkeit, die Zeitlosigkeit.
Bereits früh versuchten christliche Gelehrte, diese Zeitspanne zwischen Anfang und Ende, zwischen Schöpfung und Apokalypse in verschiedene Zeitalter einzuteilen. Eusebius von Caesarea (263 – 339) legte mit seinen zwei Chronologiebüchern der Weltgeschichte, „Chronographia" und „Chronikoi Kanones", den Grundstein zu den christlichen Weltzeitaltern. Sein Zeithorizont reichte von Adam bis in die damalige Gegenwart. Die Periode von Adam bis zur Bergpredigt von Jesus Christus teilt er in 6 Abschnitte von insgesamt 5228 Jahren. Mit Christus beginnt schließlich das siebte und letzte Zeitalter, welches bis zum Weltende reicht. Seine Dauer wird bei Eusebius nicht näher beziffert.[9]

		Dauer:
1. Zeitalter	Adam bis zur Sintflut	2242 Jahre
2. Zeitalter	Sintflut bis zur Geburt Abrahams	942 Jahre
3. Zeitalter	Abraham bis Moses	505 Jahre
4. Zeitalter	Moses bis zum ersten Tempelbau	479 Jahre
5. Zeitalter	erster Tempelbau bis zum zweiten Tempelbau	512 Jahre
6. Zeitalter	zweiter Tempelbau bis zu Christi Bergpredigt	518 Jahre
7. Zeitalter	Jesus Christus bis zur Apokalypse	unbekannt

Die christlichen Zeitalter nach Eusebius von Caesarea

Die bekannteste Version der „Sex Aetates Mundi" stammt vom spätantiken Kirchenlehrer Augustinus (354 – 430). Er stützt sich auf Matthäus 1.17, wonach die Generationenspannen jeweils aus 14 Gliedern bestehen, vierzehn Glieder von Abraham bis David, vierzehn Glieder von David bis zur babylonischen Gefangenschaft und vierzehn Glieder von der babylonischen Gefangenschaft bis zu Christus. Augustinus teilt die Menschheitsgeschichte in sechs Zeitalter und setzt diese in Analogie zum menschlichen Alter und zum Sechstagewerk der Schöpfung Gottes. Denn für ihn ist die Sechs die Zahl der absoluten Vollkommenheit. In seiner Chronologie teilt er die sechs Tage und Alter jeweils in Morgen, Mittag und Abend.
Der erste Tag, das erste Zeitalter beginnt auch bei Augustinus mit Adam. Es entspricht der Kindheit (Infantia). Das zweite Zeitalter beginnt am Morgen mit Noah und der Sintflut und endet am Abend mit der Sprachverwirrung am Turm zu Babel. Dies entspricht der Knabenzeit der Menschheit (Pueritia). Der dritte Tag beginnt mit Abraham und endet mit Sauls Vergehen. Dieses Zeitalter entspricht dem Jünglingsalter (Adolescentia). Der Morgen des vierten Zeitalters beginnt mit der Herrschaft Davids. Das Mannesalter (Iuventus) der Menschheit ist herangebrochen. Es endet am Abend mit den sündigen Königen Israels. Nun neigt sich die Blüte langsam ihrem Abstieg zu. Mit dem fünften Morgen beginnt das reife Mannesalter (Gravitas) in der babylonischen Gefangenschaft. Das sechste und letzte Zeitalter beginnt bei Augustinus mit der Bergpredigt von Jesus. Es entspricht dem Greisenalter (Senectus). Am Abend des letzten Tages steht die Apokalypse, das Ende der Welt und der Zeit. Am Morgen des siebenten Tages schließlich beginnt das ewige Reich Gottes, die ewige Ruhe, welche keinen Abend mehr haben wird.[10]

Tag / ZA	**Menschenalter**	**Morgen**	**Abend**
1.	Kindheit (Infantia)	Adam	Sintflut
2.	Knabenzeit (Pueritia)	Noah	Turm zu Babel
3.	Jünglingsalter (Adolescentia)	Abraham	Sauls Vergehen
4.	Mannesalter (Iuventus)	David	sündige Könige
5.	reifes Mannesalter (Gravitas)	bab. Gefangenschaft	Johannes Täufer
6.	Greisenalter (Senectus)	Bergpredigt Jesus	Apokalypse
7.		Das ewige Reich Gottes	

Die christlichen Zeitalter nach Augustinus

Augustinus verzichtet auf genaue Zeitangaben. Stattdessen bemisst er die Länge der einzelnen Zeitalter in Generationen von jeweils zehn oder vierzehn Gliedern. Dabei geht es ihm weniger um eine historische Chronik, wie bei Eusebius, sondern vielmehr darum, eine heilsgeschichtliche Lehre zu schaffen mit dem ewigen Reich Gottes als Ziel und Endpunkt aller irdischen Vorgänge. Er sollte zahlreiche Nachahmer finden. Das ganze Mittelalter hindurch gab es eine Vielzahl von Versuchen, die Daten der Bibel in Weltzeitalter zu gliedern. So verband Isidor von Sevilla (565 – 636) die Gliederung von Augustinus mit den Datierungen von Eusebius. Der englische Benediktinermönch Beda Venerabilis (673 – 735) verwendete dasselbe Schema, errechnete jedoch andere Zeitspannen, sodass bei ihm zwischen Adam und Jesus lediglich 3952 Jahre liegen anstatt der etablierten 5.000 Jahre von Eusebius. Zahlreiche andere Gelehrte wie etwa Papst Gregor der Große (540 – 604) oder der englische Bischof Aldhelm von Sherborne (639 – 709) vertraten die Ansicht, zwischen Adam und Apokalypse lägen genau sechs oder sieben Weltzeitalter mit einer jeweiligen Länge von genau 1.000 Jahren.[11] Nach diesen Theorien war es möglich, das Ende der Welt genau vorherzusagen. Es würde genau 1.000 Jahre nach Jesus Christus stattfinden. Für Massenpaniken in den Jahren vor der ersten Jahrtausendwende gibt es jedoch, entgegen der populären Ansicht, keine historischen Belege. Der Großteil der mittelalterlichen Menschen hat es mit den Datierungen offensichtlich nicht so genau genommen. Fest stand nur, dass man sich im letzten Weltzeitalter befand und früher oder später der Tag des Jüngsten Gerichts kommen würde.

Die Papst-Prophezeiungen

Die Weltzeitalter sind lediglich ein sehr grobes Raster, um die Gestalt der Zeit zu fassen. Ihre Epochen erstrecken sich über Jahrhunderte und Jahrtausende. Sie geben einen Überblick über die großen Züge der Menschheitsgeschichte. Für detaillierte Prognosen sind sie jedoch weniger geeignet. In der christlichen Tradition gibt es dafür eine andere Art der prophetischen Weltenchronik, die Papst-Prophezeiungen. Diese waren im späten Mittelalter sehr populär und wurden in zahlreiche Sprachen übersetzt. Die ältesten Veröffentlichungen sind als Genus Nequam bekannt. Diese wurden im späten 13. Jahrhundert, wahrscheinlich im Jahr 1292, erstmals veröffentlicht. Als Urheber werden italienische Franziskaner ver-

mutet, welche mit den Prophezeiungen den Ausgang der Papstwahlen beeinflussen wollten. Es standen also handfeste politische Motive hinter der Erfindung und Verbreitung der Papst-Weissagungen.
Die Prophezeiungen beschreiben die Entwicklung der Kirche, indem sie die künftigen Päpste jeweils mit einer Zeichnung, einem Motto und einem kurzen Text charakterisieren. Um ihre Autorität zu erhöhen, bedienen sie sich eines alten Standardtricks: der Prophezeiung im Nachhinein. Die „Vorhersagen" für die ersten Päpste dieser Liste wurden nämlich erst zu einer Zeit erstellt, da diese ihr Pontifikat schon längst vollendet hatten. Die Texte beschreiben die Reihenfolge von fünfzehn Päpsten, beginnend mit Nicholas III. (1277 – 1280). Die Aufstellung endet mit einem engelsgleichen Papst und seinen drei Nachfolgern.
Etwa um 1328 erschien eine weitere Version der Papst-Weissagungen, die Ascende Calve – Prophezeiungen. Diese begannen ebenfalls mit Nicholas III., endeten aber erst mit der Apokalypse. Die Liste wurde auf dreißig Päpste erweitert. Das letzte Bild zeigte üblicherweise das Tier der Apokalypse oder den Antichristen. Damit war das Schicksal der Menschheit bis zum Ende der Welt vorgezeichnet. Die Bilder und Beschreibungen der Päpste zeigten, was für deren Amtszeit charakteristisch, mit welchen Geschicken des Christentums sie in Verbindung stehen würden. Anhand der Papstlisten konnte man zudem ablesen, wie viele Päpste es noch geben würde bis zum Weltende, wie viel Zeit noch bleiben würde bis zum Untergang. Die Papst-Prophezeiungen waren somit eine vollständige Chronik der Zukunft.[12]

Der bis heute bekannteste Vertreter derartiger Schicksalschroniken sind die Papstweissagungen des Malachias (etwa 1094 – 1148). Es wird allgemein bezweifelt, dass sie wirklich von diesem irischen Heiligen stammen, denn erstmals erwähnt werden die Prophezeiungen erst 1595 in einer venezianischen Legendensammlung. Sie bestehen aus 111 kurzen Sinnsprüchen für die katholischen Päpste, beginnend mit Papst Cölestin II. (Amtszeit 1143 – 1144) und endend mit dem letzten Papst der Endzeit. Die Päpste bis zu Urban VII. (Amtszeit 1590) sind mit Wahrsagesprüchen bedacht, welche eindeutig an deren Familien- oder Taufnamen, Geburtsorte, Wappen oder Kardinalstitel angelehnt sind. Für die Päpste danach sind die Sprüche wesentlich dunkler. Somit handelt es sich beim ersten Teil der Weissagungen, ähnlich wie beim Genus Nequam, um klassische Prognosen im Nachhinein. Auch hier wird vermutet, dass die Liste ursprünglich erstellt wurde, um den Ausgang einer Papstwahl zu beeinflussen. Für viele Anhänger des Genus Nequam sind nicht nur die Prognosen im Nachhinein, sondern auch die Sprüche für die folgenden Jahrhunderte äußerst treffend für die jeweiligen Päpste.

6. Bild:
Papst in Messgewand und Tiara. Zu seiner Linken eine sich aufbäumende Kuh oder Ochse, sowie zwei gekrönte Häupter.

7. Bild:
Papst in Messgewand und Tiara. Zu seiner Linken ein sich aufbäumender Bär, welcher gerade sein Junges säugt.

8. Bild:
Eine Festung mit drei Fenstern und bewaffneten Soldaten.

9. Bild:
Papst in Messgewand und Tiara. Zu seiner Linken ein Hund oder Fuchs, sowie drei gekreuzte Zepter oder Stäbe.

Ausschnitt aus den Papst-Prophezeiungen „Genus Nequam"[13]

So steht der Leitspruch „Aquila rapax" (räuberischer Adler) für Pius VII. (Amtszeit 1800 – 1823), unter dessen Pontifikat Napoleon wütete und der Kirche zahlreiche Kunstschätze raubte. Napoleon führte im Wappen den Adler. Als Pius ihn exkommunizierte, ließ er ihn gefangen nehmen. „Religio depopulata" (entvölkerte Religion) ist das Motto für Benedikt XV. Während seiner Amtszeit von 1914 bis 1922 fanden der Erste Weltkrieg, sowie die kommunistische Oktoberrevolution statt. Beide dezimierten die Zahl der Gläubigen um viele Millionen. Folgt man der Liste des Malachias, so war Johannes Paul II. (1978 – 2005) der vorletzte Papst. „De labore solis" (Vom Mühsal der Sonne) lautet sein Leitspruch. Er wurde sowohl zu einer Sonnenfinsternis geboren, als auch beerdigt. Mit der Wahl von Papst Benedikt XVI. im Jahr 2005 ist schließlich die Herrschaft des letzten offiziellen Papstes angebrochen. „Gloria olivae" (der Ruhm des Olivenzweigs) lautet seine Devise.

Ist die Papstliste des Malachias mit seinen frappierend treffenden Sinnbildern ein prophetisches Meisterwerk oder eine bloße Aneinanderreihung von symbolischen Phrasen, welche immer irgendwie auf Leben und Werk des betreffenden Papstes hingebogen werden können? Verbirgt sich in ihr eine Offenbarung des Schicksals oder ist sie einfach nur eine ordinäre Fälschung, eine Auflistung alles- und nichtssagender Allgemeinplätze? Seit dem Rücktritt von Papst Benedikt XVI. und dem Amtsantritt von Papst Franziskus 2013 sollte diese jahrhundertealte Frage auch für Malachias-Gläubige endgültig geklärt sein. Denn nach dem letzten Papst hätte das Ende des Christentums folgen sollen. Die Prophezeiungen des Malachias schließen mit den Worten:

> „Während der letzten Verfolgung der Heiligen Römischen Kirche wird Petrus II. aus Rom regieren. Er wird die Herde unter vielen Bedrängnissen weiden, nach deren Überwindung die Siebenhügelstadt zerstört werden und der furchtbare Richter sein Volk richten wird."[14]

Die vier Weltreiche des Propheten Daniel

Eine weitere populäre Epochenlehre der christlichen Tradition sind die vier Weltreiche des Propheten Daniel. Im ersten Prognostik-Band haben wird bereits den Traum des babylonischen Königs Nebukadnezar II. kennengelernt.[15] Das gewaltige Bildnis mit einem Haupt aus Gold, Brust und Armen aus Silber, Bauch und Lenden aus Erz, Schenkel aus Eisen und Füßen aus Ton wurde vom Propheten Daniel als Abfolge von vier Weltreichen gedeutet.[16] Auch seine Vision von den vier Tieren und dem Menschensohn interpretierte er als Aufstieg und Fall von vier Weltreichen bis hin zum Endgericht Gottes.[17] So zerbrachen sich Generationen von Bibeldeutern die Köpfe darüber, welche historischen Reiche denn nun damit

gemeint sein würden. Der bekannte Physiker Isaac Newton (1643 – 1727) interpretierte den geflügelten Löwen als Reich der Babylonier und Meder, den Bären als Reich der Perser, den Panther mit vier Flügeln und vier Köpfen als Reich der Griechen und schließlich das vierte Tier mit den eisernen Zähnen und zehn Hörnern als das Römische Reich, welches bis heute in Form der abendländischen Kultur fortbesteht.[18]
Analog deutete Newton die viergeteilte Statue aus Nebukadnezars Traum. Wie bei Hesiod und Ovid sind auch hier Gold, Silber, Erz und Eisen Sinnbild für den fortschreitenden Abstieg der Menschheitsgeschichte. Das Haupt aus Gold steht für Babylon, Brust und Arme aus Silber für die Perser, Bauch und Lenden aus Erz für die Griechen und Schenkel aus Eisen für die Römer. Die Füße, teils aus Eisen und teils aus Ton, deutete Newton als den Einfall der nordischen Völker ins Römische Reich, wodurch dieses in viele kleine Reiche zerfiel. Die Füße aus Eisen und Ton stehen somit für die nachrömischen Reiche Europas, welche bis heute existieren.[19] Ähnlich wie in den Lehren von den Weltzeitaltern befindet sich der Mensch im letzten Reich vor dem Untergang, am Vorabend der Apokalypse.

Die vier Welten der Hopi

In der Neuen Welt war die Einteilung der Geschichte in Weltzeitalter ebenfalls gebräuchlich. Ein Beispiel sind die vier Welten der Hopi-Indianer im nordöstlichen Arizona. Der Legende nach war die erste Welt Tokpela, der endlose Raum. Dort lebte nur der Schöpfer Taiowa. Dann erdachte er, der Unendliche, das Endliche. Er schuf Sotuknang, welcher ihm neun allumfassende Reiche erbaute, eines für Taiowa, eines für sich selbst und sieben Welten für die Menschen. So wurde aus dem endlosen Raum die erste Welt, Tokpela. Sotuknang erschuf Kokyangwuti, das Spinnenweib, und befahl ihr, Leben in die erste Welt zu bringen. Das Spinnenweib formte die Pflanzen, Tiere und schließlich die Menschen. Sie erschuf vier Rassen mit verschiedenen Hautfarben und verschiedenen Sprachen, die gelbe, die rote, die weiße und die schwarze Rasse. Anfangs waren diese rein und glücklich. Sie kannten keine Krankheiten und kein Übel. Sie lebten in Frieden und Harmonie miteinander. Doch mit der Zeit vergaßen sie immer mehr, ihrem Schöpfer Ehrfurcht zu zollen. Dann kam Lavaíhoya, der Schwätzer, und überzeugte die Menschen von den Unterschieden, den Unterschieden zwischen den Rassen und zwischen Mensch und Tier. Er brachte den Zwiespalt. Die Tiere begannen, sich vom Menschen abzuwenden. Dann kam die hübsche Katoya in Gestalt einer Schlange und verführte die Menschen. Sie säte die Zwietracht. Die Menschen vertrauten einander nicht mehr und brachten falsche Anklagen gegeneinander vor. Schließlich brachen Kriege aus. So beschlossen Taiowa und Sotuknang, die erste Welt zu zerstören. Sie versammelten die letzten treuen Menschen an einem großen Ameisenhügel und gewährten ihnen in diesem Schutz. Dann zerstörten sie die erste Welt durch ein großes Feuer.

Nachdem die verbrannte erste Welt abgekühlt war, erbaute Sotuknang eine zweite Welt namens Tokpa. Diese war fast so gut wie die erste. Nur die Tiere hielten sich fortan fern vom Menschen. Die Überlebenden begannen, die neue Welt zu besiedeln. Sie bauten Häuser, sammelten Nahrungsmittel und trieben Handel, wie sie es bei den Ameisen gelernt hatten. Doch dadurch begannen erneut die Probleme, denn die Menschen wollten immer mehr Besitztümer haben. Sie gerieten wieder in Streit. Kämpfe und Kriege begannen. Die Menschen vergaßen zunehmend die Gebote und das Lied der Schöpfung. So beschlossen Taiowa und Sotuknang ein zweites Mal, die Welt zu zerstören. Sie ließen die Erde aus der Achse springen und trunken im Raum taumeln. Berge stürzten in die Meere. Wasser überflutete die Länder und gefror zu Eis. Die ganze Welt versank unter Bergen von Schnee und Frost. Abermals überlebten nur wenige Auserwählte im Ameisenbau.

Nachdem alles erfroren war, brachte Sotuknang die Erde wieder in ihre Bahn. Dann schuf er Kuskurza, die dritte Welt. Die Menschen hatten viel aus den ersten beiden Welten gelernt. Deshalb machten sie nun derart schnelle Fortschritte und vermehrten sich so rasch, dass sie große Städte und Staaten schufen. Alsbald begannen sie, ihre Zeugungskraft zu missbrauchen. Sie wurden wollüstig. Sie bauten Flugschilde und griffen sich damit gegenseitig an. Es kam wieder zu Kriegen. Deshalb musste die Welt ein drittes Mal zerstört werden. Diesmal wurden die Auserwählten in hohlen Schilfrohren gerettet. Dann überschwemmte Sotuknang die dritte Welt mit einer gigantischen Sintflut. Nachdem die Wetter sich beruhigt hatten, bauten die Überlebenden aus den Schilfrohren Boote.

Sie zogen lange über das Meer, von Insel zu Insel, bis sie schließlich an einer steilen, unwegsamen Küste landeten. Es war Túwaqachi, die vollständige Welt. Die vierte Welt war nicht so schön und bequem wie die vorangegangenen Welten. In ihr gab es Gegensätze wie Hitze und Kälte, Höhen und Tiefen, Fülle und Kargheit. So war das neue Leben beschwerlich, aber auch abwechslungsreich. Die Menschen sollten Demut lernen, um nicht wieder so schnell dem Frevel anheim zu fallen. Fortan mussten sie für jeden Regen beten, damit die Erde fruchtbar bleibt.[20]

	Erste Welt: Tokpela	**Zweite Welt: Tokpa**	**Dritte Welt: Kuskurza**	**Vierte Welt: Túwaqachi**
Bedeutung	„Endloser Raum"	„Dunkle Mitternacht"	unbekannt	„Vollständige Welt"
Richtung	Westen	Süden	Osten	Norden
Farbe	Gelb	Blau	Rot	Gelbweiß
Mineral	Gold	Silber	Kupfer	Mineralgemisch
Ende durch	Feuer	Kälte und Eis	Wasser	?
Symbole	Kátoya-Schlange Wisoko-Vogel Muha-Pflanze	Salavi (Fichte) Kwáhu (Adler) Kolíchiyaw (Stinktier)	Piva (Tabak) Angwusi (Krähe) Chöövio (Antilope)	Kneumapee (Wacholder) Mongwau (Eule) Tohopka (Silberlöwe)

Die vier Welten der Hopi[21]

Die vierte Welt ist die Jetztwelt. Im Gegensatz zu den abendländischen Weltzeitaltern stehen die Hopi nicht in der letzten Phase vor dem Ende aller Zeiten. Denn laut ihrer Legende wird es insgesamt sieben Welten geben. Fest steht jedoch, dass auch unsere vierte Welt irgendwann enden und die fünfte Welt kommen wird. Glaubt man den Prophezeiungen mancher Hopi, so steht, wie wir bereits im Abschnitt über „Prophetentum und Zukunftsmythen"[22] gesehen haben, dieses Ende unmittelbar bevor. Wenn als neuntes und letztes Zeichen das Haus im Himmel mit großem Knall zur Erde fällt, dann werden Taiowa und Sotuknang die vierte Welt untergehen lassen und aus ihren Trümmern die fünfte Welt erbauen.

Die fünf Sonnen der Maya und Azteken

Eine andere Weltzeitalter-Lehre der Neuen Welt sind die fünf Sonnen der Maya und Azteken. Diesem Mythos zufolge gab es in der Geschichte bereits vier Welten. Jede dieser Welten stand unter der Herrschaft eines Gottes, welcher die Funktion der Sonne ausübte. Doch früher oder später wurde jeder Gott, wurde jede Sonne zerstört durch den Angriff eines anderen Gottes. Und mit der Sonne ging auch die Welt unter. Die Welt der ersten Sonne wurde von Tezcatlipoca regiert. Sie war von Riesen besiedelt. Doch irgendwann kam sein Rivale Quetzalcoatl und stieß ihn ins Wasser. Daraufhin wurde die Erde von Jaguaren gefressen. Quetzalcoatl ließ eine zweite Sonne aufgehen. Doch Tezcatlipoca nahm Rache und zerstörte diese. Die Welt ging in einem Wirbelsturm unter. Die dritte Sonne wurde vom Regengott Tlaloc beherrscht. Doch es dauerte nicht lange bis Quetzalcoatl zurückkehrte und die dritte Welt im Feuerregen untergehen ließ. Die vierte Sonne und die vierte Welt gingen auf. Schließlich wurde auch diese zerstört, indem die Wassergöttin Chalchiuhtlicue die Menschen in Fische verwandelte und alles durch eine Sintflut vernichten ließ.

Dann wurde das fünfte und letzte Zeitalter geboren. Es ist die Jetztwelt. Die fünfte Sonne untersteht Nahui Olin („Vier Bewegung"). Zu Beginn dieser Ära bekamen die Menschen und der Mais ihre gegenwärtige Gestalt. Die Menschen wurden von Cihuacoatl, der Schlangenfrau, geschaffen. Dazu vermengte sie zermalmte Knochen von Menschen der vierten Welt mit Blut aus dem Penis von Quetzalcoatl und formte daraus die heutigen Menschen. Doch auch diese fünfte Welt wird eines Tages durch ein schreckliches Erdbeben zerstört werden. Fest steht, dass der Untergang zum Abschluss eines 52-Jahre-Zyklus stattfinden wird. Denn am Ende eines solchen Zyklus ist die herrschende Sonnengottheit besonders geschwächt und somit von Angriffen gefährdet. Um sicherzustellen, dass die Sonne auch nach Ablauf des Zyklus weiterscheinen würde, versuchten die Azteken deshalb, die Sonne zu stärken durch Menschenblut und Menschenherzen. Ganze Kriege wurden geführt, nur um genügend Menschenopfer darbringen zu können. Aus der Tatsache, dass es sich bei der fünften Sonne um die letzte aller Sonnen handelte, erklärt sich das immense Ausmaß der Menschenopfer. Durchschnittlich wurden zehn- bis zwanzigtausend pro Jahr hingerichtet, am Ende des 52-Jahre-Zyklus noch viel mehr.[23]

Um die Fünfte Sonne zu stärken, brachten die Azteken zahllose Menschenopfer dar
Darstellung aus dem Codex Magliabechiano, 16. Jahrhundert

Die aztekische Lehre von den Sonnenzeitaltern stammt ursprünglich von den Mayas. Die Mayas glaubten jedoch, erst in der vierten Welt zu wohnen. Nach dem Untergang der vierten Sonne sollte zwar noch eine fünfte kommen, doch würde diese Welt menschenleer sein. Wie die Azteken befanden sich somit auch die Maya im letzten Zeitalter der Menschheit. Laut dem Wahrsagekalender der Maya wurde der Untergang auf das 10. nachchristliche Jahrhundert berechnet. Inwieweit der plötzliche Verfall zahlreicher prunkvoller Mayastädte und der Niedergang der Maya-Kultur im 9. Jahrhundert mit diesen Prophezeiungen in Verbindung stehen, ist bis heute ungeklärt.[24]

Die Phasen der Menschheit von Charles Fourier

Weltzeitalter waren nicht nur in alten Kulturen weit verbreitet. Auch in der abendländischen Philosophie der Neuzeit sind sie sehr beliebt. Ein eher kurioses Beispiel stammt vom Sozialutopisten Charles Fourier (1772 – 1837), dessen Phalansterien wir bereits im ersten Prognostik-Band kennengelernt haben.[25] Fourier gilt heute als einer der ersten Wegbereiter der modernen Sozialismus und Kommunismus und war Vorreiter für ein bedingungsloses Grundeinkommen. Doch im Gegensatz zu Marx und Engels vertrat er kein materialistisches Weltbild. Seine bis ins kleinste Detail ausgefeilte Gesellschaftstheorie war eingebettet in ein phantastisches kosmogenetisches System. Für ihn waren der Planet Erde und die Menschheit Lebewesen, welche irgendwann geboren wurden und irgendwann sterben werden. Der Menschheit ordnete er eine Gesamtlebensdauer von 80.000 Jahren zu. Ihre Entwicklung teilte er in vier Phasen. Die erste Phase war die Kindheit. Ihre Länge bezifferte Fourier mit 5.000 Jahren. Dann kam die Phase der aufsteigenden Entwicklung, welche 35.000 Jahre dauern würde. Nach dem Höhepunkt der Menschheit würde eine dritte Phase des allmählichen Niedergangs einsetzen, ebenfalls mit einer Länge von 35.000 Jahren. Die letzten 5.000 Jahre waren die Phase der Altersschwäche. Darauf würde der Tod der Erde und der Menschheit folgen.

Diesen Ablauf teilte Fourier in 32 Entwicklungsperioden. Laut seiner Rechnung befinden wir uns in der fünften Periode, in der Endphase der Kindheit, kurz vor dem Beginn des Aufschwungs. Das goldene Zeitalter war für Fourier also keine Epoche der fernen Vergangenheit, sondern es stand noch bevor. Die Zukunft der Menschheit würde wunderbar werden, hatte sie erst die Phase der Kindheit überwunden. Und Fouriers Gesellschaftstheorie würde die Grundlage sein für diese goldene Zukunft. Alle schädlichen Wesen würden zu Antiwesen. Der Biber würde für den Menschen Fische fangen, der Löwe zum zahmen Transporttier werden. Die Menschen würden unglaubliche Entwicklungssprünge machen und bis zu 144 Jahre alt und 227 Zentimeter groß werden. Kinder würden mit den Füßen Klavier spielen können. Und schließlich würde das Polarlicht wie eine Krone vom Nordpol leuchten als Symbol für die große, harmonische Welteinheit.[26]

Die dialektische Stufenleiter von Hegel

Auch für Georg Wilhelm Friedrich Hegel (1770 - 1831) war die Menschheitsgeschichte eine Stufenleiter hinauf zum goldenen Zeitalter.[27] Im Gegensatz zu Fourier würde diesem jedoch kein Abstieg mehr folgen. Vielmehr glaubte Hegel, dass die Welt ewig fortdauern würde, hatte sie einmal ihren goldenen Endpunkt erreicht. Für ihn ist die Weltgeschichte ein logischer Stufengang, dessen Endziel das Bewusstsein der Freiheit ist. Der Fortschritt ergibt sich aus dem Prozess der Dialektik. Jede These (Behauptung) provoziert eine Antithese (Widerspruch). Indem die beiden all ihre Argumente austauschen gelangen sie schließlich zu einem gemeinsamen Dritten, zur Synthese. These und Antithese werden in der Synthese aufgehoben im dreifachen Sinn des Wortes. Sie werden beseitigt, aufbewahrt und hinaufgehoben. In der Synthese sind somit die Fehler von These und Antithese überwunden, ihre Wahrheiten konserviert und ihre Inhalte gleichzeitig auf ein höheres Niveau gehoben. Durch diesen Prozess der Dialektik gelangt der Mensch zu immer höheren Stufen der Wahrheit, bis schließlich sämtliche Gegensätze und Widersprüche des menschlichen Geistes beseitigt sind und die Menschheit die erste und letzte Wahrheit gefunden hat.

Die Geschichte der Menschheit ist für Hegel der Weg zur Freiheit. Dabei steht der germanische Mensch an der Spitze dieser Stufenleiter. Er hat die primitiven, unfreien Stufen des Despotismus, der Demokratie und der Aristokratie überwunden und ist auf der höchsten Stufe der Freiheit, der Monarchie, angelangt:

> „Die Weltgeschichte ist die Zucht von der Unbändigkeit des natürlichen Willens zum Allgemeinen und zur subjektiven Freiheit. Der Orient wusste und weiß nur, dass einer frei ist, die griechische und römische Welt, dass einige frei seien, die germanische Welt weiß, dass alle frei sind. Die erste Form, die wir in der Weltgeschichte sehen, ist der Despotismus, die zweite ist die Demokratie und Aristokratie, und die dritte die Monarchie."[28]

Hegels Geschichtsphilosophie ist symptomatisch für das beginnende 19. Jahrhundert. Die industrielle Revolution war mit voller Wucht hereingebrochen und mit ihr in Riesenschritten der technische Fortschritt. Erfindung reihte sich an Erfindung. Mit bislang ungeahnter Geschwindigkeit veränderte sich der gesamte Lebensraum des Menschen. Alles wurde schneller, leistungsstärker, effizienter. Der Mensch erkannte drastisch, dass es einen Fortschritt gibt. Es schien ihm, als ob diese Entwicklung zum Besseren immer weitergehen würde, als ob irgendwann alles machbar wäre. Man glaubte, dass am Ende dieses Aufstiegs die Technik den Menschen ein Leben im Paradies bescheren würde. So ist es nicht verwunderlich, dass gerade in dieser Zeit die Stufenleitern hinauf zu einem goldenen Zeitalter besonders populär wurden.

Das Dreistadiengesetz von Auguste Comte

Ein weiteres Beispiel dieses optimistischen Fortschrittsglaubens ist das Dreistadiengesetz von Auguste Comte (1798 – 1857), dem Begründer der Soziologie.[29] Comte unterteilt die Geistesgeschichte der Menschheit in drei Stadien, in den theologischen oder fiktiven Zustand, den metaphysischen oder abstrakten Zustand und schließlich den wissenschaftlichen oder positiven Zustand. Diese drei Stadien sind eine Stufenleiter vom Glauben und der Spekulation hinauf zum Wissen, zur gesicherten Erkenntnis:[30]

> Im **theologischen oder fiktiven Stadium** glaubt der Mensch, dass hinter allen Vorgängen der Natur ein höheres Wesen, eine Gottheit oder ein Geist stehen würde. Er richtet seine Aufmerksamkeit auf die „innere Natur" der Dinge und sucht nach ersten Ursachen und letzten Zielen in der Welt, nach dem Absoluten. Sein Denken ist magisch und von Analogien bestimmt. Comte teilt das theologische Stadium in drei Stufen. Auf der primitivsten Stufe glaubt der Mensch, dass die Einzelobjekte selbst beseelt wären, dass hinter jeder Erscheinung eine Gottheit stehen würde (Animismus). Auf der nächsten Stufe führt er ganze Klassen von Erscheinungen jeweils auf eine Gottheit zurück. Es gibt den Gott des Meeres, der Winde, der Fruchtbarkeit und so weiter (Polytheismus). Auf der höchsten Stufe des theologischen Stadiums führt er schließlich sämtliche Erscheinungen auf einen einzigen Gott zurück (Monotheismus). Das theologische Stadium entspricht der Kindheit des menschlichen Geistes.
>
> Im **metaphysischen oder abstrakten Stadium** ersetzt der Mensch übernatürliche Wesenheiten wie Götter oder Geister durch abstrakte Kräfte und Energien, durch metaphysische Begriffe. An die Stelle des Gottes wird „die Natur" gesetzt. Dieses Stadium ist ein Schritt hin zur Wissenschaftlichkeit. Doch es ist immer noch verfangen in der Suche nach dem Absoluten, in ideellen Begrifflichkeiten, welche keine konkrete Entsprechung in der sichtbaren Welt haben. Es sind dies die metaphysischen-idealistischen Weltgebäude der Philo-

sophie, welche auf abstrakten Idealtypen aufbauen. Das metaphysische Stadium entspricht dem Jugendalter des menschlichen Geistes.

Im **wissenschaftlichen oder positiven Stadium** schließlich gibt der Mensch die Suche nach dem Absoluten, nach Ursprung und Endzweck des Universums, auf. Er erkennt, dass es sinnlos ist, nach dem „wahren Wesen" der Dinge im Transzendenten zu suchen. Stattdessen beschränkt er sich in seinem Erkenntnisdrang auf das Positive, auf die Welt des Sichtbaren, auf das konkret Fassbare, so wie das Positiv eines fotografischen Bildes (scheinbar)[31] nur das zeigt, was existiert. Es zählen nur noch Beobachtung, Messung und Empirik. Nur die Tatsachen und die kausalen Beziehungen zwischen den Tatsachen sind von Belang, die zuverlässigen und überprüfbaren Gesetze der materiellen Welt. Das Endziel des positiven Stadiums ist es, die Beziehungen zwischen allen Einzeltatsachen zu kennen, diese auf allgemeine Tatsachen und schließlich auf eine einzige allgemeine Tatsache, also auf ein Weltgesetz, zurückzuführen. Das positive Stadium entspricht dem Mannesalter des menschlichen Geistes.

Comte sieht sein „System der positiven Philosophie" als goldenen Endpunkt dieser Entwicklung vom spekulativen Glauben hin zur objektiven Wahrheit. Dass es jedoch keine objektive Wirklichkeit ohne ein interpretierendes Subjekt geben kann, dass insofern auch die objektivistischste Theorie am Ende ein subjektiv-spekulatives Konstrukt ist,[32] übersieht er dabei. Die Tatsache, dass seine „objektiv-positivistischen" Gesetze, das Dreistadiengesetz und das Enzyklopädische Gesetz, heute als metaphysische Spekulation gelten, demonstriert dies anschaulich.

Der Historische Materialismus von Karl Marx

Eine weitere positivistische Stufenleiter findet sich im Historischen Materialismus von Karl Marx (1818 – 1883).[33] Wie Hegel und Comte glaubt auch Marx, dass die gesamte Weltgeschichte ein Prozess ist, der von einheitlichen Gesetzen beherrscht wird und auf ein Endziel hinstrebt. Der historische Materialismus ist im Grunde eine Fortsetzung der dialektischen Geschichtsphilosophie von Hegel, wobei Marx diese „vom Kopf auf die Füße stellt". Er ersetzt ihren idealistischen Hintergrund durch einen positivistischen. Nicht mehr der menschliche Geist und seine Ideen sind der Motor hinter dem Fortschritt, sondern einzig und allein die materiellen Notwendigkeiten, die Produktivkräfte. „Die Geschichte aller bisherigen Gesellschaft ist die Geschichte von Klassenkämpfen."[34], erklärt er bereits im ersten Satz des Kommunistischen Manifests. Somit muss das

Endziel der menschlichen Gesellschaft das Ende aller Klassen sein, die klassenlose Gesellschaft. Auf diesem Grunddogma aufbauend versucht er, „das ökonomische Bewegungsgesetz der modernen Gesellschaft zu enthüllen“[35] und somit die Zukunft der Menschheit zu prophezeien. Er untersucht die historische Entwicklung der Sozialsysteme und stellt dabei fest, dass diese bislang fünf verschiedene Stufen, fünf verschiedene ökonomische Gesellschaftsformationen durchlaufen haben:[36]

Die **Urgesellschaft** ist für Marx die erste und urtümlichste Gesellschaftsformation. Alle Völker haben sie in ihrer Frühzeit durchlaufen. Sie war eine klassenlose Gesellschaft mit geringer Produktivität und geringer Arbeitsteilung. Die Produktionsmittel befanden sich im Eigentum der Gemeinschaft. Die Ergebnisse der gemeinsamen Arbeiten wie Jagd, Fischfang oder Früchtesammeln wurden gleichmäßig verteilt. Privateigentum beschränkte sich auf persönliche Waffen oder Gebrauchsgegenstände. Die Entwicklung der Produktivkräfte führte schließlich zur zunehmenden Arbeitsteilung. Viehzucht und Ackerbau trennten sich. Das Handwerk entstand und damit verbunden der Tauschhandel. Die Arbeitsteilung erhöhte die Produktion, sodass immer mehr Überschüsse erwirtschaftet werden konnten. So entwickelte sich das Privateigentum und mit ihm die ökonomische Ungleichheit. Die Spaltung in Arm und Reich führte schließlich zum Ende der Urgesellschaft. Ausbeutung und Unterdrückung hielten Einzug. Die Klassengesellschaft entstand und mit ihr die Sklavenhaltergesellschaft.

Die **Sklavenhaltergesellschaft** soll im westlichen Kleinasien entstanden sein und ist bezeichnend für die Antike. Insbesondere bei den Griechen und Römern hatte sie ihre Blüte. Ihre Produktivkräfte beruhten vor allem auf der Kenntnis und Anwendung des Eisens. Der Staat und das Recht, sowie die Anfänge von Wissenschaft und Philosophie entstanden in dieser Epoche und dienten ihr als geistiger Überbau. Laut Marx bestand der Grundwiderspruch dieser Gesellschaftsformation darin, dass die Sklaven produzierten, aber die Sklavenhalter sich das Mehrprodukt und die Produzenten durch physische Gewalt aneigneten. Ein Klassenkampf zwischen Sklaven und Sklavenhaltern, aber auch zwischen verschiedenen Fraktionen der Sklavenhalterklasse war die notwendige Folge. So soll die Sklavenhaltergesellschaft schließlich an ihren inneren Widersprüchen zugrunde gegangen sein.

Der **Feudalismus** ging aus der Sklavenhaltergesellschaft hervor oder, wo es keine solche gegeben hat, direkt aus der Urgesellschaft. Die wichtigsten Produktionsfaktoren, Grund und Boden, gehörten den Feudalherren. Die unmittelbaren Produzenten, hörige und leibeigene Bauern, wurden ausgebeutet in Form von Feudalrente, Frondienst und Naturalabgaben. Die erste Phase des Feudalismus setzt Marx etwa 500 – 1100 n. Chr. an. In dieser bildeten sich die

Herrschaftsstrukturen heraus. Die Landwirtschaft war der vorherrschende Produktionszweig. Etwa 1100 – 1500 entfaltete sich die Hochphase des Feudalismus. Die Produktivkräfte steigerten zunehmend ihre Produktivität. Die handwerkliche Produktion erlangte wachsende Bedeutung und wurde in Gilden und Zünften organisiert. Ab 1500 sorgten die raschen Fortschritte im Handwerk und im Handel für einen allmählichen Niedergang des Feudalismus. Das Aufkommen von ausgeprägtem Handel, Banken, Verlagswesen und Manufakturen, sowie zahlreiche bürgerliche Revolutionen leiteten bis zum Ende des 18. Jahrhunderts die Gesellschaft schrittweise hinüber zum Kapitalismus.

Der **Kapitalismus** ist schließlich die letzte der Ausbeutergesellschaften. Er beruht auf dem privatkapitalistischen Eigentum an den Produktionsmitteln. Ein hoher technischer Entwicklungsstand und ausgeprägte Arbeitsteilung sind charakteristisch. Die Hauptklassen sind die Bourgeoisie (Kapitalisten) und die Arbeiterklasse (Proletariat). Diese ist zwar juristisch frei, hat aber kein Eigentum an den Produktionsmitteln. Deshalb muss sie ihre Arbeitskraft gegen Lohn verkaufen. Sie bekommt jedoch weniger bezahlt als sie mit ihrer Arbeit an Werten produziert. Dieser Mehrwert fließt den Kapitalisten als Profit zu. So akkumulieren diese das Kapital immer mehr in ihren Händen. Die Nebenklassen wie Grundbesitzer, Bauernschaft, Handwerker und Intelligenz können im Kapitalismus auf Dauer nicht bestehen. Ein geringer Teil steigt auf zur Bourgeoisie. Der größere Teil wird ins Proletariat hinabgestoßen. So verschärfen sich die antagonistischen Klassengegensätze immer mehr. Die Kluft zwischen den Besitzenden und den Besitzlosen wächst. Periodische Wirtschaftskrisen, Kriege und Klassenkämpfe sind die Folge. Die freie Konkurrenz führt schließlich dazu, dass sich die Kapitalisten gegenseitig auffressen, dass wenige Großkapitalisten die Betriebe von immer mehr Kleinkapitalisten übernehmen. Riesige zentralistische Kapitalakkumulationen sind die Folge. Monopole entstehen. Daraus wird zunehmend ein staatsmonopolistischer Kapitalismus. In dieser letzten Phase des Kapitalismus, den Marx Imperialismus nennt, stehen schließlich so wenige Großkapitalisten einer überwältigenden Masse an Arbeitern gegenüber, dass es mit naturgesetzlicher Sicherheit zum Umsturz kommen muss. Das Proletariat „enteignet die Enteigner", führt die „Expropriation der Expropriateure" durch. Sämtliche Produktionsmittel gehen ins Gemeinschaftseigentum ein.

Der **Kommunismus** ist somit der goldene Endpunkt der gesellschaftlichen Entwicklung. Er ist die perfekte Gesellschaftsformation, welche nicht mehr weiter verbessert werden kann. Das Privateigentum ist abgeschafft. Alle Produktionsfaktoren und Güter befinden sich im Gemeinschaftseigentum des Volkes. Es gibt keine Klassen mehr, keine sozialen Unterschiede zwischen den Menschen. Mit der klassenlosen Gesellschaft ist das Endziel der Menschheitsgeschichte erreicht.

Das Kommen dieses goldenen Zeitalters, der Wechsel vom Kapitalismus zum Kommunismus, war für Marx und seine Anhänger ein Naturgesetz, eine wissenschaftliche Tatsache. Über hundert Jahre wurde eisern daran festgehalten, dass die weltweite Überwindung des Kapitalismus nur noch eine Frage der Zeit wäre. Zahllose Bücher wurden nicht müde, diese historische Notwendigkeit gebetsmühlenartig zu betonen. Selbst in den 1980er Jahren, in der Endphase der Sowjetunion und des Ostblocks, wurden der Marxismus-Leninismus und der Historische Materialismus als Gipfel der wissenschaftlichen Erkenntnis gepriesen, als Naturgesetze des Sozialen. Folgendes Zitat wurde der Fülle an Progn-Ost-ikliteratur entnommen und ist typisch für ihre Parolen:

> „Man kann die Zukunft nicht vorhersagen, ohne den Charakter der gegenwärtigen gesellschaftlichen Entwicklung zu begreifen. Und es gibt nur eine wissenschaftliche Theorie, die imstande ist, diesen Charakter in all seiner Kompliziertheit und Vielfalt zu erfassen – das ist die Theorie des Marxismus-Leninismus. Drei ihrer großen Entdeckungen bilden die Basis sowohl für eine wissenschaftliche Geschichtsphilosophie als auch für ein effektives revolutionäres Programm der Umgestaltung der gegenwärtigen Gesellschaft und eine zuverlässige Vorhersage der Zukunft.
> Das ist erstens die Idee der Gesetzmäßigkeit der progressiven Entwicklung der Gesellschaft, die sich im Ergebnis der Ablösung der sozialökonomischen Formationen vollzieht.
> Das ist zweitens der Gedanke, dass die Triebfeder des historischen Prozesses die Entwicklung der Produktivkräfte ist, die ihrerseits das Bedürfnis nach neuen Produktionsverhältnissen oder einer neuen ökonomischen Basis der Gesellschaft und eines ihr entsprechenden politisch-ideologischen Überbaus erzeugt.
> Das ist drittens der Gedanke, dass die Triebkraft der gesellschaftlichen Entwicklung der Klassenkampf ist, der im Kapitalismus notwendigerweise in die sozialistische Revolution unter Führung der Arbeiterklasse mündet."[37]

Natürlich weiß man nie, was die Zukunft bringen wird, ob es vielleicht in einigen Jahrzehnten oder Jahrhunderten tatsächlich einen kommunistischen Weltstaat geben wird. Aus heutiger Sicht scheint es jedoch offensichtlich, dass es doch ganz anders gekommen ist als Marx mit seinen wissenschaftlich-objektiven Verlaufsgesetzen der Geschichte prophezeit hat. Der Historische Materialismus war am Ende nichts anderes als eine subjektivistische Spekulation, also genau das, was er an Hegel und den Idealisten immer kritisiert hat. Er war ein Glaubenssystem, eine Heilslehre,

aber nicht das Naturgesetz des Sozialen, als welches er von seinen Verfechtern viele Jahrzehnte lang ausgegeben worden ist.
In einigen hundert Jahren wird man wohl kaum noch einen Unterschied sehen können zwischen Marxens Stufenleiter der fünf ökonomischen Gesellschaftsformationen, Comtes Dreistadiengesetz, den Weltzeitaltern bei Hesiod und den Christen oder den fünf Sonnen der Maya und Azteken. Die Einteilungen und Abstufungen werden künftigen Modernisten wohl ebenso willkürlich und mystisch vorkommen wie uns die Stufenleitern der fernen Vergangenheit. Und dennoch steckt in allem seine Wahrheit.

Die vier Schrittarten der Zeit

Ob Weltzeitalter, Schicksalschroniken oder Stufenleitern, all diese Lehren interpretieren die Zeit als Linie mit einem Anfang und einem Ende und teilen diese in verschiedene Phasen und Epochen. Über Form und Verlauf dieser Linie sind sie geteilter Ansicht. Es gibt hierzu im Wesentlichen vier verschiedene Ansätze:

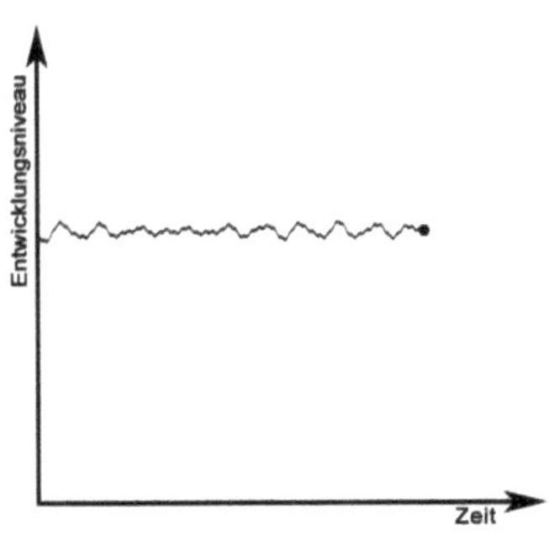

Die Fluss-Theorien:
Die Geschichte der Menschheit beginnt irgendwann und endet irgendwann. Zwischen Anfang und Ende läuft sie dahin wie ein ebenmäßiger Fluss. Die einzelnen Phasen haben zwar verschiedene Qualitäten, es ist aber keine besser oder schlechter als die anderen.

z.B.: Etruskische Säkula, christliche Zeitalter nach Eusebius, Papst-Prophezeiungen, die Fünf Sonnen der Maya und Azteken

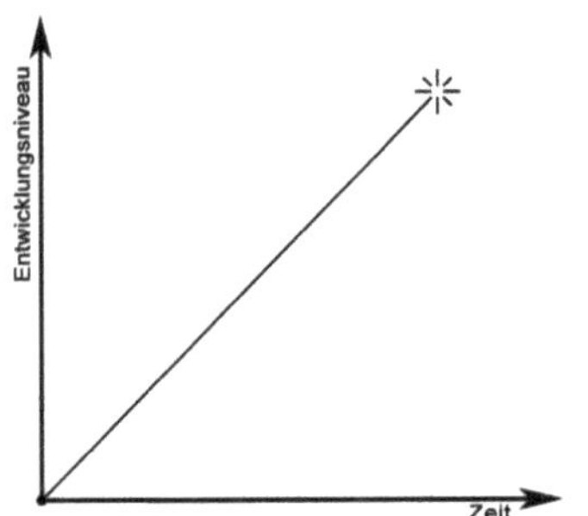

Die Aufstiegs-Theorien:
Die Geschichte der Menschheit ist ein kontinuierlicher Aufstieg vom Primitiven und Barbarischen zum Zivilisierten und Feingeistigen, vom Unreifen zur Blüte, vom Schlechten zum Guten. Das Goldene Zeitalter ist der Endpunkt, das Ziel dieser Stufenleiter des Fortschritts.

z.B.: Hegels Geschichtsphilosophie, Comtes Dreistadiengesetz, Historischer Materialismus von Marx

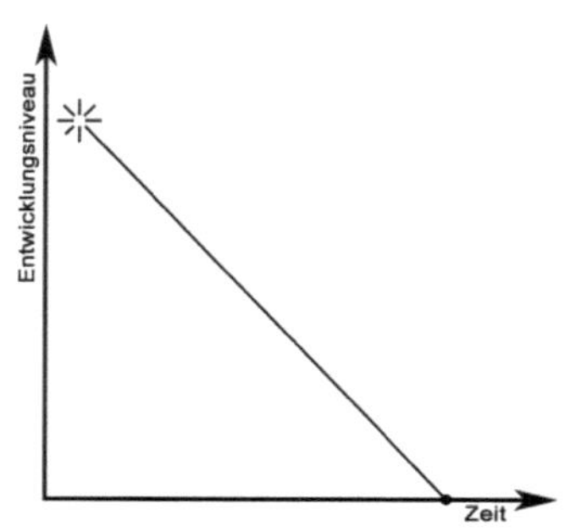

Die Niedergangs-Theorien:
Die Geschichte der Menschheit ist ein kontinuierlicher Abstieg vom reinen, harmonischen Urzustand hinunter zu Entartung und Disharmonie. Von Generation zu Generation wächst die Degeneration. Alles wird immer schlechter. Das Goldene Zeitalter war am Anfang. Das Ende wird die schlechteste aller Welten sein.

z.B.: Weltzeitalter bei Hesiod und Ovid, Weltreiche des Propheten Daniel, Die vier Welten der Hopi

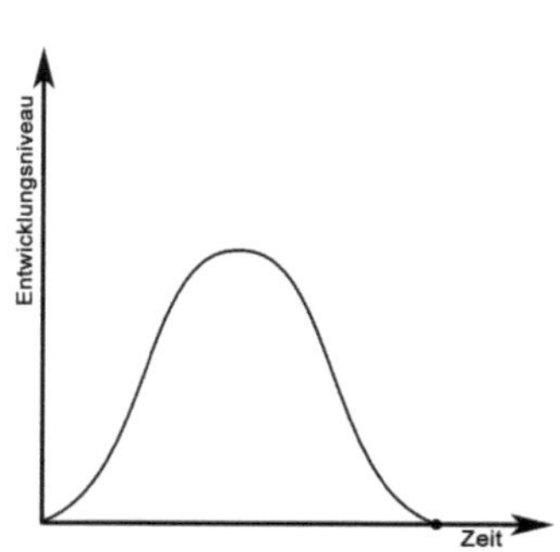

Die Lebensalter-Theorien:
Die Geschichte der Menschheit verläuft analog zum Leben des Menschen. Sie durchwandert Kindheit, Jugend, Mannesalter und schließlich das Greisenalter. Die erste Hälfte der Zeitlinie entspricht also einem Aufstieg, die zweite Hälfte einem Nachlassen der Kräfte. Diese Kurvenform ist bereits der erste Schritt hin zu den zyklischen Zeitmodellen.

z.B.: christliche Zeitalter nach Augustinus, Lebensalter der Erde nach Fourier

02. Moderne Wachstumskurven und Trend-Extrapolation

Auch heute unterteilen renommierte Theorien Entwicklungsprozesse in Stadien. Insbesondere die BWL ist berüchtigt dafür, jeglichen Ablauf in Kästchen und Pfeile zu stecken. Die Phasenmodelle sind hier besonders zahlreich. So wird die Formierung eines Unternehmens nach Bernard Lievegoed und Friedrich Glasl unterteilt in Pionierphase, Organisationsphase, Integrationsphase und Assoziationsphase.[38] Ein anderes Beispiel ist das „Group Development Model" (1965) von Bruce Tuckman, welches den Gruppenbildungsprozess einteilt in Forming, Storming, Norming und Performing.[39] Derartige Modelle gibt es in der BWL unzählige. Sie konstruieren feste Ablaufchronologien. Die Entwicklung eines Unternehmens, einer Gruppe, eines Produkts durchläuft die Phasen Eins, Zwei, Drei und Vier. Die meisten dieser Phasenmodelle möchten nicht nur idealtypisch erklären, wie es abläuft, sondern auch Orientierung bei Planung und Prognose geben. Denn jede Phase zeichnet sich durch besondere Chancen und Herausforderungen aus und erfordert deshalb spezielle Handlungsstrategien zur effektiven Bewältigung.

Der Produktlebenszyklus

Wohl am bekanntesten ist der Produktlebenszyklus.[40] Zwar möchte man auf den ersten Blick vermuten, dass dieser zu den zyklischen Zeitmodellen gehört. Doch trotz seines Namens handelt es sich bei ihm vor allem um eine lineare Abfolge von Phasen, welche sich von einem Anfang bis zu einem Ende erstrecken. Wiederholungen oder Kreisläufe gibt es im Standardmodell keine. Das Grundschema deckt sich mit jenem der Lebensalter-Theorien, wie wir sie bereits bei den Weltzeitaltern von Augustinus oder bei Charles Fourier kennengelernt haben. Ein Produkt durchläuft analog zum organischen Leben einen Zyklus von Geburt, Wachstum, Reife, Alter und schließlich Tod. Dieser Zyklus wird in der Regel in vier bis sechs Phasen unterteilt. Es gibt aber auch Varianten mit neun Phasen (McKinsey-Matrix) oder gar sechzehn bis zwanzig Phasen (Modell von Arthur D. Little). Die übliche Variation des Produktlebenszyklus sieht folgendermaßen aus:[41]

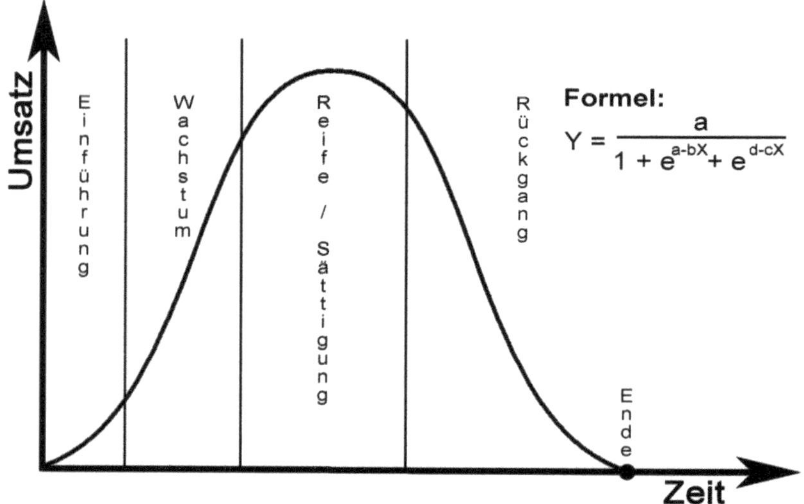

1. **Einführungsphase:** Das Unternehmen bringt ein neues Produkt auf den Markt und muss es zuerst einmal bekannt machen. Dazu sind hohe Investitionen in Werbung und PR notwendig. Durch die hohen Kosten des Imageaufbaus können in dieser Phase weder die Selbstkosten gedeckt, noch Gewinne erzielt werden. Häufig geschieht es, dass der Markt das Produkt nicht annimmt und es gar nicht über die Einführungsphase hinauskommt. Schafft das Produkt es hingegen, irgendwann den Break-Even-Punkt zu erreichen, so beginnt die Wachstumsphase.

2. **Wachstumsphase:** Sobald erstmals Gewinne erzielt werden können, beginnt die Wachstumsphase. Die Ausgaben für Werbung und Öffentlichkeitsarbeit sind immer noch sehr hoch. Dafür beschleunigt sich aber das Wachstum. Das Produkt wird laufend weiterentwickelt, verbessert und an die Kundenwünsche angepasst. Je erfolgreicher das Produkt ist, desto mehr ruft es jedoch Konkurrenten und Plagiatoren auf den Markt, welche versuchen, dem Unternehmen Marktanteile wegzunehmen. So stagniert früher oder später das Wachstum. Es folgt die Reifephase.

3. **Reifephase:** Die Reifephase ist die längste Marktphase. Das Produkt hat zahlreiche Adaptionen durchlaufen und wird nur noch marginal weiterentwickelt. In Forschung und Entwicklung muss kaum noch investiert werden. Auch die Ausgaben für Marketing und Werbung können zurückgeschraubt werden, weil das Produkt hinreichend bekannt ist. Dadurch können in dieser Phase die meisten Gewinne abgeschöpft werden. Da die Konkurrenz jedoch ebenfalls hoch ist, können die Marktanteile irgendwann

nur noch durch Preissenkungen gehalten werden. Ein Rückgang des Gewinns ist die Folge.

4. **Sättigungsphase und Rückgang:** Schließlich tritt die Sättigung des Marktes ein. Der Großteil der potentiellen Interessenten ist bereits Kunde. Die Nachfrage am Produkt ist gestillt. Der Markt schrumpft. Der Umsatz geht immer mehr zurück. Es lohnt sich nicht mehr, in irgendeiner Weise zu investieren. Stattdessen werden die Lager abverkauft und die Produktionsanlagen abgerüstet. Wenn schließlich auch der Kundenservice und die Ersatzteilversorgung für das Produkt eingestellt sind, dann beendet das Produkt seinen Zyklus und stirbt. Es kann aber auch vorkommen, dass man das Produkt in dieser Phase erheblich modifiziert und neu positioniert (Relaunch).

Wie bei den magischen Lebensalter-Theorien durchläuft das Produkt die menschlichen Entwicklungsetappen von der Geburt bis zum Tod, erlebt Kindheit, Jugend, Mannesalter und Greisenalter. Jede dieser Phasen ist durch zahlreiche idealtypische Merkmale charakterisiert. So lässt sich das Zyklus-Schema für die strategische Planung und Prognose nutzen. Folgende Tabelle zeigt die wichtigsten Merkmale der einzelnen Phasen:

	Einführung	**Wachstum**	**Reife**	**Rückgang**
Wachstumsrate	unbestimmt	hoch	gering	Null/negativ
Marktpotential	unklar	klarer	überschaubar	bekannt
Anzahl der Mitbewerber	klein	erreicht den Höchstwert	Grenzanbieter scheiden aus	weitere Verringerung
Verteilung der Marktanteile	nicht abschätzbar	Konzentration	Konzentration	Konzentration
Kundentreue	gering	höher	abnehmend	höher
Stabilität der Marktanteile	gering	höher	hoch	hoch
Eintritts-möglichkeiten	gut (noch kein starker Wettbewerb)	noch gut, v.a. bei hohem Wachstum	geringer	meist uninteressant
Rolle der Technologie	hoher Einfluss	hoher Einfluss	Schwerpunkt verschiebt sich vom Produkt zum Herstellungsverfahren	Technologie ist bekannt, verbreitet und stagnierend

Merkmale der einzelnen Phasen des Produktzyklus nach Jürgen Weber[42]

In der zeitgenössischen BWL ist der Produktlebenszyklus fest verankert. Er gehört zum Standard-Arsenal eines jeden Lehrbuchs für Marketing oder Unternehmensführung. Das Schema ist verführerisch einfach und deshalb geradezu prädestiniert für die Betriebswirtschaftslehre. Das kann jedoch nicht über einige gravierende Schwächen hinwegtäuschen, welche seine Brauchbarkeit als Prognoseinstrument sehr einschränken. Der wichtigste Kritikpunkt ist, dass dieses Idealschema keinerlei Angaben über die Längen der einzelnen Phasen erlaubt. Diese sind nur ex-post feststellbar, also erst, wenn der Zyklus bereits vollendet ist. Die einzelnen Phasen können nur mehrere Monate dauern, aber auch viele Jahrzehnte lang. Zudem ist auch nicht ganz klar, wie genau sich die einzelnen Phasen voneinander abgrenzen. Exakt definiert ist lediglich der Übergang von der Einführungsphase zur Wachstumsphase als jener Punkt, an dem die Einnahmen erstmals die Ausgaben übersteigen (Break-Even). Aber wo genau endet die Wachstumsphase? Wann wird die Reifephase zur Sättigungsphase? Meist wissen das nicht einmal die Hersteller selbst. Ein ähnliches Abgrenzungsproblem besteht beim Produkt selbst. Was ist lediglich eine Produktvariation und was ist bereits ein neues Produkt? Zählt eine entfernte Adaption noch zum Lebenszyklus des ursprünglichen Produkts oder beginnt mit ihm bereits ein eigenständiger, neuer Zyklus? All diese Übergänge sind fließend. Dadurch eignet sich dieses Schema für exakte Prognosen ebenso wenig wie Weltzeitalter und Stufenleitern.

Ein weiteres Problem ist, dass der Lebenszyklus keinerlei externe Faktoren wie beispielsweise konjunkturelle oder strukturelle Einflüsse berücksichtigt. Denn durch solche kann im Extremfall eine Wachstumsphase unmittelbar in die Niedergangsphase münden oder eine lange Niedergangsphase wieder einen plötzlichen Wachstumsschub bekommen. Zudem gibt es zahlreiche Produkte, deren Entwicklung sich in keiner Weise mit dem Verlaufskonstrukt des Produktlebenszyklus deckt. Gebrauchsgegenstände wie Nägel oder Holzbretter befinden sich schon seit Jahrtausenden in ihrer Reifephase. Selbiges gilt für Grundnahrungsmittel wie Brot oder Fleisch. Und es sieht nicht danach aus, dass sie in absehbarer Zukunft in die Rückgangsphase kommen werden. Aber auch zahlreiche Markenprodukte halten sich nicht an das Lebenszyklus-Modell. Coca Cola, McDonalds, Nivea oder Persil sind bereits seit vielen Jahrzehnten im Wachstum, beziehungsweise reif, ohne dass ein Abschwung in Sicht wäre. Andere Produkte wie Rollschuhe, Skateboards, Armbanduhren mit Zeigern, Vinyl-Schallplatten oder Analog-Synthesizer haben bereits mehrere Zyklen von Wachstum und Niedergang durchlaufen, ohne dass sie dabei endgültig verstorben wären. Zahlreiche Popstars oder Schauspieler feiern Comebacks, lange nachdem ihr Produktlebenszyklus bereits abgelaufen ist. Gerade bei Zeitgeistprodukten kommt es häufig zu derartigen Revivals und Modewellen. An solchen Beispielen wird offensichtlich, dass der Produktlebenszyklus ein idealtypisches Konstrukt ist wie so viele Modelle der BWL. Manchmal kommt es so oder ähnlich, oft aber auch gänzlich anders. Am Ende bleibt die Theorie ein Gedankenspiel, bei dem die Wirklichkeit oft nicht mitspielen will.[43]

Wachstumskurven

Die zweite Art von Modellen, welche sich an die Prozesse des Lebens anlehnen, sind Wachstumskurven. Sie sind den Lebenszyklus-Kurven sehr ähnlich. Auch hier kommt es nach einer eher gemütlichen Anfangsphase zu einem raschen Aufschwung. Irgendwann bremst das Wachstum ab. Die Zuwachsrate nimmt ab, bis die Kurve das Sättigungsniveau erreicht. Danach folgt jedoch kein Rückgang. Vielmehr pendelt sich das Entwicklungsniveau nahe der Sättigungsgrenze ein. Derartige S-Kurven gehen von der Prämisse aus, dass jedes System eine natürliche Wachstumsgrenze hat, welche es nicht überschreiten kann. Es kann sich dieser Grenze jedoch annähern und auf diesem höchstmöglichen Niveau verharren. Dort wird die Kurve zu einer gleichbleibenden Geraden.
Solche Wachstumskurven gibt es in der Natur zahlreiche. Beispielsweise das Längenwachstum der Sonnenblume erfolgt nach einer derartigen S-Kurve. Am Anfang sprießt sie relativ langsam. Für die ersten 15 Zentimeter braucht sie ganze sieben Tage. Danach nimmt die Wachstumsrate rasant zu. Ihre stärkste Zunahme erfolgt um den zwanzigsten Tag, ihr Maximum um den 35. Tag. Danach verlangsamt sich das Wachstum. Am 70. Tag kommt es schließlich zum Stillstand. Die Maximalgröße von etwa 2,50 Metern ist erreicht. Die Sonnenblume ist ausgewachsen.[44] Derartige Wachstumskurven lassen sich mit folgender Formel berechnen:

$$Y = \frac{a}{1 + e^{a-bX}} + b$$

Y ist die analysierte Größe, a der Ausgangswert des Trends, b die absolute Veränderung von Y pro Beobachtungsperiode und X die Zeiteinheit. Man hat versucht, dieses Grundgesetz des natürlichen Wachstums auch auf soziale Prozesse, insbesondere auf das Wirtschaftsleben anzuwenden. Wenn schon das Wachstum von Pflanzen begrenzt war und einer gebogenen Linie folgte, warum sollte dann nicht auch selbiges für das Wachstum von Wirtschaftssektoren gelten? Und tatsächlich finden sich häufig derartige S-Kurven, wenn man die historische Entwicklung ökonomischer Größen untersucht.

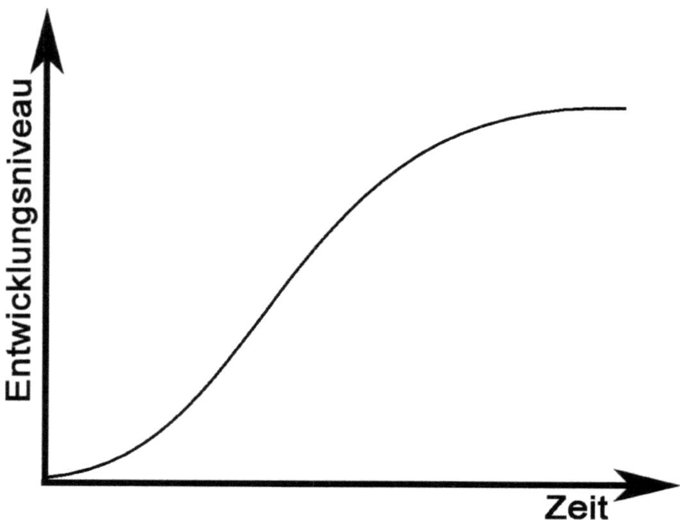

Ein Beispiel ist der Welt-Energieverbrauch pro Kopf. Folgende Grafik aus einer Studie aus den späten 1980er Jahren zeigt den Verlauf dieses Werts vom Jahr 1850 bis in die damalige Gegenwart. Wie man sieht, stieg der Energieverbrauch bis in die 1930er Jahre entlang einer typischen S-Kurve. Das Sättigungsniveau lag etwa bei 1 Tonne Steinkohle pro Kopf. Man hätte also vermuten können, dass bei diesem Wert eine natürliche Wachstumsgrenze liegt und die Entwicklung stagniert. Tatsächlich begann dann jedoch nach einer Phase chaotischer Schwankungen eine neue Wachstumskurve steil nach oben zu laufen. Das Sättigungsniveau wurde durchbrochen und verdoppelte sich bis Ende der 1980er auf über 2 Tonnen Steinkohle pro Kopf.

Dann hatte es abermals den Anschein, als ob die Kurve abflachen und an einem neuen Sättigungspunkt stagnieren würde. Doch dessen kann man sich niemals sicher sein. Wie die strichlierten Linien zeigen, gab es für die damalige Zukunft drei verschiedene Szenarien. Der Verbrauch konnte sich tatsächlich bei etwa 2 Tonnen pro Kopf einpendeln und dann konstant auf diesem Niveau bleiben. Es konnte aber auch sein, dass eine neue Wachstumskurve beginnen und der Verbrauch abermals stark ansteigen würde. Zudem war es zumindest theoretisch möglich, dass die Entwicklung seit den 1930er Jahren gar keine Wachstumskurve war, sondern lediglich die erste Hälfte eines Lebenszyklus. In diesem Fall würde der Energieverbrauch künftig sinken. Das war zwar nicht wahrscheinlich, aber zumindest vorstellbar, etwa im Fall der Erfindung einer neuen, extrem energiesparenden Basistechnologie. Welchen weiteren Verlauf die Entwicklung in Zukunft nehmen würde, war also ungewiss. Die Ersteller dieser Studie konnten nach Ihren Berechnungen für die damalige Zukunft lediglich feststellen, was wir auch ohne derartige Kurven wissen würden: Der Verbrauch wird entweder stagnieren, steigen oder sinken.

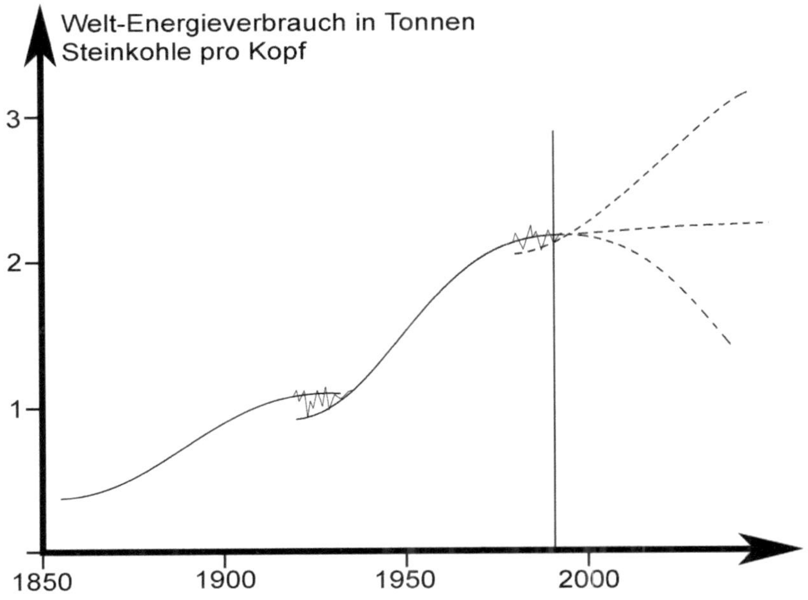

Extrapolation von Wachstumskurven – Wie geht es weiter?[45]

Trend-Extrapolation und Extrapolationsfalle

Dieses Beispiel leitet uns über zu einer der beliebtesten Prognosemethoden der Moderne, der Trend-Extrapolation. Bei der Extrapolation werden Zeitreihen wie jene des Energieverbrauchs pro Kopf analysiert. Man untersucht, inwieweit die bisherigen Datenreihen einem regelmäßigen Muster folgen. Die einfachste Form eines solchen Musters ist eine Gerade. Hier nimmt der Trend mit konstanten absoluten Veränderungsraten zu oder ab. Im Grunde kann die Kurve jede mathematisch erdenkliche Form haben, beispielsweise auch exponentiell oder parabolisch. Häufig folgen die Zeitreihen auch Wachstumskurven oder Lebenszyklus-Kurven.[46] Doch bereits das Beispiel vom Energieverbrauch pro Kopf zeigt die Problematik der Extrapolation. Man kann zwar in den meisten historischen Zeitreihen im Nachhinein regelmäßige Muster und Gesetzmäßigkeiten finden. Man weiß aber nie, inwieweit sich diese auch in der Zukunft fortsetzen werden. Zwar scheint es in der langfristigen Entwicklung zahlreicher Wirtschaftsgrößen eine Phase zu geben, meist in der Mitte der Kurve, in welcher die Wachstumsrate relativ stabil ist. Doch im Vorhinein kann man nie sagen, wie lange diese dauern wird. Die Kurve kann jederzeit abflachen, einbrechen, stärker ansteigen oder sich zu einer neuen Kurve, zu einem neuen Muster entwickeln. Dies gilt insbesondere bei der Prognose von Einzelgrößen. Stabiler sind die Kurven von aggregierten Größen, von Kennzahlen, welche aus der Kombination von dutzenden, hunderten oder gar tausenden Einzelwerten entstehen, beispielsweise das Bruttoinlandsprodukt. Solche Kurven verlaufen relativ konstant. In wirtschaftlich stabilen Zeiten erlauben sie durchaus treffende Prognosen. Doch gerade dann, wenn man eine exakte Prognose besonders gebrauchen könnte, in den wirtschaftlich unsicheren Zeiten, kann es auch bei aggregierten Kennzahlen zu Trendbrüchen kommen.

Die Unfähigkeit der Trend-Extrapolation, solche Trendbrüche zu erkennen, mindert ihren prognostischen Wert gerade in Zeiten der Schnelllebigkeit und des raschen Wandels. Und da man nie weiß, ob und wann solche unsicheren Zeiten in der Zukunft kommen werden, ist auch ihr Wert für Langfristprognosen beschränkt. Die Trend-Extrapolation kann lediglich sagen, wie es sein wird, wenn alles genauso weiterlaufen wird wie bisher. Doch gerade dieses Szenario ist in der Regel die unwahrscheinlichste aller Zukünfte. Zudem stecken gerade die interessantesten

Zukunftschancen in jenen beginnenden Kurven, deren Verlauf sich noch nicht zu einem erkennbaren Trend stabilisiert hat.
Dass Zukunft eben stets mehr ist als die Fortschreibung von Vergangenheit und Gegenwart, demonstrieren anschaulich die Zukunftsromane des 19. Jahrhunderts. Wie auch die moderne Zukunftsforschung tendierten diese dazu, die Perspektiven neuer Technologien geradlinig in die Zukunft hinein zu verlängern. Stanislaw Lem (1921 – 2006) schreibt in der „Summa technologiae":

> „Deshalb entwarfen die Utopisten und Zeichner des 19. Jahrhunderts eine uns heute urkomisch erscheinende allerorten von Ballons beflogene oder auch allseits mit Dampfkraft betriebene Welt, deshalb auch werden heute die interstellaren Welten mit kosmischen Schiffen bevölkert, an deren Bord sich eine wackere Mannschaft mit Wachhabenden und Steuerleuten und ähnlichem befindet. (...) Das kann man natürlich machen, sofern man bedenkt, dass es sich eben nur um ein Spiel handelt. Mit der Geschichte allerdings haben derartige Vereinfachungen nichts zu tun. Wir erkennen in ihr keine geraden Bahnen der Entwicklung, sondern vielmehr Zickzackformen einer nicht linearen Evolution."[47]

Gerade wenn man vergangene Zukunftsbilder von Experten betrachtet, muten viele Fortschreibungen der damaligen Gegenwart heute skurril an. Ein vielbeachtetes Werk im Jahr 1910 war das Buch „Die Welt in 100 Jahren", herausgegeben vom deutschen Journalisten Arthur Brehmer (1858 – 1923).[48] Darin schildern renommierte Forscher verschiedenster Disziplinen ihr Bild von der Welt der frühen 2000er Jahre. Das „Wundermittel Radium" wird zum unfehlbaren Heilmittel gegen Krebs, Tuberkulose, Blindheit oder das Altern und läutet ein Zeitalter völliger Krankheitslosigkeit ein.[49] Die Menschen in den afrikanischen Kolonien leben tausende Meter hoch in verankerten Lufthäusern, frei „von den Unbequemlichkeiten der tropischen Sonne."[50] Die Landwirtschaft wird „in chemischen Fabriken betrieben (...), wie überall durch Drücken auf Serien elektrischer Knöpfe."[51] Ob Elektrizität, Atomkraft, Flugwesen oder Chemie, überall wurde die Gegenwart episch in die Zukunft vergrößert und wirkt dadurch aus heutiger Sicht unfreiwillig komisch. Dieses Phänomen nenne ich die „Extrapolationsfalle". Gerade über lange Zeiträume hinweg ist die Trend-Extrapolation der sicherste Weg zur Fehlprognose. Denn die Disruption, das Modewort der 2010er Jahre, zerstört früher oder später jeden Trend und macht dadurch Platz für eine neue Zukunft.

Das Bevölkerungsgesetz von Thomas Malthus

Diesem Fehler unterlagen zahlreiche berühmte Sozialprognostiker. Als Prototyp des modernen Trend-Extrapolateurs gilt bis heute der englische Pfarrer und Nationalökonom Thomas Malthus (1766 – 1834). Er veröffentlichte 1798 sein „Essay on the Principle of Population".[52] Darin legte er seine Bevölkerungstheorie dar, deren Kern auf der Extrapolation von Zeitreihen basierte. Malthus ging der Frage nach, welche Faktoren den Fortschritt der Menschheit hin zu einem glücklichen Dasein fördern und welche diesen behindern. Als Hauptursache für Not und Unglück der Menschen identifizierte er die Tendenz allen Lebens, über die Kapazitäten seines natürlichen Nahrungsangebots hinauszuwachsen. Wenn der Mensch aber nicht in der Lage ist, seinen Geschlechtstrieb im Zaum zu halten, so folgt die Strafe auf den Fuß. Das Angebot von Nahrung und Ressourcen wächst weitaus langsamer als die Bevölkerung. Es kommt zwangsläufig zu Güterknappheit, Armut und Verteilungskämpfen. Ohne Geburtenkontrolle und sexueller Enthaltsamkeit ist das Elend vorprogrammiert.[53]

Malthus geht von der Annahme aus, dass sich die Bevölkerungsanzahl innerhalb von 25 Jahren verdoppelt, dass sie also exponentiell wächst. Dem gegenüber steigt das Nahrungsangebot jedoch lediglich linear. Von Generation zu Generation klaffen Nahrungsnachfrage und Nahrungsangebot zunehmend auseinander. Malthus schreibt:

> „Nehmen wir an, die Bevölkerung dieser Insel beträgt 11 Millionen und die Nahrungsproduktion reicht leicht zu deren Versorgung aus. Nach den ersten 25 Jahren verdoppelt sich die Bevölkerung auf 22 Millionen. Auch das Nahrungsangebot verdoppelt sich. Nach weiteren 25 Jahren wäre die Bevölkerung bereits bei 44 Millionen. Das Nahrungsangebot reicht hingegen lediglich zur Versorgung von 33 Millionen aus. In der nächsten Periode läge die Bevölkerung bei 88 Millionen. Die Verpflegungsmittel reichen nur noch für die Hälfte. Und am Ende des ersten Jahrhunderts betrüge die Bevölkerung bereits 166 Millionen, während die Versorgung lediglich für 55 Millionen Menschen gewährleistet ist. Es bleiben 122 Millionen Menschen ohne ausreichende Ernährung." [54]

	0a	25a	50a	75a	100a	125a	150a	175a	200a
Bevölkerung	1	2	4	8	16	32	64	128	256
Nahrung	1	2	3	4	5	6	7	8	9

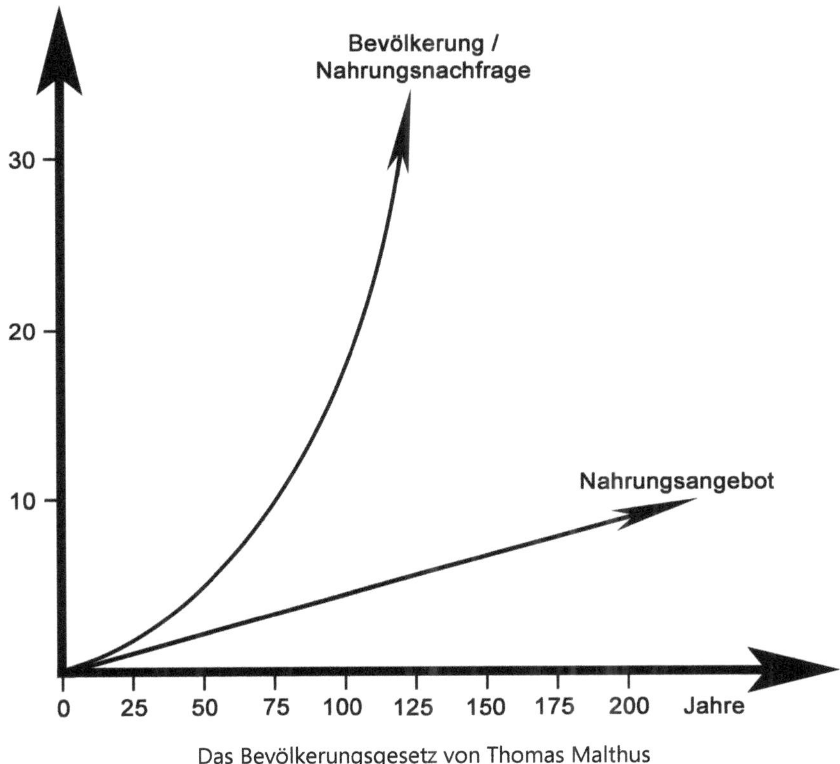

Das Bevölkerungsgesetz von Thomas Malthus

Laut dem Modell von Malthus wächst die Bevölkerung wie die Zahlenreihe 1, 2, 4, 8, 16, 32, 64, 128, 256. Das Nahrungsangebot hingegen wächst lediglich wie die Zahlenreihe 1, 2, 3, 4, 5, 6, 7, 8, 9. Nach 200 Jahren klaffen Bevölkerung und Versorgung auseinander wie 256 zu 9. Nach 300 Jahren beträgt die Diskrepanz bereits 4096 zu 13. Nach gar tausend oder zweitausend Jahren ist die Kluft so groß, dass sie kaum noch in Zahlen ausgedrückt werden kann.

Diese Diskrepanz zwischen Nahrungsangebot und Bevölkerungswachstum ist für Malthus der Hauptgrund für Not und Elend seiner Zeit. Wenn die Menschen nicht selbst ihre Fleischeslust zähmen, so können nur Kriege, Seuchen oder Hungerskatastrophen dieses ungezügelte Wachstum bremsen. Mit seiner Argumentation rief er heftigen Widerstand hervor. Vor allem wurde kritisiert, dass er den Armen Schuld an der Misere gab. Laut Malthus wäre es kontraproduktiv, die Armut mit höheren Löhnen zu bekämpfen. Denn dann würden sich diese Schichten noch viel schneller vermehren. Vielmehr plädierte er für Geburtenkontrolle und sexuelle Enthaltsamkeit der Minderbegüterten.[55]

Auch seine Annahme, dass die Nahrungsproduktion nur arithmetisch, die Bevölkerung hingegen exponentiell wächst, gilt heute als widerlegt. Laut dieser Theorie hätten im Jahr 1950 allein in Europa bereits zwölf Milliarden Menschen leben müssen. Tatsächlich waren es nur knapp 600 Millionen. Die Einwohneranzahl hat sich von 1800 – 1950 also nicht, wie von Malthus prognostiziert, vervierundsechzigfacht, sondern lediglich etwas mehr als verdreifacht. Sicherlich sollte man bei der Beurteilung von Malthus nicht vergessen, dass die Bevölkerungsstatistik damals ein neues Gebiet war und er nur auf sehr begrenzte empirische Daten zurückgreifen konnte.[56] So hat er unter anderem nicht vorausgesehen, dass mit steigendem Wohlstand immer weniger Kinder gezeugt werden, dass das Bevölkerungswachstum in den reichen Industrienationen immer mehr zurückgehen und schließlich stagnieren wird.[57] Schließlich war das Bevölkerungsgesetz von Malthus bis Mitte des 19. Jahrhunderts durchaus Realität. In Europa wurden die Menschen regelmäßig von Missernten und fatalen Hungersnöten heimgesucht. Erst die zunehmende Industrialisierung konnte dieses Phänomen nach der letzten großen Hungerkatastrophe der 1840er Jahre endlich besiegen.[58]

Die Grenzen des Wachstums vom Club of Rome

Der Malthusianismus ist bis heute ein Thema. Der Grundgedanke, dass es natürliche Grenzen für das Wachstum der Menschheit gibt, kehrt seither immer wieder. Das wohl bekannteste Beispiel aus dem 20. Jahrhundert ist die Studie des Club of Rome über „Die Grenzen des Wachstums" (1972),[59] welche wir bereits in den ersten beiden Prognostik-Bänden kennengelernt haben.[60] Zwar betonte das Team um Donella (1941 – 2001) und Dennis Meadows (*1941) stets, dass ihr Modell lediglich jene Zukunft simulieren würde, in welcher sämtliche Tendenzen so weiterlaufen wie bisher. Das Szenario sollte nicht eine fatalistische Zukunft prognostizieren, sondern die Gefahren der gegenwärtigen Entwicklungen und mögliche Lösungen aufzeigen. Doch die Kritiker sahen in den Extrapolationen des Club of Rome reine Untergangsprophetie und bezeichneten sie als Neo-

Malthusianismus. Das Fortschreiben der historischen Entwicklungskurven von Bevölkerung, Ressourcen, Nahrungsmitteln, Industrie-Output und Umweltverschmutzung in die Zukunft, das Model3 des Club of Rome wäre nichts anderes als das Malthussche Fortschreiben der historischen Kurven für Bevölkerungswachstum und Nahrungsangebot. Und ebenso wie sich Malthus in seinen Vorhersagen gründlich verschätzt hatte, so würde auch der Club of Rome mit seinen düsteren Prophezeiungen danebenliegen.

Deshalb nahmen die Autoren des Berichts die Jubiläen 1992, 2002 und 2012 zum Anlass, das Rechenmodell anhand neuester Daten und genauerer Algorithmen zu aktualisieren.[61] Zwar ergaben sich im Detail einige Änderungen der Zeitreihen und Jahreszahlen. Die grundsätzliche Aussage jedoch bleibt bestehen. Wenn Umweltverschmutzung und Ressourcenverbrauch unverändert anhalten, dann werden die Systeme zwischen 2030 und 2040 kollabieren. Nahrungslogistik und medizinische Versorgung brechen zusammen. Die Lebenserwartung und damit die Weltbevölkerungszahl sinken rapide.[62] Dabei wird davon ausgegangen, dass die permanente Grenzüberschreitung der industriellen Jahrzehnte lange gut geht, ab dem Jahr 2030 dann aber durch verschiedene Rückkoppelungsprozesse für einen plötzlichen Zusammenbruch sorgen wird.[63] Selbst wenn man das Wachstum ab sofort rigoros einbremsen würde, käme der Abschwung ab 2040.[64] Nur wenn zu den strengeren Umwelt- und Ressourcenauflagen erhebliche technologische Verbesserungen, etwa zu Schadstoffausstoß und Ertragssteigerung kommen, kann das Wohlstandsniveau ab 2040 auf dem erreichten Niveau einigermaßen stabilisiert werden.[65]
Die Skeptiker eines begrenzten Wachstums freilich lassen sich bereits seit fast fünfzig Jahren nicht von der Argumentation überzeugen. Sie sehen nur, dass seit Jahrzehnten vor dem Untergang gewarnt wird, aber selbst nach der Panik wegen Waldsterben und Ozonloch die Welt immer noch steht. Und so sehen sie auch die Klimadiskussion der späten 2010er Jahre bloß als Alarmismus, welcher ihren wirtschaftlichen Eigeninteressen entgegensteht. Wo „Die Grenzen des Wachstums" wirklich liegen, wird sich so möglicherweise erst zeigen, wenn es schon zu spät ist. Oder aber die Horrorszenarien bewirken ein Umdenken, welches die Katastrophe verhindern kann. Das wäre dann ein Fall für eine erwünschte „selbstzerstörende Prophezeiung".

Das Jahr 2000 von Kahn und Wiener

Trend-Extrapolationen sind gerade in turbulenten Zeiten der beste Weg zur Fehlprognose. Wenn alles im Wandel ist, dann ist nichts unwahrscheinlicher, als dass es so weitergehen wird wie bisher. In stabilen Zeiten jedoch, wenn alles seinen geregelten Gang hat, scheinen die Entwicklungslinien geradezu gesetzmäßigen Mustern zu folgen. Dann wird die Trend-Extrapolation zur Wundertechnik der Prognostik.

Ein solches goldenes Jahrzehnt der Extrapolation waren die 1960er Jahre. In den USA sorgten die Prognosen der Rand Corporation und des Hudson Institute von Herman Kahn (1922 – 1983) für Aufsehen. Die wohl erfolgreichste Veröffentlichung war, wie bereits im ersten Prognostik-Band über Zukunftsvisionen erwähnt, der gemeinsam mit Anthony Wiener verfasste Bestseller „The Year 2000".[66] Auch dieses Werk bediente sich vor allem der Extrapolation, um einen „überraschungsfreien Entwurf" zur Beschreibung der „Standardwelt" zu schaffen. Ähnlich der Studie des Club of Rome berechneten Kahn und sein Team, wie das Jahr 2000 sein wird, wenn alles so weiterläuft wie bisher. Daneben stellten sie zahlreiche Alternativ-Szenarien auf, welche aus Variationen und Abwandlungen der Standardwelt entstanden. Im Gegensatz zu Malthus wurden nun die Trend-Kurven nicht mehr einfach linear verlängert, sondern bereits mittels verschiedener Methoden geglättet. Etwa die Bevölkerungszahl des Jahres 2000 schätzten Kahn und Wiener auf 6,4 Milliarden.[67] Tatsächlich betrug sie zur Jahrtausendwende ziemlich genau 6 Milliarden. Die geglättete Extrapolation erwies sich in diesem Fall als durchaus treffend. Im Gegensatz zu den Studien von Malthus oder dem Club of Rome, zeichneten die Extrapolationen von Kahn ein optimistisches Zukunftsbild mit hohen Wachstumsraten und zunehmendem Reichtum für alle.

Folgendes Diagramm zeigt Kahns Prognosen für das Bruttonationalprodukt einiger Großmächte bis zum Jahr 2000. Die Grundtendenzen haben sich durchaus bestätigt, etwa dass Japan die europäischen Großmächte im Lauf der 1970er Jahre überflügelt oder dass sich China bis zum Jahr 2000 ebenfalls an dieses Niveau annähert. Das BNP von Großbritannien hingegen lag im Jahr 2000 nach wie vor etwas höher als jenes von Frankreich, wobei sowohl der prognostizierte, als auch der tatsächliche Unterschied sehr klein sind.[68] Die Trend-Extrapolation brachte bei den Wirtschaftsdaten also durchaus erstaunlich genaue Prognosen.

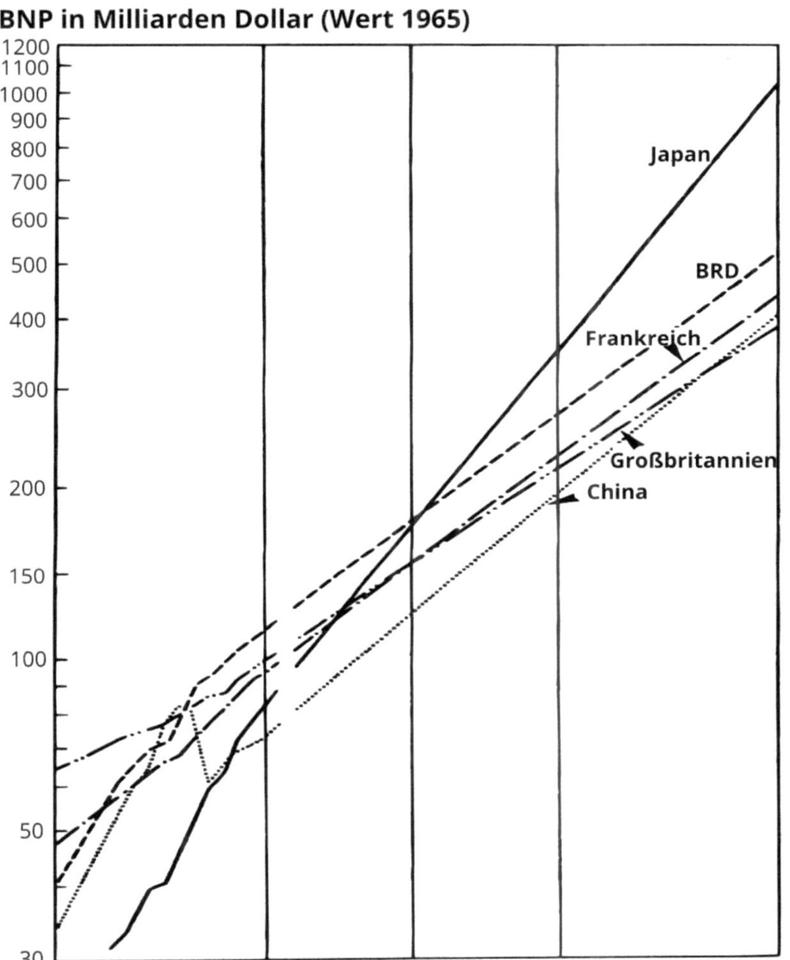

Prognose des Wirtschaftswachstums einiger Großmächte bis 2000 nach Kahn (1967)[69]

Dennoch mutet ein großer Teil von Kahns Vorhersagen im Nachhinein betrachtet skurril an. Es gibt keine bemannten Unterseekolonien oder Mondstationen, keine interplanetaren Reisen oder exakten langfristigen Wetterprognosen. Auf nukleare Sprengsätze für Berg- und Tiefbau warten wir ebenso noch wie auf die Erschaffung neuer nützlicher Tier-Spezies. Kahns Liste von „100 technischen Neuerungen, welche im letzten

Drittel des 20. Jahrhunderts sehr wahrscheinlich realisiert werden" ist voll von derartigen geradlinigen Projektionen der damaligen Technik in die Zukunft.[70] Ebenso skurril wie die Zukünfte voller Flugballons und Dampfmaschinen, von welchen die Zukunftsromane des 19. Jahrhunderts träumten, scheinen uns heute Kahns technologische Prognosen. Selbiges gilt für seine apokalyptischen Atomkrieg-Szenarien, welche er als passionierter Militärstratege besonders liebevoll ausarbeitete.[71] Kahns Prophezeiungen sind ein typisches Beispiel dafür, dass das Extrapolieren aktueller Entwicklungen in die Zukunft stets Gefahr läuft, zu sehr in Vergangenheit und Gegenwart verhaftet zu bleiben.

Die Formeln zur Macht von Wilhelm Fucks

Als letztes Beispiel für die ausgiebige Verwendung der Trend-Extrapolation sollen die „Formeln zur Macht" des deutschen Physikprofessors Wilhelm Fucks (1902 – 1990) Erwähnung finden. Auch dieses Werk wurde mitten in der Glanzzeit der modernen Prognostik in den 1960er Jahren veröffentlicht. Bereits im zweiten Prognostik-Band wurde eine Reihe von Versuchen vorgestellt, das Konstrukt „Macht" als Indikator für drohende Kriege heranzuziehen.[72] Dabei drängte sich jedoch die Frage auf, wie man „Macht" nun messen und quantifizieren soll. Auch Fucks war sich dieser Problematik bewusst. Als pragmatischer Physiker beschloss er deshalb, die Formel der Macht auf die Faktoren Bevölkerungszahl und Produktion von Energie und Stahl zu beschränken. Seines Erachtens spiegelten diese beiden Faktoren ausreichend die Tatsache wider, dass „die Macht eines Volkes auf Menschen und Sachen beruht"[73]. Alle anderen Machtfaktoren setzte er, ceteris paribus, als proportional zu diesen beiden Faktoren. Sie waren somit nicht mehr weiter von Belang.[74] So mussten nur noch die künftigen Werte der Menschen und Sachen bestimmt und zu einer Formel verknüpft werden, um die künftigen Machtverhältnisse der Weltnationen zu berechnen.

Der Machtfaktor Mensch wurde für Fucks ausreichend durch die Einwohnerzahl eines Landes repräsentiert. Er extrapolierte den Wert bis ins Jahr 2050. Wie Herman Kahn konnte er für die Bevölkerungszahl des Jahres 2000 eine gute Näherung erzielen. Er schätzte sie auf 6,6 Milliarden im Vergleich zu den tatsächlichen 6,0 Milliarden. Laut seiner Formel würde die Wachstumskurve ab der Jahrtausendwende zunehmend abflachen.

Seine Prognose für das Jahr 2050 liegt bei 9,5 Milliarden Menschen.[75] Auch diese Zahl scheint bislang erstaunlich exakt. So geht man in einer UN-Expertise aus dem Jahr 2017 für das Jahr 2050 von 9,7 Milliarden Menschen aus.[76]

Für den Machtfaktor „Sache" wählte Fucks die Produktion von Stahl und Energie als Indikatoren. Auch diese beiden Werte extrapolierte er in die Zukunft. Schließlich begab er sich auf die Suche nach einer Formel, welche die drei Faktoren zu einem brauchbaren Indikator der Macht kombiniert. Dazu testete Fucks verschiedenste Kombinationen von p (Produktion) und z (Bevölkerungszahl) und berechnete damit jeweils die Macht verschiedener Staaten für das Jahr 1960. Dann bewertete er, inwieweit die verschiedenen Formeln die „tatsächlichen Machtverhältnisse" des Jahres 1960 widerspiegeln. So kam Fucks schließlich auf seine Formel der Macht: Macht ist die Produktion mal der Kubikwurzel aus der Bevölkerungszahl:[77]

$$M = p \times \sqrt[2]{z}$$

Als Basiseinheit legte er sodann die Macht der USA im Jahr 1960 fest und setzte diesen Wert auf 100. Die Macht der anderen Länder berechnete er relativ zu dieser Norm. So ergaben sich Fucks Kurven der Macht für die Jahre 1955 bis 2040.
Laut Fucks „Formel der Macht" wäre China bereits Mitte der 1970er Jahre zum mächtigsten Staat der Erde aufgestiegen und die neue Supermacht des 21. Jahrhunderts. Alle anderen Staaten lässt China weit hinter sich. Die einstige Supermacht USA würde aufgrund des niedrigeren Bevölkerungswachstums nur mehr langsam seine Macht ausbauen können und in den 2030er Jahren etwa das doppelte Machtniveau von 1960 erreichen. Bis dahin hätte auch die Sowjetunion aufgeholt und würde sich an das Machtniveau der USA annähern. Als dritte Staatengemeinschaft würde sich dann die Westeuropäische Union (WEU) in dieser Liga befinden. Jedoch selbst USA, UdSSR und WEU zusammengenommen würden nicht einmal ein Viertel der Macht Chinas erreichen. Alle anderen Länder der Welt stehen Mitte des 21. Jahrhunderts weit abgeschlagen hinter diesen vier Großmächten.

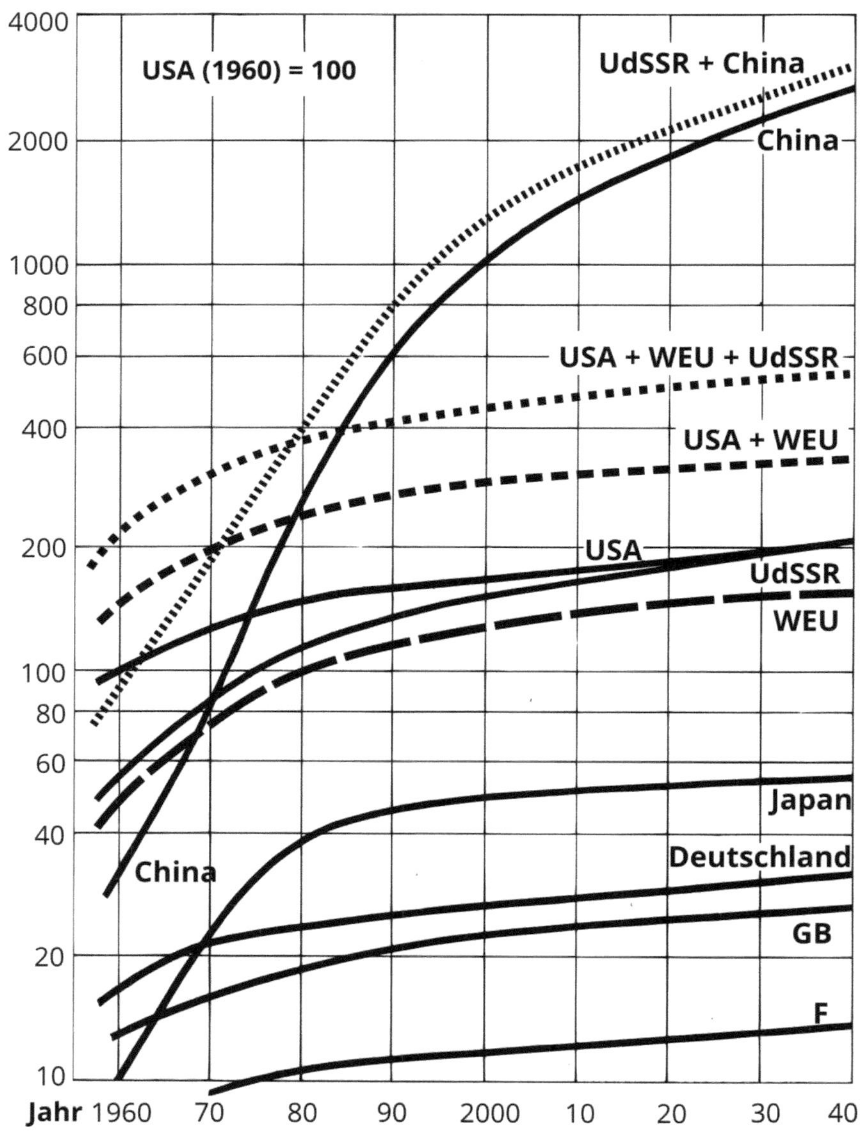

Die Entwicklungskurven der „Formeln zur Macht" von Fucks (1965)[78]

Vergleicht man die bisherigen Entwicklungen mit den Prognosen von Fucks, so ergeben sich auch hier die üblichen Probleme der Extrapolation. Einige Tendenzen haben sich zwar bestätigt, doch in weit geringerem Ausmaß als von Fucks vorhergesagt. Denn seit den stabilen 1960er Jahren haben die historischen Entwicklungen die von Fucks extrapolierten Muster gehörig umgekrempelt. Chinas Bevölkerung ist nicht so stark gewachsen wie von Fucks vermutet. Dies ist vor allem auf das Ein-Kind-Gesetz aus dem Jahr 1979 zurückzuführen, welches chinesischen Familien bis 2015 untersagte, mehr als ein Kind zu zeugen. Andere trendzerstörende Ereignisse waren der Zusammenbruch der Sowjetunion und des Ostblocks, sowie die Stahlkrise der Jahrtausendwende. War Fucks noch von unbegrenzten Ressourcen zur Stahlproduktion ausgegangen, so gibt es mittlerweile eine Stahlknappheit. Der Weltbedarf kann nicht vollständig gedeckt werden, sodass sich die Stahlpreise vervielfacht haben. Auch der massive Wandel von der Industriegesellschaft hin zur Wissensgesellschaft mit der Informationstechnologie als neuem Wachstumstreiber ist in der Formel von Fucks nicht eingepreist. Seine „Formeln zur Macht" haben somit eine ihrer Tragsäulen eingebüßt.

Abgesehen von derartigen trendzerstörenden Ereignissen bleibt es höchst zweifelhaft, ob ein Konstrukt wie „Macht" sich tatsächlich anhand von zwei Kennzahlen quantifizieren lässt. Die Extrapolation von Bevölkerung und Produktion sagt im Grunde lediglich etwas aus über die Zukunft von Bevölkerung und Produktion, aber nicht über die Zukunft der Macht. Dennoch muss man Fucks Formel zugutehalten, dass sie einige Entwicklungen richtig erkannt hat. Es scheint sich seine Vorhersage zu bestätigen, dass China im 21. Jahrhundert zu einer der wichtigsten Weltmächte aufsteigt. Auf welches Niveau Chinas Macht genau wachsen wird, ob und wann es die Macht der USA übersteigen wird, bleibt abzuwarten.

Klima-Projektionen und Tiefenzeit

Auch in der Klimaforschung des 21. Jahrhunderts bedient man sich komplexer Formen der Extrapolation. In aufwändigen Modellen wird das Klima der Welt simuliert und damit die Bandbreite seiner Zukunftspfade berechnet. Eine der weltweit einflussreichsten Organisationen ist das IPCC („Intergovernmental Panel on Climate Change") der UNO. Dieses veröffentlicht alle paar Jahre seinen „Weltklimabericht".[79] Da die langfristigen

Entwicklungen wesentlich vom gegenwärtigen und künftigen menschlichen Verhalten abhängen, insbesondere in Bezug auf den CO2-Ausstoß, gibt es im Simulationsmodell verschiedene Szenarien, sogenannte „Repräsentative Konzentrationspfade (RCPs)". Die wichtigsten sind RCP2.6, RCP4.5, RCP6.0 und RCP8.5, welche jeweils verschiedene Vorschauen für kommende Jahrzehnte geben. Je höher die Nummer, desto massiver ist der negative Einfluss des Menschen auf das Klima eingerechnet.[80]
Damit die Simulation kontinuierlich verbessert und aktualisiert werden kann, wird sie mit einer Unmenge von Daten gefüttert. In den vergangenen Jahrzehnten ist ein eindrucksvolles Netzwerk an meteorologischen Mess-Stationen entstanden, welches sich mittlerweile um die gesamte Erde spannt mit einer Maschengröße von nur 13 Kilometern – flächendeckend rund um den Globus bis in die Stratosphäre hinauf. Aus diesen über 150 Millionen Daten pro Tag werden die Wettervorhersagen berechnet, großteils vollautomatisch. Durch die enorme Verbesserung der Datengüte sind Wetterprognosen zu Beginn der 2020er Jahre für die kommenden fünf Tage so exakt wie in den 1980er Jahren noch für den nächsten Tag.[81] Diese Daten werden nicht nur von den Meteorologen, sondern auch von der Klimatologie genutzt.

Dabei blickt man auch in die faszinierende Welt der Tiefenzeit. Damit ist die geologische Zeitskala gemeint, welche die Erdgeschichte in verschiedene Zeitabschnitte, in tektonische Tiefenschichten einteilt. Dieser Ansatz geht auf den schottischen Geologen James Hutton (1726 – 1797) zurück.[82] Aus den Mustern dieser vergangenen Jahrmillionen lassen sich Rückschlüsse auf die künftigen Jahrmillionen ziehen. So folgt die geographische Ausbreitung der meisten Tierarten im Zeitverlauf einer symmetrischen Kurve. Hat diese ihren Höhepunkt überschritten, so lässt sich daraus auch der Zeitpunkt des künftigen Aussterbens berechnen. Ein weiterer Gefahrenindikator ist die Entwicklung der Körpergröße von Tierarten. Denn bei steigender Temperatur werden diese über die Jahre kleiner. Auch dies ist ein Indiz für das drohende Aussterben einer Art.
Die bisherigen Massenaussterben waren stets durch Klimawandel bedingt. Nach Vulkanausbrüchen und Meteoriteneinschlägen ist der aktuelle Klimawandel erstmals vom Menschen gemacht. Klimaforscher sind sich einig, dass es selbst in den optimistischen Szenarien bis zum Jahr 2050 einen deutlichen Temperaturanstieg geben wird. Im Extremszenario

RCP8.5 wird dieser bis 2100 so stark sein, dass die habitable Zone mit der größten Artenvielfalt, der Äquatorgürtel, nahezu unbewohnbar wird.[83]

Dabei sind sich viele Klimaforscher der Extrapolationsfalle bewusst.[84] So spricht man auch nicht von Prognosen, sondern von Projektionen. Die Zukunft ist offen und gestaltbar. Die Projektionen zeigen uns lediglich, wie das Klima sich langfristig verändern wird bei verschiedenen Optionen unseres künftigen Verhaltens. Gerade zum Festsetzen von Klimazielen in der Politik sind diese Projektionen wichtige Grundlage.[85] Und so ist es in der politischen Expertenbefragung oft nicht leicht, den Entscheidungsträgern die Vielschichtigkeit von Projektionen bewusst zu machen und sie nicht als Entscheidungsmaschinen[86] zu degradieren oder als Herrschaftsinstrumente missbrauchen zu lassen.[87]

Die Singularität von Ray Kurzweil

Eine der populärsten Zukunftstheorien des frühen 21. Jahrhunderts ist das Konzept der Singularität, welches unter anderem der amerikanische Innovationsguru Ray Kurzweil (*1948) propagiert. Die technologische Singularität ist jener Zeitpunkt, an dem Maschinen Künstliche Intelligenz (KI) entwickeln und dadurch in der Lage sind, sich selbst zu verbessern.[88] Das wird den technologischen Fortschritt derart beschleunigen, dass die Zukunft des Menschen nicht mehr vorhersehbar oder beeinflussbar ist. Der Transhumanismus erwartet sich von dieser Ära einen enormen Bewusstseinssprung der Menschheit, möglicherweise sogar biologische Unsterblichkeit. Ray Kurzweil nimmt aus diesem Grund täglich 100 Tabletten mit verschiedenen lebensverlängernden Wirkungen zu sich, um nach der Singularität durch einen vollständigen Scan seines Bewusstseins in der digitalen Cloud unsterblich zu werden.
Kurzweils Theorie basiert auf einer einfachen Idee: Die Entwicklung des menschlichen Geistes und seiner technologischen Erfindungen verläuft nicht linear, sondern folgt vielmehr einer exponentiellen Kurve.[89] Diese Kurve einer permanent zunehmenden Beschleunigung zieht sich durch die verschiedensten Kennzahlen, auf der Makroebene von der Entstehung des Lebens bis zur Erfindung des Internets, auf der Mikroebene in den Entwicklungsverläufen von Speicher- und Prozessorleistung, Internet-Bandbreite bis hin zu E-Commerce-Umsätzen oder Patentanmeldungen im Bereich Nanotechnologie.[90] Zentral für Kurzweils Argumentation

ist das Moorsche Gesetz, welches Gordon Moore (*1929), der Mitgründer von Intel, im Jahr 1965 postuliert hat: Alle zwei Jahre verdoppelt sich die Rechnerleistung.[91] Kurzweils Schlussfolgerung aus dieser Regel ist markant in folgender Grafik zusammengefasst, welche das exponentielle Wachstum der Rechnerleistung seit dem Jahr 1900 zeigt. Bereits um das Jahr 2000 reichte diese dafür aus, um alle Prozesse im Gehirn eines Insekts abzubilden. Bald darauf ließ sich ein Mäusegehirn simulieren. Um das Jahr 2025 wird die Rechenleistung in der Lage sein, alle Prozesse in einem Menschengehirn zu erfassen. Und um das Jahr 2050 schließlich wird man damit alle Vorgänge in allen Gehirnen der gesamten Menschheit berechnen können. Spätestens dann werden Computer so schnell sein, dass ihre künstliche Intelligenz die menschliche Intelligenz bei weitem übertrifft. Dann werden Computer Computer entwickeln. Welche Rolle der Mensch dann spielen wird, lässt sich nicht vorhersagen. Die Karten der Evolution werden neu gemischt. Diesen Zeitpunkt nennt Kurzweil die Singularität.

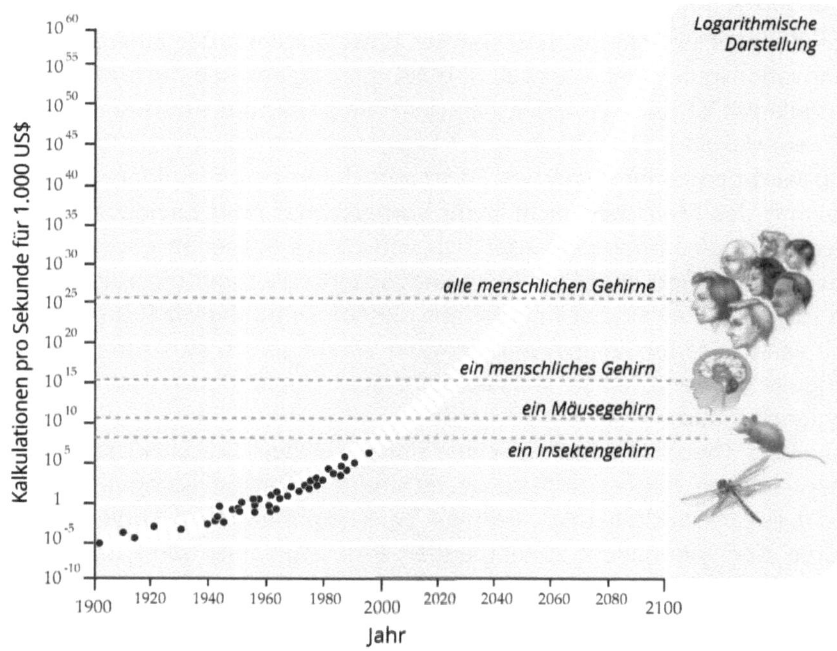

Das exponentielle Wachstum der Rechnerleistung (Moorsches Gesetz) führt in den 2040er Jahren zur Singularität durch KI, Kurzweil (2005)[92]

Das Konzept ist verführerisch einfach, denn es kommt am Ende mit nur einer Kennzahl aus. Das Urbild der sich beschleunigenden Kurve ist bezeichnend für den digitalen Zeitgeist der frühen 2000er Jahre. Und so gilt Kurzweils Werk „The Singularity is Near" gerade den Firmenführern im Silicon Valley als Bibel ihres technoiden Fortschrittsglaubens. Deshalb entwickeln Unternehmen wie Google, Apple oder Facebook ihre elektronischen Angebote. Sie sollen das Leben der Menschen erleichtern und optimieren. Das Leitdogma lautet „Die Welt durch Computer verbessern" und so Schritt für Schritt von allen Leiden befreien. Ob digitale Algorithmen im Jahr 2050 tatsächlich künstliche Übermenschen sein werden oder doch immer noch sehr komplexe, aber dumme Maschinen, bleibt abzuwarten. In den späten 2010er Jahren sieht es vielmehr danach aus, als würden nicht die Algorithmen die Menschen immer besser simulieren, sondern als würden sie immer stärker das Leben der Menschen bestimmen und lenken. Ob Mensch und Technik im Jahre 2050 noch enger miteinander verschmolzen sein werden ist dabei ebenso spannend wie die Frage, wer von beiden wen beherrschen wird. Bringt die Zukunft einen gigantischen Menschcomputer, die Ära der Singularität mit Künstlicher Intelligenz, oder doch nur Computermenschen, welche derart umfassend von Programmen gesteuert sind, dass sie kaum noch aus den vorgegebenen Denk- und Verhaltensbahnen der allumfassenden Struktokratie herausfinden?[93] Kurzweils Theorie zeigt jedenfalls, dass auch im 21. Jahrhundert Zukunftsprognosen auf Basis linearer Zeitmodelle eine große Anziehungskraft ausüben, vor allem dann, wenn ihre Kurven so dynamisch und wachstumsorientiert sind wie der logarithmische Weg zur Singularität.

Google Trends

Ein besonders praktisches Tool für moderne Trend-Extrapolationen ist die Online-Plattform Google Trends. Hier hat man Zugriff auf die Suchmaschinenanfragen des weltweit größten und mächtigsten Daten-Imperiums. Anhand von Trendkurven kann man sehen, wie sich verschiedene Suchwörter im Lauf der Jahre entwickeln. So lassen sich sehr gut Trends der öffentlichen Aufmerksamkeit erkennen. Denn werden bestimmte Begriffe immer häufiger oder immer seltener gesucht, so spiegelt dies auch die aktuelle Attraktivität des Themas. Insofern laufen viele Marktdaten erstaunlich synchron mit ihren Suchwörtern auf Google Trends. Märkte oder Produkte, deren Umsatz stark rückläufig ist, werden die entsprechende Entwicklung auch im Google Trends Barometer erleben. Bei vielen Produkten zeigen sich auch saisonale Effekte, beispielsweise Spitzen in den Wochen vor Weihnachten.

Und so eignet sich Google Trends hervorragend zur Markt- und Trendforschung. Früher musste man hierfür aufwändig zahlreiche Datenquellen recherchieren, welche gerade in Nischenbereichen schwer zu bekommen und sehr unzuverlässig waren. Die Daten hinkten dem Trend zudem stets um viele Monate hinterher. Verschiedene Zeiträume, Länder oder Marktsegmente waren kaum miteinander vergleichbar. Bei Google Trends hingegen ist das Konzept einfach. Es gibt nur eine universelle Messgröße, und das ist die Anzahl von Suchanfragen für ein Wort. Diese Währung der Aufmerksamkeit hat alle anderen Indikatoren der Entwicklung enthalten. Sie ist weltweit und zeitübergreifend vergleichbar. So sieht man in folgender Grafik die Entwicklung der weltweiten Aufrufe von Sony, Samsung und Apple. Hier sieht man schön die Erfolgsgeschichten dieser drei Unternehmen von 2004 – 2019. War Sony Anfang der 2000er Jahre den anderen Marken noch weit überlegen, so näherten sich alle drei 2009 einander an. Seither führt zunehmend Samsung das Feld, während Sony weiter absackt.

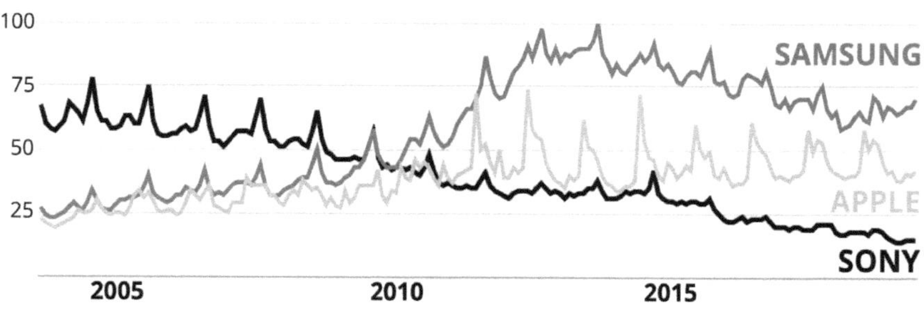

Sony, Samsung und Apple im weltweiten Vergleich 2004 – 2019 auf Google Trends[94]

Noch lukrativer ist hier freilich das maschinelle Monitoring sämtlicher Trendbewegungen des gesamten Internets. Bei welchen Suchbegriffen steigt der Trend momentan am meisten an? In welchen Ländern ist das am ausgeprägtesten? Welche Marktchancen lassen sich daraus ableiten?

In welche Branchen sollte man investieren? Welche Werte korrelieren? Wo sinkt andererseits die Anfrage und damit die Nachfrage? Aus welchen Themen sollte man sich finanziell zurückziehen?
Die strukturelle Macht, auf all diese Daten der Welt in Echtzeit zugreifen zu können, könnte sich künftig auf wenige gigantische Daten-Imperien konzentrieren. Ohne die entsprechende Größe, um solche Informationsvorteile systematisch nutzen zu können, werden Firmen dann immer weniger am Markt bestehen können. Die großen Player müssen nur warten bis ein neuer Trend erntereif ist und dann mit all ihrer Marktkraft einsteigen. Unternehmenskonzentrationen und Marktmonokulturen wären die Folge. Im wachsenden Totalitarismus der späten 2010er Jahre können aber auch Überwachungsstaaten das Datengold als Machtquelle nutzen. Ob Social Rating System in China, Medienmanipulation in Russland oder Brexit und Trump-Wahlkampf mit Oxford Analytica, gerade autoritäre Systeme nutzen konsequent die Möglichkeiten der neuen Medien. Und so sind mächtige Datenalgorithmen wie Google Trends nicht nur vielversprechende Tools der Prognostik, sondern auch Herrschaftsinstrumente, um die Zukunft in eine gewünschte Richtung zu lenken.

II.
ZYKLISCHE ZEITMODELLE

01. Archaische Zeitmessung und Kalenderbauten

Die linearen Zeitmodelle führten uns von den antiken Weltzeitaltern und Säkula über die mittelalterlichen Papst-Chroniken, die indianischen Weltenmythen oder die historischen Stufenleitern der abendländischen Philosophie bis hin zu Produktlebenszyklus, Wachstumskurven und Trend-Extrapolationen der Moderne. All diesen Ansätzen ist gemein, dass sie die Zeit als eine Linie vom Anfang bis zum Ende, von der Geburt bis zum Tod sehen. In der einfachsten Variante ist diese Linie eine Gerade. In den komplexeren Varianten sind die Zeitlinien Kurven, welche exponentiellen, parabolischen, logistischen oder sonstigen mathematischen Funktionen folgen.

Dem gegenüber stehen die zyklischen Zeitmodelle. Diese kennen kein endgültiges Ende, keine oberste Grenze, auf welche alles zuläuft. Vielmehr ist jedes Ende ein neuer Anfang, folgt jedem Tod eine neue Geburt. Lebenszyklus-Modelle wie die christlichen Weltzeitalter nach Augustinus, die Menschheitsphasen von Charles Fourier oder der Produktlebenszyklus sind bereits eine Brücke von den linearen hin zu den zyklischen Modellen. Analog zum organischen Leben teilen sie Entwicklungsphasen in Geburt, Kindheit, Mannesalter und Greisenalter, beziehungsweise in Anfang, Aufschwung, Höhepunkt und Niedergang. Doch auch die Lebenszyklus-Modelle enden mit dem Tod.[95]
Für die zyklischen Zeitmodelle hingegen ist jeder Tod der Beginn eines neuen Zyklus. Ihr Gleichnis sind Ebbe und Flut, Einatmen und Ausatmen. Die entsprechende Analogie ist das Erdenjahr. Es beginnt mit dem Frühling, geht über Sommer und Herbst und mündet schließlich in den Winter. Mit dem letzten Wintertag endet das alte Jahr. Gleichzeitig beginnt der Frühling eines neuen Jahres. Ein anderes Beispiel für einen derartigen Kreislauf ist der Mondzyklus. Er beginnt mit dem Neumond. Dann nimmt der Mond von Tag zu Tag immer mehr zu bis zum Vollmond. Der Höhepunkt des Zyklus ist erreicht. Es folgt der Abschwung. Der Mond nimmt wieder ab bis er schließlich ganz am Nachthimmel verschwindet. Mit dem Neumond geht der alte Zyklus in den neuen über.

Das Urbild des Zyklus und seine Entsprechungen in Mondphasen und Jahreszeiten[96]

Von der Zeichendeutung zur Zeitendeutung

Diese astronomischen Zyklen sind der Ursprung der menschlichen Zeitrechnung. Der Übergang von der Zeichendeutung zur Zeitendeutung entwickelte sich aus der Beobachtung der zwei Himmelslichter. Zuerst wurden Sonne und Mond lediglich als Zeichen der Götter betrachtet. Es wurde beobachtet, ob der Mond einen Vorhof hatte oder einen rötlichen Schimmer, ob er hoch am Himmel oder nahe am Horizont seine nächtliche Bahn zog. Schließlich beachtete man die Form des Mondes, ob er voll oder leer war, zunehmend oder abnehmend. Und man entdeckte irgendwann, dass der Mondzyklus einer festen Periodizität von etwa 29,5 Tagen folgte. Aus diesem Zyklus ist der „Mond" oder „Monat" entstanden, welcher neben dem Tag die älteste Grundlage der menschlichen Zeitrechnung ist. Den 29/30-Tage-Zyklus von Neumond zu Neumond nennt man auch synodischen Lunarkalender. Dieser Zyklus von der dunklen Nacht des Neumonds zur hellen Nacht des Vollmonds und wieder zurück war den archaischen Beobachtern der Urzeit am offensichtlichsten. Daneben gibt es noch den siderischen Lunarkalender. Dieser ergibt sich aus dem Lauf des Mondes durch den Fixsternhimmel. Alle 27,3 Tage wandert der Mond einmal durch diesen hindurch und vollendet die 360 Grad seiner Umlaufbahn um die Erde. Dann passiert er wieder dieselben Gestirne. Auch dieser Zyklus war den Menschen bereits früh bekannt. Er ist jedoch bereits nicht mehr so offensichtlich wie die synodischen Mondphasen. Vielmehr bedarf der siderische Mondkalender bereits eingehender Kenntnisse über die Gestalt des Sternenhimmels. Der Mondkalender ist die älteste Form des Kalenders. Denn dieser Zyklus offenbart sich den Menschen am unmittelbarsten und ist zudem am häufigsten beobachtbar. Monat für Monat vollendet er seinen Kreis. Bis heute werden mondbasierte Kalender verwendet, etwa in der islamischen Zeitrechnung.[97]

Auf ähnliche Weise entstanden die Jahreskalender aus der Zeichendeutung. Auch die Sonne wurde ursprünglich vor allem als Zeichen der Götter gedeutet. Beispielsweise im mesopotamischen „Enuma Anu Enlil" aus dem 7. Jahrhundert v. Chr. finden sich zahlreiche Sonnenomina, welche einen Eindruck von dieser ursprünglichen Zeichendeutung geben:

> „Wenn die Augen der Sonnenscheibe geschlossen sind und sie den Südwind reitet: Heuschrecken werden das Land verschlingen. Wenn die Augen der Sonnenscheibe geschlossen sind und sie den Nordwind reitet: Schwund der Herden. Wenn die Augen der Sonnenscheibe geschlossen sind und sie den Ostwind reitet: Die Waffen der Gutäer werden ein Jahr lang wüten und die Herden zerstören. (...) Wenn die Sonne beim Aufgehen aufflackert: Gehorsam und Friede werden im Land sein. Wenn die aufgehende Sonne rot ist: Verschlechterung des Landes. Wenn die aufgehende Sonne beim Aufgehen dunkel ist: das gesamte Land wird kleiner werden. (...) Wenn die aufgehende Sonne einen Stern verschlingt: Der König wird sterben, Führer werden gefangen genommen werden. (...) Wenn die aufgehende Sonne gelb wird und die untergehende Sonne von einer Zeichnung umgeben ist: Tod des Nutzviehs. (...) Wenn der Sonnenaufgang am 16. Tag mit Blut gesprenkelt ist: Ein Land wird ein anderes unterdrücken. Der König wird hinausziehen in den Tod. (...) Wenn der Sonnenaufgang an der rechten Seite mit Blut gesprenkelt ist: Die Gerste wird aus dem Land verschwinden. Es wird eine Epidemie geben. Wenn der Sonnenaufgang an der linken Seite mit Blut gesprenkelt ist: Das Land wird geplündert werden. Der König wird dreist handeln."[98]

Durch fortwährende Beobachtung der Sonne entdeckte man irgendwann, dass ihre Bahn bestimmten Regelmäßigkeiten folgt. Im Sommer steht sie lange und hoch am Himmel. Im Winter hingegen sind die Nächte viel länger. Die Sonne steht deutlich tiefer. Je weiter die Urmenschen vom Äquator entfernt wohnten, desto extremer fiel ihnen dieser Unterschied auf. Irgendwann stellten sie fest, dass die Sonne, ähnlich wie der Mond, immer demselben Kreislauf folgt. Etwa alle 365 Tage kehrt sie wieder an ihren Ausgangspunkt zurück.
Um sich in diesem Jahreskreis besser orientieren zu können, teilten sie die Bahn der Sonne in vier Fixpunkte. Der erste Punkt ist die Wintersonnenwende (ca. 21. Dezember). Die Sonne ist an ihrem tiefsten Punkt angelangt. Die Natur liegt im Winterschlaf. Dieser Tag hat die längste Nacht des Jahres. Dann werden die Tage wieder länger und wärmer, bis sie drei Monate später genau gleich lang wie die Nächte sind. Das Frühjahrs-Äquinoktium, die Tagundnachtgleiche, ist der zweite Fixpunkt des Jahreskreises (ca. 20. März). Nun werden die Tage länger als die Nächte. Die Sonne steigt weiter bis sie schließlich an ihrem höchsten Punkt, an der Blüte des Sommers angelangt ist. Dieser Punkt ist die Sommersonnenwende, der Tag mit der kürzesten Nacht des Jahres (ca. 21. Juni). Nun werden die Nächte wieder länger bis sie drei Monate später zum zweiten Mal genau gleich lang sind wie die Tage. Dieser vierte Punkt ist das Herbst-Äquinoktium (ca. 23. September). Die Sonne zieht sich weiter zurück. Die Tage werden immer kürzer, kälter und lichtärmer bis schließlich wieder der kürzeste Tag des Jahres, die Wintersonnenwende, erreicht ist und der Zyklus von neuem beginnt.

Diese vier Fixpunkte markieren den Beginn der vier Jahreszeiten. Sie sind die Grundlage zahlreicher Kalendersysteme. Meist wurde der Jahresbeginn auf das Frühjahrs-Äquinoktium oder auf die Wintersonnenwende gelegt. Die Zeiträume zwischen diesen vier Fixpunkten wurden ebenfalls unterteilt. Die wohl häufigste Feinteilung ist jene in jeweils drei Monate von etwa 30 Tagen. Diese Periodisierung geht auf eine Annäherung an den Mondzyklus zurück. Manche Kalender versuchten auch, die Zyklen von Sonne und Mond zu kombinieren. Da jedoch das Mondjahr nur etwa 354 Tage (12 Monate), beziehungsweise 384 Tage (13 Monate) hat, musste es durch komplizierte Systeme von Schaltmonaten mit dem Sonnenjahr synchronisiert werden. Etwa der babylonische Kalender war ein solcher Lunisolarkalender. Ursprünglich wurden die Schaltmonate per königlichem Dekret festgelegt. Ab dem 4. Jahrhundert v. Chr. wurde dann ein fester Zyklus von 19 Jahren mit jeweils 12 Monden eingeführt. Jedes 2,. 5., 8., 10., 13., 16. und 19. Jahr bekam einen 13. Schaltmonat. Ähnlich funktionieren der traditionelle chinesische Kalender und der jüdische Kalender.[99]

Eine möglichst genaue Bestimmung des Sonnenzyklus war gerade in den kalten und gemäßigten Klimazonen überlebenswichtig. Denn nur so konnten die richtigen Zeiten für die Aussaat und für die Ernte bestimmt werden, nur so konnte man rechtzeitig Vorräte für den Winter anlegen. Auch zur Bestimmung der Regenzeiten oder Überschwemmungsperioden war der Jahreskalender von enormer Wichtigkeit. Der Wechsel vom Mondkalender zum Sonnenkalender ist vor allem ein Phänomen des Neolithikums. Mit der Sesshaftwerdung des Menschen, mit dem Übergang vom Jäger- und Sammlertum hin zu Viehzucht und Ackerbau, wurden die Jahreszeiten bestimmend für das Wohl der Sippen und Völker. Das Wissen um die Gestalt des Sonnenjahrs wurde zum überlebenswichtigen Faktor.

Von der Kult-Uhr zur Kultur

Der Übergang vom Mond- zum Sonnenkalender brachte für den menschlichen Geist tiefgreifende Veränderungen. Die Grundlage seiner Pläne und Vorhaben waren nun nicht mehr bloß Einheiten von 28 Tagen, sondern ein ganzes Jahr. Die Perspektive des Menschen wurde dadurch wesentlich ausgeweitet. Es war ihm nun möglich, erheblich weiter in die Zukunft zu denken. Seine Pläne orientierten sich nun an viel langfristigeren Dimensionen. Der Sonnenkalender brachte Rhythmus in das Leben der Menschen, gab ihnen Orientierung und Regelmäßigkeit in bislang ungekanntem Ausmaß. Das Entstehen von Kulturen und Hochkulturen hängt stark mit dem Übergang vom Mond- zum Sonnenkalender zusammen. Anstelle des blanken Überlebens für die kommenden Wochen und Monate rückte als neuer Horizont das Leben der nächsten Jahre und Jahrzehnte ins Zentrum des menschlichen Strebens. So begann der Mensch, Kultur und Kult-Uhr zu erbauen. Er huldigte dem Rhythmus der Zeit und ließ aus diesen Huldigungen zunehmend die Kultur entstehen. Die Periodisierung seiner Rituale und Traditionen, aber auch seiner Geschichte nach dem Sonnenjahr läutete die Ära der Zivilisation ein.

Die Kult-Uhr

Die Anfangsphase der Kult-Uhr ist vor allem durch zwei Merkmale gekennzeichnet. Das erste ist die Suche nach dem richtigen Kalendersystem. Die ersten Sonnenkalender hatten zwar recht schnell erkannt, dass das Jahr ungefähr 365 Tage dauert. Doch dass es tatsächlich 365,242190 Tage misst, blieb lange Zeit verborgen. So ergaben sich im Laufe der Jahrhunderte merkliche Verschiebungen im Verhältnis zu den Jahreszeiten. Diese wurden entweder durch Schalttage oder durch die direkte Beobachtung des Sonnenlaufs kompensiert. In wärmeren Gegenden wurden die Verschiebungen manchmal auch einfach hingenommen.
So wurde der ägyptische Kalender mit einer Länge von 365 Tagen bis zur julianischen Kalenderreform durch die römische Besatzung (1. Jahrhundert v. Chr.) beibehalten, obwohl man merkte, dass er auf Dauer nicht mit den Jahreszeiten übereinstimmte. Als Ergänzung gab es deshalb noch einen zweiten Kalender, welcher sich nach dem Hundsstern Sirius (Sothis) orientierte. Als Beginn galt jener Tag, an welchem Sothis erstmals als letzter Stern vor Sonnenaufgang am Horizont erschien. Denn um diesen Zeitpunkt im Juli herum fanden in Ägypten die alljährlichen Nilüberschwemmungen statt, welche für die Landwirtschaft von größter Bedeutung waren. Alle 1460 Jahre stimmen der bürgerliche und der Sothis-Kalender wieder überein. Daraus ergibt sich eine Kalendereinführung im Jahr 2773 v. Chr., also etwa in Zeit, da in Ägypten auch die ersten Pyramiden entstanden sind.[100] So selbstverständlich und logisch uns der moderne Kalender auch erscheinen mag, seine Entwicklung war jahrtausen-

delange Arbeit. Erst Ende des 16. Jahrhunderts erhielt er durch die Gregorianische Kalenderreform seine heutige Gestalt und ist nun endlich für Jahrtausende vor gravierenden Kalenderverschiebungen gefeit.

Das zweite Merkmal der archaischen Kult-Uhr ist die Verwendung von Kalendern zur Wahrsagung. Wenn sich schon Hitze und Schneefall, Überschwemmungen und Zugvögel nach dem Kalender richteten, warum sollte es dann nicht auch das Schicksal tun? So wurden die archaischen Kalender nicht nur zum Bestimmen der Aussaat- und Erntezeitpunkte herangezogen, sondern auch zur Berechnung von Kriegen, Seuchen oder guten und schlechten Tagen für verschiedene Tätigkeiten. Es entstand die Chronomantie. Auch der ägyptische Kalender erfüllte eine solche Funktion. Jeder Tag des Jahres erhielt eine mystische Bedeutung. Die drei Tageszeiten wurden jeweils in „gut", „unentschieden" und „unheilvoll" eingeteilt. Vor allem die fünf Zusatztage (Epagomenen) des Kalenders galten als besonders unheilvoll, denn dann streiften die Unglücksboten der Göttin Sachmet durchs Land. Aus diesen Hemerologien wurden Zukunftsprognosen abgeleitet und Aktivitäten organisiert.[101] Andere derartige Wahrsagekalender wie etwa jene der Maya und Azteken oder der Chinesen werden wir später noch kennenlernen. Die alten Kalender dienten also nicht nur der Zeitmessung, sondern vor allem der Divination. Sie sollten den Lauf des Schicksals offenbaren.

So wurden über die Jahrtausende hinweg aus den Erscheinungen des Himmels die Kalender. So wurde aus den Zeichen die Zeit. Die Zeitmessung war für die jungsteinzeitlichen Völker essentiell. Ihre Lebensgrundlage, der Ackerbau, hing von ihr ab. Zudem glaubte man, dass der Kalender den Willen der Götter, dass er die Weltgesetze offenbarte. Aus dieser herausragenden Stellung der Zeit für die frühen Kulturen und Hochkulturen erklären sich die zahlreichen astronomischen Monumentalbauten. Rund um die Welt wurden prachtvolle Anlagen errichtet, um den Gang der Sonne durch den Jahreskreis möglichst genau ablesen zu können. Die meisten dieser Kalenderbauten zeigen Sonnenaufgang und Sonnenuntergang zu den Sonnenwenden an. Daneben waren auch Punkte für die Tagundnachtgleichen und für den Mondzyklus oder die Mondextreme gebräuchlich.

Astronomische Kreisgrabenanlagen in Europa

Zu den ältesten Observatorien der Welt gehören die zahlreichen europäischen Kreisgrabenanlagen, auch Henges genannt. Das bislang älteste bekannte Henge-Monument wurde 1991 in Goseck (Sachsen-Anhalt) entdeckt. Es wird auf etwa 4700 v. Chr. datiert. Dieses Sonnenobservatorium zeigte unter anderem Sonnenaufgang und Sonnenuntergang zu den Sonnenwenden an. Es wurde hauptsächlich aus Erdwällen und Holzpflöcken errichtet und hatte einen Durchmesser von 71 Metern. Wie die meisten derartigen Anlagen wurde es auf einem Plateau angelegt, welches rundum eine freie Sicht ermöglichte. Ihre Blüte erlebten die Henges etwa 3000 – 1000 v. Chr. Der berühmteste Vertreter ist sicherlich Stonehenge in Südengland. Es wurde etwa ab 2800 v. Chr. in mehreren Etappen errichtet. Unter anderem ist hier die Prozessionsstraße so ausgerichtet, dass sie auf ein paar Bogenminuten genau in Richtung des Sonnenaufgangs der Sommersonnenwende weist. Stonehenge zeigt zudem zahlreiche andere astronomische Gegebenheiten an, beispielsweise die Mondextreme. Weitere bekannte Kreisanlagen zur Kalenderbestimmung sind das drei Kilometer von Stonehenge entfernte Woodhenge, eine Konstruktion aus Holzpfählen, oder die Megalithanlage Newgrange in Irland, welche bereits um 3100 v. Chr. errichtet wurde.[102]

Die Himmelsscheibe von Nebra

Lange Zeit hat man geglaubt, dass die archaische Zeitmessung auf Kalenderbauten beschränkt war. Doch 1999 wurde von Raubgräbern eine archäoastronomische Sensation entdeckt. Die Himmelsscheibe von Nebra ist weltweit ohne Parallele. Wie die älteste astronomische Kreisgrabenanlage der Welt stammt sie aus Sachsen-Anhalt. Die Himmelsscheibe wurde um 1600 v. Chr. vergraben und irgendwann in den Jahrhunderten davor aus Bronze geschmiedet. Sie hat einen Durchmesser von 32 Zentimetern und wiegt zwei Kilogramm. Die Applikationen aus Gold zeigen einen Vollmond (oder eine Sonne) und eine Mondsichel vor dem Hintergrund von 32 Sternen. Sieben dieser Sterne bilden mit großer Wahrscheinlichkeit die Plejaden ab, jenes Gestirn, welches die rechten Zeitpunkte für Aussaat und Ernte anzeigte. Am Rand der Scheibe befinden sich zwei Bögen, sowie eine Sichel, welche als Schiff oder Barke interpretiert wird. Die Horizontbögen markieren einen Winkel von 82,5 Grad. Dieser Wert entspricht genau der Azimuthdifferenz zwischen der Sommersonnenwende und der Wintersonnenwende für die Gegend von Sachsen-Anhalt. Wenn man also am Mittelberg nahe dem Fundort steht und mit der Scheibe den westlichen Horizont betrachtet, so zeigt das linke Ende des Bogens den Untergang zur Wintersonnenwende, das rechte Ende den Untergang zur Sommersonnenwende an. Eingerastert wurde die Scheibe anhand von Landmarken am Horizont, beispielsweise dem Brocken- oder dem Kyffhäuser-Berg.

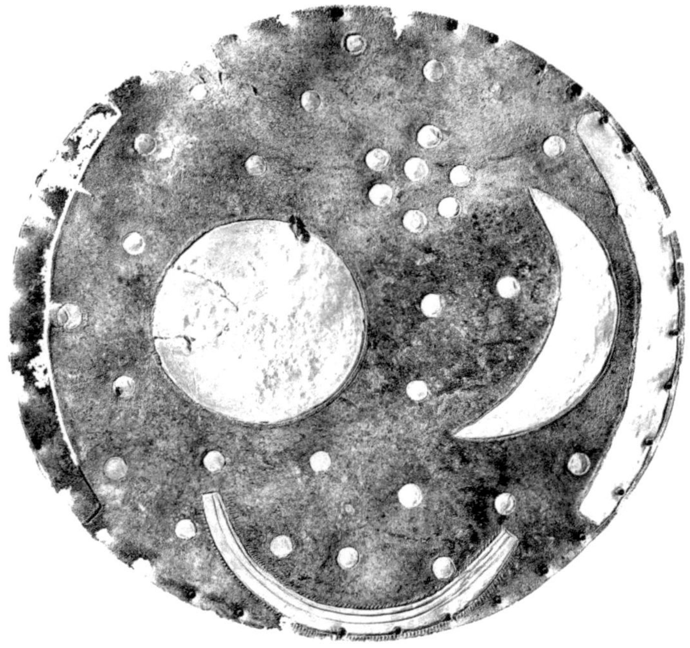

Die Himmelsscheibe von Nebra ist bis dato weltweit einzigartig. Sie ist nicht nur die älteste konkrete Darstellung des Sternenhimmels, sondern zudem auch ein Benutzerhandbuch, eine Gebrauchsanweisung zum Verständnis der prähistorischen Kalenderbauten Europas. Sie zeigt, dass der Mensch bereits vor tausenden von Jahren in der Lage war, den Verlauf des Jahres mit einfachen Hilfsmitteln zu berechnen. Inwieweit die Scheibe ein damals gebräuchliches Instrument zur Messung des Jahreskreises war oder eine einzigartige Erfindung eines prähistorischen Einzelgenies, werden die archäologischen Funde der Zukunft weisen.[103]

Medizinräder und Mounds in Nordamerika

Die prähistorischen Kulturen Europas waren bereits erstaunlich früh kalenderkundig. Nach derzeitigem Stand der Erkenntnis führten sie bereits 2.000 Jahre vor den Jahreskalendern der Ägypter und Babylonier exakte Sonnenbeobachtungen durch. Dies ist nicht verwunderlich, ist das Wissen um den Verlauf des Sonnenjahrs doch vor allem in den nördlichen Gegenden lebenswichtig, um die richtigen Zeitpunkte für Aussaat, Ernte oder das Anlegen von Vorräten zu bestimmen. Auch im Norden Amerikas und in Kanada wurden Kalenderbauten zur Bestimmung des Sonnenjahrs bereits sehr früh errichtet in Form der Medizinräder. Dabei handelt es sich um große, aus Steinen gelegte Kreise. Wie die europäischen Henges wurden sie meist auf Anhöhen mit freiem Blick errichtet. Manche dieser Räder haben einen Durchmesser von bis zu hundert Metern. Ausgehend von einem Steinhügel im Zentrum verlaufen zahlreiche Speichen nach außen. Zudem befinden sich weitere Erhöhungen außerhalb des Steinkreises. Diese Beobachtungspunkte bilden zusammen mit den Speichen wichtige astronomische Gegebenheiten ab. Das bislang älteste bekannte Medizinrad ist Majorville Cairn im Süden von Alberta in Kanada. Es soll etwa 3200 v. Chr. errichtet worden sein. Eines der bekanntesten Medizinräder befindet sich in Big Horn im amerikanischen Bundesstaat Wyoming. Seine Entstehung wird auf 2500 v. Chr. datiert. Neben Sonnenaufgang und Sonnenuntergang zur Sommersonnenwende zeigen die 28 Speichen des Rades die 28 Stationen des Mondzyklus an. Zudem wird vermutet, dass auch die Fixsterne Aldebaran, Rigel und Sirius Markierungspunkte im Rad bilden.[104]

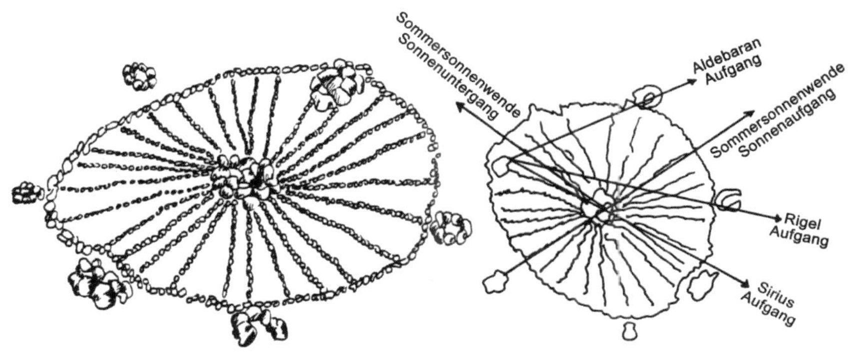

Das Medizinrad von Big Horn, Wyoming, und Erklärung nach John Eddy[105]

Daneben wurden in Nordamerika zu kalendarischen Zwecken vornehmlich Erdgebilde errichtet. Diese Form war hauptsächlich in den Gegenden des Mississippi und seiner Seitenflüsse gebräuchlich. Die ältesten bekannten Effigy Mounds, die Hügel von Watson Brake im nördlichen Louisiana, stammen aus der Zeit um 3400 v. Chr. In der Adena-Kultur des Ohiotals (etwa 1000 v. Chr. – 200 n. Chr.) erreichte der Hügelbau seine erste Blüte mit Erdhügeln von bis zu zwanzig Metern Höhe. Die Tradition der Mounds wurde von der Hopewell-Kultur (etwa 300 v. Chr. – 500 n. Chr.) fortgesetzt. Die Hügelbauten der Hopewell waren zwar kleiner als jene der Adena-Völker, aber dafür geometrisch ausgereifter und mit weit umfangreicheren Wallanlagen umgeben.

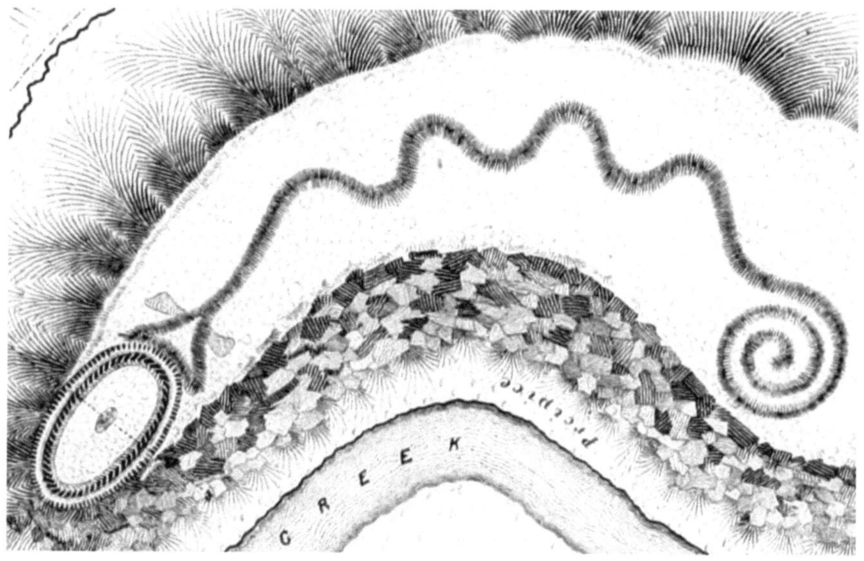

Der größte Effigy Mound Nordamerikas: Great Serpent Mound in Ohio
der Schlangenkopf ist gleichzeitig Kalender und zeigt die Sonnenwenden an[106]

Ab 500 n. Chr., in der späten Waldland-Periode, verschwanden diese Kulturen schließlich. Anstelle der traditionellen Hügel traten Erdwälle in der Form von Tieren und Fabelwesen. Diese Bauwerke umfassen Abbildungen von Vögeln, Bären, Bisons, Panthern, Eidechsen, Schildkröten oder Wassergeistern. Die weitaus größte Formation dieser Art ist Great Serpent Mound in Ohio. Diese Erdfigur ist über 400 Meter lang und durchschnittlich etwa einen Meter hoch. Sie stellt eine Schlange dar, welche ein Ei verschlingt. Im Kopf der Schlange ist ein Kalender versteckt, welcher die Sonnenwenden anzeigt. Die Datierung des Great Serpent Mound gibt bis heute Rätsel auf. Lange Zeit hatte man seinen Ursprung in der Hopewell-Kultur vermutet. Doch neuere Radiokarbonmessungen legen eine deutlich jüngere Entstehung nahe.[107]

Um 1000 n. Chr. begann in den Flussarmen des Mississippi die Blüte der größten präkolumbianischen Kultur Nordamerikas. Die Mississippi-Kultur war die einzige nordamerikanische Hochkultur, welche befestigte Städte errichtet hat. Sie erstreckte sich senkrecht durch den gesamten Kontinent, von Südkanada bis hinunter nach Louisiana, zum Golf von Mexiko. Zwischen den einzelnen Regionen bestand reger Handel, insbesondere von Nahrungsmitteln und Keramik. Auch diese Indianervölker errichteten zahlreiche Mounds, welche nun bevorzugt Pyramidenform hatten. Diese Pyramiden aus Erde und Geröll waren oben abgeflacht. Auf diesen Plateaus befanden sich die Tempel der Priesterherrscher. Um diese Zentren herum wurden, großteils aus Holz und Erde, Siedlungen und Städte errichtet.

Die größte Stadt der Mississippi-Kultur war Cahokia im Süden von Illinois. Cahokia entwickelte sich ab 1050 n. Chr. innerhalb von kürzester Zeit von einer kleinen Siedlung zur größten präkolumbianischen Stadt Nordamerikas. Es erstreckte sich zu seiner Hochphase über eine Fläche von 13 Quadratkilometern. Etwa hundert kleine und große Pyramiden und Mounds prägen das Stadtbild. Es wurden auch fünf kreisförmige Anlagen mit 24, 36, 48, 60 und 72 Löchern gefunden, in welchen früher sechs Meter hohe Holzpfähle steckten. Diese Woodhenges dienten als Himmelsobservatorien. Im Zentrum von Cahokia steht Monk's Mound, die größte Erdpyramide Nordamerikas. Sie wurde aus 700.000 Kubikmetern Erde und Geröll errichtet, ist 30 Meter hoch und an der Basis 220 mal 170 Meter breit. Die Pyramide besteht aus vier Plattformen. An der Spitze befand sich der Tempel des Sonnenherrschers. Monk's Mound wurde, wie die meisten Mounds, nach dem Lauf der Sonne konstruiert. Von einer der Woodhenge-Anlagen aus betrachtet sieht es zu den Tagundnachtgleichen so aus, als würde Monk's Mound die Sonne gebären. Rund um dieses Zentrum der Macht lebten, je nach Schätzung, etwa 10.000 bis 40.000 Menschen in Hütten und Häusern aus Holz. Zumeist waren sie Bauern, Jäger, Künstler, Handwerker oder Händler. Etwa bis 1200 n. Chr. erreichte

Cahokia seinen Höhepunkt. Danach verfiel die Stadt langsam. Die Europäer fanden nur noch eine verlassene Stätte vor.[108]

Pyramiden und Monumentalbauten in Ägypten und Lateinamerika

Nicht nur in Cahokia wurden monumentale Pyramiden nach astronomischen Gesichtspunkten errichtet. Die größten derartigen Bauwerke entstanden ab 2700 v. Chr. in Ägypten. Sie waren in erster Linie Grabstätten. Gleichzeitig wurden sie derart konstruiert, dass sie als Kalender verwendet werden konnten. Etwa die Cheops-Pyramide weicht nur um wenige Bogenminuten von der exakten Nord-Süd-Ausrichtung ab und erlaubt somit eine astronomische Beobachtung des Jahresverlaufs. Aufgrund des Schattens, welchen die Pyramide in der Mittagssonne auf die Pflastersteine davor warf, konnte das Fortschreiten von der Wintersonnenwende (längster Schatten) zur Sommersonnenwende (kürzester Schatten) abgelesen werden.

Eine ähnliche Funktion erfüllten die Pyramiden, welche etwa zur selben Zeit in der Neuen Welt entstanden. Die ältesten amerikanischen Pyramiden wurden ab etwa 2500 v. Chr. in Peru erbaut. Um 1200 v. Chr. errichteten die Olmeken die ersten Pyramiden Mittelamerikas. Die mächtigsten amerikanischen Pyramiden haben zwischen der Zeitenwende und 1200 n. Chr. die Maya geschaffen. Die größte Stufenpyramide der Welt, Tepanapa in Cholula Mexiko, wurde von Christi Geburt bis etwa 800 n. Chr. in mehreren Etappen errichtet. Sie hat eine Kantenlänge von über 400 Metern und eine Höhe von 66 Metern. Die größte Stadt der Maya, Teotihuacán in Zentralmexiko, entstand ab 100 n. Chr. um den zentralen Zeremonialbezirk herum. An den Enden der zwei Kilometer langen „Straße der Toten" stehen die 42 Meter hohe Mondpyramide und die 63 Meter hohe Sonnenpyramide. Um diese Hauptachse herum entwickelten sich ab dem 3. Jahrhundert Wohnbauten, Tempel und zahlreiche kleinere Pyramiden aus Stein. Um das Jahr 600 n. Chr. erreichte Teotihuacán seinen Zenit mit etwa 125.000 bis 200.000 Einwohnern und einer Fläche von 20 – 30 Quadratkilometern. Der Niedergang erfolgte innerhalb weniger Jahrzehnte zwischen 650 und 750 n. Chr. Über die Ursachen wird bis heute spekuliert. Ein Zusammenhang mit Weltuntergangsprophezeiungen[109] wird ebenso vermutet wie Epidemien oder Rebellionen. Am wahrscheinlichsten gilt heute eine Dürrekatastrophe durch Klimaveränderungen.[110] Es konnte nachgewiesen werden, dass sich in den Jahrzehnten des Niedergangs der Sommermonsun dauerhaft nach Süden verschoben hat. Der Regen blieb aus. Die einstigen Metropolen mussten verlassen werden.[111] Bis zur Jahrtausendwende verfielen auch die anderen Maya-Städte. Die Kultur ging unter. Als letzte mesoamerikanische Hochkultur vor dem Einfall der Europäer folgten ihnen die Azteken. Diese übernahmen weite Teile der Maya-Kultur, unter anderem die Mythologie, das Kalenderwesen und den Pyramidenbau. Das Aztekenreich entstand erst im 14. Jahrhundert. Die Hauptstadt Tenochtitlán soll beim Einfall von Hernando Cortés im Jahr 1520 um die 200.000 Einwohner gehabt haben. Auch hier stand im Zentrum die Hauptpyramide des Sonnengotts.[112]

All diese Pyramiden und Tempelbauten Mittel- und Südamerikas waren so konstruiert, dass man mit ihrer Hilfe den Lauf der Sonne und der Planeten beobachten und berechnen konnte. Folgende Grafik demonstriert dies anhand der Maya-Tempelanlage von Uaxactún in Guatemala. Vom Beobachtungspunkt aus betrachtet geht die Sonne zu den Sonnenwenden genau hinter dem linken, beziehungsweise rechten Tempel auf. Zu den Tagundnachtgleichen erfolgt der Sonnenaufgang direkt hinter dem mittleren Tempel. Die Stelen dazwischen markieren weitere wichtige Tage des Sonnenjahrs.
Andere Bauwerke dienten der Gestirnsbeobachtung, beispielsweise Caracol, der zylinderförmige Schneckenturm in Chichén Itzá. Er wurde etwa ab 1000 n. Chr. unter der Herrschaft der Tolteken errichtet. In diesem 12,5 Meter hohen Turm sind acht Fenster dergestalt eingelassen, dass damit die Extremstände der Venus beobachtet werden können. Gleichzeitig zeigen die Türen des Turms die Sonnwend-Punkte an.[113] Die Wichtigkeit der Venus im Weltbild der Maya wird auch vom Codex Dresden belegt. Darin befinden sich verblüffend genaue Tabellen der Venusbahn. In diesen wurde die Venusbahn so exakt berechnet, dass der Fehler in 5.000 Jahren lediglich einen Tag betrug. Eine derartige Genauigkeit war für die damalige europäische Astronomie unvorstellbar. Wie Sonne, Mond und die anderen Planeten wurde auch die Venus mit einer Gottheit identifiziert, nämlich mit der gefiederten Schlange Kukulcan, welche später von den Azteken Quetzalcoatl genannt wurde. Deshalb war der heliakische Aufgang der Venus, also ihr Wiedererscheinen als Morgenstern nach einer Periode der Unsichtbarkeit, besonders gefürchtet.[114]

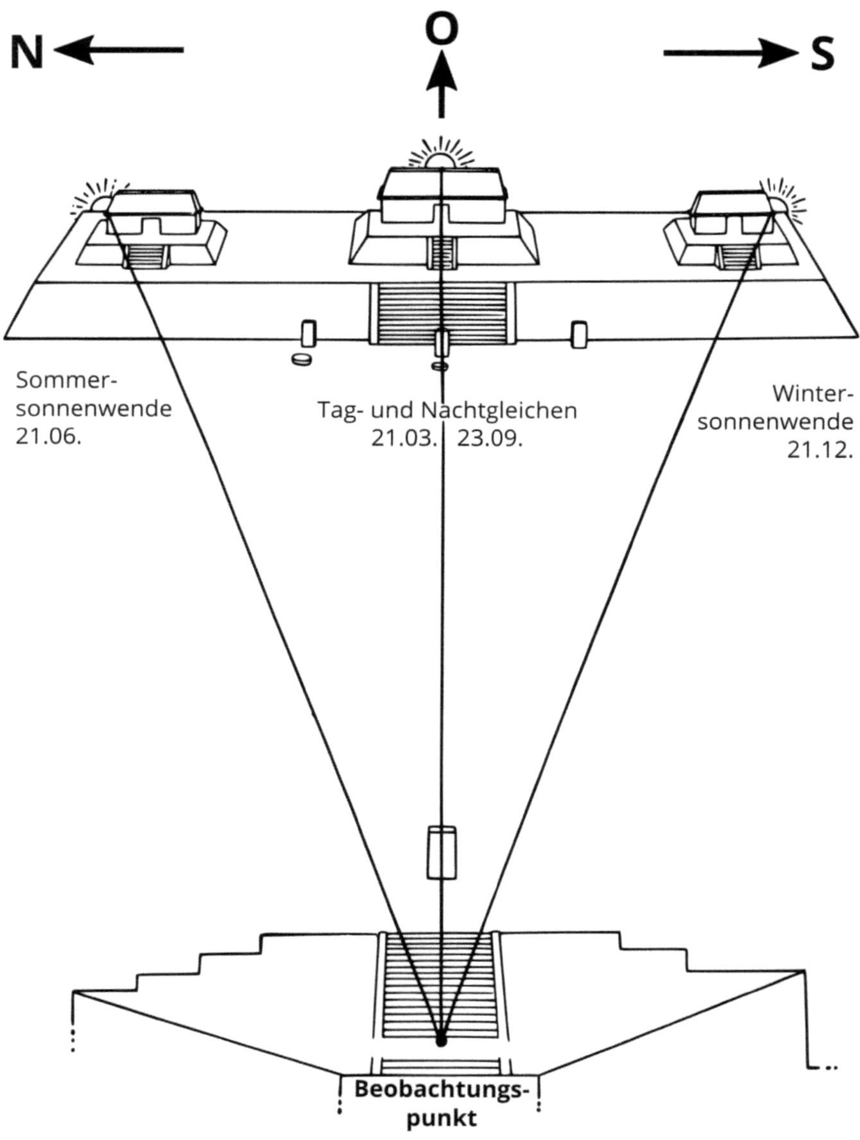

Maya-Tempelanlage in Uaxactún (Guatemala),
exakt nach dem Sonnenlauf ausgerichtet (nach Wilhelmy)[115]

02. Wahrsagekalender

War der Jahresverlauf durch die Zeitmessung erst erfasst, so zeigt sich in vielen Kulturen die Tendenz zur immer feineren Untergliederung der Zeit, um damit das Schicksal zu entschlüsseln. Bereits aus der altbabylonischen Ära (ab ca. 2000 v. Chr.) sind ausführliche Texte überliefert, welche jedem Monat und jedem Tag eine spezielle Bedeutung zuordnen.[116] In der Assyriologie haben sich dafür die Begriffe Menologie (Monat) und Hemerologie (Tag) etabliert.[117] In diesen Tagewählkalendern wurde definiert, welche Tage gut oder schlecht für welche Aktivitäten sind, von Hochzeiten oder medizinischen Eingriffen bis hin zu Alltagsdetails, beispielsweise an welchen Tagen man seine Kleidung reinigen oder keinen Fisch essen sollte. Dabei wurden die Tage auch verschiedenen Gottheiten und Kultfeierlichkeiten zugeordnet.[118]
Hemerologien finden sich in fast allen Hochkulturen, von Mesopotamien und Ägypten bis nach China und Mesoamerika. Und sicher waren solche Wahrsagekalender auch in den Kreisgraben- und Mound-Kulturen in Verwendung, auch wenn es dort keine Schrift gab, welche diese hätte überliefern können. Einige dieser Kalender sind bis heute populär. In Asien gibt es hierbei eine lange Tradition vom dritten vorchristlichen Jahrhundert bis heute.[119] Andere Wahrsagekalender sind mit ihren Kulturen versunken, wurden aber von der zeitgenössischen Esoterik wiederentdeckt. Das wohl bekannteste Beispiel hierfür ist der Kalender der Maya.

Der Maya-Kalender

Die Maya sind legendär für ihre herausragenden astronomischen und mathematischen Fähigkeiten. Sie arbeiteten bereits mit einem Stellenwertsystem und mit der Null. Während unser heutiges Dezimalsystem auf dem Zählen mit den zehn Fingern beruht, verwendeten die Maya zudem ihre zehn Zehen. Deshalb beruhte ihr Zahlensystem auf der Zwanzig. Wie die Grafik zeigt, wurden die Zahlen von 1 bis 4 von ein, zwei, drei und vier Punkten symbolisiert. Für jede 5 wurde ein Strich geschrieben. Die 6 wurde dann aus einem Strich und einem Punkt zusammengesetzt, die 7 aus einem Strich und zwei Punkten und so fort. Die 10 bestand schließlich aus zwei Strichen. Das Symbol für die Null war eine Muschel. Dieses mathematische System und die astronomischen Fertigkeiten dienten einzig und allein religiösen Zwecken, dienten der Erforschung der Zeit.

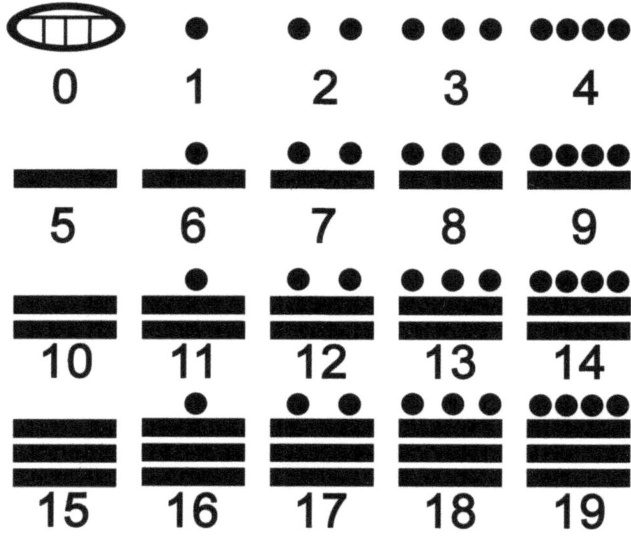

Symbole für die 20 Grundzahlen der Maya

Die Maya waren von der Zeit regelrecht besessen. Wie bei keiner anderen Hochkultur stand sie im Zentrum aller Aktivitäten. Denn die Götter beherrschten nicht nur die Zeit, sie waren vielmehr die Zeit selbst. Sie waren die Tage, Monate und Jahre. Sie waren die Jahrhunderte und Zeitalter. Die Maya stellten sich die Zeitabschnitte als Lasten vor, die von den göttlichen Trägern geschleppt werden mussten. Sie trugen die Zeit mit einem über die Stirn gespannten Gurt am Rücken. Am Ende jedes Zeitabschnitts gab es eine kurze Pause, bevor der nächste Gott die Last auf seine Schultern nahm. Und da die Götter derart gewaltige Bürden zu tragen hatten, huldigten ihnen die Maya mit Ritualen, Gebeten und Opferungen. Sie mussten die Götter stärken, damit sie nicht unter der Last zusammenbrachen. Denn dies würde den Untergang der Welt bedeuten, die Vernichtung der vierten Sonne.[120] So versuchten die Maya mit allen Mitteln, den Code der Zeit zu entschlüsseln. Neben der Beobachtung von Sonne, Mond, Venus und den Gestirnen gab es dazu zwei verschiedene Kalender.

Der Haab-Kalender basierte auf dem Sonnenlauf und umfasste 365 Tage. Diese wurden in 18 Monate zu je 20 Tagen gegliedert. Ein solches Jahr wurde Tun genannt. Dazu kamen fünf Schalttage, um den Kalender an das Sonnenjahr anzupassen. Zwanzig Tun ergeben ein Katun. Das Katun wurde jeweils nach der Gottheit jenes Tages benannt, an welchem es endete. Etwa alle 256 Jahre fiel dieser Tag wieder auf dieselben Tagesnamen. Dieser 256-Jahreszyklus war die wichtigste Epocheneinheit der Maya. Sie glaubten, dass sich in diesem Rhythmus die Geschichte wiederholen würde. Aus den Chroniken der Zeit vor 256 Jahren leiteten sie deshalb ihre Prognosen für das gegenwärtige Jahr ab. Der Glaube an diese ewige Wiederholung der Ereignisse war so stark, dass er den Lauf der Geschichte geprägt zu haben scheint. So fällt ein großer Teil der Umbrüche in der Geschichte der Maya auf Katuns, welche 4 Ahau oder 8 Ahau genannt wurden. Da alle an die Macht des Kalenders glaubten, sagte er somit tatsächlich die richtigen Ereignisse voraus. Eine Reihe solcher Katun-Prophezeiungen finden sich im Buch „Chilam Balam", dem Buch des Jaguar-Priesters. Die meisten Vorhersagen beziehen sich auf Kriege, Seuchen und andere unerfreuliche Ereignisse. Die berühmteste Prophezeiung von Chilam Balam war, wie bereits im Kapitel „Prophetentum und Zukunftsmythen" (erster Prognostik-Band)[121] erwähnt, das Eintreffen bärtiger Männer aus dem Osten im Katun 13 Ahau. Die Erfüllung dieser Weissagung durch das Eintreffen der Europäer hat den Ruf von Chilam Balam als größten Propheten der Mayas begründet.

Der zweite Kalender war Tzolkin, der Wahrsagekalender. Die alltäglichen Prognosen und Rituale der Chilam, der Maya-Priester, wurden vor allem mit Hilfe dieses 260-Tage-Kalenders erstellt. Der Zyklus bestand aus 13 Monaten zu je 20 Tagen. Die Namen der einzelnen Tage wurden gebildet aus einer Kombination der Zahlen 1 – 13 mit den zwanzig Tagesgottheiten. Dadurch kamen Tagesnamen zustande wie „Eins Lamat" oder „Neun Chuen". Jede Kalendergottheit hatte ihren ureigenen Charakter. Und dieser Charakter bestimmte die Qualität des Tages. Er bestimmte zudem den Charakter des Jahres und des Katuns, auf dessen Ende er fiel, sowie den Charakter der Menschen, welche an diesem Tag geboren wurden.
Während der Haab-Kalender vor allem der Zeitmessung diente, gaben die Zeichen des Tzolkin Auskunft über die divinatorische Bedeutung der Zeitabschnitte. Die beiden Kalender wurden in Kombination miteinander verwendet. Das Ineinandergreifen des 365-tägigen Haab-Kalenders mit

dem 260-tägigen Tzolkin-Kalender ergab eine Kalenderrunde von 18.980 Tagen, also etwa von 52 Jahren. Alle 52 Jahre wiederholten sich die Haab-Tzolkin-Kombinationen wieder aufs Neue. Neben den Katun war dieser Zyklus die zweite wichtige Epocheneinheit der Maya. Die Vollendung eines solchen Zyklus wurde mit großen Festen gefeiert, aber auch mit zahllosen Ritualen und Menschenopfern. Denn am Ende der Zyklen waren sowohl die Gottheit, welche den Haab zu tragen hatte, als auch die Gottheit, welche den Tzolkin auf seinem Rücken schleppen musste, erschöpft. In dieser doppelten Schwächephase musste die Sonne besonders gestärkt werden, um den drohenden Weltuntergang zu verhindern.[122]

Symbole für die 20 Tage des Tzolkin-Wahrsagekalenders der Maya

Für lange Zeiträume und die Geschichtsschreibung wurde schließlich die „Langzählung" verwendet. Diese nahm ihren Ausgangspunkt mit der Erschaffung der jetzigen Welt, der Welt der vierten Sonne. Rechnerisch fällt dieser Beginn auf den 13. August 3114 v. Chr. Von diesem Tag Eins an wurde die Langzählung vorgenommen. Das Datum wurde als Kombination folgender Zeiteinheiten dargestellt:

	1 Kin	= 1 Tag	
20 Kin	= 1 Uinal	= 20 Tage	
18 Uinal	= 1 Tun	= 360 Tage	= 1 Jahr
20 Tun	= 1 Katun	= 7.200 Tage	= 19,7 Jahre
20 Katun	= 1 Baktun	= 144.000 Tage	= 394 Jahre
20 Baktun	= 1 Pictun	= 2.880.000 Tage	= 7.885 Jahre
20 Pictun	= 1 Calabtun	= 57.600.000 Tage	=157.704 Jahre
20 Calabtun	= 1 Kinchiltun	= 1.152.000.000 Tage	= 3.154.072 Jahre
20 Kinchiltun	= 1 Alautun	= 23.040.000.000 Tage	= 63 Millionen Jahre

Die Zeiteinheiten des Maya-Kalenders[123]

Für Kalenderrechnungen innerhalb der Welt der vierten Sonne reichten die ersten fünf Einheiten bis zum Baktun (entspricht 394 Jahren). Beispielsweise der 1. Januar 2000 wird nach der Langzählung folgendermaßen datiert: 12 Baktun 19 Katun 6 Tun 15 Uinal 0 Kin. Nach dieser Rechnung befinden wir uns also am Anfang des dreizehnten Baktun seit Erschaffung der Welt. 13 Baktun 0 Katun 0 Tun 0 Uinal 0 Kin entspricht dem 22. Dezember 2012.

In den 2000er Jahren wurde in Esoterikkreisen heftig über dieses ominöse Datum spekuliert. Der Maya-Kalender erfuhr eine enorme Popularität und wurde schnell zur beliebten Alternative zu I-Ging, Kabbala, Tarot oder Runen. Was dem spirituellen Zeitgenossen zuvor der Mondkalender gewesen, das war nun immer häufiger der Tzolkin. Ihn konsultierte man, um den Charakter eines Menschen zu beleuchten oder um zu erfahren, ob der Tag günstig oder ungünstig für verschiedene Tätigkeiten war. Im komplexen Flechtwerk des Haab-Sonnenkalenders, des Tzolkin-Wahrsagekalenders und der Langzählung suchte man nach uralter Weisheit über die Gestalt der Zeit. Manche erwarteten mit dem Ende des zwölften Baktun am 22. Dezember 2012 das Ende der Welt. Die meisten Kenner des Maya-Kalenders betonten aber, dass dieses Datum lediglich den Beginn eines neuen großen Zyklus darstellt, dessen Veränderungen sich langsam über viele Jahrzehnte vollziehen. Dennoch nutzten die Massenmedien das Datum im Vorfeld ausgiebig zur Verbreitung von Weltuntergangsprophezeiungen, um sich danach darüber lustig zu machen, dass diese gar nicht eingetroffen sind. Und so war nach diesem Datum auch die große Popularität des Maya-Kalenders am Esotainment-Markt schnell wieder Geschichte.

Der Azteken-Kalender

Nach dem Untergang der Maya-Kultur wurde das Kalendersystem weitgehend von den Azteken übernommen. Die Grundstruktur blieb dieselbe. Lediglich die Begrifflichkeiten wurden ausgetauscht. Aus dem 365-tägigen Haab wurde der Xihuitl. Der 260-tägige Tzolkin wurde zum Tonalpohualli. Die Symbole und Herrschergottheiten der 20 Tage des Wahrsagekalenders der Azteken waren folgende:

1 Drache *(cipactli)* Tonacatecuhtli, Herr der Erhaltung
2 Wind *(ehecatl)* Quetzalcoatl, die Gefiederte Schlange
3 Haus *(calli)* Tepeyollotli, das Herz des Berges
4 Eidechse *(cuetzpalin)* Hueyhuecoyotl, der Alte Kojote
5 Schlange *(coatl)* Chalchiuhtlicue, die Wassergöttin
6 Tod *(miquiztli)* Tecciztecatl, der Mondgott
7 Hirsch *(mazatl)* Tlaloc, der Regengott
8 Kaninchen *(tochtli)* Mayahuel, die Göttin des Pulque
9 Wasser *(atl)* Xiuhtecuhtli, der Feuergott
10 Hund *(itzcuintli)* Mictlantecuhtli, Herr der Unterwelt
11 Affe *(ozomatli)* Xochipilli, Prinz der Blumen
12 Gras *(malinalli)* Patecatl, Gott der Heilkunst
13 Schilfrohr *(acatl)* Tezcatlipoca, Herr des rauchenden Spiegels
14 Jaguar *(ocelotl)* Tlazolteotl, Göttin der Liebe und des Schmutzes
15 Adler *(cuauhtli)* Xipe Totec, der gehäutete Herr
16 Bussard *(cozcaquauhtli)* Itzpapalotl, der Obsidianschmetterling
17 Bewegung *(olin)* Xolotl, Herr der Unterwelt
18 Feuerstein *(tecpatl)* Tezcatlipoca, Herr des rauchenden Spiegels
19 Regen *(quiauitl)* Chantico, Göttin des Herdes
20 Blume *(xochitl)* Xochiquetzal, Göttin der Blumen

Die zwanzig Herrschergottheiten des 260-tägigen Tonalpohualli der Azteken[124]

Wie beim Tzolkin der Maya entstanden auch die 260 Tage des Tonalpohualli durch die zyklische Kombination der zwanzig Tagesgötter mit den dreizehn Monatszahlen. Auch bei den Azteken wurden der Xihuitl und der Tonalpohualli zu einem 52-Jahreszyklus verflochten. Wenn am Ende dieses Zyklus die Zeit und die Welt neugeboren wurden, dann brachte man dem Sonnengott Tonatiuh besonders viele Menschenopfer dar. In der „Zeremonie des Neuen Feuers" wurde den Opfern das Herz aus dem lebendigen Leibe gerissen und in der Brusthöhle ein Feuer entfacht. Damit sollte die Kraft der Sonne gestärkt und der drohende Weltuntergang abgewendet werden.

Aztekischer Kalenderstein aus dem 15. Jahrhundert

Die wohl bekannteste Darstellung des aztekischen Kalenders wurde Mitte des 15. Jahrhunderts geschaffen. Dieser Kalenderstein besteht aus Basalt, hat einen Durchmesser von 3,6 Metern und wiegt fast 30 Tonnen. Im Zentrum des Rades befindet sich das Gesicht des Sonnengottes Tonatiuh mit herausgestreckter Zunge. Diese symbolisiert ein Obsidian-Messer, das Ritualmesser für die Blutopfer. Sein Kopf ist eingerahmt von den vier rechteckigen Symbolen für die vier bisherigen Welten. Links und rechts sieht man zwei Hände, welche für die Jetztwelt, die fünfte Welt stehen. Im mittleren Kreis sind gegen den Uhrzeigersinn die zwanzig Tageszeichen des Kalenders dargestellt. Dieser Kreis ist umgeben von den goldenen Strahlen der Sonne und zwei gefiederten Feuerschlangen.[125]

Die indonesischen Kalender

Maya und Azteken waren von allen Hochkulturen sicherlich jene mit dem ausgeprägtesten Kalenderkult. Für sie war die Zeit eine heilige Substanz, ein Teil der Götter selbst. Doch auch in vielen anderen Teilen der Welt versuchte man, mit Hilfe von Kalendern in die Zukunft zu blicken. Etwa die indonesischen Kalender basieren ebenfalls auf einer Vielzahl sich überlagernder Zyklen. In den Wariga, den balinesischen Divinationsschriften, spielen vor allem der Uku-Zyklus und das Saka-Jahr eine große Rolle. Der Uku-Zyklus besteht aus 30 Wochen zu je sieben Tagen. Er dauert also 210 Tage. Dieser Zyklus ist Grundlage der meisten religiösen Zeremonien, der Markttage und der Wahrsagung, beziehungsweise der Tagewählerei. Mit seiner Hilfe werden gute und schlechte Tage für verschiedene Aktivitäten bestimmt.
So soll man an einem Tag Sato keine vierfüßigen Tiere töten oder an einem Tag Taru kein Holz schneiden. Das Saka-Jahr hingegen entspricht zwölf Mondzyklen, welche durch Schaltmonate mit dem Sonnenjahr synchronisiert werden. Hier spielen zur Wahrsagung vor allem die einzelnen Mondphasen eine Rolle. Zu sämtlichen Bereichen des täglichen Lebens wurden für die Mondstationen divinatorische Ratschläge aufgestellt. So soll am 7. Tag des zunehmenden Mondes eine Reise nach Süden, am 11. Tag eine Reise nach Westen Gewinn bringen. Hingegen bringt eine Reise am 7. Tag des abnehmenden Mondes Krankheit und Gefahr in der Nacht, am 9. Tag die Gefahr von Streit. Ähnlich wurden gute und schlechte Termine für Hochzeiten festgesetzt:

> Am 1. Tag des zunehmenden Mondes: Glück ist die Folge
> Am 2. Tag: man erreicht alles, was man sich vorgenommen hat
> Am 3. Tag: Kindersegen ist das Ergebnis
> Am 4. Tag: Tod ist die Folge
> Am 5. Tag: läuft auf Glück und Wohlergehen hinaus
> Am 6. Tag: großes Leid
> Am 7. Tag: glücklich und reich wird man durch ihn
>
> (...)
> Wenn man in der Phase des abnehmenden Mondes eine Hochzeitszeremonie ausrichtet, widerfährt einem ohne Unterlass Schlechtes, nur Kummer ist die Folge davon. Das trifft auch Enkel und Verwandte.

Daneben gibt es noch eine Reihe von größeren Zyklen, sowie verschiedene Wochenzyklen, von der Eintageswoche bis hin zur Zehntagewoche. Um den Orakelsuchenden mit dieser Vielzahl von Zyklen nicht allein zu lassen, gibt es vor allem auf Java die Primbon, Almanache, welche für jeden Tag angeben, was man tun und lassen sollte. Diese Bücher erreichen, ähnlich wie die Mondkalender in Europa oder die Wahrsagekalender in China, auch heute noch hohe Auflagen.[126]

Der chinesische Kalender und die Acht Zeichen

Einer der bis heute populärsten Wahrsagekalender der Welt ist der chinesische Kalender.[127] Er ist in der gesamten asiatischen Welt verbreitet, vor allem in China, Japan, Korea, Taiwan, Thailand, Vietnam, in der Mongolei und in Tibet. Der chinesische Kalender ist ein klassischer Lunisolarkalender, also ein mit dem Sonnenjahr synchronisierter Mondkalender. Den Beginn des chinesischen Jahres markiert jeweils der zweite Neumond nach der Wintersonnenwende, also zwischen 20. Januar und 20. Februar. Manche Jahre dauern somit 12, andere 13 Mondumläufe. Jedes Jahr ist einem von zwölf Zeichen zugeordnet. Diese haben eine große Ähnlichkeit mit den astrologischen Zeichen und werden deshalb häufig als Tierkreiszeichen bezeichnet. Tatsächlich haben die chinesischen Zeichen jedoch nichts mit dem Sternenhimmel zu tun. Vielmehr unterstehen ihnen die einzelnen Jahre. Alle zwölf Jahre beginnt der Zyklus der Zeichen wieder von neuem:

Die zwölf Zeichen des chinesischen Kalenders, traditionelle Darstellung

Die zweite Grundlage des chinesischen Kalenders sind die zehn Himmelsstämme. Diese entstehen aus Yin und Yang der fünf Elemente Metall, Wasser, Holz, Feuer und Erde. Sie wechseln sich ab in der Reihenfolge Yang des Metalls, Yin des Metalls, Yang des Wassers, Yin des Wassers und so fort. Dieser Zyklus wiederholt sich alle zehn Jahre. Aus der Kombination der zwölf Zeichen mit den zehn Himmelstämmen bildet sich der 60-Jahre-Zyklus. Dieser ist der größte Zyklus der Chinesen. Er dient auch der Geschichtsschreibung. Dazu wurde von Historikern der Han-Dynastie im 1. Jahrhundert v. Chr. der Regierungsantritt des legendären Urkaisers Huang Di im Jahr 2697 v. Chr. als Ausgangspunkt der Zählung festgelegt. Seit 1984 befinden wir uns im 78. Zyklus dieser Zeitrechnung.[128] Folgende Tabelle zeigt die ersten zwei Teilzyklen von 1984 bis 2008. Jeder Teilzyklus besteht aus einem Durchlauf durch die zwölf Zeichen. Die Elemente hingegen verschieben sich mit jedem Teilzyklus:[129]

鼠 2. Februar 1984 bis 19. Februar 1985 Jahr der Holz-Ratte 甲子 *jiǎzǐ*
牛 20. Februar 1985 bis 8. Februar 1986 Jahr des Holz-Rinds 乙丑 *yǐchǒu*
虎 9. Februar 1986 bis 28. Januar 1987 Jahr des Feuer-Tigers 丙寅 *bǐngyín*
兔 29. Januar 1987 bis 16. Februar 1988 Jahr des Feuer-Hasen 丁卯 *dīngmǎo*
龍 17. Februar 1988 bis 5. Februar 1989 Jahr des Erd-Drachen 戊辰 *wùchén*
蛇 6. Februar 1989 bis 26. Januar 1990 Jahr der Erd-Schlange 己巳 *jǐsì*
馬 27. Januar 1990 bis 14. Februar 1991 Jahr des Metall-Pferdes 庚午 *gēngwǔ*
羊 15. Februar 1991 bis 3. Februar 1992 Jahr der Metall-Ziege 辛未 *xīnwèi*
猴 4. Februar 1992 bis 22. Januar 1993 Jahr des Wasser-Affen 壬申 *rénshēn*
雞 23. Januar 1993 bis 9. Februar 1994 Jahr des Wasser-Hahns 癸酉 *guǐyǒu*
狗 10. Februar 1994 bis 30. Januar 1995 Jahr des Holz-Hundes 甲戌 *jiǎxū*
猪 31. Januar 1995 bis 18. Februar 1996 Jahr des Holz-Schweins 乙亥 *yǐhài*

鼠 19. Februar 1996 bis 6. Februar 1997 Jahr der Feuer-Ratte 丙子 *bǐngzǐ*
牛 7. Februar 1997 bis 27. Januar 1998 Jahr des Feuer-Rinds 丁丑 *dīngchǒu*
虎 28. Januar 1998 bis 15. Februar 1999 Jahr des Erd-Tigers 戊寅 *wùyín*
兔 16. Februar 1999 bis 4. Februar 2000 Jahr des Erd-Hasen 己卯 *jǐmǎo*
龍 5. Februar 2000 bis 23. Januar 2001 Jahr des Metall-Drachen 庚辰 *gēngchén*
蛇 24. Januar 2001 bis 11. Februar 2002 Jahr der Metall-Schlange 辛巳 *xīnsì*
馬 12. Februar 2002 bis 31. Januar 2003 Jahr des Wasser-Pferdes 壬午 *rénwǔ*
羊 1. Februar 2003 bis 21. Januar 2004 Jahr der Wasser-Ziege 癸未 *guǐwèi*
猴 22. Januar 2004 bis 8. Februar 2005 Jahr des Holz-Affen 甲申 *jiǎshēn*
雞 9. Februar 2005 bis 28. Januar 2006 Jahr des Holz-Hahns 乙酉 *yǐyǒu*
狗 29. Januar 2006 bis 17. Februar 2007 Jahr des Feuer-Hundes 丙戌 *bǐngxū*
猪 18. Februar 2007 bis 6. Februar 2008 Jahr des Feuer-Schweins 丁亥 *dīnghài*

Somit ergibt sich für jedes Jahr eine eigene Charakteristik. Einerseits wurden diese Jahreseigenschaften zur Erstellung von Mundanprognosen herangezogen. Ein Beispiel dafür findet sich in einem mongolischen Prophetenbuch aus dem 17. Jahrhundert:

> „Was die Leiden der Jahre des Hasen und des Drachen betrifft, so werden alle Besitztümer in Asche und Staub verwandelt werden. In den Jahren des Pferdes und des Schafs hingegen werden sich alle Dinge zum Guten wenden. Alle Menschen werden nach rechtschaffenem Geist leben und den drei Juwelen huldigen. (...) Wenn Ihr das Jahr des Tigers erreicht, dann werden Eure Länder und Gewässer ruhig werden und dem Land der höchsten Heiligen gleichen."[130]

Andererseits wird der chinesische Kalender bis heute zur Charakterdiagnostik von Individuen herangezogen. Alle Menschen, die im selben Jahr geboren sind, teilen ähnliche Wesenszüge und Schicksal. Verfeinert werden die Eigenschaften von Pferd, Ratte oder Büffel erstens durch die fünf Elemente. So soll ein Erd-Tiger weniger rebellisch und undiszipliniert sein als ein Feuer-Tiger. Ein Holz-Büffel wird als weniger halsstarrig erachtet als ein Metall-Büffel. Zweitens werden auch die einzelnen Monate eines Jahres, die Wochentage und die Geburtsstunde gedeutet. Folgende Charakterbeschreibung des Drachens entstammt einem Buch über thailändische Wahrsagung. Sie ist typisch für den Gebrauch des chinesischen Kalenders zur Divination:

> „Im Jahr des Drachen Geborene werden zuverlässige Söhne haben, vor allem der zweite. Sie werden auch viele Verwandte haben, viel Geld und viele Diener. Im Alter von 15 bis 19 müssen sie wahrscheinlich fern der Heimat leben. Mit 30 wird ihnen großes Glück zuteil. Doch mit 37 und 50 werden sie Unglück erleiden.
>
> Im 5., 6. oder 7. Monat geboren: Drachenkönig des sternernen Firmaments. Er leistet gute Regierungsarbeit und hat viele Sklaven. Kein Feind kann ihm etwas anhaben. Im 8., 9. oder 10. Monat geboren: Großer scheinender Drache aus gebeiztem Gold. Arm in der Jugend, doch später wird es ihm gut gehen.
>
> Im 11., 12. oder 1. Monat geboren: Ein Walddrache aus weißem Gold, gutherzig und wohltätig. Im 2., 3. oder 4. Monat geboren: Ein scheinender Schilfdrache aus reinem Gold. Eine zuverlässige Person, leistet gute Regierungsarbeit und wird hoher Beamter werden.
>
> Am Sonntag geboren: edler Drache mit vielen Bediensteten; am Montag geboren: ein gewöhnlicher Drache von armem Aussehen; am Dienstag geboren: ein Giftdrache, geeignet zum Bösen; am Mittwoch geboren: ein trauriger Dra-

che mit vielen Problemen; am Donnerstag geboren: ein magischer Drache, der im Gefängnis enden wird; am Freitag geboren: ein Killerdrache, böses Omen; am Samstag geboren: Schutzdrache, sehr gut."[131]

Durch die Kombination von Jahr, Monat, Tag und Doppelstunde erhält jeder Zeitpunkt eine individuelle Prägung durch Tierzeichen und Element, also insgesamt acht Zeichen. Bis heute ist diese Methode der „Acht Zeichen" (Bazi Suanming 八字算命) die wohl populärste Art der Schicksalsberechnung in Asien. Da es dort nie die Zäsur einer Aufklärung gegeben hat, sind Divinationstechniken wie die „Acht Zeichen" bis heute in der chinesischen Kultur verankert.[132] Bei Geschäftsessen mit chinesischen Partnern wird auch im 21. Jahrhundert gerne nach dem Geburtsdatum gefragt, ohne die Anrüchigkeit des Aberglaubens. Selbst für hochrangige Vertreter des akademischen Kaders ist es nach wie vor normal, Reisetermine um mehrere Tage zu verschieben, wenn der Wahrsager dies aufgrund seiner Kalenderberechnungen empfiehlt.[133]

Die abendländischen Bauernkalender

Ein letztes Beispiel für die zahlreichen Wahrsagekalender findet sich im abendländischen Kulturkreis. Die traditionellen Bauernkalender sollen Menschen in der Landwirtschaft bei ihrer Arbeit unterstützen, indem sie das kommende Wetter prognostizieren. Die Sinnsprüche haben sich über Jahrhunderte durch Beobachtungen und Überlieferungen entwickelt. Möglicherweise bestehen in ihnen sogar jahrtausendealte Regeln der archaischen Kreisgrabenanlagenerbauer fort. Im Zuge der Christianisierung wurden die Überlieferungen der Germanen an die christlichen Festtage angepasst. Es schälte sich seine heutige Form heraus.
Ein wichtiges Element des Bauernkalenders sind die Lostage. Beobachtungen an diesen Tagen geben Auskunft über den künftigen Verlauf des Wetters. Am bekanntesten sind die Eisheiligen (11. – 15. Mai), die Siebenschläfer (27. Juni) und die Hundstage (23. Juli – 24. August). Das Wetter an diesen Tagen bestimmt das Wetter der weiteren Wochen oder Monate. So heißt es über die Siebenschläfer: „Regnet es am Siebenschläfertag, der Regen sieben Wochen nicht weichen mag." oder "Ist der Siebenschläfer nass - regnet's ohne Unterlass." Derartige Regeln gibt es für fast alle Tage des Jahres, beispielsweise:[134]

10. Januar: An Amalie Sonnenschein, bringt viel Korn und Weizen ein.

2. Februar: Ist's an Lichtmess hell und rein, wird's ein langer Winter sein.
Wenn es aber stürmt und schneit, ist der Frühling nicht mehr weit.

6. März: Um den Tag des Fridolin, da zieht der letzte Winter hin.

24. Juni: Glüh`n Johanniswürmchen helle, schöner Juni ist zur Stelle.
Regnet's am Johannistag, regnet es noch vierzehn Tag.
Regen am Johannistag, nasse Ernt` man erwarten mag.

30. August: Bischof Felix zeiget an, was wir in 40 Tag' für Wetter han.

4. Dezember: Barbara im weißen Kleid, verkündet gute Sommerzeit.
Geht Barbara im Klee, kommts Christkind im Schnee.

Auch heute noch beobachten viele Menschen derartige Regeln. Selbst in den Wetterberichten der Meteorologen dienen sie häufig als auflockerndes Stilmittel. In der Schweiz gibt es sogar eine eigene Organisation, welche sich mit derartigen Traditionen der Naturbeobachtung befasst und regelmäßig in den Medien ihre Wetterprophezeiungen abgibt: die Muotathaler Wetterschmöcker, auch bekannt als Innerschwyzer Meteorologen oder Wetterpropheten.[135] Doch was ist wirklich dran an solchen Wahrsagekalendern? Sind sie reiner Aberglaube oder steckt in manchen doch ein Körnchen Wahrheit?

03. Empirik moderner Kalenderprognostik

Studien zur Macht des Mondes

Wahrsagekalender sind rund um die Welt verbreitet. Bis heute ist es populär, sie zu konsultieren, um zu erfahren, was der Tag, das Monat oder das Jahr bringen wird. Die ältesten und gleichzeitig unvergänglichsten dieser Kalender basieren auf dem Lauf des Mondes. Selbst in der Moderne gibt es noch unzählige Menschen, welche ihre Pflanzen bei Mond im Krebs umtopfen, ihre Haare kurz vor Vollmond schneiden lassen oder bei abnehmendem Mond mit Entschlackungskuren beginnen. Inwieweit derartige Regeln überhaupt etwas bringen, wird dabei meist nicht weiter hinterfragt. Schließlich bürgen Alter, Tradition und „gute Erfahrungen damit" für ihre Richtigkeit. Dabei wäre es bei den meisten Mondregeln einfach, sie systematisch zu überprüfen. Und so gibt es seit Beginn des 20. Jahrhunderts eine Reihe von empirischen Studien über die Macht des Mondes.[136]

Eine Pionierin auf diesem Gebiet war die Stuttgarter Anthroposophin Lili Kolisko (1889 – 1976). Sie führte bereits in den 1930er Jahren neun Jahre lang Experimente durch über den Einfluss des Mondes auf das Pflanzenwachstum. Dabei stellte sie unter anderem fest, dass zwei Tage vor Vollmond gesäte Pflanzen besser wachsen als solche, welche zwei Tage nach Vollmond gesetzt werden. Der britische Forscher Nicholas Kollerstrom (*1946) untersuchte in den 1970ern den Zusammenhang zwischen Mondzeichen und dem Wachstum von Kartoffeln. Dazu wurden in einer Großgärtnerei zwei Monate lang 24 Reihen Kartoffeln gesetzt, jede Reihe bei einer anderen Mondposition. Er fand dabei heraus, dass Kartoffeln um 25 % besser wachsen, wenn bei der Aussaat der Mond in den Erdzeichen Stier, Jungfrau oder Steinbock steht. Diese Versuche harren jedoch bislang einer unabhängigen Replikation.[137]

Eine Reihe weiterer Studien beschäftigte sich mit dem Einfluss des Mondes auf die Aktivitäten von Tieren. Der amerikanische Biologe Frank Brown führte in den 1950er Jahren Versuche mit Austern durch. Dabei zeigte sich, dass ihr Verhalten vom Mond gesteuert wird selbst dann, wenn sie tausende Kilometer von ihrem Geburtsort entfernt und im Labor unter neutralen Bedingungen gehalten werden. Obwohl die Austern an ihrem neuen Ort keinerlei Sinneseindrücke vom Mond wahrnehmen konnten, passten sie ihr Verhalten alsbald dem Mondrhythmus des neuen Ortes an. Ein anderes Experiment führte Brown mit Ratten durch. Er hielt sie unter gleichbleibenden Licht- und Temperaturbedingungen im Labor. Trotzdem waren die Ratten doppelt so aktiv, wenn der Mond unter dem Horizont stand als wenn er über dem Horizont stand. Brown experimentierte auch mit Hamstern und stellte dabei fest, dass die Tiere etwa vier Tage nach Vollmond, beziehungsweise nach Neumond zum Maximum ihrer Aktivität auflaufen. Unabhängige Replikationen dieses Hamster-Versuchs wurden zwar durchgeführt, konnten das Ergebnis jedoch nicht bestätigen.[138]

Auch der Einfluss des Mondes auf den Menschen wurde eingehend untersucht, insbesondere durch die Auswertung von Statistiken. Eisern hält sich der Volksglaube, dass bei Vollmond mehr Kinder zur Welt kommen als zu anderen Zeitpunkten. Eine der größten Studie zu diesem Thema führte im Jahr 1959 der Chronobiologe Michael Menaker (*1934) durch. Er untersuchte eine halbe Million Geburten in New Yorker Krankenhäusern aus einem Zeitraum von neun Jahren. Der Statistik zufolge wurden etwas mehr Kinder bei abnehmendem als bei zunehmendem Mond geboren. Dabei lag das Maximum im Umkreis des Vollmondes, das Minimum im Umkreis des Neumonds. Allerdings war der Effekt nur sehr schwach. Er konnte durch andere Forscher nicht bestätigt werden.[139]
Der Mediziner Robert L. McDonald führte 1966 eine ähnliche Untersuchung durch an schwarzen Müttern in South Carolina. Er berücksichtigte nur spontane Neunmonatsgeburten, insgesamt 1.907 Fälle. Eine Mehrzahl der Geburten fiel in die Neumond- und Vollmondphasen. Der Effekt war allerdings nur leicht signifikant. McDonald räumte deshalb ein, dass dieses Ergebnis auch mit dem ausgeprägten Mondglauben der schwarzen Bevölkerung in den Südstaaten erklärbar wäre. Eine weitere Studie von Abell und Greenspan (1979) analysierte 12.000 Entbindungen in einem Zeitraum von 51 Mondzyklen. Hier konnte keinerlei Zusammenhang zwischen Geburtenhäufigkeit und Mondphasen festgestellt werden, sehr zur Überraschung der Schwestern des Kreissaals. Diese hatten fest mit deutlich mehr Geburten zu Vollmond gerechnet.[140] Auch wenn es eine Reihe von einander widersprechenden Signifikanzen gibt, gilt der Zusammenhang zwischen Geburtenhäufigkeit und Mondphasen heute eindeutig als empirisch widerlegt.

Widersprüchliche Ergebnisse lieferten auch die Untersuchungen über eine Korrelation zwischen Menstruation und Mondphasen. Nachdem diese beiden Zyklen etwa gleich lange dauern, liegt die Vermutung eines Zusammenhangs nahe. Eine der ersten großen Studien zu diesem Thema führte um die Jahrhundertwende der schwedische Chemiker und Nobelpreisträger Svante Arrhenius (1859 – 1927) durch. Er belegte anhand von 11.807 Fällen, dass die Menstruation weitaus häufiger bei abnehmendem als bei zunehmendem Mond einsetzt. Am häufigsten fiel der Beginn der Regel auf den Tag vor Neumond. Obwohl diese Studie methodisch einwandfrei war, kamen andere Forscher zu widersprüchlichen Ergebnissen. Manche Studien bestätigten den Neumond, andere belegten ein Menstruationsmaximum zu Vollmond. Die größte Studie neben jener von Arrhenius wurde 1937 durchgeführt. Dabei wurden Frauen aufgefordert, am Tag des Menstruationsbeginns eine Postkarte einzuwerfen. So wollte man Erinnerungsfehler vermeiden. Die Auswertung von 10.000 Postkarten konnte keinerlei Zusammenhang zwischen Monatsblutung und Mond feststellen.[141]

Schließlich wurde auch der alte Volksglaube untersucht, dass Operationen bei Vollmond zu verstärkter Blutung führen können. Edson Andrews, ein Chirurg aus Florida, wertete all seine Mandel- und Polypenoperationen von 1956 – 1958 aus. Bei 44 der etwa tausend Fälle kam es zu Problemen mit Blutungen während oder nach der Operation. Dabei stellte er fest, dass sich die überwältigende Mehrheit der Fälle in der Woche vor oder nach Vollmond ereignete. Es traf für 82 % der Fälle zu. Laut statistischer Erwartung hätten es lediglich 50 % sein dürfen. Zwei weitere, jedoch weitaus kleinere unabhängige Studien bestätigten diese Tendenzen, sodass man bis in die 1980er Jahre hinein einen solchen Zusammenhang zumindest für möglich erachtete.[142]
Seit den frühen 1990er Jahren hat es eine Reihe von neuen Untersuchungen gegeben, welche versuchten, eine Korrelation zwischen Mondphasen und Blutkonservenverbrauch, Komplikationen bei schweren thoraxchirurgischen Eingriffen, postoperativer Mortalitätsrate oder Knie- und Hüftprothesenimplantationen herzustellen. All diese Untersuchungen konnten keine signifikanten Zusammenhänge feststellen. Dennoch feierte gerade in den 1990ern der Mondglaube eine große Renaissance, insbesondere durch den Riesenerfolg des Paungger-Poppe-Mondbuchs „Vom richtigen Zeitpunkt".[143] Angeregt von diesem Buch stellten 1998 Gerold,

Khuen und Böhler die Probe aufs Exempel. In einer retrospektiven Studie an 219 Coxarthrosepatienten wurden zwei Kontrastgruppen gebildet. 113 Patienten erhielten eine Hüftendoprothese zum laut Paungger und Poppe ungünstigsten Zeitpunkt, also am Vollmondtag oder in den drei Tagen davor. Die anderen 106 Patienten wurden zum günstigsten Zeitpunkt, also zu Neumond oder in den drei Tagen davor, operiert. Dann wurde der Operationserfolg untersucht anhand zahlreicher Parameter wie Blutkonservenverbrauch, Wundsekretion, Redon-Flascheninhalt, Hämatombildung, Schmerzmittelverbrauch oder Dauer des postoperativen Klinikaufenthalts. Zwischen all diesen Faktoren und den Mondphasen konnte keinerlei Zusammenhang festgestellt werden. Der „richtige Zeitpunkt" für eine Operation scheint von vielem abzuhängen, nur nicht vom Mond. All diese neuen Ergebnisse lassen die Studie von Andrews äußerst fragwürdig erscheinen. Man nimmt heute an, dass seine Signifikanzen von groben methodischen Mängeln herrührten. So wurde die Studie nicht blind durchgeführt, sondern im Wissen um die Mondphasen. Andrews war Operateur und Versuchsleiter gleichzeitig. Eine selbsterfüllende Prophezeiung scheint wahrscheinlich.[144]

Die empirischen Untersuchungen haben bislang keine Beweise für die Macht des Mondes gebracht. Ganz im Gegenteil: die meisten Korrelationen wurden durch unabhängige Replikationen widerlegt. Für die wenigen positiven Forschungsergebnisse gibt es bis dato keine Replikationen. Das hindert den Volksglauben jedoch nicht daran, trotzdem den Kräften des Mondes zu huldigen und den Mondkalendern hohe Auflagen zu bescheren.

Dennoch steht außer Frage, dass der Mond einen gewissen Einfluss auf weltliche Geschehnisse ausübt, beispielsweise in Form der Gezeiten. Ein weiterer interessanter Zusammenhang konnte 1962 von Bradley, Woodbury und Brier festgestellt werden. Sie aggregierten die Niederschlagswerte von 1544 nordamerikanischen Wetterwarten über einen Zeitraum von 50 Jahren. Dabei fanden sie heraus, dass der Regenfall signifikant am stärksten ist ein paar Tage nach Neumond, beziehungsweise Vollmond. Der geringste Niederschlag findet durchschnittlich in den Tagen vor Neu- und Vollmond statt. Zur Kontrolle wurden die Daten in zwei Gruppen geteilt, 1900 – 1924 und 1925 – 1949. Die beiden Kurven zeigten denselben Verlauf, was die signifikante Korrelation verstärkt. Eine unabhängige Studie für die südliche Hemisphäre bestätigte diese Ergebnisse eindeutig. Der Zusammenhang zwischen Mondphasen und Niederschlag ist somit wohl eine der bestdokumentiertesten Mächte des Mondes. Mit den klassischen Deutungsregeln der Mondkalender hat diese Korrelation jedoch nichts zu tun. Es wäre also verfehlt, diese Studie als Bestätigung für den Wahrheitsgehalt von Mondkalendern heranzuziehen. Abgesehen davon sind die Signifikanzen viel zu niedrig, als dass man daraus zuverlässige Wetterprognosen ableiten könnte. Dennoch zeigt die Studie, dass der Mondzyklus durchaus mit mehr im Zusammenhang steht als nur mit den Gezeiten.[145]

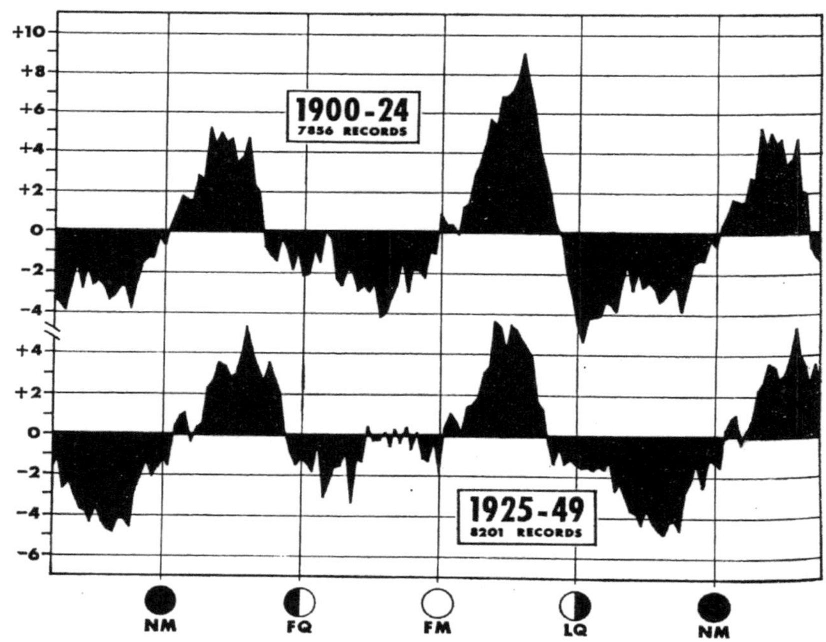

Zusammenhang zwischen Mondphasen und Niederschlagsmenge nach Bradley (1962)

Studien zum Einfluss der Sonne

Die zweite große Gruppe von Wahrsagekalendern basiert auf dem Lauf der Sonne. Sonnenkalender liefern bereits seit Jahrtausenden wichtige Hinweise, insbesondere für die Landwirtschaft. Sie zeigen die kalten und die warmen Jahreszeiten an, die richtigen Zeitpunkte für Aussaat und Ernte. Doch mit derart groben Angaben wollten sich die Menschen nicht zufrieden geben. Sie wollten möglichst auf den Tag genau wissen, wann sie welches Wetter zu erwarten haben. So wurden nicht nur den Jahreszeiten, sondern auch einzelnen Tagen, Wochen und Monaten bestimmte Charaktermerkmale, Sinnsprüche oder Deutungsregeln zugeordnet. Als Beispiel haben wir unter anderem die Bauernkalender[146] kennengelernt. Derartige Wahrsage-Almanache gibt es in vielen Kulturen. Sie ordnen verschiedenen Abschnitten des Jahreskreises bestimmte Eigenschaften und Vorhersagen zu. Dies gilt nicht nur für Wetter und sonstige Ereignisse, sondern auch für die Charaktermerkmale der Menschen, welche in diesen Abschnitten geboren wurden. Mittlerweile gibt es eine Vielzahl von empirischen Studien über die prognostische Kraft des Sonnenkalenders, welche untersuchen, inwieweit Geburtstag oder Geburtsmonat tatsächlich Einfluss auf das Schicksal des Menschen haben.[147]

Eines der ersten Standardwerke zu diesem Thema stammte von Ellsworth Huntington (1876 – 1947), einem Ökonomieprofessor an der Universität Yale. In „Season of Birth: Its Relation to Human Abilities" (1938) zeigte er anhand zahlreicher Statistiken, dass die Jahreszeit der Geburt signifikante Abweichungen bringt in Bezug auf Intelligenz, Geisteskrankheit, Kriminalität, Tuberkulose oder Langlebigkeit. Eines seiner prägnantesten Resultate war die Feststellung, dass hervorragende Persönlichkeiten häufiger in der Winterperiode von Oktober bis April geboren werden als im Sommer. So sind von den ersten 31 US-Präsidenten 26 im Winter, aber nur 5 im Sommer geboren. Inwieweit die frappante Häufigkeit wintergeborener Präsidenten nur eine Laune des Zufalls war, werden die kommenden Jahrhunderte weisen. Denn bezeichnenderweise hat sich dieses Verhältnis seit Huntingtons Studie umgedreht. Die Präsidenten seit den 1930er Jahren, Nummer 32 bis 45, wurden mehr als doppelt so oft im Sommer wie im Winter geboren. Doch Huntingtons Argumentation war nicht nur auf US-Präsidenten beschränkt. Eine Statistik über bedeutende Amerikaner, welche in der „Encyclopedia Britannica" erwähnt sind, kam zum sel-

ben Ergebnis. Berühmte Menschen scheinen bevorzugt in der kalten Jahreszeit zur Welt zu kommen, vor allem im Monat Februar.
1979 überprüfte Andis Kaulins (*1946) die These mit aktualisierten Daten. Im Gegensatz zu Huntington beschränkte er sich dabei nicht auf Stichproben, sondern erfasste sämtliche mit Geburtsdatum erwähnte Persönlichkeiten seit dem Jahr 1400. All diese insgesamt über 11.000 Berühmtheiten aus der „Encyclopedia Britannica" folgten in frappierender Weise dem von Huntington gefundenen Jahreszeitentrend. Herausragende Persönlichkeiten sind bevorzugterweise in den Monaten zwischen Wintersonnenwende und Frühjahrsäquinoktium geboren. Am Höhepunkt im Februar werden durchschnittlich 36 Berühmtheiten pro Tag geboren, zur Tiefphase im Sommer lediglich 27. Folgende Grafik zeigt die Verteilung nach Kaulins. Im Vergleich dazu ist die Temperaturkurve für New York eingetragen. Bei Temperaturen um den Nullpunkt scheinen die meisten Prominenten geboren zu werden.[148]

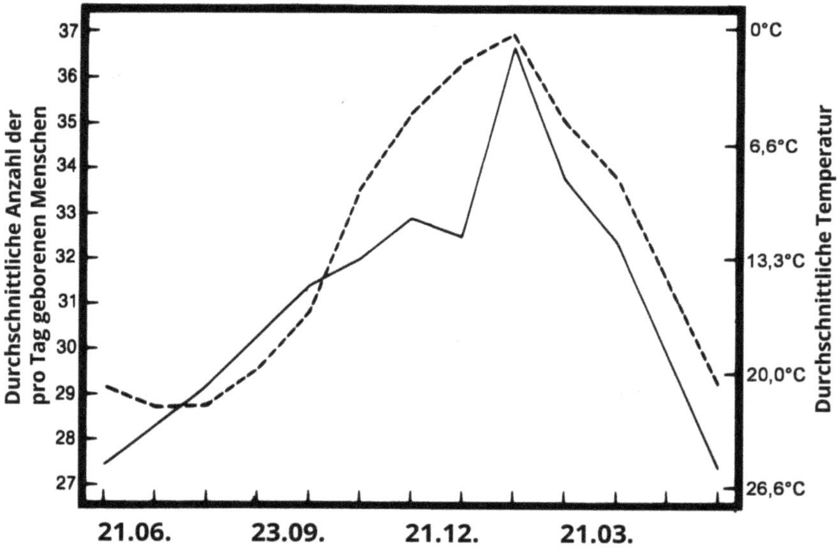

Berühmte Persönlichkeiten aus der „Encyclopedia Britannica" werden überdurchschnittlich oft um den Monat Februar geboren nach Kaulins (1979)

Die Korrelation zwischen Berühmtheit und Geburtsdatum in den Wintermonaten um den Februar ist eine bis heute nicht erklärbare Tatsache. Ob sich dieser Zusammenhang im Lauf der kommenden Jahrhunderte wieder verflüchtigen wird, bleibt abzuwarten. Denn replizieren lässt sich der Versuch ebenso wenig wie die Statistik über die US-Präsidenten. Die weltweite Anzahl von Berühmtheiten und Genies ist nun einmal begrenzt. Das Ergebnis kann daher nicht mit anderen Daten überprüft werden. Untersuchungen haben gezeigt, dass sich der Wintereffekt immer mehr verschiebt, je mehr man auch Halb- oder Lokalberühmtheiten dazunimmt. Je berühmter die untersuchten Persönlichkeiten sind, desto ausgeprägter wird der Wintereffekt.

Ähnliche Untersuchungen gab es auch über Geisteskrankheit. Knobloch und Pasamanik untersuchten 1958 die Geburtenverteilung von 5.855 geistig behinderten Kindern, welche 1913 – 1948 die Columbus State School besucht haben. Auch hier fand sich ein Maximum im Winter, insbesondere im Februar. Die Forscher erklärten dies damit, dass bei den Februargeborenen die kritische Phase der Schwangerschaft in die heiße Jahreszeit fällt. Die Hitze hat negative Auswirkungen auf Appetit und Stoffwechsel der Mütter, sodass es häufiger zu Entwicklungsdefiziten kommt. So analysierten sie die Winter-Daten genauer und berücksichtigten, ob den Geburten ein heißer oder ein kalter Sommer vorausgegangen war. Tatsächlich traten mehr Behinderungen auf in den Wintern nach heißen Sommern. Allerdings konnten unabhängige Folgestudien den Effekt nicht mehr nachweisen.
Deutlicher fiel das Ergebnis auf dem Gebiet der Schizophrenie aus. Eine der ersten Studien wurde 1929 vom Schweizer Psychiater Moritz Tramer (1882 – 1963) an 3.100 Psychiatriepatienten durchgeführt. Dabei entdeckte er im Vergleich zur allgemeinen Bevölkerungsstatistik einen fünfzehnprozentigen Überschuss von Patienten, welche zwischen Dezember und März geboren waren. Zahlreiche unabhängige Folgestudien haben diesen Zusammenhang bestätigt. Barry und Barry (1961) fanden dasselbe Muster anhand von insgesamt 30.000 Patienten. Dalén (1968) bestätigte das Ergebnis mit einer Studie über 16.238 Schizophrene in Schweden, Hare, Price und Slater (1974) mit einer Studie über 46.000 britische Psychiatriepatienten. Auch für die Südhalbkugel der Erde wurden die Geburtsmonate von Schizophrenen untersucht. Die größte dieser Studien wurde von Parker und Neilson (1976) anhand von 20.356 Patienten in New South Wales durchgeführt. Auch dort fand sich ein Überschuss an Wintergeburten (Juni bis August).

Wie bei den Studien über geistige Behinderung wird auch hier vermutet, dass die Sommerhitze während der kritischen Phase der Schwangerschaft für den Überschuss an schizophrenen Wintergeburten verantwortlich sein könnte. Andere Forscher wie Lewis und Griffin, zwei Psychologen von der University of Texas, geben hingegen zu bedenken, dass der Zusammenhang auch auf einem methodologischen Artefakt beruhen könnte. Schizophrenie ist eine Erkrankung, welche normalerweise bereits in jungen Jahren auftritt. Patienten, welche in den ersten Monaten des Jahres geboren wurden, sind somit in der Statistik überrepräsentiert, weil sie eben bereits etwas länger leben. Inwieweit dieses Argument ausreicht, um den Überschuss von wintergeborenen Schizophrenen vollständig zu erklären, bleibt fraglich.[149]

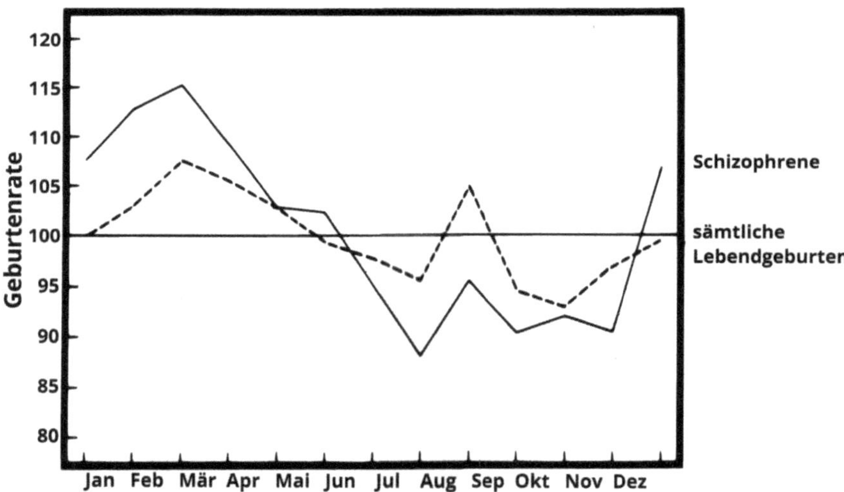

Zusammenhang zwischen Geburtsmonat und Schizophrenie nach Dalén (1968)

Schizophrenie und Berühmtheit sind die zwei bestdokumentierten Zusammenhänge zwischen Geburtsmonat und Schicksal. Beide weisen ein Maximum in den Wintermonaten von Januar bis März auf. Das würde auch die uralte Vermutung bestätigen, dass Genie und Wahnsinn zwei Seiten derselben Medaille sind. Inwieweit es sich bei diesen frappanten Ergebnissen jedoch lediglich um Artefakte handelt, konnte bislang noch nicht eindeutig geklärt werden. Andere Studien über Jahreszeiteneffekte auf Charakter und Schicksal wurden bereits eindeutig widerlegt. So gab es in den 1960er Jahren eine Reihe von Untersuchungen, welche einen Zusammenhang zwischen Krebserkrankung und Märzgeburten nahelegten. Diese Studien umfassten im Schnitt jeweils 1.000 bis 3.000 Fälle. Die Ergebnisse wurden sogar sinngemäß anhand von 1.242 australischen Fällen bestätigt. Hier fand sich, den Jahreszeiten der Südhalbkugel entsprechend, der Höhepunkt im September. Als der Effekt anhand einer großen Kontrollgruppe von 20.000 Krebstodfällen in Connecticut überprüft wurde, war er jedoch wieder verschwunden. Ein Zusammenhang zwischen Krebs und Geburtsmonat gilt seither als widerlegt, auch wenn er in den Medien immer wieder ausgegraben wird.

Die Suche nach Korrelationen zwischen Geburtsmonat und Schicksal ist heute beliebter denn je. Erforderten derartige Studien noch bis in die 1980er Jahre hinein mühevolle und langwierige Handarbeit, so erlaubt die moderne Datenanalytik mittlerweile nahezu vollautomatische Auswertungen. So zeigte eine Studie des Mediziners Lars Lien von der Universität Oslo (2005), dass in den ersten drei Monaten des Jahres geborene Kinder in der Schule signifikant bessere Noten haben sollen. Der Untersuchung lagen 6.700 Schüler zwischen 14 und 15 Jahren zugrunde. Die schlechtesten Noten hatten Schüler, welche in den letzten drei Monaten des Jahres geboren sind. Diesen soll es zudem weitaus schwerer fallen, Freundschaften zu schließen. Repliziert wurde diese Studie bislang allerdings noch nicht.[150] Auch das Max-Planck-Institut für demografische Forschung in Rostock (MPIDR) hat in Statistiken einige signifikante Korrelationen zwischen Geburtsmonat und Schicksal entdecken können. Es wurden die Geburtsmonate aller Menschen, welche zwischen 1989 und 2002 ihren 105-jährigen Geburtstag feiern konnten, untersucht. Darunter fanden sich deutlich mehr Menschen mit einem Geburtstag zwischen September und Dezember. So haben die Dezembergeborenen eine um 16 % höhere Wahrscheinlichkeit, ihren 105. Geburtstag zu erreichen als der Durchschnitt. Hingegen ist diese Wahrscheinlichkeit für Junigeborene um 23 % vermindert. Das Ergebnis wurde unter anderem damit erklärt, dass früher die Säuglingssterblichkeit für Frühjahrsgeborene deutlich höher war als für Babys, die im Herbst auf die Welt kamen.[151]

Interessanterweise hat es derartige Studien bereits in den 1930er Jahren gegeben. Damals zeigten die Statistiken, dass im Osten der USA Märzgeborene durchschnittlich um vier Jahre länger leben als Juligeborene und dass in Kalifornien Maigeborene durchschnittlich 81 Jahre alt wurden, während Dezembergeborene mit 62 Jahren die Kurzlebigsten waren. Die Korrelationen waren also genau umgekehrt wie in der aktuellen Studie. Als der britische Astrologe John Addey 1961 diese Ergebnisse anhand von 51.000 Geburtsdaten überprüfte, fand er hingegen keinerlei Zusammenhang zwischen Geburtsmonat und Langlebigkeit.[152] Insofern bleibt abzuwarten, inwieweit die Signifikanzen der aktuellen Studie des Max-Planck-Instituts Rostock tatsächlich etwas über die Zukunft der Jetztgeborenen auszusagen vermögen oder sich, wie so viele bisherige Korrelationen, irgendwann als Launen des Zufalls entpuppen werden.

Als letztes Beispiel der zahlreichen Studien über das Schicksal der Geburtsmonate möchte ich noch eine aktuelle Untersuchung aus dem Jahr 2006 erwähnen. Die britischen Mediziner Emad Salib und Mario Cortina-Borja analysierten die Geburtsdaten von 26.000 Selbstmordfällen in England und Wales zwischen 1979 und 2001. Sie fanden dabei eine deutlich höhere Suizidrate bei April-, Mai- und Junigeborenen. Am höchsten ist das Selbstmordrisiko bei frühlingsgeborenen Frauen. Diese begehen um 29,6 % häufiger Selbstmord als wintergeborene Frauen. Bei Männern betrug der Unterschied 13,7 %. Dieses Resultat deckt sich mit anderen Studien, denen zufolge Frühlingsgeborene anfälliger sind für Alkoholismus und emotionale Störungen.[153] Inwieweit diese Ergebnisse Replikationen standhalten werden, ist noch offen. Allerdings ist es bemerkenswert, dass Gunter Sachs in seiner „Akte Astrologie" eine ähnliche Untersuchung durchgeführt und ebenso die Frühlingszeichen als jene mit erhöhter Freitodneigung identifiziert hat. Zu dieser Untersuchung werden wir später noch kommen.[154]

Diese Beispiele sollen uns vorläufig genügen. Wie bei den Studien zu den Mondphasen zeigen auch die empirischen Befunde über Sonnenjahr und Schicksal widersprüchliche Ergebnisse. Sicherlich ist es plausibel, dass Menschen, welche im heißen Sommer geboren wurden, anders geprägt sind als solche, die im kalten, dunklen Winter ihre ersten Lebenswochen verbracht haben. Wo genau jedoch diese Unterschiede liegen, bleibt fraglich. Zwar gibt es eine Vielzahl von empirischen Studien, welche anhand zehntausender Daten signifikante Korrelationen zwischen Geburtsmonat und Schicksal nachweisen. Doch ein großer Teil davon konnte nicht repliziert werden oder steht im Verdacht, auf methodischen Artefakten zu beruhen. Dennoch wird es wohl auch im 21. Jahrhundert verlockend bleiben, Parallelen zwischen dem Jahreskreis der Sonne und den Geschicken des Menschen zu suchen. Wie vor nahezu 7.000 Jahren die ersten Baumeister der Kreisgrabenanlagen, werden auch künftige Forschergenerationen versuchen, aus dem Sonnenkalender wahrzusagen und die Zukunft zu lesen.

04. Die Geschichte der Astrologie

Kalender beruhen zum überwiegenden Teil auf astronomischen Zyklen. Nur selten sind sie davon vollkommen losgelöst, wie etwa der 260-tägige Wahrsagekalender der Maya und Azteken oder der 210-tägige Uku-Zyklus im indonesischen Kalender. Sonne und Mond sind die offensichtlichsten astronomischen Faktoren. So sind auch ihre beiden Zyklen Grundlage der meisten Kalender. Doch irgendwann entdeckte der Mensch, dass diese zwei großen Himmelslichter nicht die einzigen beweglichen Elemente des nächtlichen Firmaments waren. Es gab noch fünf weitere Wandelsterne, die mit freiem Auge sichtbaren Planeten Merkur, Venus, Mars, Jupiter und Saturn. Und wenn schon Sonne und Mond die Geschicke auf Erden beeinflussten, wandelnde Götter waren, warum sollte dann nicht auch dasselbe für die Planeten gelten? So entstand im Laufe des 3. Jahrtausends v. Chr. in Mesopotamien die Astrologie.[155]

Die Ursprünge in Mesopotamien

Wie die archaischen Kalender entwickelte sich auch die Astrologie aus der Zeichendeutung heraus.[156] Sie liegt direkt an der Nahtstelle zwischen Zeichen und Zeit. Denn einerseits sind die Bahnen der Planeten Signaturen am Himmel, andererseits folgen sie festen zeitlichen Periodizitäten. Sonne und Mond, welche wir bereits ausführlich in den vergangenen Kapiteln behandelt haben, zählen auch in der Astrologie zu den Hauptfaktoren. Auch die Venus, nach Sonne und Mond der dritthellste Himmelskörper, hatte in den Deutungen bereits früh einen hohen Stellenwert. Die Maya sahen in ihr die gefiederte Schlange Kukulcan, eine ihrer höchsten Gottheiten. Sie widmeten ihr ausgiebige Beobachtungen und ihre exaktesten Berechnungen.[157] In Mesopotamien war die Venus ebenfalls der erste Planet, welchem große Bedeutung zukam. Auch sie wurde ursprünglich vor allem als Zeichen gedeutet:

> „Wenn Venus beim Aufgang in einer Scheibe steht: Der König wird seine Untertanen in einem Kampf zur Rechenschaft ziehen. Wenn Venus neben der Sonnenscheibe steht, während diese aufgeht: Das Land wird revoltieren. Die Hungersnot wird streng sein. Des Königs Untertanen werden ihn in einem Kampf töten. Wenn die Sonnenscheibe beim Aufgang neben dem Mond steht

und Venus vor diesen sichtbar ist: Eine wohlbekannte, wichtige Persönlichkeit wird gegen den Herrn rebellieren."[158]

Derartige Himmels-Omina finden sich in Mesopotamien etwa ab Mitte des 3. Jahrtausends v. Chr. Um 2000 v. Chr. prägten im Zwischenstromland bereits zahlreiche Steintürme mit einer Höhe bis zu hundert Metern die Stadtbilder.[159] Diese Türme dienten vor allem der Beobachtung des Himmels. Man begann, die Bahn der Venus, ihre Deklinationswerte, ihr Verschwinden und ihr Erscheinen vor und nach den Sonnenkonjunktionen aufzuzeichnen. Auch die Fixsternpositionen wurden notiert. Im weiteren Verlauf der Jahrhunderte kamen auch die anderen Planeten dazu. Doch lange Zeit war die Wahrsagung aus den Sternen mehr Deutung von Himmelszeichen als Astrologie im heutigen Sinne.
Erst im 8. Jahrhundert v. Chr. wurde aus der Himmelbeobachtung langsam die Astronomie. Aus den jahrhundertelangen Beobachtungsdaten entwickelten sich Berechnungstafeln für die künftigen Positionen von Sonne und Mond. Mit Hilfe der Sarosperioden konnte man bereits damals Sonnenfinsternisse vorhersagen. Später wurden auch zunehmend die Bahnen der fünf Planeten in die Berechnungen mit einbezogen. Zu diesem Zweck erfanden die Babylonier den Tierkreis mit seinen 360 Graden als Koordinatensystem. Etwa um 600 v. Chr. teilten sie diesen in zwölf gleich große Abschnitte, in die zwölf Tierkreiszeichen. Damit waren die wichtigsten technischen Grundlagen der Astrologie gelegt.[160]

Beginn der Geburtshoroskopie in Griechenland

Bis zu dieser Zeit war die Himmelsschau ausschließlich Königs- und Mundanwahrsagung. Aus den Zeichen des Himmels wurden die Geschicke von Ländern und Herrschern gelesen. Individuen wurden nicht berücksichtigt. Erst Ende des 5. Jahrhunderts v. Chr. begann man, Horoskope für den Zeitpunkt der Geburt von Einzelpersonen zu berechnen. Das älteste bekannte Geburtshoroskop wurde auf den 29. April 410 v. Chr. erstellt.[161] Es enthält die Tierkreispositionen von Sonne, Mond und den fünf Planeten. Der Aszendent hingegen, heute eines der zentralen Deutungselemente, war den Babyloniern noch unbekannt. Dieser wurde erst im Lauf des vierten vorchristlichen Jahrhunderts von den Griechen in die Astrologie eingeführt. Die Griechen übernahmen die Astrologie von den Babyloniern, vor allem im Rahmen des Persienfeldzugs von Alexander

dem Großen (356 – 323 v. Chr.). Nachdem chaldäische Astrologen Alexander vorhergesagt hatten, dass er im Falle eines Einzugs in Babylon dort sterben würde und sich diese Prophezeiung erfüllte, begann eine rasche Ausbreitung der Sternenkunde in der Alten Welt. Chaldäische Astrologen wie der Baal-Priester Berossos gründeten Astrologieschulen in ganz Griechenland.[162]
Die Griechen verliehen der Astrologie ihre heutige Form. Sie legten erstmals großes Gewicht auf den Aufgangspunkt des Tierkreises im Osten, den Aszendenten. Bei ihnen erlebte auch die Individualhoroskopie ihre erste Blüte. Dies hängt sicherlich mit dem hohen Stellenwert des Einzelnen in der hellenistischen Demokratie zusammen. Entgegen der Behauptung, dass Astrologie bereits über 10.000 Jahre[163] oder gar über 30.000 Jahre[164] alt wäre, ist das, was man heute Astrologie nennt, also erst etwas mehr als 2.000 Jahre alt.

Von Griechenland kam die Astrologie nach Rom. Cicero (106 – 43 v. Chr.) widmete ihr so manchen Seitenhieb in seiner Schrift „Von der Weissagung". Er hielt die Sternenkunde schon damals, im letzten vorchristlichen Jahrhundert, für Humbug. Im fiktiven Dialog mit seinem Bruder Quintus wird bereits ein Großteil der Argumente für und wider die Astrologie ausgetauscht, welche bis zum heutigen Tag die Diskussion prägen. So führt er gegen die Astrologie zu Felde, dass Zwillinge keineswegs dasselbe Schicksal hätten, obwohl sie zur selben Zeit geboren werden. Oder er kritisiert, dass die Planeten viel zu weit von der Erde entfernt wären, als dass sie eine Wirkung auf die Menschen ausüben könnten.

> „Denn wer sieht nicht, dass die Kinder die Gestalt und die Sitten und die meisten auch die Stellungen und Bewegungen der Eltern nachbilden? Dies würde nicht eintreffen, wenn nicht die Kraft und die Natur der Zeugenden, sondern die Temperatur des Mondes und die Beschaffenheit des Himmels es hervorbrächte. Wie? Haben nicht Menschen, die in ein und demselben Augenblick geboren sind, verschiedene Naturen, Lebensweisen und Schicksale? Beweist das nicht hinlänglich, dass die Geburtszeit auf das Lebensgeschick durchaus keinen Einfluss hat?"[165]

Die Astrologie war also, wie im Übrigen auch die anderen Arten der Wahrsagung, bereits damals umstritten. Man hat früher keineswegs den magischen Lehren unkritischeren Glauben geschenkt als heute. Vielmehr wurde die Astrologie im Römischen Reich immer wieder gesetzlich verboten, beispielsweise 139 v. Chr. mit der Verbannung aller griechischen Astrologen aus Italien oder unter Diokletian 294 n. Chr. und Velentinian 370 n. Chr. Bei letzteren beiden Edikten wurde die Astrologie sogar als „verdammenswert" bezeichnet und jedem, der bei „diesem verbotenen Irrtum ergriffen wird" die Todesstrafe angedroht, sowohl dem Astrologen, als auch dessen Kunden.[166] In anderen Perioden hingegen nutzten die Römischen Kaiser Astrologie als exklusives Herrschaftswissen, beispielsweise unter Augustus (63 v. Chr. – 14 n. Chr.) oder Hadrian (76 – 138 n. Chr.), wobei letzterer sogar selbst Astrologe war. In diesen Phasen erhoffte man sich von den Astrologieverboten einen Wissensvorsprung und stellten die Ausübung deshalb für Privatpersonen unter Strafe, besonders wenn sich diese erdreisteten, Prognosen über die Geschicke des Kaisers oder des Staates zu machen. Im inneren Führungszirkel hingegen nutzte man die Astrologie intensiv und richtete alle wichtigen Entscheidungen nach den Gestirnen aus.[167] Das öffentliche Ansehen der Astrologie war also bereits im Römischen Reich großen Wechseln unterworfen und pendelte zwischen angesehener Zukunftswissenschaft und verpöntem Aberglauben.

Die ersten astrologischen Lehrbücher

Das erste Lehrbuch für Astrologie gab es erst um die Zeitenwende. Die „Astronomica" vom römischen Autoren Marcus Manilius stellt in fünf Büchern die Grundlagen der Astrologie dar. Das im Versmaß gehaltene Werk präsentiert neben Tierkreiszeichen, Planeten und Aszendenten auch die Häuser, sowie die Hauptaspekte, die bedeutsamen Winkelbeziehungen zwischen den Planeten, den Gedrittschein (120°), den Geviertschein (90°), den Sextilschein (60°) und den Gegenschein (180°).[168] Ein weiteres einflussreiches Werk verfasste in der zweiten Hälfte des ersten nachchristlichen Jahrhunderts Dorotheus von Sidon. Sein „Pentateuch" ist allerdings nur in Fragmenten, teilweise in arabischen Übersetzungen aus dem 8. Jahrhundert, überliefert.[169]

Das wichtigste Astrologiebuch der Antike erschien Mitte des 2. Jahrhunderts n. Chr. Der Tetrabiblos von Claudius Ptolemäus (etwa 100 – 178 n. Chr.) gilt bis heute als Standardwerk der Astrologie. Er ist ein systematisch aufgebautes Lehrbuch in vier Büchern und enthält alles, was die Sternenschau seiner Zeit ausmachte. Neben einer detaillierten Darstellung der mathematischen und astronomischen Grundlagen bietet er umfassende astrologische Deutungsregeln zu Planeten, Zeichen, Häusern und Fixsternen. Dabei liegt der Verdienst von Ptolemäus nicht in der Kreation eines eigenständigen Deutungssystems, sondern vor allem in der systematischen Zusammenfassung des damaligen astrologischen Wissens. Sein geozentrisches Weltbild und seine Epizykeltheorie prägten die Astronomie des Mittelalters bis zur kopernikanischen Revolution.

Die siderische Astrologie in Indien

Nach dem Untergang der Antike geriet die Astrologie in Europa in Vergessenheit. Die alten Lehren überlebten aber in der arabischen Welt und in Indien. Insbesondere im Rahmen der Eroberungszüge von Alexander dem Großen war die Astrologie bereits im 4. Jahrhundert v. Chr. nach Indien gelangt. Sie wurde dort ins hinduistische Weltbild integriert und mit der bereits bestehenden Lunarastrologie verknüpft. So spielt bis heute in der indischen Astrologie (Jyotisa) der Mond eine viel stärkere Rolle als in der westlichen Astrologie. Die 27 oder 28 Mondstationen (Nakshatras), welche der Mond im Lauf seines Zyklus durchläuft, wurden durch die hellenistischen Einflüsse um die zwölf solaren Tierkreiszeichen (Rashis) ergänzt. Auch die Erweiterung der altindischen Sonnen- und Mondkalender um die fünf Planeten (Grahas) Merkur, Venus, Mars, Jupiter und Saturn und damit verbunden die Einführung der Siebentagewoche (jeweils ein Tag für Sonne, Mond und die fünf Planeten) geht auf die Griechen zurück.[170]

Im Lauf der folgenden Jahrhunderte entwickelten sich die indische und die westliche Astrologie zunehmend auseinander. Ein Hauptgrund dafür ist der Tierkreis. Traditionell liegt sein Anfangspunkt auf 0° Widder. In den letzten vorchristlichen Jahrhunderten war der Eintritt der Sonne ins siderische Sternbild des Widders mit der Tagundnachtgleiche (Äquinoktium) weitgehend identisch. Da sich die Erdachse im Lauf der Jahrhunderte jedoch verlagert (Präzession), driften die Sternbilder und die Äquinoktialpunkte immer weiter auseinander. Etwa alle 2.200 Jahre verschieben sie sich um ein Zeichen. Erst nach 26.000 Jahren sind sie wieder deckungsgleich.[171] In der westlichen Astrologie hielt man sich an den tropischen Tierkreis. Das heißt, dass 0° Widder als Punkt der Tagundnachtgleiche definiert ist und mittlerweile nichts mehr mit den Sternbildern am Himmel

zu tun hat. In der indischen Astrologie hingegen wurde der siderische Tierkreis beibehalten. 0° Widder ist also immer noch dort, wo das Sternbild des Widders am Himmel beginnt. Allerdings liegt dieser Tag mittlerweile mehr als drei Wochen nach der Tagundnachtgleiche, also nicht um den 21. März, sondern erst um den 14. April. Ein stürmischer Widder der westlichen Astrologie ist in Indien somit noch ein verträumter Fisch. Ein exzentrischer Wassermann nach dem tropischen Tierkreis ist im siderischen Tierkreis ein konservativer Steinbock.
Dieser Widerspruch ist eines der Hauptargumente der Kritiker gegen die Astrologie. Und in der Tat befinden sich die Astrologen hier im Erklärungsnotstand. Manche Astrologen behaupten, dass sowohl der tropische, als auch der siderische Tierkreis in sich stimmig wären und einfach verschiedene Ebenen des Horoskops repräsentieren. Allerdings bleibt dann die Frage offen, warum den einzelnen Tierkreiszeichen in beiden Bezugssystemen dieselben Eigenschaften zugeordnet werden. Hier hat der renommierte Astrohistoriker Dieter Koch (*1959) bei einer vergleichenden Analyse vedischer Astrologiebücher allerdings festgestellt, dass es bei den Beschreibungen der Tierkreiszeichen durchaus Verbindendes gibt. So werden beispielsweise dem siderischen Skorpion auch Charaktermerkmale zugeschrieben, welche im Westen mit dem tropischen Schützen assoziiert werden.[172] Mit den Koordinatensystemen haben sich also auch die Bedeutungsräume verschoben, sodass die inhaltlichen Widersprüche gar nicht so gravierend sind. Problematisch wird es allerdings beim Herrschersystem. Hier wie dort gilt Mars als Planet des Widders, Jupiter als Planet der Fische und so fort. Ein tropischer Widderaszendent bekommt den kriegerischen Übeltäter Mars als Geburtsplanet zugeordnet, während derselbe Mensch in Indien dem großen Wohltäter Jupiter untersteht. Dieser Widerspruch scheint bis heute unlösbar. Und so besteht die beliebteste Ausflucht darin, dass westliche Astrologen den siderischen und indische Astrologen den tropischen Tierkreis als Unsinn abtun.

Arabische Astrologie

Der zweite Kulturkreis, in dem die antike Astrologie fortlebte, war der arabische. Die Araber bewahrten das geistige Erbe der Griechen und entwickelten es weiter, während Europa im finsteren Mittelalter versank.[173] Zu den bekanntesten arabischen Astrologen gehörten Messallah, der im Jahr 762 n. Chr. den Zeitpunkt für die Gründung Bagdads errechnet hat, Sahl ben Bishr, Abu Masar (beide in der ersten Hälfte des 9. Jahrhunderts), Albubather (etwa 875 – 950) und vor allem der berühmte Universalgelehrte Al-Biruni (973 – 1050), sowie Ali ben Ragel (1016 – 1062), einer der meistzitierten Astrologen des Mittelalters.[174] Der große Einfluss, den die Araber auf die Entwicklung der Astrologie hatten, kommt noch heute zum Ausdruck im Begriff der „Arabischen Punkte". Diese Technik hat ihre Ursprünge zwar bereits in der Antike, wurde aber erst von den Arabern in großem Umfang betrieben. Dabei werden Planeten, Aszendent und Medium Coeli (der höchste Punkt des Himmels) miteinander addiert oder subtrahiert. Der bekannteste dieser Punkte ist der Glückspunkt. Hier wird die Distanz von der Sonne zum Mond gemessen und dann vom Aszendenten abgetragen.[175] Die Araber benutzten hunderte derartiger Punkte, und jeder Punkt konnte wiederum Ausgangspunkt zur Berechnung weiterer Punkte sein. Bei Al-Biruni finden sich zahlreiche Arabische Punkte wie die folgenden:[176]

Triumph: Von Glückspunkt zum Saturn, abgetragen vom Aszendenten

Geheimnisse: Vom Herrscher des Aszendenten zum Medium Coeli, abgetragen von Aszendenten

Schicksal des Sultans: Von MC Konjunktion Merkur zum MC der Solarprogression, abgetragen vom Jupiter

Zeitdauer der Beschäftigung: Von der Sonne zum Saturn, abgetragen vom Aszendenten

Enthauptung: Vom Mond zum Mars, abgetragen von der Spitze des 8. Hauses

Ob für Vater, Mutter, Bruder, Schwester, Meister, Sklaven, Geschäfte, Folter, Beruf, Berühmtheit, Erbe, Kinder, Liebe, Reitkunst, Schönheit oder Streit, ja sogar für Wein, Nüsse oder Oliven, für nahezu alles gab es einen eigenen Arabischen Punkt. Die Inflation astrologischer Deutungsfaktoren nahm bereits damals ihren Anfang. Es gab von den Arabischen Punkten so viele, dass man jederzeit alles und jeden berechnen konnte, zumindest im Nachhinein.

Alt-Arabischer Tierkreis[177]

Westliche Astrologie in Persien und China

Erst in den 2000er Jahren haben Forscher herausgefunden, dass die westliche Astrologie über das Perserreich bis nach China gelangt ist, und das bereits im 8. Jahrhundert nach Christus. So zeigte der kanadische Tibetologe Jeffrey Kotyk (*1985), dass im China der Tang-Dynastie persische Astronomen am Hof des Kaisers tätig waren und so die iranische Astrologie, eine Mischung aus hellenistischen und indischen Einflüssen, ins ferne Asien brachten.[178] Dort hielt sie sich mehrere Jahrhunderte als anerkannte Prognosedisziplin. Kotyk hat auch eine Reihe von spannenden Details aufgearbeitet. So wurden in der iranischen Astrologie des 8. Jahrhunderts nicht nur Sonne, Mond, die fünf Planeten und die Mondknoten (Drachenkopf und Drachenschwanz) verwendet, sondern auch ein Faktor namens Lilith. Die Umlaufbahn dieser unheilvollen, dunklen Dämonin entspricht dem erdfernsten Punkt der Mondbahn (Apogäum).[179] In der modernen Astrologie wurde dieser Faktor erst in den 1960er Jahren neu entdeckt und seit den 1980er Jahren sehr populär. Sowohl die Berechnung, als auch die Deutung der modernen Lilith entsprechen verblüffend genau den iranischen Beschreibungen, obgleich es keinerlei Verbindung beider Traditionslinien gibt. Auch die Bilder und Beschreibungen der Planeten und Tierkreiszeichen zeigen eine große Ähnlichkeit mit den westlichen Vorbildern.[180]

Die Tierkreiszeichen Widder bis Jungfrau
in der Darstellung von Taizō zuzō 胎藏圖象 (1194)

Trotz der westlichen Einflüsse war die Astrologie in China noch in starker Verbindung zur Zeichendeutung. Der Himmel wurde beobachtet und diente auch optisch als Landkarte des Schicksals. Die Milchstraße entsprach dabei dem Gelben Fluss, dem markantesten Strom in der Topographie des Kaiserreichs. Und oberhalb und unterhalb der Milchstraße spiegelten sich die darunterliegenden Regionen Chinas nördlich und südlich des Gelben Flusses im Himmel. Ereigneten sich Konstellationen der Planeten in diesen Himmelsregionen, so betraf dies auch die entsprechende Region auf Erden.[181]
Laut dem amerikanischen Sinologen David Pankenier (*1946) spielten hier Planetenballungen eine große Rolle. Besonders bedeutsam waren diese, wenn alle Planeten in einem Tierkreiszeichen versammelt waren. Das geschieht nur etwa alle 517 Jahre.[182] Dieses seltene Ereignis wurde als Zeichen gesehen, dass die bestehende Ordnung einen großen Umbruch erfährt und das „Himmlische Mandat" (Tianming) auf einen neuen Herrscher übergehen könnte. Und tatsächlich finden sich in der chinesischen Geschichte zu diesen großen Konjunktionen erstaunlich viele Umstürze und Dynastiewechsel. So läutete die Konjunktion von 1953 v. Chr. die Ära der Xia-Dynastie ein, jene von 1576 v. Chr. die Herrschaft der Shang und die Konjunktion von 1059 v. Chr. die Machübernahme der Zhou.[183] Dabei fanden die Konjunktionen jeweils in den Himmelsregionen der entsprechenden Dynastien statt. Diese seltenen Himmelsereignisse machten offenbar einen derart mächtigen Eindruck auf Herrschende und Umstürzler, dass der Glaube Berge versetzte. Man muss sich den enormen motivierenden bzw. demoralisierenden Effekt eines solchen mächtigen Zeichens vorstellen, wenn es von allen Beteiligten geglaubt wird. Und so kann man gespannt sein auf die nächste große Konjunktion im September 2040. Denn ein solch seltenes Omen könnte wohl auch im modernen China eine gewisse Sogwirkung entwickeln.[184]

Astrologie im mittelalterlichen Abendland

Im Zeichen der islamischen Expansion verbreitete sich die arabische Astrologie ab dem 8. Jahrhundert über Spanien bis an die Grenzen des Frankenreichs. Vom 11. bis zum 13. Jahrhundert wurden zahlreiche arabische und jüdische Werke ins Lateinische übersetzt. Morgenländische Magie, Kabbala und Astrologie gelangten so in den abendländischen Kulturkreis und nahmen dort alsbald eine eigenständige Entwicklung. Von der Kirche wurde die Sternenwahrsagung lange als „inhaltsleere Betrügerei"[185] verboten. Erst christliche Theologen wie Thomas von Aquin (1225 – 1274) erarbeiteten die weltanschaulichen Grundlagen, um die Astrologie mit dem Christentum zu vereinbaren.[186] Die europäischen Fürsten und Könige begannen, Hofastrologen zu beschäftigen. Einer der ersten großen Astrologen des Abendlandes war der italienische Mathematiker Guido Bonatti (1223 – 1300). Als Hofastrologe Friedrichs II. von Hohenstaufen und dem Grafen Montefeltro erlangte er mit seinen Prognosen Berühmtheit.[187] Bis heute berufen sich Astrologen auf seine Werke. In der zweiten Hälfte des 13. Jahrhunderts entwickelte Johannes Campanus, Mathematiker von Papst Urban IV., ein neues Häusersystem, welches erstmals nicht die Ekliptik als Grundlage nahm, sondern den Himmelsraum des Geburtsortes.

So bekam die Astrologie ein zweites Grundlagenproblem, über welches die Meinungen bis heute auseinandergehen: die Definition der Häuser. Denn das System von Campanus war neben den äqualen Häusern und dem System von Porphyrius (im 3. Jahrhundert v. Chr. entstanden) bereits das dritte Häusersystem der Astrologie. Und es sollten noch weitere folgen, vom deutschen Mathematiker Regiomontanus (1436 – 1476), vom Pariser Arzt Morinus (1583 – 1656) und vom italienischen Mönch Placidus de Titi (1603 - 1668). Im 20. Jahrhundert kamen noch die Vehlow-Häuser, die MC- und Planetenhäuser der Hamburger Schule, das GOH-Häusersystem und das topozentrische System dazu. All diese Häusersysteme bringen teilweise vollkommen verschiedene Ergebnisse. Wer nach Placidus die Venus im 5. Haus hat, der hat sie nach Vehlow vielleicht noch im 6. Haus stehen. Aus knisternder Erotik und Sexualität wird die Liebe zur Arbeit oder Liebe als Pflicht. Wie die Diskrepanzen zwischen tropischem und siderischem Tierkreis, führen auch die verschiedenen Häusersysteme zu Deutungswidersprüchen. Zudem haben die meisten Häusersysteme das Problem, dass sie stark verzerrte, unbrauchbare Häuserbilder abgeben, je näher die Geburt an Polargegenden liegt.[188] Das Häuserproblem wird wohl nur mit einem 3D-Horoskop zu lösen sein, bei dem im virtuellen Raum die Himmelskuppel naturgetreu simuliert wird. Schließlich ergeben sich immer Projektionsverzerrungen, wenn man versucht, den dreidimensionalen Raum auf ein zweidimensionales Blatt Papier zu bringen. Ein richtiges Häusersystem kann es da ebenso wenig geben wie ein richtiges Abbild des Globus in 2D.[189]

Die zwölf Tierkreiszeichen in Leonardo Da Vincis „Abendmahl" (1494 – 1497)

Hochblüte in der Renaissance

In der Renaissance gelangte die Astrologie zur Hochblüte. Europa war erfasst vom wiedergeborenen Geist der Antike. In allen größeren Städten wurden Universitäten gegründet, um den neuen Wissensreichtum zu institutionalisieren. Hier durfte auch die Astrologie nicht fehlen, welche lange Zeit als Königswissenschaft galt. Auch die Kunst war geprägt von astrologischen Allegorien.

So wurden die zwölf Jünger im berühmten Gemälde „Das Abendmahl" von Leonardo Da Vinci (1452 - 1519) in Mimik, Gestik und Physiognomie den zwölf Tierkreiszeichen nachempfunden. Die Reihe beginnt rechts mit Simon, dem Zeloten, als direkten, kämpferischen Widder und endet links mit Bartholomäus als teilnahmslos beobachtenden Fisch. Die Jünger sind in vier Dreiergruppen angeordnet, welche den vier astrologischen Quadranten entsprechen. Jeder Jünger nimmt die für sein Tierkreiszeichen typische Haltung ein: Simon, der Widder, entschlossen und impulsiv, Thaddäus, der Stier, nackenbetont und an sich haltend, Matthäus, der Zwilling, jugendlich-glatt und wild gestikulierend, Philippus, der Krebs, inbrünstig in Gefühlen schwelgend, der ältere Jakobus, Löwe, in expressiver, strahlender Haltung, der ungläubige Thomas, die Jungfrau, warnend den Zeigefinder erhebend.
Zur linken von Jesus folgen die Herbstzeichen: Johannes, die Waage, unentschlossen abwägend, Judas, der Skorpion, verstohlen zurückweichend, den Geldbeutel fest an sich haltend, Petrus, der religiös-kämpferische Schütze, eilig und die Reihenfolge missachtend Johannes ins Ohr flüsternd. Schließlich folgen die drei Winterzeichen, der vierte Quadrant. Während alle anderen Apostel mit sich selbst und ihren Gedanken und Gefühlen beschäftigt sind, betrachten die Winterzeichen aus der Distanz das Geschehen: der alte, glatzköpfige Andreas, Steinbock, ängstlich abwehrend die Hände erhebend, der jüngere Jakobus, Wassermann, seine Freunde brüderlich umarmend und schließlich der stumm betrachtende Fisch Bartholomäus, der einzige Jünger, dessen Füße (traditionell den Fischen zugeordnet) zu sehen sind. Wie für seine Zeit üblich, hat auch Da Vinci in diesem berühmten Werk astrologisches Gedankengut eingearbeitet. Er wurde hierbei vermutlich von seinem engen Freund, dem Schweizer Astrologen Konrad Fürst beraten.[190]

Auch in den Bildern von Albrecht Dürer (1471 - 1528) finden sich zahlreiche astrologische Allegorien. So ist sein Kupferstich „Melencholia I" (1514) eine kunstvolle Ansammlung der Analogieketten des Planeten Saturn. Wohl am offensichtlichsten ist die astrologische Symbolik im Kupferstich „Sol Iustitiae" (um 1500). Die personifizierte Sonne sitzt auf einem Löwen. In ihrer erhobenen Hand hält sie ein Schwert, in ihrer gesenkten Hand eine Waage. Dies symbolisiert die astrologischen Würden der Sonne. Nach traditioneller Lehre beherrscht die Sonne den Löwen, ist im Widder (Symbol Schwert) erhöht und in der Waage im Fall. In den Gemälden und Bildern aus der Renaissance-Zeit finden sich unzählige derartige Allegorien.[191] Zahlreiche weitere Beispiele finden sich im Buch „Astrologie in der Kunst" von Klemens Ludwig.[192]

Allegorie bei Albrecht Dürer:
„Sol Iustitiae" (um 1500) zeigt die astrologischen Würden der Sonne

Weltuntergangsprophezeiungen

Auch wenn das Ansehen der Astrologie in der Renaissance auf dem Höhepunkt war, gab es bereits zu jener Zeit Kritik. Einer der einflussreichsten Gegner der Astrologie war der italienische Humanist Pico della Mirandola (1463 – 1494). In seinem posthum veröffentlichten Werk „Disputationes adversus astrologiam divinatricem" wandte er sich scharf gegen die Astrologie.[193] Er schlug vor, die astrologischen Thesen statistischen Tests zu unterziehen, um ihre Nutzlosigkeit zu beweisen. Mirandola kritisierte vor allem die deterministische Astrologie, welche das Schicksal des Menschen als unabänderliche Konsequenz der Sternenbahnen auslegte. Und in der Tat brachte die Renaissance nicht nur eine gewaltige geistige Expansion, sondern gleichzeitig ein letztes großes Aufbäumen des Aberglaubens. Zahlreiche Weltuntergangsprophezeiungen wurden aus den Sternen gelesen, um das Volk in Angst und Schrecken zu versetzen. Vor allem Planetenballungen in einem Zeichen gaben Anlass zu düsteren Prognosen.
So wurde das Aufkommen der Syphilis mit der vorangegangenen großen Konjunktion der Planeten Jupiter und Saturn im Zeichen des Skorpions erklärt. Das Zusammentreffen dieser zwei langsamsten Planeten galt als Königskonstellation und wurde vor allem für Mundanprognosen als äußerst bedeutsam erachtet. Bei der Konstellation vom Oktober 1484 befanden sich zudem auch alle anderen Himmelskörper bis auf Mars im Skorpion, dem Zeichen der Geschlechtsorgane. Eine Geschlechtsseuche schien den Astrologen der Renaissance nur logische Konsequenz dieser Konstellation zu sein.[194] Der bekannte Astrologe Johannes Lichtenberger (1426 – 1503) hingegen prognostizierte aus der Konjunktion das Kommen eines Propheten, der die Kirche revolutionieren werde. Als einige Jahrzehnte später Martin Luther die protestantische Reformation anführte, wurde dies als Beweis für die Richtigkeit von Lichtenbergers Weissagungen angesehen. Schließlich war Luther 1483, nur ein Jahr vor der Konstellation, im Zeichen des Skorpions geboren worden.[195]

Besonders spektakulär war die Prophezeiung einer großen Sintflut für das Jahr 1524. Der bekannte Astrologe Johannes Stöffler (1452 – 1531) hatte diese bereits im Jahr 1499 vorausgesagt. Seine Schüler, insbesondere der erste Astrologe Brandenburgs, Johannes Carion (1499 – 1537), hielten bis zum verheißenen Jahr an dieser Prophezeiung fest und veröffentlichten zahlreiche reißerische Schriften zu diesem Thema. Ausgangspunkt der Sintfluterwartungen war eine Konjunktion sämtlicher Planeten im Zeichen der Fische im Februar 1524. Carion schilderte in seiner Schrift „Prognostication und erklerung der großen wesserung" (1521) ausführlich die kommenden Auswirkungen dieser Konstellation. Er sagte zerstörerische Unwetter und Überschwemmungen voraus, welche Missernten, Hungersnöte und Seuchen nach sich ziehen würden. Des Weiteren prophezeite er Zwietracht und Uneinigkeit zwischen den geistlichen und weltlichen Führern, welche 1525 „grosses blutvergießen des Christlichen volckes" und „Niderdrückung grosser Häupter" bringen würden.[196]

Die bekannteste Darstellung dieser Sintflutprophezeiung ist die 1523 veröffentlichte Flugschrift „Practica vber die grossen und manigfeltigen Coniunction der Planeten, die im jar 1524 erscheinen vn vngezweiffelt vil wunderparlicher ding geperen werden" von Leonhard Reymann. Im oberen Teil des Titelbildes sieht man einen großen Fisch, in dessen Körper sich ein Toter sowie Sonne, Mond und die fünf Planeten befinden. Aus seinem Bauch ergießt sich die große Flut, welche alles hinfortschwemmt. Im unteren Teil des Bildes stehen sich König, Papst und Geistlichkeit auf der rechten Seite und die von Saturn angeführten Bauern auf der linken Seite feindlich gegenüber.

Je näher der 19. Februar 1524 rückte, desto mehr gerieten die Menschen in Panik. Die Reichen kauften sich Schiffe, um die Sintflut zu überleben. Die Armen beteten zu Gott um Gnade. Doch die große Wässerung blieb aus. Die Sintflut kam nicht. Dies tat dem Ruhm der Astrologen jedoch keinen Abbruch. Reymann veröffentlichte 1526 einfach eine weitere Schrift über die Planetenballung in den Fischen. Die Sintflut war vom Titelbild verschwunden. Stattdessen waren nur noch die feindlich einander gegenüberstehenden Bauern und Feudalherren abgebildet. Obwohl die große Wässerung ausgeblieben war, lobte Reymann die Treffsicherheit der Astrologie. Auf das Jahr 1524 zurückblickend sprach er von einer Konstellation, deren Folgen durch Weisheit nicht verhütet werden konnten und konzentrierte sich auf die Darstellung des Deutschen Bauernkrieges von 1525. Zwar war dieser zum Zeitpunkt der Prognosen schon deutlich in der Luft gelegen. Doch im Nachhinein konnte man die Diagnose zur Prognose machen und so als Erfolg für die Astrologie ausgeben.[197]

Practica vber die grossen vnd manigfeltigen Coniunction der Planeten/ die im̄
jar M. D. XXiiij. erscheinen/ vñ vngezweiffelt vil wunderparlicher
ding geperen werden.

Auß Rö. Kay. May. Gnaden vnd Freihaiten/ hüt sich menigklich/ diese meine Practica in zwayen jaren nach zütrucken bey verlierung. 4. Marck lötigs Golts.

Astrologische Flugschrift von Leonhard Reymann (1523):
Die Konjunktion aller Planeten im Zeichen der Fische wird eine große Sintflut bringen

Cardanus und Nostradamus

Derartige Kunstgriffe waren in der Renaissance-Astrologie üblich. So war auch die scharfe Kritik von Pico della Mirandola nicht verwunderlich. Dennoch erfreute sich die Astrologie noch für viele Jahrzehnte großer Anerkennung. Herausragende Forscher beschäftigten sich mit ihr, unter anderem Paracelsus (1493 – 1541) oder der italienische Arzt und Mathematiker Hieronymus Cardanus (1501 - 1576), dessen „Metoposcopia" wir bereits im zweiten Prognostik-Band kennengelernt haben.[198] Cardanus war ein Pionier der Wahrscheinlichkeitsrechnung und hat sich mit diesem Wissen durch Glücksspiel sein Studium finanziert. Zudem war er der Erste, der mit negativen und komplexen Zahlen gerechnet und eine Methode zur Lösung von Gleichungen dritten und vierten Grades entwickelt hat. Cardanus war als größter Arzt seiner Zeit berühmt und heilte zahlreiche Könige und Fürsten. Zudem galt er als hervorragender Physiognom und Astrologe. Cardanus nahm es mit seinen astrologischen Prognosen sehr genau. So sagte er König Eduard VI. von England voraus, dass er mit 55 Jahren, 3 Monaten und 17 Tagen tödlich erkranken werde. Tatsächlich verstarb Eduard bereits im Alter von 16 Jahren. Cardanus schreckte auch nicht davor zurück, seinen eigenen Tod auf die Stunde genau vorherzusagen. Als diese Stunde schließlich gekommen, er jedoch immer noch bei bester Gesundheit war, nahm er sich im Alter von 75 Jahren das Leben. So erfüllte sich wenigstens diese Prophezeiung.[199]

Ein weiterer großer Astrologe des 16. Jahrhunderts war Nostradamus (1503 – 1566). Seine Zenturien wurden bereits im ersten Prognostik-Band vorgestellt und faszinieren mit ihrer kryptischen Sprache bis heute die Menschen.[200] Dabei rätseln Experten seit Jahrhunderten, ob hinter den symbolisch-chiffrierten Versen ein elaborierter Code steckt oder es sich einfach um Projektionsflächen handelt, die immer auf irgendwelche Ereignisse passen. Sein Medium waren jährliche Almanache, welche jeweils Vorhersagen für das kommende Jahr enthielten. Diese Werke waren damals sehr populär und brachten ihren Verfassern häufig weit mehr Einnahmen als die astrologischen Beratungen. Nimmt man den Verkauf von astrologischen Jahresalmanachen im deutschen Sprachraum als Indikator, so erreichte die Astrologie den Höhepunkt ihrer Popularität 1580 – 1610. Danach setzte ein langsamer Niedergang ein.[201]

Die Astrologie von Johannes Kepler

Im Lauf des 17. Jahrhunderts geriet die Astrologie schließlich immer mehr in das Eck des Aberglaubens. Die Erfindung des Fernrohrs und die zunehmende Akzeptanz des Kopernikanischen Weltbildes entmystifizierten den Sternenhimmel und mit diesem die Astrologie. Die letzten großen Astronomen, welche sich ebenso als Astrologen hervortaten, waren der Däne Tycho Brahe (1546 - 1601) und sein Schüler Johannes Kepler (1571 – 1630). Beide lehnten weite Teile der damaligen Astrologie bereits als unwissenschaftlich ab, glaubten aber dennoch an die Macht der Sterne. Insbesondere Kepler versuchte, die Sternendeutung von ihrem unseriösen, marktschreierischen Ballast zu befreien und ihr ein neues wissenschaftliches Fundament zu geben, welches den Ansprüchen seiner Zeit Genüge tun sollte. 1602 erschien seine kurze Schrift über die gesicherten Grundlagen der Astrologie, „De Fvndamentis Astrologiae Certioribvs". Darin legte er seine Astrologietheorie dar und verwarf zahlreiche etablierte Methoden als Unsinn, beispielsweise die klassischen Planetenwürden oder die Arabischen Punkte.[202] Dafür führte er neue Aspekte in die Astrologie ein: das Quintil, das Biquintil und das Halbsextil.[203] Zudem machte er seine Vorhersagen für das Jahr 1602. Ein großer Teil bestand aus Wetterprognosen:

> „Das Stationärwerden des Merkur nun ruft zum größten Teil Winde hervor, die verhältnismäßig reich an Dunst sind, und örtlich auch Schnee- oder Regenfälle. Solche haben wir zu erwarten um den 17. Januar, den 20. April, den 12. Mai, den 15. August, den 6. September und den 9. und 31. Dezember. (...) 4. Januar: Sonne Konjunktion Merkur – Schneefälle oder Winde, wie die allgemeine Disposition es zulassen wird. Um den 10./11. sechs äußerst starke Aspekte – durchweg milde, mit Schnee vermischte Regenfälle. (...) Vom April erwarte ich, dass er anfangs seiner Natur gemäß Wärme bringt durch das Biquintil von Mars und Sonne, dass es regnerisch ist wenigstens zwei Tage vor und nach Vollmond. Es sind nämlich alle Planeten an der Konstellation beteiligt."[204]

Die letzten Seiten dieser Abhandlung widmete Kepler den Ereignisprognosen. Er gab die Tage des Jahres an, welche für ihn erhöhte Gefahr von Krankheiten und Pest, sowie von Kriegshandlungen bargen. Vergleicht man seine Vorhersagen mit den Almanachen, welche noch hundert Jahre zuvor üblich gewesen waren, so fällt Keplers starke Zurückhaltung in Bezug auf konkrete, exakte Prognosen auf. Die Konstellationen zwingen nicht, sie machen lediglich geneigt.

Kepler machte nicht nur astrologische Kalender. Er erstellte auch Horoskope und war kaiserlicher Mathematiker und Astrologe am Hof von Kaiser Rudolf II. in Prag. Diesem widmete er seine Rudolfinischen Tafeln, die bei weitem exaktesten Planetenbahnberechnungen seiner Zeit. Im Jahr 1608 verfasste er sein wohl bekanntestes Horoskop für einen anonymen Auftraggeber, welcher Jahre später zum mächtigsten Heerführer des Dreißigjährigen Kriegs aufsteigen sollte, Albrecht von Wallenstein. Wallenstein war von der Qualität des Horoskops derart beeindruckt, dass es sein Leben prägte. Seine Biographie weist erstaunliche Parallelen zu den Prognosen Keplers auf.

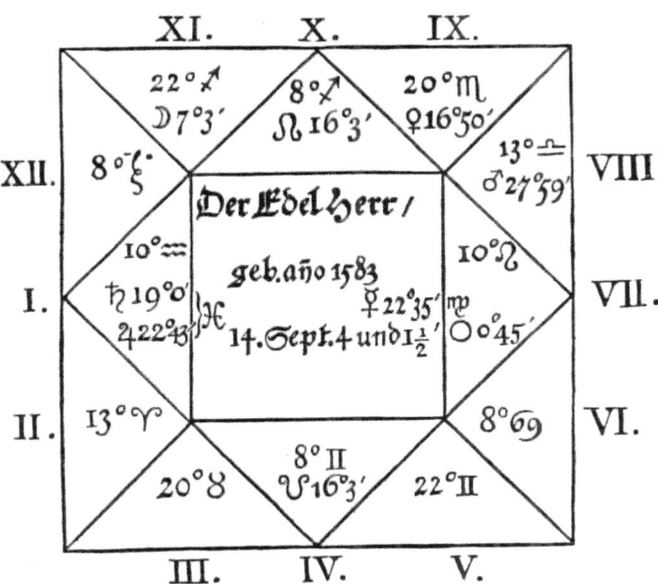

Keplers Horoskop für Herzog Wallenstein, 1608

Keplers Hauptwerk „Harmonice Mundi" (1619) war schließlich der Versuch, das naturwissenschaftliche Wissen seiner Zeit, Zahlenmystik und Neuplatonismus zu einem allumfassenden Weltmodell zu vereinigen. Hier finden sich musikalische Harmonien, geometrische Symmetrien, Zahlenproportionen oder seine Planetengesetze ebenso wie menschliche Affekte, Seelenvermögen, Gesellschaftssysteme, Theologie, Schutzgeister oder Astrologie.[205] Alles ist mit allem harmonisch verbunden. Über und in allen Dingen waltet der göttliche Wille und vereinigt diese in einer naturwissenschaftlich erfahrbaren Weltharmonik.

Das Ende der Astrologie als anerkannte Wissenschaft

Die Zeitgenossen Keplers standen seinen Lehren jedoch bereits skeptisch gegenüber. Zwar war er aufgrund seiner drei Planetengesetze als Naturwissenschaftler renommiert, doch wurde seine Weltharmonik von Forschern wie Galileo Galilei (1564-1642) als mystisch-magische Spekulation abgetan. Die Zeiten einer theologisch-spirituellen Wissenschaft waren vorbei. Rationalismus und Empirismus begannen ihren Siegeszug. René Descartes (1596 – 1650) veröffentlichte alsbald seine ersten Werke und lehrte die Menschen das methodische Zweifeln. Nicht der Glaube, sondern der Beweis sollte fortan die Quelle menschlicher Erkenntnis sein. Als 1648 der Dreißigjährige Krieg zu Ende ging, brach auch die Abenddämmerung der Astrologie als prognostische Leitdisziplin herein. Dabei lag der Grund weniger in der aufkommenden Dominanz eines „mechanistisch-reduktionistischen Materialismus", wie bis heute gerne von Astrologiefreunden behauptet wird. Vielmehr waren die Astrologen selbst mit ihren zahlreichen vollmundigen Fehlprognosen dafür verantwortlich, wie der bekannte Astrologieexperte Nick Campion (*1953) feststellt.[206] Gerade im Vergleich zu den zunehmend exakten Prognosen der aufkommenden Naturwissenschaften wurde die Astrologie in der Öffentlichkeit immer weniger ernst genommen.

Eine wesentliche Rolle dabei spielte die Sonnenfinsternis des Jahres 1654, wie der Astronom und Kalenderexperte Klaus-Dieter Herbst (*1961) herausgefunden hat.[207] Denn die Astrologen in Mitteleuropa waren sich uneins, ob diese total oder nur partial sein würde. Ein öffentlicher Streit entbrannte, welcher den Ruf der Astrologie endgültig ruinierte. Wenn die

Astrologen nicht einmal wussten, welcher Art eine Finsternis sein wird, wie sollten sie dann in der Lage sein, ihre detaillierten Prognosen über kommende Kriege, Missernten oder Naturkatastrophen zu erstellen? 1666 wurde die Astrologie schließlich in Frankreich von den Universitäten verbannt und kurz darauf auch im restlichen Europa.[208] Dies war das Ende der Astrologie als anerkannte Wissenschaft.
Lediglich in England, wo die Finsternis von 1654 nicht sichtbar war und es deshalb auch keine öffentlichen Diskussionen diesbezüglich gegeben hatte, erlebte die Astrologie noch eine letzte Blüte mit einem letzten großen Astrologen. William Lilly (1602 - 1681) war vor allem als Meister der Stundenastrologie bekannt, einer Technik, bei der das Horoskop nicht auf die Geburt des Fragenden erstellt wird, sondern auf den Zeitpunkt der Fragestellung. Lilly beriet zahlreiche Herrscher und Politiker in England und ganz Europa. Sein Lehrwerk „Christian Astrology" (1647)[209] zählt bis heute zu den großen Klassikern der Astrologie. Seine jährlichen Almanache mit Prognosen für das kommende Jahr waren Bestseller und enthielten zahlreiche legendäre Treffer. In den 1660er Jahren begann auch Lillys Ruhm zu schwinden. 1666 wurde er angeklagt, das große Feuer von London angestiftet zu haben. Eines seiner Bücher aus dem Jahr 1652 hatte eine Prognose über das brennende London enthalten. So vermutete man, Lilly habe das Feuer selbst legen lassen, um seinen Ruhm als vortrefflicher Wahrsager aufzufrischen. Er wurde schließlich freigesprochen und zog sich aus dem öffentlichen Leben weitgehend zurück.[210]

In der zweiten Hälfte des 17. Jahrhunderts versank die Astrologie in der Bedeutungslosigkeit. Der Geist der Aufklärung hatte Europa ergriffen und wollte die Menschen von den Fesseln des Glaubens, der Tradition und der Obrigkeitshörigkeit befreien. Vernunft und Objektivität sollten fortan Maxime des Denkens sein. Wissenschaft musste nun ihre Thesen beweisen und allgemein überprüfbar sein. Derartigen Kriterien konnte die Astrologie nicht gerecht werden. So landete sie schließlich im Kuriositätenkabinett des Aberglaubens und versumpfte als triviale Jahrmarktastrologie im Volksglauben. Lediglich in einigen Geheimbünden wurden die astrologischen Lehren weiterhin gepflegt bis sie schließlich gegen Ende des 19. Jahrhunderts wiederentdeckt wurden.

05. Astrologie in der Moderne

Wiederentdeckung durch Theosophen und Rosenkreuzer

Als Vater der modernen Astrologie wird häufig der englische Theosoph Alan Leo (1860 – 1917) genannt.[211] Er entrümpelte die klassische Astrologie und verpackte sie in ein zeitgemäßes Gewand. Sein Lehrgebäude war im Vergleich zur traditionellen Astrologie deutlich vereinfacht und leichter verständlich. Zudem verlagerte Leo den Schwerpunkt weg von den Schicksalsprognosen und hin zur psychologischen Charakterdeutung. Mit seiner Datensammlung „1001 Notable Nativities" legte er den Grundstein für die empirische Astrologie. Darin waren die Horoskope von 1.001 berühmten Persönlichkeiten und historischen Ereignissen angegeben. Dieses Werk galt jahrzehntelang als Datenbibel für forschende Astrologen. Leo war aber auch ein findiger Geschäftsmann und erkannte als Erster das Erfolgspotential der Trivialisierung. Indem er die Komplexität eines Geburtshoroskops auf den Sonnenstand reduzierte, konnte er erstmals ein Millionenpublikum erreichen. Die „Sternzeichen-Astrologie" mit ihren zwölf Menschenschubladen war geboren und mit ihr die populären Zeitungshoroskope. Er war auch der Erste, der Horoskope mit Hilfe von Textbausteinen erstellte. Mit diesen beiden Kunstgriffen waren Horoskope keine aufwändige Maßarbeit mehr. Sie konnten am Fließband produziert und günstig an ein Massenpublikum verkauft werden.

Im angelsächsischen Raum waren die ersten modernen Astrologen vornehmlich Mitglieder von esoterischen Zirkeln und spirituellen Vereinigungen, insbesondere der Theosophen und der Rosenkreuzer. Die bekanntesten von ihnen waren der Rosenkreuzer Max Heindel (1865 – 1919), die Theosophin Alice Bailey (1880 – 1949) und C.C. Zain (1882 – 1951), Gründer der „Church of Light". Eine herausragende Figur dieser Frühphase war die erste Astrologin Amerikas, Evangeline Adams (1868 – 1932). Sie stieß auf reges Medieninteresse und machte die Sterndeutung erst so richtig populär. Grund dafür waren zahlreiche frappante Prognosen, welche ihr zugeschrieben wurden. So soll sie den Brand des Winsor Hotels in New York 1899 ebenso vorhergesagt haben wie den Börsencrash von 1929, den Zweiten Weltkrieg oder den Tod von König Edward VII. Zu ihren Klienten zählten zahlreiche Prominente wie der Opernsänger Enrico Caruso oder der berühmte Finanzguru John Piermont Morgan, dem bis heute gerne der Spruch zugeschrieben wird: „Millionäre verwenden keine Astrologie - Milliardäre schon." 1911 und 1914 wurde sie wegen Wahrsagerei angeklagt. Vor Gericht überzeugte sie den Richter von ihren astrologischen Fertigkeiten, sodass sie freigesprochen wurde. In den Medien, welche den Prozess mit regem Interesse verfolgt hatten, wurde dies als wissenschaftlicher Beweis für die Astrologie interpretiert. So wurde Adams zur ersten großen Medienastrologin. Sie erhielt ihre eigene Radiosendung und 1930 auch eine eigene Zeitungskolumne.[212]

Astrologie im deutschen Sprachraum

Um die Jahrhundertwende gelangte die wiederentdeckte Astrologie auch in die deutschsprachigen Länder. Einer der ersten Pioniere war Karl Brandler-Pracht (1864 – 1939). Er veröffentlichte 1905 sein Erstwerk „Mathematisch-instruktives Lehrbuch der Astrologie". In den folgenden Jahrzehnten gründete er astrologische Gesellschaften und Forschungsgruppen in vielen österreichischen, deutschen und schweizerischen Städten, sowie mehrere Zeitschriften. Brandler-Pracht gilt als Grand Signor der modernen deutschsprachigen Astrologie. Viele bekannte Astrologen der ersten Hälfte des 20. Jahrhunderts waren Schüler von ihm.
Nach dem Ersten Weltkrieg begannen für die Astrologie zwei Jahrzehnte enthusiastischer Aufbruchsstimmung. Zahlreiche Doktoren und Professoren beschäftigten sich ernsthaft mit ihr. Man war sich sicher, dass es nur noch eine Frage der Zeit wäre, bis die Astrologie mit modernen technischen Mitteln bewiesen und als Wissenschaft etabliert werden könnte. Viele Astrologen aus jener Zeit sind bis heute legendär, etwa Johannes Vehlow (1890 - 1958), der mit seinem achtbändigen Monumentalwerk „Lehrkursus der wissenschaftlichen Geburtsastrologie" (ab 1925) eine systematische Sammlung des astrologischen Wissens von der Antike bis in die Gegenwart erarbeitete. Sein Häusersystem, welches den Aszendenten in die Mitte des 1. Hauses legt, konnte sich jedoch nicht durchsetzen. Großen Einfluss auf die Entwicklung der deutschsprachigen Astrologie hatte auch Frank Glahn (1865 – 1941). Sein erstes Astrologie-Buch „Erklärung und systematische Deutung des Geburtshoroskopes" erschien 1923. Während der Verdienst von Brandler-Pracht oder Vehlow vor allem im Sammeln und Zusammenstellen des überlieferten Wissens besteht,

glänzte Glahn durch innovative Techniken und Neuerfindungen. Auf ihn gehen etwa die heute sehr populären Häuserrhythmen zurück.[213]

Die Hamburger Schule

Den revolutionärsten und technisch komplexesten Ansatz begründete der Vermessungstechniker Alfred Witte (1878 – 1941) mit der Hamburger Schule. Er präsentierte sein System ab 1919 in einigen Artikeln und war damit alsbald in aller Munde. Witte hatte im Laufe des Ersten Weltkrieges tausende Horoskope von Kameraden berechnet und dabei feststellen müssen, dass tiefgreifende Ereignisse wie Bombenangriffe, Verwundungen oder Hochzeiten mit den klassischen Methoden oft gar nicht im Horoskop ersichtlich waren. Er verglich die Geburtsbilder von Menschen mit ähnlichen Erlebnissen, sowie von Menschen mit gleichen Geburtstagen, und fand dabei heraus, dass darin zu den fraglichen Zeiten stets dieselben Tierkreispositionen ausgelöst waren. Diese Positionen wanderten langsam. So vermutete Witte, dass es sich dabei um noch nicht entdeckte Planeten jenseits der Neptunbahn handeln müsse. Anhand der Fallkurve der bekannten Planeten berechnete Witte Entfernung und Umlaufzeit dieser Punkte und kam so auf die Bahnen seiner vier zusätzlichen Planeten: Cupido, Hades, Zeus und Kronos. Witte nannte diese unentdeckten Himmelskörper jenseits der Neptunbahn Transneptuner.[214]
Wann immer etwa jemand von der Front Heimurlaub bekam, um einer großen Familienfeierlichkeit beizuwohnen, war Cupido ausgelöst. Tod, Vernichtung, Verwesung, Schmutz oder Dirnen und Diebe wurden von Hades angezeigt. Den Punkt, der Blitzangriffe, Dampfmaschinen oder Schussverletzungen auslöste, nannte Witte Zeus. Kronos stand für Herrschaft und Autorität, für das Hohe und Erhabene.[215] Folgende Liste zeigt in kurzen Stichpunkten Umlaufzeiten und Bedeutung der von Witte gefundenen Transneptuner. Sie wurden später von Wittes Schüler Friedrich Sieggrün (1877 – 1951) auf acht erweitert.[216]

		Umlaufzeit	***Bedeutung***
⯠	Cupido	262 Jahre	Familie, Ehe, Kunst, Gemeinschaft
⯡	Hades	361 Jahre	Einsamkeit, Mangel, Schmutz, Krankheit
⯢	Zeus	456 Jahre	Führung, Zeugung, Ziele, Feuer, Maschinen
⯣	Kronos	522 Jahre	Selbständigkeit, Staat, Herrscher, Größe

♃	Apollon	576 Jahre	Ruhm, Erfolg, Ausdehnung, Wissenschaft
⚴	Admetos	618 Jahre	Hemmung, Trennung, Stillstand, Rotation
⚵	Vulkanus	663 Jahre	Größte Kraft, Macht, Energie, Gewalt
⚶	Poseidon	740 Jahre	Geist, Idee, Erkenntnis, Licht, Erleuchtung

Die Transneptuner der Hamburger Schule[217]

Die zweite Neuerung Wittes waren die sogenannten Planetenbilder. Die klassische Astrologie kennt nur Beziehungen zwischen zwei Planeten, sofern diese bestimmten Winkeln, den Aspekten, entsprechen. Wittes Planetenbilder hingegen bestehen aus drei oder mehr Planeten, sofern einer davon genau in der Mitte zwischen den zwei anderen liegt. Die Einführung dieser Halbsummen erlaubte in Verbindung mit den Transneptunern viel differenziertere Aussagen als die traditionelle Astrologie. So konnten die Häuser und Tierkreiszeichen, die zwei Grundprobleme der Astrologie, in der Deutung weitgehend vernachlässigt werden. Der Schwerpunkt lag nun auf den Planetenbildern.
Gerade in Zeiten ohne Computer bedeutete dies einen erheblichen mathematischen Mehraufwand. Dafür stand die Hamburger Schule in dem Ruf, die bei weitem exaktesten Prognosen und die höchste Treffsicherheit erzielen zu können. Anhand zahlreicher Experimente belegten ihre Schüler die Überlegenheit ihres Systems gegenüber den anderen astrologischen Schulen. Sie berechneten auf den Tag genau die Geburt eines Kindes oder sagten exakt die Sieger und Siegerrunden von Boxkämpfen voraus. Auch die Berechnung des Verbleibs verschwundener Personen wird in der Liste der Erfolge aufgeführt.[218] Inwieweit derartige Treffer die Ausnahme oder die Regel waren, bleibt offen. Jedenfalls waren die Hoffnungen groß, dass Wittes System die Astrologie schon bald als exakte Wissenschaft etablieren würde. Nicht umsonst pflegten die Vertreter der Hamburger Schule, ihre astrologischen Deutungsregeln in mathematische Formeln zu verpacken. Ihre Bibel war das „Regelwerk für Planetenbilder" (Erstauflage 1928). Darin finden sich hunderte Formeln wie:

Mond + Cupido – Widder = Hochzeiten. Allgemeine Geselligkeitsvereine. Öffentliche Bälle und Gesellschaften.

Venus + Uranus – Mars = Heiße, jedoch verfeinerte Sinnlichkeit. Plötzliche Bekanntschaften, die sich intim gestalten.

Mondknoten + Hades – Zeus = Wegen Mängel scharf zurechtgewiesen werden. Infolge Verbrechens mit der Polizei in Berührung kommen. Durch Brand in Mitleidenschaft gezogen werden.

Sonne + Kronos – Neptun = Konfuse Autorität. Unfähige Leitung. Durch führende oder selbständige Personen Täuschung oder Ablehnung erfahren. Durch Staatsgewalt vernichtet. Fürstenabsetzung. Wenn = Merkur: der konfuse Leiter oder der intuitiv Führende.

einige astrologische Formeln der Hamburger Schule[219]

Die Hamburger Schule bleibt bis heute auch innerhalb der Astrologieszene ein Kuriosum. Einerseits genießen viele ihrer Anhänger hohes Ansehen, insbesondere im angelsächsischen Raum, wo Wittes Lehre als „Uranian Astrology" bis heute populär ist. Andererseits konnte sich der extrem mathematische Ansatz nie in der Breite durchsetzen. Er war zu kompliziert und detaillistisch für eine Massenbewegung. Viele Astrologen störte auch das stark deterministische Gepräge der Jünger Wittes. Ihr Anspruch, eine exakte Wissenschaft zu betreiben, ließ keinen Platz für den freien Willen. Alles und jeder war präzise berechenbar. Man darf dabei allerdings nicht übersehen, dass diese starke Schicksalsorientierung bis weit in die Nachkriegszeit hinein in der Astrologie sehr verbreitet war.
Am meisten Ablehnung brachten der Hamburger Schule die Transneptuner. Die Existenz dieser acht zusätzlichen Planeten wurde aus der Analyse tausender Horoskope abgeleitet. Doch bis heute konnte keiner dieser Körper astronomisch entdeckt werden. Zudem machte es viele Astrologen misstrauisch, als man 1930 den neunten Planeten Pluto entdeckte, dieser aber keinem der Witte-Planeten entsprach. Auch mit den zehntausenden Transneptunischen Objekten im Kuiper-Gürtel, welche seit 1992 entdeckt wurden, haben die Hamburger Transneptuner bis auf ihren Namen keine Übereinstimmung, weshalb man diese mittlerweile lieber als „Wirkpunkte" und nicht mehr als Planeten bezeichnet.[220] So führt die Hamburger Schule bis heute ein Exotendasein, wenngleich ihre Leistungen in der Astrologieszene als unbestritten gelten. Die Halbsummen und die Spiegelpunkte, zwei von Witte (wieder)entdeckte Techniken, sind mittlerweile Allgemeingut der Astrologie.

Die laufende Sonne, differenziert durch den laufenden Mond, zeigt den für den Mond gültigen Punkt 15° 06 ♓ = (☉ + ☉) lfd. — ☽ lfd. Die weitere Differenzierung des Mondes durch diesen Punkt ist ☽ + ☾ — (☉ + ☉ — ☽) = 8° 02 ♌ □ ♀ lfd. 8° 18 ♉ □ Aszendent lfd. oder in Konjunktion mit der astronomischen Länge des Ereignisortes und mit dem Radixsaturn 9° 03 ♌

Das im Radixhoroskop vorhandene Planetenbild ♂ + ♄ = ☽ + ♃ zeigt den »Tod einer Frau« in dem Punkte (♂ + ♄ — ☽) = 11° 21 II = ♃ rad. 11° 41 II.

Das individuelle Horoskop des 63. Jahres in dem Artikel »Der progressive Meridian während eines Jahres« zeigt in den sensitiven Punkten ☉ + Planeten — IV vorgeschoben und zwar:

☉ + ♃ — IV vorg. □ ♄ rad.
☉ + ♂ — IV vorg. □ ☽ rad.

Den eintretenden Tod einer Frau, weil jetzt das Planetenbild ♂ + ♄ = ☾ + ♃ zu dem Bilde ♂+♃=☽+♄ umgeformt ist und ausgelöst werden muß.

Außerdem stehen noch die Punkte:

☉ + ♄ — IV vorg ☌ X rad.
☉ + ☽ — IV vorg ☌ Ascendent rad.

in Aspekten, d. h. ♄ + Aszendent = ☽ + X und ♄ + ☽ = X + Aszendent, welche Summen in ihren Halbsummen für Einflüsse empfänglich sind.

Die Halbsumme der sensitiven Punkte:

(☉ + ♄ — IV vorg) 6° 23 ♑ }
und (☉ + ☽ — IV vorg) 21° 42 V } kranke Frau 29° 02 ♒

empfing die Quadratur vom ⛢ rad. 29° 34 ♉ und vom vorgeschobenen ♂ 29° 03 ♉ und stand in Konjunktion mit der Halbsumme X | Aszendent 28° 20 ♒ und mit dem progressiven Mondknoten 27° 26 ♒.

Die Halbsumme der sensitiven Punkte:

(☉ + ♃ — IV vorg) 9° 01 ♏ }
und (☉ + ♂ — IV vorg) 24° 00 ♌ } eheliche Gemeinschaft 1° 32 V

und die der Radixplaneten

♄ 9° 03 ♌ }
☽ 24° 22 ♏ } kranke Frau 1° 43 V

standen in der Quadratur zur progressiven Sonne der Gattin und empfingen die Quadratur des sensitiven Punktes der progressiven Planeten (♂ + ♄ — ♃) 1° 42 ♋, welcher den Tod der 63 jährigen Frau durch den Aspekt mit der progressiven Sonne bestätigte und vom p r o g r e s s i v e n M e r i d i a n e 23° 30 ♉ in dem Punkte der Radixplaneten (♂ + ♄ — ♃) 24° 02 ♉ ausgelöst wurde.

Die Punkte (♂ + ♄ — ♃) beziehen sich auf den Tod der Frau. Die Halbsummen der Radixplaneten ♂ | ♄ 2° 52 II und ☽ | ♃ 3° 02 ♓ wurden im Progressiv-Horoskop von der astronomischen Länge des Geburtsortes und vom progressiven Deszendenten, welche Verbindungen mit anderen Personen oder Trennungen von Personen anzeigen, durchlaufen. Also auch hier wird durch die Verbindung dieser Halbsummen mit dem progressiven Horizont der Geburtsmeridian 7° 15 ♑ bestätigt.

Der Punkt der progressiven Planeten (♂ + ♄ — ☽) 22° 21 ♎, der auf Auslösung wartete, wurde von der laufenden Sonne 20° 50 V und noch mehr von der Halbsumme der laufenden Planeten ♄ | ☽ 22° 55 ♋ und von der Summe ♂ + ♃ 22° 14 ♎ ausgelöst.

Auszug aus einer Berechnung der Hamburger Schule, Alfred Witte (1924)[221]

Die Kosmobiologie von Ebertin

Ursprünglich ebenfalls Anhänger der Hamburger Schule war einer der bekanntesten Astrologen des 20. Jahrhunderts, Reinhold Ebertin (1901 – 1988). Er war der Sohn der ersten professionellen Astrologin Deutschlands, Elsbeth Ebertin (1880 – 1944), welche in der Zwischenkriegszeit alljährlich die astrologische Jahresvorschau „Ein Blick in die Zukunft – Unabwendbare Geschehnisse in nächster Zeit“[222] verfasste. 1928 gründete er den Ebertin-Verlag und gab die Fachzeitschrift „Neue Sternblätter“ heraus, welche 1933 in „Mensch im All“ umbenannt wurde. Diese wurde schnell zu einem der wichtigsten Sprachrohre der deutschen Astrologie. Ludwig Rudolph, einer der Hauptvertreter der Hamburger Schule, oder der bekannte Chirologe und Physiognom Ernst Issberner-Haldane publizierten zahlreiche Artikel darin. Ab 1932 erschien die Wochenzeitschrift „Der Seher“ und erreichte alsbald eine Auflage von über 50.000 Stück.
Ebertins Bekanntheit ist auch seinem Organisationstalent zu verdanken. 1932 organisierte er den „Kongreß astrologischer Pioniere“ mit über 600 Teilnehmern. Dort war alles versammelt, was in der damaligen Astrologieszene Rang und Namen hatte. Ein Ziel dieses Kongresses war, die ausufernde Methodenflut der Astrologie kritisch zu sichten und die erfolgreichsten Techniken herauszufiltern. Dazu stellte Ebertin im Laufe der Zeit 75 praktische Aufgaben. Jeder Astrologe, jede Schule konnte diese mit ihren bevorzugten Methoden lösen. Anhand der richtigen oder falschen Ergebnisse wurde dann eine Bewertung der Techniken vorgenommen. Auf dieser Grundlage entwickelte sich im Laufe der 1930er Jahre die „Methode Ebertin“, später auch Kosmobiologie genannt. Die erste Auflage von Ebertins Hauptwerk „Kombination der Gestirneinflüsse“ erschien schließlich nach dem Krieg und gilt bis heute als Standardwerk der Astrologie.[223]
Die „Methode Ebertin“ ist weniger ein eigenständiger Deutungsansatz, als vielmehr eine eklektische Zusammenfassung der allgemein anerkanntesten Methoden. Ebertin übernahm von jeder Schule, was ihm am brauchbarsten erschien und nahm daran zahlreiche Vereinfachungen vor. Darin liegt der große Erfolg seiner Kosmobiologie begründet. Von der Hamburger Schule übernahm Ebertin die Halbsummentechnik und die 90-Grad-Scheibe. Die Transneptuner hingegen verwarf er. Zudem wendete er sich von der einseitigen Ereignis- und Schicksalsorientierung der Lehre Wittes ab und betonte die psychologische Seite viel stärker. Um

das Problem der verschiedenen Häusersysteme zu vermeiden, verzichtet seine Methode vollkommen darauf.[224]

Astrologenverfolgung im Dritten Reich

Wie viele Astrologen der Zwischenkriegszeit, versuchte auch Ebertin anfangs, sich mit dem Naziregime zu arrangieren. Er war Mitbegründer der „Geistigen Front, Reichsvereinigung für wissenschaftliche und praktische Menschenkenntnis, Berlin". In seinen Zeitschriften fanden sich Artikel über Germanentum, Rassenphysiognomik oder den „Heilsgruß als Zeichen des Charakters"[225] ebenso wie Horoskopanalysen Adolf Hitlers, welche seine Sendung als großer Führer astrologisch bestätigten.[226] Der Verein bemühte sich jedoch vergeblich um einen berufsständischen Aufbau für Astrologen im „Kampfbund für Deutsche Kultur".[227] Obwohl Nazigrößen wie Heß und Himmler dem Okkultismus sehr zugetan waren, gerieten die Astrologen im Dritten Reich alsbald auf die Schwarze Liste. 1939 wurde die Astrologische Zentralstelle aufgehoben und Astrologie verboten. Nach der Flucht von Rudolf Heß wurden 1941 in einer großen Welle zahlreiche Astrologen verhaftet und deportiert. Astrologiebücher wurden tonnenweise beschlagnahmt und verbrannt. Viele Astrologen wie beispielsweise Karl Ernst Krafft oder Hubert Korsch starben im KZ.[228] Alfred Witte kam seiner Verhaftung durch Selbstmord zuvor.[229] Thomas Ring entging seiner Deportation nur knapp, indem ihn der bekannte Freiburger Parapsychologe Hans Bender (1907 – 1991) zum Direktor des Grenzwissenschaftlichen Instituts der Universität Straßburg ernannte und so außer Landes verhalf.[230]

Bis heute sind die deutschen Astrologen der Zwischenkriegszeit in aller Welt legendär. Wie in kaum einem anderen Land der Moderne hatte die Astrologie in Deutschland nach dem Ersten Weltkrieg eine rasante Entwicklung genommen und selbst in wissenschaftlichen Kreisen großes Interesse hervorgerufen. Man hatte sich bereits an den Toren zu den Universitäten gewähnt. Doch das Dritte Reich brachte gleich eine doppelte Zäsur. Einerseits war die Astrologie in der Öffentlichkeit als zwielichtige okkulte Praktik stigmatisiert durch ihr Liebäugeln mit dem Naziregime bis 1939. Andererseits wurden viele ihrer wichtigsten Vertreter und Werke durch die Terrorherrschaft ausgelöscht.

Das Dritte Reich am besten überstanden hat die Kosmobiologie von Reinhold Ebertin. In der Nachkriegszeit gelang es ihm, seinen Verlag wieder aufzubauen und seine Lehren auch in Amerika und Australien populär zu machen. Bis in die 1980er Jahre hinein war Ebertin als Astrologe aktiv. Seit seinem Tod verlor jedoch auch seine Lehre stark an Strahlkraft. Der Ebertin-Verlag ging schließlich 2005 in Konkurs. Die Hamburger Schule wurde nach dem Zweiten Weltkrieg vor allem von Ludwig Rudolph (1893 – 1982) und später von dessen Sohn Udo fortgeführt. Die großen Tage waren allerdings vorbei. Die große Revolution der Astrologie blieb aus. Heute wird das System der Hamburger Schule nur noch von wenigen Astrologen praktiziert.

Die Münchner Rhythmenlehre von Döbereiner

Eine der einflussreichsten Schulen der Nachkriegszeit ist im deutschsprachigen Raum die Münchner Rhythmenlehre von Wolfgang Döbereiner (1928 - 2014). Die Grundlagen des Systems stellte er ab 1953 in einigen Artikeln vor.[231] 1974 gründete er in München seine Astrologieschule und wurde bald zu einem der angesagtesten Astrologen, über den Medien wie „Der Spiegel" immer wieder gerne berichteten.[232] Einige Jahre später erschienen seine ersten Lehrbücher, großteils Protokolle seiner Seminare, sowie eine Serie mit Tierkreiszeichenbüchern im Heyne Verlag, welche über Jahrzehnte Bestseller waren.[233] In der Münchner Rhythmenlehre sind unter anderem wesentliche Teile der Methodik von Frank Glahn weiterentwickelt, etwa die Häuserrhythmen, die Spiegelpunkte oder die Bedeutungen einzelner Tierkreisgrade, welche Döbereiner „Gruppenschicksalspunkte" nannte. Im Laufe der Zeit entwickelten sich als weitere Schwerpunkte die Astro-Homöopathie und die Astrogeographie, sowie zwei neue Deutungsmethoden: der Weg der Aphrodite (1980er Jahre) und die Verbunddeutung (2000er Jahre).

Döbereiner hatte in der Szene den Ruf eines hervorragenden Prognostikers. So sagte er bereits Anfang 1986 auf drei Monate genau den Fall des Eisernen Vorhangs vorher oder Gegenden, in welchen sich in der Folgezeit tatsächlich Flugzeugabstürze und Fährschiffunglücke häuften.[234] Zahlreiche Legenden ranken sich auch um seine Wetterberechnungen. So soll er in der Lage gewesen sein, für beliebige zukünftige Tage das Wetter einzelner Regionen vorauszuberechnen. Von 1969 bis 1976 hat er seine Vorhersagen auch einer Reihe von öffentlichen Tests unterzogen. Bis heute werden diese als große Erfolge zitiert. Betrachtet man diese Versuche jedoch genauer, so bleibt ein zwiespältiger Eindruck. Zwar konnten einige Reihen tatsächlich hohe Trefferquoten aufweisen. Doch gab es auch zahlreiche Fehlprognosen, welche von Döbereiner auf fehlerhafte Vorberechnungen eines Mitarbeiters oder Zeitmangel zurückgeführt wurden.[235]

Neben den Methoden ist die große Besonderheit der Münchner Rhythmenlehre die semantische Neugestaltung der Astrologie. So entwickelte Döbereiner mit seinem Deutungssystem auch eine eigenwillig-charakteristische Sprache und Schicksalsphilosophie, welche einerseits ein künstlerisch-intellektuelles Publikum sehr ansprechen, andererseits aber auch die Kommunikation mit Anhängern konventioneller Astrologie schwierig machen. Und so hat sich aus seinem „in sich geschlossenen System"[236] eine in sich geschlossene Anhängerschar entwickelt, welche manchmal zu elitärem Geniekult neigt und auf die „Mainstream-Astrologie" herabblickt. Dennoch gilt Döbereiner auch den meisten Kritikern als einer der großen Astrologen der Nachkriegszeit. Seine Techniken und Deutungen sind mittlerweile Standard. Kaum ein zeitgenössisches Astro-Computerprogramm verzichtet auf die Methoden der Münchner Rhythmenlehre. Und schließlich hatte sein Werk auch großen Einfluss auf populäre Psychotherapeuten wie Thorwald Dethlefsen oder Rüdiger Dahlke und Künstler wie den österreichischen Schriftsteller Franzobel.[237]

Psychologische Astrologie und Boom der 1980er

Neben Hamburger Schule, Kosmobiologie und Münchner Rhythmenlehre war in der zweiten Hälfte des 20. Jahrhunderts vor allem die Psychologischen Astrologie federführend. Diese brachte eine konsequente Abkehr von der Suche nach exakten Formeln zur Berechnung des Schicksals, wie sie die Zwischenkriegszeit geprägt hatte. Stattdessen sah man das Horoskop nun als Abbild der Seele und ihrer Potentiale und Möglichkeiten. In der Psychologischen Astrologie geht es vor allem um das Aufdecken von Verhaltensmustern und Verdrängungen, um dadurch dem Individuum zu mehr Freiheit zu verhelfen. Besonders einflussreich auf diese Entwicklung waren die Arbeiten des Schweizer Psychoanalytikers Carl Gustav Jung

(1875 – 1961), auf dessen Archetypenlehre und Synchronizitätsprinzip sich bis heute weite Teile der Astrologieszene berufen.[238]
Ein wichtiger Vorreiter dieser Strömung war der Maler und Astrologe Thomas Ring (1892 – 1983) mit seiner „Revidierten Astrologie". Er betonte die Aussagegrenzen des Horoskops und lehnte konkrete Ereignisprognosen ab. Zudem versuchte er, Konstellationen wertfrei zu deuten und so die klassische Einteilung in Wohltäter und Übeltäter, beziehungsweise in gute und in schlechte Konstellationen zu überwinden. Glaubte man in der Klassik noch, dass im Horoskop sämtliche Charakter- und Schicksalsanlagen enthalten wären, so differenzierte Ring in die drei Einfluss-Sphären Genotyp (Erbanlagen), Kosmotyp (Horoskop) und Phänotyp (Umwelteinflüsse).[239] Dadurch befreite er die Astrologie von ihrem Allmachtsanspruch und ihrem Hang zu einem starren Determinismus.
Ebenfalls wichtig für diese Entwicklung war der Psychoanalytiker Fritz Riemann (1902 – 1979), der in akademischen Kreisen bis heute für seine „Grundformen der Angst" (1961)[240] bekannt ist. In seiner Theorie geht er von vier Persönlichkeitstypen aus, welche sich jeweils durch spezifische Angstmuster kennzeichnen. Er differenziert in den schizoiden, den depressiven, den zwanghaften und den hysterischen Typus, welche deutlich an astrologische Konzepte wie die klassischen vier Temperamente angelehnt sind.[241] Durch den großen kommerziellen Erfolg dieses Buches ermutigt, wagte Riemann schließlich, sich zur Astrologie zu bekennen mit seinem 1976 erschienenen Buch „Lebenshilfe Astrologie – Gedanken und Erfahrungen",[242] in dem er das Horoskop konsequent aus der psychologischen Sicht deutete.

Dieser gefällige, zeitgemäße Stil sollte sich in den 1980er Jahren durchsetzen und der Astrologie eine ungeahnte Popularität bescheren. Astrologiebücher erreichten Millionenauflagen und waren in allen großen Publikumsverlagen vertreten. Astroshows in Radio und TV kamen in Mode. Astrologieseminare verkauften sich von selbst. Und die Astrologenverbände konnten sich über Rekord-Mitgliederzahlen freuen.[243] Befeuert wurde dieser Boom durch zahlreiche Bestseller-Astrologen aus dem angelsächsischen Raum, insbesondere durch Liz Greene (*1946) und Howard Sasportas (1948 – 1992), welche 1983 in London das „Centre for Psychological Astrology" gründeten, sowie den amerikanischen Astrologen Dane Rudhyar (1895 – 1985), der mit seiner „Humanistischen Astrologie" als einer der ersten den Menschen und seine Persönlichkeitsentwicklung ins Zentrum rückte.

In der Schweiz ist die Psychologische Astrologie bis heute stark vertreten. 1968 gründeten Bruno (1930 – 1999) und Louise Huber (1924 – 2016) das Astrologisch-Psychologische Institut API und entwickelten eine eigene Deutungslehre, welche auch viele spirituell-karmische Elemente enthält. Die Huber-Methode arbeitet mit verschiedenen Zusatzhoroskopen, welche das Grundhoroskop in neue grafische Darstellungsformen bringen und dadurch bestimmte Facetten betonen. So gibt es ein Häuserhoroskop, bei dem die Häuser gleich groß sind und dafür die Tierkreiszeichen verzerrt werden oder ein Mondknotenhoroskop, bei welchem die Mondknotenachse als Aszendentenachse fungiert. Dazu gibt es eine Reihe von Spezialtechniken wie den Alterspunkt durch Koch-Häuser, die Aspektfiguren oder die Dynamische Auszählung. Einige dieser Sondermethoden mögen für Kritiker willkürlich und konstruiert scheinen. Der sehr systematische Aufbau der Huber-Methode und das dichte Netzwerk an Schulen und Ausbildungszentren haben jedoch für eine nachhaltige Verankerung in der deutschsprachigen Astrologieszene gesorgt. Und so hat die Huber-Methode im Gegensatz zu vielen anderen Schulen den Tod ihrer Gründer bislang ganz gut überdauert und sich in der Szene als eigenständige Lehre mit reger Aktivität etabliert.
Zu besonderer Popularität verhalf der Psychologischen Astrologie Claude Weiss (*1941). 1978 gründete er die Astrodata AG als weltweit ersten Anbieter von Computerhoroskopen,[244] bald darauf die Astrologieschule SFER (1983)[245] und das bis heute führende Fachmagazin „Astrologie Heute" (1986).[246] Der lange Erfolg liegt auch darin begründet, dass Astrologie durch transparente und tiefgründige Analysen vermittelt wird, welche immer klar und verständlich bleiben. Dadurch wird ein breites Publikum vom Laien bis zum Profi angesprochen. Für die psychologisch-esoterische Astrologie hat Weiss Methoden wie den Karmischen Neumond oder die 28 Mondphasen eingeführt.[247] Ein großer Schwerpunkt ist die Mundanastrologie, die Interpretation und Prognose von Weltereignissen aus Politik, Wirtschaft und Kultur. Neben dem von Weiss entwickelten Menschheitshoroskop kommen dabei auch historische Konstellationsanalysen, Auslösungen in Gründungshoroskopen oder Finsternisse zum Einsatz.

Einer der letzten Versuche, im deutschen Sprachraum eine neue astrologische Lehre und Deutungsschule zu etablieren, ist die „Transpersonale Astrologie TPA", welche Michael Roscher (1960 – 2005) erstmals 1986 in Nürnberg unterrichtete. Der TPA geht es in Erweiterung der Psychologischen Astrologie um Einblicke in jene Teile des Menschlichen, welche über die Persönlichkeit hinausreichen. Eine Grundlage hierfür ist das Kybernetische Modell, welches die Planeten in verschiedenen Regelkreisen zusammenfasst.[248] Wie in der Münchner Ryhthmenlehre gibt es ein Deutungssystem für die einzelnen Tierkreisgrade, welche hier „Kritische Grade" heißen und auch in der Prognose eingesetzt werden.[249] Neben zahlreichen synkretischen Methoden zählt ein System zur Analyse der Querverbindungen im Horoskop über die Häuserherrscher zum Kerninstrumentarium der TPA.[250] Roschers Bücher sind bis heute beliebt in der Szene. Doch nach seinem frühem Tod 2005 ist es still um die Transpersonale Astrologie geworden. Als letzter Versuch einer Universallehre beschließt sie das Millennium.

Die 1980/90er Jahre waren eine Hochphase der Astrologie. Doch wo ein Markt lukrativ ist, da drängen sich alsbald viele Anbieter mit austauschbarem Angebot. Die symbolische Sprache der Psychologischen Astrologie ist relativ leicht zu imitieren ohne dass Neulinge die Qualitätsunterschiede sofort erkennen. Auch gibt sie nur Tendenzen und muss sich nicht in der Prognose beweisen, was ebenfalls den Markteintritt erleichtert. Wie jeder Trend begann irgendwann auch die Astrologie an ihrem eigenen Überangebot zu verebben. Nach einem letzten Aufbäumen öffentlichen Interesses zur Nostradamus-Sonnenfinsternis im August 1999 und rund um die Ereignisse des 11. September 2001 waren die großen Tage der Astrologie vorbei. Der Niedergang wurde verstärkt durch Esotainment-TV-Kanäle und Mehrwertnummern-Wahrsager, welche nun in den Markt drängten und alsbald das Mainstream-Segment vollkommen besetzten. Und auch die immer raschere Digitalisierung brachte der Astrologie nicht nur neue Chancen, sondern auch neue Herausforderungen.

Methodenexplosion und Retro-Astrologie

Die digitale Revolution hat der Astrologie in den letzten Jahrzehnten eine Fülle neuer Möglichkeiten eröffnet. Gerade sehr zeitaufwändige astronomische Berechnungen erledigt seit den 1990er Jahren vornehmlich der Computer. Dadurch lassen sich auch sehr komplexe Techniken spielend einfach konstruieren und anwenden. Das hat bis in die 2000er Jahre hinein zu einer wahren Methodenexplosion geführt. Verschiedenste Direktionsschlüssel, Combine, Multi-Composite, Harmonics, Personare, Planetare, Multi-Halbsummen, Astrogeographie und viele andere rechenintensive Methoden sind seither zum Standard geworden. Auch die Positionen zehntausender Kleinplaneten (Asteroiden, TNOs, SDOs, Cubewanos usw.) können dank der „Swiss Ephemeris" von Alois Treindl und Dieter Koch (Astrodienst Zürich) in die astrologischen Berechnungen eingebaut werden.[251] Wer möchte, kann für jede Sekunde seines Lebens hunderte verschiedene Auslösungen berechnen.
Das Internet hat für eine rasche Verbreitung, aber auch für ein reges Kommen und Gehen solcher neuer Horoskoptechniken gesorgt. Das einst kostbare hermetische Wissen gibt es nun gratis in zahllosen Blogs und Foren zu lesen. Da man Dank Software auch keinerlei astronomisch-mathematisches Grundwissen zur Horoskopberechnung mehr braucht, drängen viele Laien in den Markt mit ellenlangen Prognosen und Metagnosen zum aktuellen Weltgeschehen. Dem Astrologieinteressierten offenbart sich im World Wide Web eine verwirrende Fülle unterschiedlichster Methoden und Techniken, Anbieter und Spezialisten, eine oft ernüchternde Bilanz vollmundiger Vorhersagen und eine umfassende Trivialitätstransparenz der einst geheimnisumwobenen Sternenkunst.

Und so hat die Astrologie seit der Jahrtausendwende einen deutlichen Rückgang des öffentlichen Interesses erfahren. Das zeigt sich nicht nur in den Buchhandlungen, wo Astrologieliteratur von der einstigen Galionsfigur der Esoterikabteilung zu einem kleinen Randthema wurde. Auch auf Google Trends ist diese Entwicklung ersichtlich. Dort ging das Suchwort „Astrologie" in den meisten Ländern und Sprachen auf bis zu 20 % der Nachfrage der frühen 2000er Jahre zurück.[252] Das ist erstaunlich in Anbetracht der Tatsache, dass sich im selben Zeitraum der Esoterikmarkt allein in Deutschland von 10 auf 25 Milliarden mehr als verdoppeln konnte, Tendenz weiterhin stark steigend.[253] Yoga und Meditation, einst Schmuddelkinder der Esoterik, haben sich innerhalb weniger Jahre zum Mainstream-Boom entwickelt, seit die Neurowissenschaften eine Wirkung aufs Gehirn mit tomographischen Messungen belegen können.[254] Channeling mit Engeln, Geistern oder Toten, Tarotkarten, magische Steine und Amulette, selbsternannte Heiler oder Seminare für Schamanismus und Auralesen erleben regen Zulauf. Doch die Astrologie als langjähriges Zugpferd des Esoterikmarkts lahmt. Lediglich in China ist ein zunehmendes Interesse zu erkennen. Die westliche Astrologie wird dort gerade bei jungen Menschen immer beliebter, weshalb mittlerweile viele westliche Astrologen gern gesehene Dozenten in Hong Kong, Peking und Taipeh sind.[255]

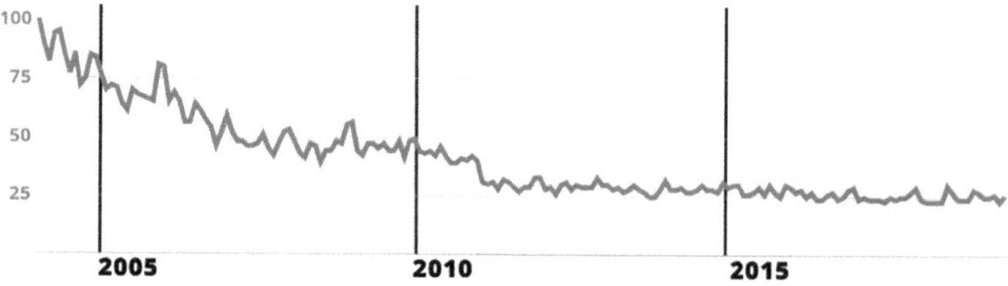

Rückgang Suchmaschinenanfragen zum Thema „Astrologie"
in Deutschland 2004 – 2019 auf 25 % laut Google Trends[256]

Weniger massiv ist der Rückgang beim Suchwort „Horoskop", welches sich seit den frühen 2000er Jahren lediglich halbiert hat. Hier ist auch ein deutlicher Saisoneffekt mit Spitzen um die Jahreswechsel zu erkennen, wenn viele Populärmedien mit Jahreshoroskopen für die zwölf Sternzeichen aufwarten. Parallel dazu hat sich mit Astro-TV-Kanälen und Mehrwertnummern-Wahrsagung ein großer neuer Esotainment-Markt entwickelt, der sich vor allem an das breite Laienpublikum richtet. Hier wird Astrologie von anderen Wahrsagemethoden wie Kartenlegen, Numerologie, Kristallkugelschau oder Trance-Channeling kaum unterschieden. Der Zielgruppe ist es nicht so wichtig, mit welcher Methode die Fragen zu Liebe, Gesundheit und Beruf beantwortet werden. Im Fokus stehen einfache Antworten, die (scheinbar) günstig im Minutentakt abgerechnet werden. Marktführer im deutschen Sprachraum ist die Adviqo AG in Berlin, welche bekannte Wahrsager-Portale wie Questico, viversum oder den Fernsehsender Astro TV betreibt. Zur Hochphase Mitte der 2010er Jahre erwirtschaftete das Unternehmen mit 350 Mitarbeitern über 100 Mio. US$ im Jahr.[257] Durch derartige kommerzielle Anbieter spaltete sich der Astrologiemarkt in ein großes Segment für Trivialhoroskopie und ein deutlich geschrumpftes Segment für die anspruchsvollere Astrologie.

Und so hat sich in den 2010er Jahren ein deutlicher Gegentrend zur Methodenexplosion und Kommerzialisierung gebildet, welcher sich entschieden abwendet von der bunten Vielschichtigkeit der Moderne mit ihren unendlichen Möglichkeiten an Techniken, Methoden und psychologischen Deutungsbeliebigkeiten. Eine neue Generation von Astrologen sucht die ewigen Wahrheiten der Sternenkunst in den Tiefen der Geschichte, in den großen astrologischen Werken der Antike, der Inder oder der Araber mit ihren strengen Deutungsregeln, klaren Antworten und eindeutigen Aussagen.
Grundlage dieses Trends der Retro-Astrologie war eine Welle von Erstübersetzungen lange verschollener Klassiker, welche ein Studium der alten Meister erstmals ermöglichte, beispielsweise seit 1992 durch das „Project Hindsight" von Robert Schmidt, Robert Hand und Robert Zoller oder durch Forscher wie Benjamin Dykes, James Holden oder Mark Riley.[258] In den 2000er Jahren wurde als Vorhut die Stundenastrologie sehr populär, welche Horoskope auf den Zeitpunkt der Fragestellung berechnet und diese nach den stark deterministischen Regeln der Klassik interpretiert. Gerade in den unsicheren Zeiten der Post-Digitalisierung und Post-Globalisierung scheint die Sehnsucht nach klaren Entscheidungsmaschinen besonders stark zu sein. Und so sind traditionelle, klassische und hellenistische Astrologie mit ihrer starken Schicksalsorientierung mittlerweile wieder weit verbreitet. Der Anomalistikexperte und langjährige Kenner der Astrologieszene Gerhard Mayer (*1958) fasst diese Entwicklung folgendermaßen zusammen:

> „Es stellt sich die Frage, ob das Erstarken einer Schwarz-Weiß-Astrologie und die Tendenz zur fundamentalistischen Interpretation klassischer Astrologietexte zumindest teilweise ein Spiegelbild des sozialen Wunsches nach autoritärer Führung ist, wie er in vielen Teilen der Gesellschaft und in vielen Ländern beobachtet werden kann."[259]

„Die modernen Astrologen interpretieren nur und geben viele Möglichkeiten. Die Klassiker hingegen sagen exakt und schonungslos, was Sache ist." Mit diesem hohen Anspruch wird die jahrtausendealte Tradition der

Klassischen Astrologie zu Beginn der 2020er Jahre gerne vertreten. Doch was ist wirklich dran an den scheinbar klaren Aussagen der Horoskopdeuter? Dazu gibt es eine Reihe von spannenden Untersuchungen.

06. Empirische Studien zur Astrologie

Bereits die Frühphase der Astrologie in Mesopotamien war geprägt vom Streben, das Regelwerk der Sterne empirisch zu erforschen. Von den gelehrten Tafelschreibern (tupsarru) wurden ausführliche Sammlungen von Himmelszeichen angelegt. Mit diesen Forschungsarchiven versuchten die Sternenkundigen, ihre Deutungsregeln permanent zu verbessern.[260] Und auch Astrologen wie Johannes Kepler oder William Lilly gründeten ihre Lehren auf der systematischen Beobachtung der Natur. Sie betrieben Astrologie als Erfahrungswissenschaft. Auch die lange Tradition und Kontinuität des astrologischen Deutungssystems über Epochen und Kulturen hinweg, zeugen von einem enormen Erfahrungswissen, welches sich über Generationen des Experimentierens und der Empirik entwickelt, verfeinert und bewährt hat.

Wenn ein solches Prognosesystem derart lange und weit verbreitet ist, dann sollten diese Erfahrungsregeln auch irgendwie statistisch fassbar sein. Zwar glauben viele Astrologen, dass die „materialistisch-positivistische Wissenschaft" nicht in der Lage wäre, ein derart „komplexes System" wie die Astrologie zu untersuchen. Doch tatsächlich eignen sich ihre Aussagen grundsätzlich sehr gut für eine systematische Überprüfung. Erste empirische Studien gab es bereits in der Zwischenkriegszeit. Damals wurden diese hauptsächlich von den Astrologen selbst durchgeführt, um ihre Lehren als exakte Wissenschaft zu etablieren. Ein Vorreiter war der Arzt und Astrologe Herbert Freiherr von Klöckler (1896 – 1950), der 1927 in seinem Buch „Astrologie als Erfahrungswissenschaft" schreibt:

> „Die sogenannte Intuition, von der man in theosophischen Kreisen reichlich Gebrauch macht, kann niemals als eine Wissenschaftsmethode gelten. (...) Die esoterisch-intuitiven Aussagen über astrologische Zusammenhänge haben den Charakter von Phantasien traumhafter, symbolischer und kindlicher Natur. (...) Keinesfalls geht es an, in diesem wissenschaftlichen Embryonalzustand stehen zu bleiben."[261]

Klöckler untermauerte seine Thesen in der Regel nur mit wenigen Dutzend Fällen. So umfasste seine Datenbasis für die astrologischen Signifikatoren frühzeitig gestorbener Kinder nur 43, jene für Selbstmörder 31 oder jene für Ehescheidungen nur 46 Fälle. [262] Der statistischen Tücken solcher Auswertungen war sich Klöckler durchaus bewusst.[263] In Ermangelung größerer Datensätze sah er seine Arbeit aber als ersten Schritt in Richtung Verwissenschaftlichung der Astrologie. Auch die statistischen Auswertungen von Paul Choisnard 1914[264] oder Dr. Friedrich Schwab 1933[265] haben aus heutiger Sicht mehr anekdotischen Charakter.

Die Todes-Statistiken von Karl Ernst Krafft

Der erste Astroforscher im großen Stil war der Schweizer Karl Ernst Krafft (1900 – 1945), heute vor allem bekannt als Nazi-Astrologe mit tragischem Schicksal.[266] Während die meisten anderen Forscher lediglich nach statistischer Bestätigung bereits existierender Deutungsregeln und Theorien suchten, wählte Krafft einen anderen Ansatz. Er hat:

> „...unter immer strengerer Ausschaltung irgendwelcher Überlieferungen versucht, auf Grund statistischer Verarbeitung von über zehntausend Geburtsbildern, und von gegen siebenhunderttausend Einzelbeobachtungen festzustellen, ob überhaupt irgendwelche gesetzmäßigen Beziehungen zwischen Gestirnsstand, Gestirnbewegung und irdischen Vorgängen vorhanden sind."[267]

Ein ganzes Jahrzehnt empirischer Auswertungen haben Krafft schließlich davon überzeugt, dass ein Zusammenhang zwischen Gestirnspositionen und Schicksal zweifelsohne gegeben sei. Seine Korrelationen widersprachen jedoch großteils den klassischen astrologischen Deutungsregeln, weshalb er die gebräuchlichen Überlieferungen als Unsinn ablehnte. Um sich von der traditionellen Astrologie abzugrenzen, nannte er seine Lehre „Astro-Biologie". In seinem Buch „Astro-Physiologie" (1928) untersuchte er die „gesetzmäßigen Beziehungen" zwischen Gestirnspositionen und Tod, beziehungsweise Langlebigkeit. Dazu nahm er aus einem Lexikon die Geburts- und Todesdaten von über tausend Musikern und berechnete darauf die Planetenstände. Dann analysierte er die Todesaspekte, also die Winkelbeziehungen zwischen dem Geburtshoroskop und dem Todeshoroskop. Krafft berücksichtigte nicht nur die klassischen Aspekte (0°, 60°, 90°, 120°, 180°), sondern er verzeichnete sämtliche Winkel zwischen sämtlichen Planeten. Dann teilte er den Kreis in 36 Segmente zu je 10 Grad und zählte diese Winkelbeziehungen Horoskop für Horoskop aus. Folgende Grafik zeigt die Position der Venus zum Zeitpunkt des Todes im Winkelverhältnis zur Position der Sonne zur Geburt.

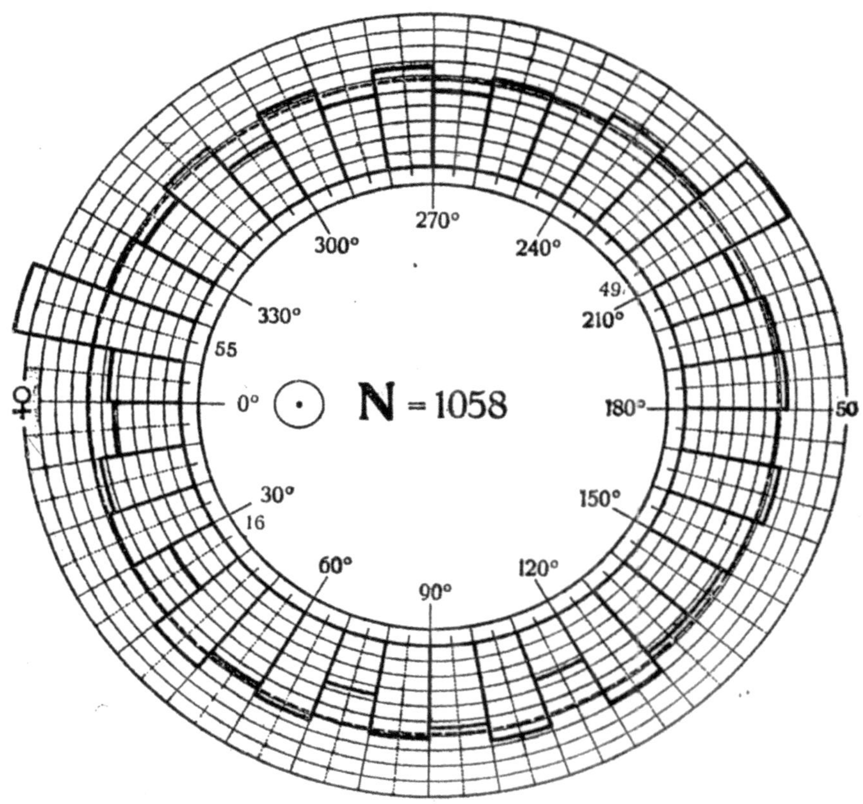

Winkelbeziehungen zwischen Geburts-Sonne und Transit-Venus zum Todeszeitpunkt anhand von 1058 Horoskopen, Karl Ernst Krafft (1928)[268]

Laut Krafft müssten die Winkelbeziehungen vollkommen gleichmäßig verteilt sein, sofern es keinen Zusammenhang zwischen Planetenpositionen und irdischem Leben gäbe. Die Zufallswahrscheinlichkeit hätte für jedes Segment gleichermaßen um die 29,4 Todesfälle erlaubt. Doch die Statistik zeigt auffallende Maxima in den Segmenten 210° – 220° und 340° – 350°. Hier befanden sich 49, beziehungsweise 55 Fälle, fast doppelt so viele wie erwartet. Krafft berechnete als studierter Statistiker die Zufallswahrscheinlichkeit auf 1:800.000.

„Angesichts solch geringer Werte erscheint der Zufalls-Charakter der vorliegenden Abweichungen tatsächlich ausgeschlossen; andererseits beläuft sich

> die Wahrscheinlichkeit, daß jene einem Naturgesetz entsprechen, d. h. Ausdruck einer gesetzmäßigen Beziehung zwischen astronomischen Daten des Geburts- und des Todestages sind, auf etwa 0,999 9987 – also praktisch gleich 1, welcher Wert gleichbedeutend mit mathematischer Sicherheit wäre."[269]

Gleich verfuhr er mit den Aspektkombinationen für die anderen Planeten und kam auf weitere signifikante Zusammenhänge zwischen Transitsonne und Geburtsmond, Geburtsneptun und den anderen Geburtsplaneten. Weiters untersuchte Krafft die Mondstellung von kurzlebigen und langlebigen Menschen. Er durchforstete hierzu die Sterberegister des Kantons Genf von 1900 bis 1922 und nahm alle Sterbefälle, deren Todesalter unter zwei oder über achtzig Jahren lag. Dann analysierte er die Stellungen des Geburtsmondes im Tierkreis, welchen er in 72 Segmenten zu je 5 Grad unterteilte. Folgende Grafik zeigt die Verteilung für 777 Knaben und 629 Mädchen, welche vor Ablauf des zweiten Lebensjahres verstorben sind.
Wie die zwei Grafiken zeigen, finden sich auch hier einige signifikante Maxima. Bei den Knaben liegen die ausgeprägtesten bei 5° - 10° Krebs, 20° - 25° Löwe und 15° - 20° Wassermann, bei den Mädchen bei 15° - 20° Waage. Wenn also der Geburtsmond in eines dieser Segmente fällt, dann ist das Risiko der Kurzlebigkeit bis um das Doppelte erhöht.

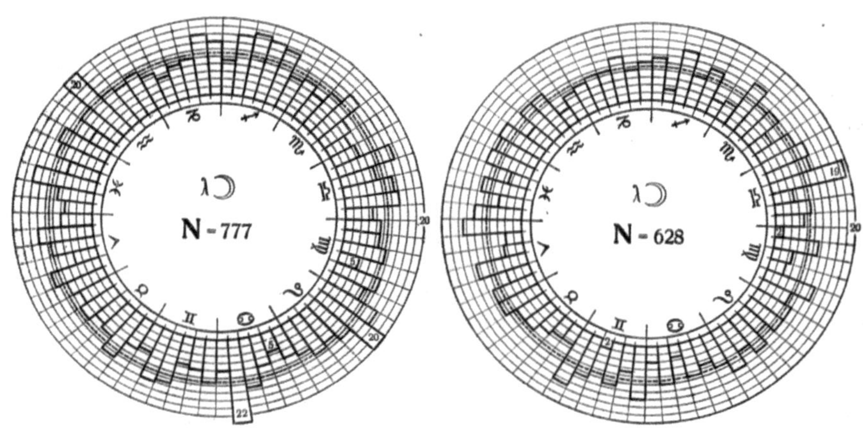

Position des Geburts-Mondes bei Fällen von Kurzlebigkeit nach Krafft (1928)
links: Knaben – rechts Mädchen[270]

Spätestens hier hätte Krafft skeptisch werden müssen. Denn vergleicht man die Maxima und Minima zwischen Knaben und Mädchen, so ergibt sich keinerlei Zusammenhang. Auch bei einer Betrachtung der Maxima und Minima für die 723 Fälle von Langlebigkeit findet sich überhaupt kein Bezug zu den Ergebnissen bei den kurzlebigen Fällen. Zumindest hätte man erwarten können, dass bei den Kurzlebigen die Positionen für die Langlebigkeits-Maxima besonders selten und die Langlebigkeits-Minima besonders häufig vorkommen. Doch zeigt die Statistik nichts dergleichen. Die Verteilungen sind vollkommen zusammenhangslos und willkürlich. Krafft erklärte dies damit, dass kurz- und langlebige Geburten beinahe hundert Jahre auseinanderliegen und sich in der Zwischenzeit möglicherweise die „astronomischen Bedingungen" geändert hätten. Doch als studierter Statistiker hätte er es eigentlich besser wissen müssen. Denn die Erfahrungen mit Statistiken zeigen, dass derart „signifikante" Wahrscheinlichkeiten wie 1:800.000 nicht die Ausnahme, sondern die Regel sind. Selbst vollkommen beliebige Zahlenreihen weisen irgendwann derart hohe Signifikanzen auf, wenn man sie nur nach entsprechend vielen Mustern absucht. Signifikanzen sind also nicht zwangsläufig Indikatoren für „gesetzmäßige Beziehungen", sondern sie sind vielmehr ein typisches Nebenprodukt des Zufalls.

Dies mag auf den ersten Blick merkwürdig klingen. Wenn bei über tausend Todesfällen die Transit-Venus doppelt so oft im Winkel von 340° - 350° zur Geburtssonne steht als in anderen Winkeln, dann muss dies doch eine Bedeutung haben, ist man verlockt zu glauben. Tatsächlich ist das aber nur in seltenen Fällen so. Hohe Signifikanzen haben nur dann eine Bedeutung, wenn sie Produkt gezielter Analysen sind. Hätte Krafft vor Beginn der Untersuchung aufgrund systematischer Argumente die These gesetzt, dass die Todes-Venus überproportional oft um die 345° von der Geburts-Sonne entfernt steht, so gäbe es viel eher einen Grund, gesetzmäßige Zusammenhänge zu vermuten. Dies war aber nicht der Fall. Er hat vielmehr alle Transit-Planeten in allen Winkeln zu allen Geburts-Planeten untersucht, also tausende verschiedene Möglichkeiten. Wenn man aber eine Datenreihe nach tausenden verschiedenen Mustern absucht, so kann man sich fast sicher sein, dass allein des Zufalls wegen einige davon signifikant sein müssen. Wenn ein Blinder tausende Pfeile abschießt, dann werden einige davon auch treffen.

Deshalb müssen derartige Signifikanzen immer mehreren Replikationen mit neuen Datensätzen unterzogen werden. Je häufiger derartige Replikationen ebenfalls zum selben Ergebnis kommen, je mehr Daten diese enthalten, desto eher liegt die Vermutung nahe, dass die signifikante Korrelation tatsächlich eine gesetzmäßige Bedeutung hat. Krafft hätte also beispielsweise versuchen müssen, die Ergebnisse mit Daten aus anderen Kantonen zu wiederholen. Doch wie wir bereits bei den empirischen Studien über die Macht der Sonne und des Mondes gesehen haben, ist es äußerst selten, dass Signifikanzen mehreren Replikationen standzuhalten vermögen. In der Regel lösen sie sich bei neuen Daten in Luft auf. So war es auch bei den „astrobiologischen Naturgesetzen" von Krafft. Der Astro-Forscher Michel Gauquelin wiederholte in den 1950er Jahren die Analyse mit neuen Daten. Er konnte dabei keine von Kraffts „gesetzmäßigen Signifikanzen" mehr finden.[271]

Astrologie und Empirik seit den 1950ern

Während es in der ersten Hälfte des 20. Jahrhunderts nur sehr wenige empirische Studien über Astrologie gegeben hat, nahm das Interesse der Forschung ab den 1950er Jahren stark zu. 1950 bis 2000 wurden über hundert empirische Untersuchungen in Psychologie-Zeitschriften und über vierhundert Studien in Astrologie-Journalen veröffentlicht. Unabhängig davon, ob die Studien von Astrologen oder von Kritikern durchgeführt worden sind, waren die Ergebnisse jedoch großteils negativ.[272] Häufig begehen diese Untersuchungen denselben Fehler wie Karl Ernst Krafft. Bei der typischen Astro-Studie werden Datensätze untersucht und dabei irgendwelche signifikanten Muster entdeckt. Die Ergebnisse werden als vielversprechend im Sinne der Astrologie publiziert. Doch Replikationen – sofern diese überhaupt stattfinden - entkräften alsbald den gefundenen Zusammenhang und weisen ihn als Produkt des Zufalls aus oder sie zeigen, dass die Resultate auf Artefakten beruhen.

Dennoch haben die meist negativen Ergebnisse der Empirik nur wenige Astrologen dazu bewogen, ihren Beruf an den Nagel zu hängen. Dazu zählt der australische Forscher Geoffrey Dean (*1935), der selbst zahlreiche vielbeachtete Studien durchgeführt hat mit der ursprünglichen Absicht, Astrologie zu beweisen. Seine Kompilation „Recent Advances in Na-

tal Astrology: A Critical Review 1900 – 1976"[273] war eine der ersten um Neutralität bemühten Übersichten zur empirischen Astroforschung. Später wurde Dean zu einem der schärfsten Astrologiekritiker der Skeptikerszene.[274]
Auch Rudolf H. Smit (*1942) aus Holland war jahrelang als beratender Astrologe sehr erfolgreich. Eines Tages verwechselte er jedoch bei einer Beratung die Horoskope. Er beriet seine Klientin aufgrund des Horoskops einer anderen Person. Die Dame war dennoch von den treffenden Beschreibungen hellauf begeistert. Als ihm dies einige Jahre später ein zweites Mal passierte, wurde er skeptisch. Wenn die Gestirne zur Geburtszeit tatsächlich das Schicksal bestimmen, wie kann es dann sein, dass ein vollkommen falsches Horoskop zu ebenso guten Ergebnissen führt? So besorgte er sich einen Computer, um zahlreiche Thesen aus Astrologiebüchern an einer größeren Anzahl von Horoskopen zu testen. Das Ergebnis war eine herbe Enttäuschung. Smit schloss seine Beratungspraxis und verfiel in jahrelange Depression. Später eröffnete er die Website www.astrology-and-science.com mit umfassendem Material zu aktuellen empirischen Astro-Studien.[275]

Es wäre müßig, auf die Vielzahl von empirischen Untersuchungen zur Astrologie näher einzugehen. Einen guten Überblick zu diesem Thema bieten die Kompilation von Dean, die Website von Smit oder auch das Buch „Astrologie – Wissenschaft oder Aberglaube?" von den bekannten Psychologen Hans Jürgen Eysenck (1916 – 1997) und David Nias.[276] Ich möchte nur exemplarisch einige wenige Studien herausgreifen, welche entweder besonders für Aufmerksamkeit gesorgt haben oder doch nahelegen, dass an der Astrologie etwas dran ist.

Die Ehekonstellationen von C.G. Jung

Den Anfang macht eine empirische Untersuchung des berühmten Schweizer Psychologen Carl Gustav Jung (1875 – 1961). Jung interessierte die Astrologie vor allen Dingen in Bezug auf seine Archetypenlehre und seine Theorie vom kollektiven Unbewussten. So stellte er Anfang der 1950er Jahre selbst eine empirische Untersuchung über astrologische Heiratskonstellationen an.[277] Dazu analysierte er die Horoskope von 966 Ehepartnern, also von 483 Paaren, und verglich diese mit 32.220 konstru-

ierten Paaren. Er ging dabei gestaffelt vor, indem er zuerst 180 Ehepaare untersuchte, dann weitere 220 und schließlich nochmals 83. In der ersten Staffel erzielte er ein Ergebnis, welches nicht besser hätte sein können. Die klassische Lehrbuchkonstellation für Ehen, die Sonne-Mond-Konjunktion, kam bei verheirateten Paaren weitaus am häufigsten von allen Konstellationen vor. Ganze 10 % wiesen diesen Aspekt auf, doppelt so viele wie bei den konstruierten Paaren.
Bei der zweiten Staffel kam jedoch die Ernüchterung. Denn die Sonne-Mond-Konjunktion erschien plötzlich nur noch in 5,1 % der Partnerhoroskope und lag insofern sogar unter dem statistischen Durchschnitt. Dafür wurde eine andere klassische Heiratskonstellation hochsignifikant, nämlich die Mond-Mond-Konjunktion. Bei der dritten Staffel geschah ähnliches. Nun war die Mond-Aszendent-Konjunktion führend. Das übliche Spiel der Statistik fand also auch hier statt. Anfängliche Signifikanzen lösten sich bei der Replikation in Luft auf. Auch wenn die Spitzenreiter der zusammengefassten Ergebnisse noch eine leicht erhöhte Signifikanz aufwiesen (1:10.000), gab sich Jung keinen Illusionen hin. Die Konstellationsverteilungen waren allesamt vollkommen zufällig. Er bezeichnete das Ergebnis aus wissenschaftlicher Sicht als nicht sonderlich ermutigend für die Astrologie.

180 Ehepaare		220 Ehepaare		zusammen	
☽ ☌ ☉	10,0 %	☽ ☌ ☽	10,9 %	☽ ☌ ☽	9,2 %
AC ☌ ♀	9,4 %	♂ ☍ ♀	7,7 %	☽ ☍ ☉	7,0 %
☽ ☌ AC	7,7 %	♀ ☌ ☽	7,2 %	☽ ☌ ☉	7,0 %
☽ ☌ ☽	7,2 %	☽ ☍ ☉	6,8 %	♂ ☌ ♂	6,2 %
☽ ☍ ☉	7,2 %	☽ ☍ ♂	6,8 %	DC ☌ ♀	6,2 %
♂ ☌ ☽	7,2 %	DC ☌ ♂	6,8 %	☽ ☍ ♂	6,2 %
♀ ☍ ☽	7,2 %	DC ☌ ♀	6,3 %	♂ ☌ ☽	6,0 %
♂ ☌ ♂	6,6 %	☽ ☍ ♀	6,3 %	♂ ☍ ♀	5,7 %
♂ ☌ AC	6,6 %	♀ ☌ ♀	6,3 %	☽ ☌ AC	5,7 %
☉ ☌ ♂	6,6 %	☉ ☍ ♂	5,9 %	♀ ☌ DC	5,7 %
♀ ☌ DC	6,1 %	♀ ☌ DC	5,1 %	♀ ☌ ☽	5,5 %
♀ ☌ AC	6,1 %	♀ ☌ ♂	5,1 %	DC ☌ ♂	5,2 %
♂ ☌ DC	6,1 %	☉ ☌ ☽	5,1 %	AC ☌ ♀	5,2 %
☉ ☌ AC	6,1 %	☉ ☌ ☉	5,1 %	☉ ☍ ♂	5,2 %

Statistische Auswertung astrologischer Ehekonstellationen von C.G. Jung (1952)

Dennoch machte es Jung stutzig, dass es jedes Mal traditionelle Ehekonstellationen waren, welche die Liste anführten. Schließlich haben diese von Anfang an der Erwartungshaltung des Versuchsleiters entsprochen. Es kam ihm vor, als hätte diese Erwartungshaltung wie von Geisterhand die Auswahl der Staffeln beeinflusst:

> „Dass sich aber ein dermaßen unwahrscheinliches Zusammentreffen der drei klassischen Mondkonjunktionen ergibt, kann man entweder nur durch einen absichtlichen oder unabsichtlichen Betrug oder eben durch eine sinngemäße Koinzidenz beziehungsweise durch Synchronizität erklären. (...) Die emotionalen (beziehungsweise archetypischen) Vorbedingungen eines synchronistischen Phänomens sind durchaus gegeben, indem es offenkundig zutage liegt, daß sowohl meine Mitarbeiterin bei dieser Untersuchung wie ich selber lebhaft am Ergebnis interessiert waren."[278]

Um diese Synchronizitätsthese zu überprüfen, verwendete Jung die Daten für ein weiteres Experiment. Er versah die Ehepaare mit Nummern und bat drei Patientinnen seiner psychologischen Praxis, je zwanzig dieser Paare zu ziehen. Bei der ersten Patientin, welche sich wegen eines „Zustands triebmäßig gesteigerter Aktivität" in Behandlung befand, ergab sich bei den zufällig ausgewählten Horoskopen ein signifikantes Vorherrschen von Aspekten des Mars, des Planeten der Tatkraft und der Triebe. Die zweite Patientin hatte gravierende Probleme mit der Persönlichkeitsdurchsetzung. Sie wählte vor allem Ehehoroskope, welche durch Aspekte mit dem Aszendenten gekoppelt waren. Der Aszendent wird in der astrologischen Lehre mit der nach außen zur Schau gestellten Persönlichkeit in Verbindung gebracht. Die dritte Versuchsperson war eine Frau mit starken inneren Gegensätzen. Sie befand sich in Behandlung, um diese Widersprüche zu versöhnen. Bezeichnenderweise zog sie vornehmlich Sonnen- und Mondaspekte. Auch hier waren die gezogenen Horoskope bezeichnend für den aktuellen psychischen Zustand der Patientin, ist die klassische „Coniunctio Solis et Lunae" doch Symbol der Gegensatzvereinigung. In allen Fällen wählten die Patienten somit per Los jene Horoskope aus, deren Aspekte am besten ihrem aktuellen Bewusstseinszustand entsprachen.[279]

Jung war klar, dass einem derart exemplarischen Versuch keinerlei wissenschaftliche Beweiskraft zukommt. Doch er sah ihn als Bestärkung seiner These der Synchronizität, des akausalen Zusammenhangs von sinnhaft verbundenen Ereignissen. Diese These würde laut Jung erklären, warum mantische Praktiken häufig mit hohen Evidenzerlebnissen bei Wahrsager und Klient verbunden sind. Beide sind von der Wirksamkeit der Divinationstechnik überzeugt. Der Klient empfindet die Deutungen als äußerst treffend und stimmig, weil der Astrologe aufgrund des Synchronizitätsprinzips aus der großen Faktorenvielfalt des Horoskops genau jene auswählt, welche die Situation des Klienten am besten beschreiben. In diesem Fall gäbe es gar keine kausalen Beziehungen zwischen Gestirnspositionen und Schicksal. Vielmehr wären Horoskopgrafiken nichts anderes als Steigrohre des Unbewussten, ähnlich wie I-Ging, Tarotkarten oder sonstige wahrsagesymbolische Projektionsflächen. Einige Jahrzehnte später hat der britische Biologe Rupert Sheldrake (*1942) mit den Morphogenetischen Feldern eine ähnliche These aufgestellt.[280]

Freilich werden solche Theorien von Bewusstseinsfeldern und akausalen, sinnhaften Zusammenhängen von weiten Teilen der Wissenschaft als esoterische Spekulation abgelehnt. Dennoch wird das Synchronizitätsprinzip bis heute von zahlreichen Astrologen herangezogen als szientifeske Legitimation ihres Tuns. Denn gäbe es ein solches Prinzip, dann stünde es außer Zweifel, dass Astrologie funktioniert, selbst wenn alle empirischen Studien negativ ausfallen. Astrologen müssten dann auch kein schlechtes Gewissen mehr haben, dass sie unter experimentellen Bedingungen nicht in der Lage sind, ihre Fähigkeiten nachzuweisen. Denn schließlich lässt sich Synchronizität nicht auf Knopfdruck im Labor reproduzieren. Dass eine solche Theorie jedoch noch lange keine wissenschaftliche Begründung für die Astrologie ist, nur weil sie von einem anerkannten Psychologen stammt, wird in dieser Legitimationsargumentation meist ignoriert.[281]

Der Mars-Effekt von Michel Gauquelin

Es gibt aber auch empirische Studien, welche einen Zusammenhang zwischen Geburtskonstellationen und Schicksal nachweisen konnten. Einer der ersten Forscher, der sich die Mühe gemacht hat, vollständige Geburtsdaten im großen Stil zu untersuchen, war der französische Psychologe Michel Gauquelin (1928 – 1991).[282] Seine Studien, bei denen auch seine Frau Françoise maßgeblich beteiligt war, gelten bis heute als die umfassendsten und solidesten der empirischen Astroforschung. Im Laufe von nahezu einem halben Jahrhundert hat Gauquelin zehntausende Ge-

burtsdaten von berühmten Persönlichkeiten gesammelt, allesamt mit standesamtlicher Bestätigung und Uhrzeit der Geburt. Seine Forschungen nahmen bereits in den 1940er Jahren ihren Anfang. Die ersten Jahre verbrachte er damit, anhand empirischer Daten eine Vielzahl von astrologischen Lehrbuchregeln zu überprüfen wie etwa, dass Berufssoldaten am häufigsten Widder oder Skorpion sind und nur selten Krebs. Doch keine der Regeln erwies sich als signifikant. Dann versuchte er, die empirischen Resultate der damals bekannten Astroforscher, etwa von Karl Ernst Krafft oder Paul Choisnard, zu replizieren. Doch auch dieser Versuch scheiterte.[283] Erst als Gauquelin dazu überging, nicht nur die Geburtstage, sondern auch die Uhrzeit der Geburt in seine Untersuchungen einzubeziehen, entdeckte er im Jahr 1953 erstmals eine positive Korrelation.[284]
Bei der Untersuchung von 576 herausragenden Mitgliedern der Französischen Akademie der Medizin stellte er fest, dass die berühmten Ärzte vorwiegend geboren wurden, als Mars oder Saturn im Tageskreis gerade aufgegangen waren oder den höchsten Punkt des Himmels überschritten hatten. Astrologisch entspricht dies dem Areal nach dem Aszendenten, beziehungsweise Medium Coeli, also dem zwölften und dem neunten Haus. Er führte Kontrollen mit den Horoskopen gewöhnlicher Menschen durch, fand dort aber keinen derartigen Zusammenhang. So stellte er eine weitere Gruppe von 508 berühmten französischen Ärzten zusammen. Abermals trat der Effekt auf. Damit war Gauquelin auf eine Spur gestoßen, welche sein gesamtes weiteres Leben prägen sollte.

Im Laufe der Jahre sammelte Gauquelin bei Standesämtern in aller Welt genaue Geburtsdaten von über 20.000 berühmten Persönlichkeiten. Er untersuchte Berufe wie Wissenschaftler, Mediziner, Schauspieler, Politiker, Künstler, Sportler oder Militärs. Auswahlkriterium der Personen war die Nennung in renommierten Lexika oder die Nominierung für anerkannte Preise. Denn Gauquelin stellte fest, dass sein Planeteneffekt nur bei wirklich bedeutenden Vertretern eines Berufs auftrat. Je unbedeutender die Persönlichkeiten waren, desto schwächer wurde der Planeteneffekt. Bei durchschnittlichen Berufsvertretern verschwand der Effekt schließlich vollkommen.
Gauquelin unterteilte den Tageskreis in 12, 18 oder 36 Sektoren, um die Verteilung der Planeten im Tageskreis auszuzählen. Dabei stellte er drei Zonen mit unterschiedlicher Wirkungsintensität fest. Die Zonen direkt nach dem Aufgang oder nach der oberen Kulmination waren hochsignifi-

kant mit dem berufstypischen Planeten besetzt. Die Zonen unmittelbar nach dem Untergang (Deszendent) und der unteren Kulmination (Immun Coeli) waren leicht signifikant besetzt. Die restlichen Zonen dazwischen wiesen keinerlei Zusammenhang mit dem Berufserfolg auf. Berufsspezifische Wirkung fand er für die Planeten Mars, Jupiter, Saturn und für den Mond. Für Sonne, Merkur, Uranus, Neptun und Pluto konnte Gauquelin keinerlei Wirkung feststellen. Für die Venus fand er zwar keine spezifischen Berufe, jedoch ein signifikantes Vorkommen spezifischer Charaktereigenschaften in den Biografieanalysen. Folgende Tabelle zeigt die berufswirksamen Planeten und ihre Häufigkeit in den Sektoren des Aufgangs und der Kulmination:

Planet	*Beruf*	*Anzahl der Geburten*	*tatsächliche Häufigkeit bei Aufgang und Kulmination*	*theoretische Häufigkeit bei Aufgang und Kulmination*	*Divergenz*	*Wahrscheinlichkeit 1 zu*
Mars	Wissenschaft und Medizin	3647	724	626	+98	500.000
	Sport	2088	452	358	+94	5.000.000
	Armee	3438	680	590	+90	1.000.000
	Malerei	1473	203	253	-50	200
	Musik	866	120	149	-29	30
Jupiter	Armee	3438	703	572	+131	1.000.000
	Politik	1003	205	167	+38	100
	Theater/Film	1409	283	235	+48	1.000
	Journalismus	903	185	151	+35	100
	Wissenschaft und Medizin	3647	602	540	+62	30
Saturn	Wissenschaft und Medizin	3647	704	598	+106	300.000
	Malerei	1473	188	238	-50	200
	Literatur und Journalismus	2255	287	338	-51	500
Mond	Literatur	1352	292	225	+67	100.000
	Politik	1003	189	167	+22	20

Statistische Auswertungen der Gauquelins zu Planeten in Aufgang und Kulmination bei der Geburt von herausragenden Vertretern verschiedener Berufsgruppen[285]

Diese Aufstellung zeigt die typischen Berufe der Planeten. Mars, der Kriegsgott, Planet des Tatendrangs und des Angriffs, fand sich am häufigsten bei berühmten Sportlern und Militärs. Hingegen war er weit unterdurchschnittlich bei Künstlern vertreten. Jupiter, der pompöse Göttervater mit großen Worten und Gesten, war signifikant bei Militärs, Politikern, Schauspielern und Journalisten. Der langsame, beschwerliche Saturn, Planet der Konzentration und der harten Arbeit, stand bevorzugt bei

Wissenschaftlern in den wirksamen Sektoren. Der Mond schließlich, in der Astrologie Symbol für das Empfinden und das Seelenleben, fand sich überdurchschnittlich häufig bei Künstlern, insbesondere bei herausragenden Literaten.

Weitaus am stärksten trat der Planeteneffekt bei Mars hervor, weshalb Gauquelins Forschung bis heute vor allem als „Mars-Effekt" bekannt ist. Er war auch Ziel der meisten Replikationen. Wie die Grafik zeigt, wurden die 2.088 untersuchten Spitzensportler weitaus häufiger mit Mars nach dem Aufgang oder der Kulmination geboren als der Zufall erwarten lassen würde. Im Vergleich dazu zeigt die gebrochene Linie die Verteilung bei 717 Profisportlern, welche in ihrer Karriere keine herausragenden Erfolge vorzuweisen hatten. Sie brachen keine Rekorde, gewannen keine großen Wettbewerbe und wurden von ihrem Land nicht zu internationalen Wettkämpfen geschickt. Bei diesen Durchschnittssportlern findet sich keinerlei Mars-Effekt.

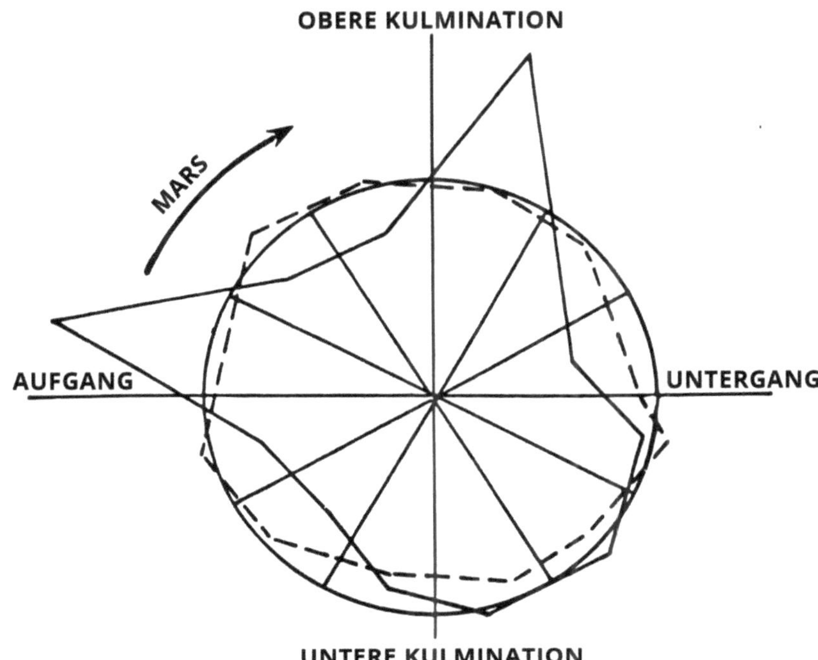

Der Mars-Effekt von Michel Gauquelin:
Die Position des Mars im Tageskreis bei 2.088 Spitzensportlern (durchgehende Linie) und 717 Durchschnittssportlern (gebrochene Linie)[286]

Obwohl Gauquelin seine Korrelationen auf Basis von Berufserfolg bildete, sah er diese Beziehung nur als eine indirekte an. Seines Erachtens bildeten psychologische Faktoren die Grundlage für den individuellen Erfolg. Der Charakter eines Menschen bestimmt sein berufliches Vorankommen. Für jeden Beruf gibt es eine Art typisches Persönlichkeitsprofil. Je besser ein Mensch diesen Anforderungen entspricht, desto größer sind seine Erfolgschancen. Introvertierte und nachdenkliche Menschen werden eher als Wissenschaftler erfolgreich sein als in der Politik. Gefühlvolle, sensible Menschen werden sich in der Kunst besser beweisen können als beim Militär. Für Gauquelin war die Berühmtheit in einem speziellen Beruf also vor allen Dingen ein Zeichen dafür, dass bei einer Person die erforderten Charaktermerkmale besonders ausgeprägt sind. Gute Sportler sind auch besonders tatkräftig und willensstark. Gute Wissenschaftler sind besonders gewissenhaft und strukturiert im Denken. Gute Schriftsteller sind besonders gefühlvoll. Der Beruf ist für Gauquelin vor allen Dingen objektivierbares Sinnbild des Charakters. Und der Charakter liegt im dominanten Geburtsplaneten begründet.
Um diese These zu überprüfen, durchforstete er die schriftlichen Biografien von tausenden Prominenten seiner Studie. Aus den darin vorkommenden Eigenschaftswörtern erstellte er einen Katalog mit über 50.000 Charaktermerkmalen. Ein Computer zählte dann die Häufigkeit der Eigenschaftswörter in den einzelnen Biographien aus. So wurde für jeden Planeten ein Index mit den am häufigsten verwendeten Begriffen erstellt. Folgende Zusammenstellung zeigt eine Auswahl davon:

Jupiter:
Abenteurer, autoritär, debattierfreudig, dominierend, eitel, elegant, extravagant, fröhlich, Gewinnernatur, guter Humor, guter Redner, heiter, herrisch, impertinent, imponierende Erscheinung, laut, maßlos, mitteilsam, optimistisch, pompös, selbstsicher, spöttisch, stolz, theatralisch, tyrannisch, unnachgiebig, überschäumend, verführerisch, verwegen, vorschnell, wortreich

Saturn:
arbeitsam, aufmerksam, ausdauernd, ängstlich, bedacht, beobachtend, bescheiden, beständig, detailliert arbeitend, distanziert, einsiedlerisch, ernst, exakt, fleißig, gedankenverloren, geduldig, gewissenhaft, hasst Improvisation, hält sich im Hintergrund, introvertiert, kann gut zuhören, langsam, meditativ, melancholisch, methodisch, misstrauisch, nüchtern, ordentlich, pessimistisch, pünktlich, reserviert, schweigsam, selbstzweiflerisch, sparsam, tiefgründig, traurig, weise, zurückhaltend, zuverlässig

Mars:
aggressiv, aktiv, direkt, drängt vorwärts, dynamisch, energisch, entschieden, erregt, feurig, frenetisch, furchteinflößend, geht mit dem Kopf durch die Wand, gewalttätig, gibt nie auf, hart, kampflustig, kraftvoll, kriegerisch, leicht erregbar, offensiv, Pionier, rachsüchtig, rau, risikofreudig, tapfer, temperamentvoll, unbezähmbar, ungeduldig, unternehmungslustig, verwegen, willensstark

Mond:
achtlos, anpassungsfähig, brüderlich, diplomatisch, familiär, frisch, frivol, geschmeidig, gesellig, guter Gastgeber, gutherzig, hat viele Freunde, human, illusionär, imaginativ, kapriziös, kindisch, konfus, leicht zu beeinflussen, leichtlebig, leutselig, nachgiebig, naiv, poetisch, sanftmütig, sensibel, träge, träumerisch, unbeständig, unmethodisch, unordentlich, unzuverlässig, Vagabund, verletzlich, witzig, zerstreut, zugänglich

Venus:
angenehm, attraktiv, beliebt, elegant, entgegenkommend, freundlich, gemäßigt, graziös, höflich, liebenswürdig, Schmeichler, ungenau, verführerisch, zuvorkommend

Die häufigsten Eigenschaftswörter in den Biographien prominenter Berufsvertreter nach deren dominanten Planeten in den Gauquelin-Sektoren[287]

Wie diese statistisch gewonnenen Eigenschaftswörter zeigen, entsprechen die in den Biographien als typisch für die jeweiligen Prominenten angegebenen Charakterbeschreibungen weitgehend den astrologischen Bedeutungen der Planeten, welche ihr Horoskop dominieren. In dieser Untersuchung konnte er den Effekt auch für den Planeten Venus empirisch nachweisen, was ihm bei den Berufsuntersuchungen bis dato noch nicht gelungen war.
Zudem stellte er eine weitgehende Übereinstimmung der Eigenschaften von Jupiter, Saturn, Mars und dem Mond mit den vier Temperamenten fest.[288] Die Charakterbeschreibungen des Jupiter entsprechen weitgehend dem Sanguiniker (Luft), jene des Saturn dem Melancholiker (Erde), jene des Mars dem Choleriker (Feuer) und jene des Mondes dem Phlegmatiker (Wasser).[289] Auch zu den drei Körperbautypen von William Sheldon[290] fand er Parallelen. Saturn entspricht dem sensiblen Dünnen (cerebrotoner Ektomorpher). Der gemütliche Dicke (viscerotoner Endomorpher) entspricht dem Mond. Der geradlinige Muskulöse (somatotoner Mesomorpher) hat große Ähnlichkeiten mit den Beschreibungen des Mars. Die

Charakterbeschreibungen für Jupiter hingegen sind eine Mischung aus Viscerotonie und Somatotonie.[291] Gauquelin sieht auch einen Zusammenhang zu Jungs Schema von Introversion und Extraversion. Entlang dieses Kontinuums ordnet er die vier Planeten dergestalt, dass Saturn der introvertierteste ist. Dann kommen Mars, Jupiter und schließlich der Mond als extravertiertester Planet.[292]

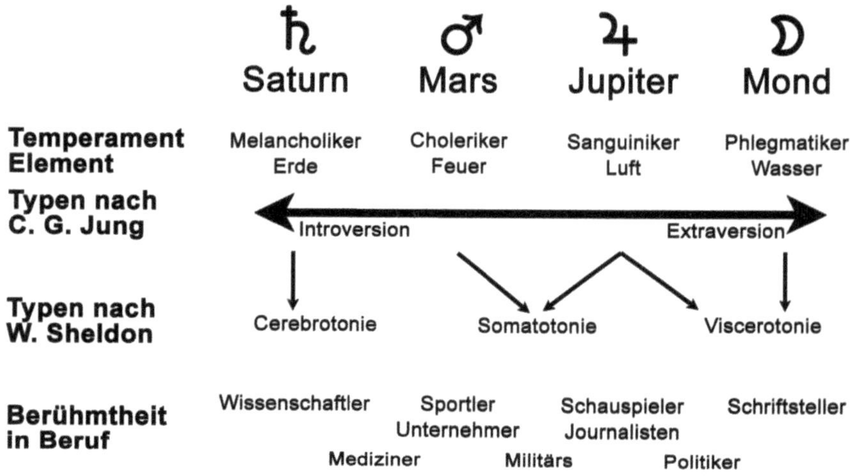

Zusammenhang zwischen den Gauquelinschen Berufsplaneten
und verschiedenen etablierten Persönlichkeitsmodellen

Gauquelin untersuchte auch, ob die Planetendominanzen vererbt werden können. Zu diesem Zweck stellte er die Planetenpositionen zur Geburtszeit von 15.000 Paaren und deren Kindern zusammen. Auch hier fand er einen erstaunlichen Zusammenhang. Denn Kinder wurden deutlich häufiger unter einem bestimmten Planeten geboren, wenn auch einer oder beide Elternteile diesen Planeten im signifikanten Sektor vorzuweisen hatten. Allerdings trat dieser Effekt nur bei natürlichen Geburten auf. Bei eingeleiteten Geburten oder Kaiserschnitten fand sich kein derartiges Muster. Zudem stellte Gauquelin fest, dass der Vererbungseffekt doppelt so häufig an Tagen mit magnetischen Störungen auftrat. Das bedeutet, dass sich die Signifikanz seiner Ergebnisse noch einmal deutlich erhöht, wenn man alle künstlichen Geburten aussortiert und die Daten auf Tage mit magnetischen Störungen reduziert. Gauquelin replizierte diese Statistik zwei Mal erfolgreich, wobei beide Versuche abermals jeweils über 15.000 Eltern und ihre Kinder umfassten.[293]

Gauquelin stellte von Anfang an sämtliche Daten der Öffentlichkeit zur Verfügung und legte detailliert seine Methodik offen. Er erhoffte sich davon eine kritische Überprüfung seiner Resultate durch Dritte. Bei derart sensationellen Ergebnissen hätte man eigentlich annehmen müssen, dass sich die Wissenschaft darauf stürzen würde, zumindest mit der Absicht, durch Replikationen die Findungen zu widerlegen. Doch die Resonanzen aus dem akademischen Bereich waren äußerst spärlich. Zu absurd schienen die Ergebnisse. Jahrelang bemühte sich Gauquelin um Überprüfung seiner Studie durch die belgische Kommission zur wissenschaftlichen Untersuchung vermeintlicher paranormaler Phänomene („Para-Kommission"). Schließlich nahm sich diese seiner Ergebnisse an und prüfte sie eingehend. Nach jahrelangen Untersuchungen, in welchen keine Fehler in der Arbeit Gauquelins gefunden werden konnten, beschloss die Kommission 1967, eine eigene Replikation durchzuführen. Sie wählte dafür den Mars-Effekt bei Sportlern aus. Denn erstens war Mars jener Planet, für welchen Gauquelin die größten Signifikanzen erhalten hatte und zweitens sind erfolgreiche Spitzensportler die größte untersuchbare Gruppe. Während die Karrieren von Wissenschaftlern, Schriftstellern oder Politikern oft ein ganzes Leben dauern, beträgt die aktive Zeit bei Sportlern maximal zwanzig Jahre. Für einen permanenten Zufluss neuer Daten ist hier also gesorgt. Zudem bieten sportliche Wettkämpfe und Weltranglisten die objektivsten Kriterien zur Bewertung des Berufserfolges.

Die Para-Kommission replizierte den Mars-Effekt anhand von 535 Spitzensportlern aus Frankreich und Belgien. Das Resultat blieb dasselbe. Das Ergebnis war sogar noch signifikanter als bei der Originalstudie. 22,3 % der Spitzensportler hatten Mars in den sensiblen Zonen. Im Vergleich dazu lag der Erwartungswert bei 16,7 %. Dennoch weigerte sich die Kommission jahrelang, dieses Ergebnis zu veröffentlichen. 1976 gab sie schließlich eine kurze Stellungnahme ab mit der Vermutung, die Ergebnisse könnten auf Artefakte zurückzuführen sein:

> „Die Kommission Para kann die Schlussfolgerungen aus den Forschungen M. Gauquelins nicht akzeptieren, da sie auf Hypothesen basiert, in denen die Kommission Unstimmigkeiten gefunden hat."[294]

Der Hauptkritikpunkt bestand darin, dass man den Durchschnittswert von 16,7 % bezweifelte. Bei diesem Argument wurde nicht berücksichtigt, dass Gauquelin diesen Wert anhand zahlreicher Kontrollgruppen nachgewiesen hatte. So entschloss sich die Zeitschrift „The Humanist“, einen Universitätsstatistiker als neutralen Schiedsrichter in die Auseinandersetzung einzuschalten. Professor Marvin Zelen schlug vor, eine weitere Kontrollgruppe zusammenzustellen, welche in Hinblick auf das ungefähre Geburtsdatum und den Geburtsort den Sportlern entspricht. Wenn es sich bei den Resultaten von Gauquelin tatsächlich um ein Artefakt handelte, dann müsste eine solche Kontrollgruppe ebenfalls den Mars-Effekt aufweisen. Mit diesem Test waren alle Beteiligten einverstanden. „The Humanist“ versicherte, die Ergebnisse dieses Tests auf alle Fälle zu veröffentlichen, egal wie er auch ausgehen möge. So begann Gauquelin abermals zu sammeln und errechnete die Horoskope von 16.756 Menschen, deren Daten örtlich und zeitlich weitgehend jenen von 303 Spitzensportlern entsprachen. Das Ergebnis war eindeutig. Während bei den 303 Champions der Mars-Effekt auftrat, gab es keinerlei Auffälligkeiten bei der Kontrollgruppe. Dennoch weigerte sich „The Humanist“, dieses Ergebnis zu veröffentlichen. Stattdessen wurde beschlossen, eine Replikation anhand von 605 US-Spitzensportlern durchzuführen. Es gelang jedoch lediglich die Daten von 120 Champions aufzutreiben. Auch hier zeigte sich ein knapp signifikanter Mars-Effekt. Da man diese Stichprobe als zu klein erachtete, wurden weitere 208 Sportler hinzugenommen, welche jedoch keinerlei internationalen Rang vorzuweisen hatten. Gauquelin wies darauf hin, dass mit derartigen Daten kein Mars-Effekt erzielt werden könne. Und tatsächlich fiel diese Untersuchung negativ aus. Seltsamerweise befand sich Mars bei den 208 Zusatzsportlern nur in 11 % der Fälle in den sensiblen Zonen, also weit unter der Durchschnittserwartung. Inwieweit hier bewusste Datenselektion betrieben worden ist, um den Mars-Effekt möglichst auszuschalten, konnte nie geklärt werden.

Schließlich entschloss sich Gauquelin, selbst eine weitere Replikation mit angemessenen Daten durchzuführen. Er stellte eine neue Gruppe mit 432 Weltklassesportlern aus Europa und eine neue Kontrollgruppe mit 423 Durchschnittssportlern zusammen. Abermals trat der Mars-Effekt deutlich auf. Bei 24,5 % der Champions befand sich Mars in den sensiblen Zonen im Gegensatz zum Erwartungswert von 16 % bei den Durchschnittssportlern. Doch wissenschaftliche Anerkennung blieb weiterhin aus. Vielmehr unterstellte man Gauquelin nun, dass seine Signifikanzen auf der Selektion von Daten beruhen würden, dass er einfach eine Reihe von unpassenden Daten aussortiert habe, um den Mars-Effekt zu erzielen. Selbst nachdem Gauquelin in jahrelanger akribischer Arbeit alle Anforderungen und Vorgaben seiner Kritiker erfüllt hatte, weigerten sie sich, seine Ergebnisse anzuerkennen. Man wollte lieber an Betrug glauben als an einen Mars-Effekt. Dafür griff man notfalls auch auf unfaire Methoden zurück. Als 1982 die bekannten Psychologen Hans Jürgen Eysenck und David Nias ihr Buch über die empirischen Studien zur Astrologie veröffentlichten, kamen sie in Bezug auf Gauquelins jahrzehntelange Forschungsarbeiten zu folgender Einschätzung:

> „Wir haben festgestellt, dass die Kritiker keineswegs die Objektivität erkennen ließen, die man allgemein von Wissenschaft erwartet, sondern dass sie alles daransetzten, um Voreingenommenheit, Vorurteil und Feindseligkeit zu demonstrieren. Vieles im Verhalten der Kritiker war moralisch nicht vertretbar. So entschied sich – um nur ein Beispiel anzuführen – die belgische Kommission Para, die die Ergebnisse Gauquelins widerlegen wollte, gegen die Veröffentlichung ihres vollständigen Berichts, als sich zeigte, dass dessen Befunde für die Gauquelins sprachen. (...) Wir sind zu der definitiven Schlussfolgerung gelangt, dass diese Kritiker oft irrational und in wissenschaftlich unzulässiger Weise argumentiert haben, dass sie Prinzipien verletzten, die sie selber aufgestellt hatten. (...) Soweit wir erkennen können, bestände die einzige Möglichkeit, die Ergebnisse ungültig zu machen, in einem Scheitern der Replikation. Allein wegen der Anzahl der bereits durchgeführten erfolgreichen Replikationen scheint diese Möglichkeit jedoch nur gering zu sein.“[295]

Mittlerweile sind mehrere Jahrzehnte vergangen. Eine Reihe von weiteren unabhängigen Replikationen bestätigten den Mars-Effekt, beispielsweise von den deutschen Psychologieprofessoren Arno Müller (1930 – 2005) und Suitbert Ertel (1932 – 2017),[296] aber auch von Skeptikerorganisationen wie CSICOP (USA), CFEPP (Frankreich) oder SKEPP (Holland).[297] Dennoch hält die Diskussion bis heute an. Astrologen sehen in den Arbeiten Gauquelins einen wissenschaftlichen Beweis für ihre Lehre. Dabei übersehen sie jedoch, dass der Planeteneffekt teilweise den astrologischen Regeln widerspricht. So fallen etwa die sensiblen Zonen nicht in die traditionell starken Häuser 1 und 10, sondern in die nach klassischer Lehre schwachen Häuser 12 und 9. Zudem ist der Planeteneffekt zwar signifikant, aber noch lange nicht so ausgeprägt, als dass man damit astrologische Beratungen oder gar Prognosen rechtfertigen könnte.

Die akademische Welt ist nach wie vor gespalten. Auf der einen Seite gibt es eine Reihe von Wissenschaftlern, für welche der Mars-Effekt ein ernstzunehmendes Phänomen darstellt. Kaum eine andere empirische Studie der Sozialwissenschaften kann auf eine derart breite Datenbasis und derart viele erfolgreiche Replikationen verweisen. Bei den meisten Wissenschaftlern bleibt jedoch das Unbehagen gegenüber einem Forschungsergebnis, welches mit den herrschenden Paradigmen überhaupt nicht in Einklang zu bringen ist. Getreu der Faustregel, dass eine Theorie umso häufiger empirisch bestätigt werden muss, je unvereinbarer sie mit der gängigen Lehrmeinung ist, erachtet man selbst die zehntausenden Daten der bisherigen Untersuchungen noch als unzureichend.
Da man durch die zahlreichen erfolgreichen Replikationen den Vorwurf der Datenmanipulation irgendwann nicht mehr aufrechterhalten konnte, brachte der Skeptiker Geoffrey Dean zu Beginn der 2000er Jahre schließlich eine letzte Immunisierungsthese ins Spiel als merkwürdigen Höhepunkt der Skeptikerversuche, den Mars-Effekt nichtastrologisch zu erklären. Dean unterstellte, dass astrologiegläubige Eltern die Geburtszeit ihrer Kinder beim Standesamt gefälscht hätten, um die Planetenstellungen in den Horoskopen ihrer Kinder zu manipulieren. Dieses Argument war selbst vielen Kritikern zu spekulativ und konstruiert.[298] Und so ist es in den letzten Jahren still um Gauquelins Ergebnisse geworden. Selbst die Skeptikerorganisationen, normalerweise sehr kommunikationsfreudig bezüglich widerlegter anomalistischer Theorien, ignorieren die Gauquelinstudien lieber in ihren neueren kritischen Gesamtübersichten.[299]

Die Akte Astrologie von Gunter Sachs

Während astrologische Statistiken zu Zeiten von Gauquelin oder C.G. Jung noch eine mühevolle, langwierige Sammel- und Sortierarbeit waren, haben es moderne Forscher deutlich leichter. In den Datenbanken von Behörden, Konzernen und Versicherungen sind Abermillionen von Daten gespeichert, welche astrologisch ausgewertet werden können. Die Hauptarbeit dabei übernimmt – neben den Datenschutzbeauftragten - der Computer. Die wohl größte und meistdiskutierte Untersuchung dieser Art wurde vom prominenten deutschen Unternehmer Gunter Sachs (1932 - 2011) durchgeführt. Für die Kosten „eines Porsche 911, Baujahr 1997"[300] erstellte er eine statistische Studie, deren Umfang bei weitem alle bisherigen Versuche übertraf. Anhand vieler Millionen „Einzelangaben über Geburtstage von Straftätern und Verkehrssündern, von Brautpaaren und Geschiedenen, Kranken und Selbstmördern, Berufstätigen und Astrointeressierten" wurde untersucht, ob es einen Zusammenhang zwischen dem Sternzeichen und dem menschlichen Verhalten gibt. Er verwendete dafür umfassendes Datenmaterial vom Statistischen Zentralamt der Schweiz, sowie von zahlreichen Behörden, Versicherungen und Verlagen anderer Länder. 1997 stellte er die Ergebnisse in seinem Bestseller „Die Akte Astrologie" der Öffentlichkeit vor und erhielt dafür ein gewaltiges Medienecho.

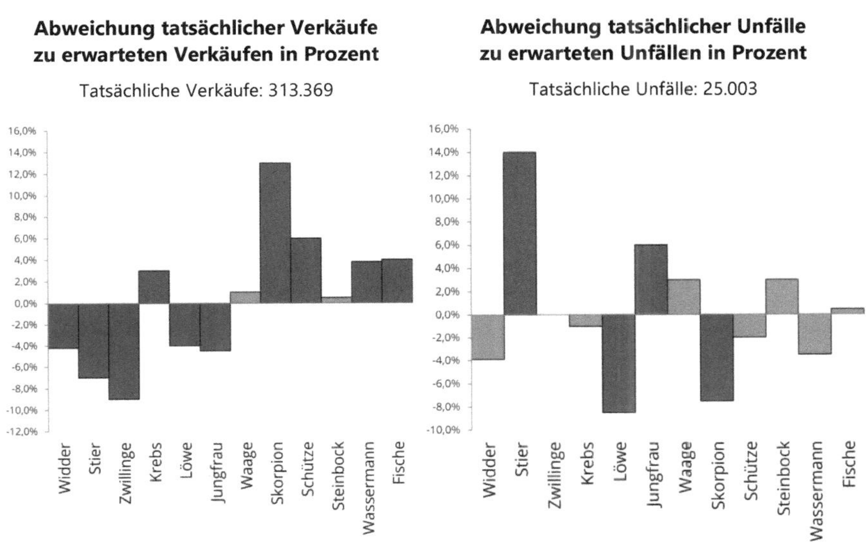

Statistik und Sternzeichen - „Die Akte Astrologie" von Gunther Sachs[301]

Seine Studie zeigte hochsignifikante Unterschiede im Verhalten der einzelnen Sternzeichen. Zu Beginn untersuchte Sachs die Verkaufszahlen von Heyne-Tierkreisbüchern (1991–1994, insgesamt über 310.000 Stück). Dabei stellte er fest, dass Skorpione fast 13 % über dem Erwartungswert Tierkreisbücher ihres Zeichens kauften oder geschenkt bekamen. Bei den Zwillingen hingegen lag der Wert fast 9 % unter dem Erwartungswert. Diese Zahlen entsprechen einer Zufallswahrscheinlichkeit von 1:10.000.000. Für Sachs war dies eine wunderbare Bestätigung der astrologischen Theorie, wonach der Skorpion mit Magie und Geheimnisvollem in Verbindung gebracht wird, während Zwillinge als intellektuell und rationalistisch gelten. Aufgrund dieses Anfangserfolges beschloss er, weitere Statistiken nach Zusammenhängen abzusuchen.

So offenbarte eine Analyse von 25.000 Kfz-Schadensfällen einer englischen Versicherung aus dem Jahr 1996, dass Stiere fast 14 % über der Erwartung in Verkehrsunfälle verwickelt waren. Anhand der über 4 Millionen Schweizer Berufstätigen stellte er auch einen Zusammenhang zwischen Berufswahl und Sternzeichen fest. Die einfühlsamen Fische waren besonders häufig in Sozialberufen vertreten, die kunstsinnigen Waagen bei den Inneneinrichtern und die materialistischen Stiere bei den Architekten. Auch bei den Fußballspielern der Deutschen Bundesliga gab sich ein signifikantes Bild, wonach Jungfrauen und Waagen 30 % über dem Erwartungswert vertreten waren (Datenbasis: 4.162 Spieler von 1963 bis 1997). Die Verteilung im Jahresverlauf folgte zudem einer schönen Sinuskurve.[302]

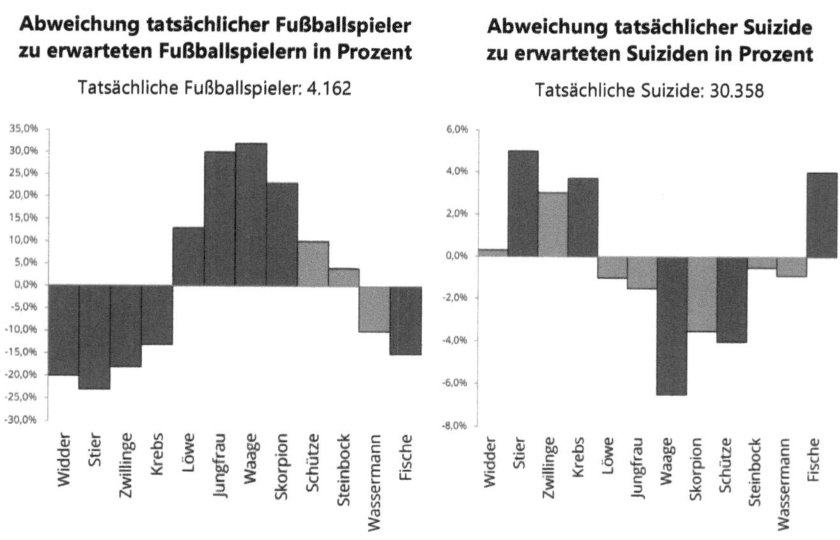

Statistik und Sternzeichen - „Die Akte Astrologie" von Gunther Sachs[303]

Schließlich wurden anhand von 20.000 Interviews die Einstellungen der zwölf Sternzeichen untersucht. Hunderte Merkmale wurden erhoben und auch zahlreiche Korrelationen gefunden, allerdings mit deutlich geringerer Abweichung von der Erwartung. So lagen die Widder beim Verbrauch von Badezusatz 7 % unter dem Erwartungswert, dafür aber 6 % darüber beim Verbrauch von Deospray. Krebse und Löwen trugen in überdurchschnittlichem Ausmaß täglich Jeans. Skorpione tranken am häufigsten klaren Schnaps. Schützen erachteten es signifikant häufiger als wichtig, Mitmenschen in Not zu helfen.[304]

Die Medien waren von der Akte Astrologie begeistert. „Sachs beweist die Astrologie anhand von Millionen Daten!" und ähnlich lauteten die Schlagzeilen. Doch schon bald meldeten sich zahlreiche Kritiker. Seltsamerweise kam die schärfste Ablehnung aus dem Lager der Astrologen selbst. Anstatt sich über die prominente Schützenhilfe zu freuen, erklärten sie, allen voran der Freiburger Astrologe und langjährige Präsident des Deutschen Astrologenverbands Peter Niehenke (*1949), in äußerst aggressivem Ton die Studie von Sachs als wertlos. Es wäre müßig, auf die seitenlangen Polemiken einzugehen. Häufig bestanden sie lediglich darin, das Buch als dumm, falsch, lachhaft oder zumindest als „astrologisch irrelevant" zu bezeichnen, ohne dafür stichhaltige Argumente zu liefern.[305]

Fest steht, dass viele Kritikpunkte fachlich nicht gerechtfertigt waren. Eine Expertise des Statistischen Bundesamtes der Bundesrepublik Deutschland kam nach eingehender Untersuchung der Sachs-Studie zu folgendem Resümee:

> „Bei der Lektüre der uns vorliegenden Rezensionen oder kritischen Stellungnahmen fiel uns einerseits eine nur als unfair zu bezeichnende Polemik auf, andererseits ein recht sorgloser Umgang mit Fakten. Wäre Gunter Sachs so oberflächlich vorgegangen, wie es seine Kritiker tun, wäre der Aufschrei über Fehler in seinem Buch berechtigt gewesen. Aus statistischer Sicht weist „Die Akte Astrologie" keinen der gravierenden Mängel auf, die Kritiker dem Buch nachsagen."[306]

Statistisch hat Sachs durchwegs sauber gearbeitet. Doch auch bei seinem Werk gilt, dass Signifikanzen an sich noch nichts Außergewöhnliches sind. Vielmehr gewinnen diese erst an Bedeutung, wenn sie mit anderen Datensätzen repliziert werden können. Anstatt hunderte Statistiken nach hunderten Mustern abzusuchen, wäre es also sinnvoller gewesen, sich auf wenige Bereiche zu konzentrieren und diese anhand von vielen verschie-

denen Datenquellen zu überprüfen.[307] So hätte Sachs nicht nur die zweifelsohne hohe Zahl der Heyne-Tierkreisbücher untersuchen können, sondern noch weitere Auflagen von anderen Verlagen aus anderen Ländern. Erst wenn auch diese anderen Verkaufszahlen dieselben Signifikanzen aufweisen, also etwa überdurchschnittliche Verkäufe für die Skorpion-Bücher und unterdurchschnittliche für jene des Zwillings, wird das Ergebnis bedeutsam. Allerdings gäbe es selbst in diesem Fall auch andere Erklärungsmöglichkeiten. Etwa könnte es sein, dass auf Astrologieinteressierte der magisch-geheimnisvolle Skorpion einfach eine besondere Anziehung ausübt, während der oberflächlich-plappernde Zwilling einen langweiligen Eindruck macht und deshalb auch proportional seltener gekauft wird. Es könnte auch sein, dass man im November, wenn die warmen Tage endgültig verflogen sind, eher ein Buch zum Geburtstag schenkt als im Frühling oder Sommer. Schließlich sind die Verkäufe von Widder bis Waage (März bis Oktober) fast durchgehend unterdurchschnittlich. Für die Varianzen bei den Verkaufszahlen der einzelnen Tierkreisbücher gäbe es also auch nichtastrologische Begründungen.
Auch jene Untersuchungen von Sachs, welche ein regelmäßig über die Monate verteiltes Muster von Signifikanzen aufweisen, sind nur bedingt brauchbar. Ein Beispiel dafür ist seine Analyse der über 30.000 Suizide, welche 1969 – 1994 in der Schweiz begangen worden sind. Hier liegen die Zeichen Fische bis Krebs durchgehend über dem Durchschnitt, Löwe bis Wassermann durchgehend unter dem Durchschnitt. Das muss allerdings nicht zwingend mit den Tierkreiszeichen zusammenhängen. Die Ergebnisse wären ebenso signifikant, wenn man als Untersuchungseinheiten die Monate oder die Zeiträume von 15. bis zum 15. des Folgemonats nehmen würde. Hier bilden also nicht die Tierkreiszeichen die signifikanten Grenzen, sondern schlichtweg die Jahreszeiten. Bereits im Abschnitt über die prognostische Kraft des Sonnenkalenders haben wir die Studie von Salib und Cortina-Borja kennengelernt.[308] Diese hat anhand von 26.000 Selbstmordfällen in England und Wales zwischen 1979 und 2001 ebenso eine deutlich erhöhte Suizidrate bei April- bis Junigeborenen gefunden. Die Daten von Sachs zeigen nichts anderes. Die erhöhte Freitodneigung von Frühlingsgeborenen kann viele Ursachen haben, welche nicht unbedingt eines Sternzeicheneffekts bedürfen.

Besser geeignet als „Beweis für die Astrologie" wäre eine Untersuchung von weiteren Unfallstatistiken. Die 25.000 Daten von Kfz-Schadensfällen,

welche Sachs analysiert hat, weisen ein hochsignifikantes Maximum bei den Stieren auf.[309] Astrologisch wäre dies plausibel, gelten Stiere doch als behäbig und schwerfällig in der Reaktion. Zudem gibt es in den Monaten, welche den Stier umgeben, keinerlei bemerkenswerte Signifikanzen. Dieses Maximum ist somit scharf abgegrenzt. Würden nun zahlreiche weitere Unfallstatistiken von anderen Versicherungen in anderen Ländern ebenso ein derartiges Maximum bei den Stieren aufweisen, so wäre dies tatsächlich ein ernstzunehmender Hinweis auf einen Zusammenhang zwischen Sternzeichen und Schicksal. Der nächste Schritt wäre eine ähnliche Untersuchung mit Daten von der Südhalbkugel, um einen wie immer gearteten Jahreszeiteneffekt auszuschließen.
Auch seine Untersuchung über die Sternzeichenverteilung von Studienbewerbern könnte aufgrund ihrer regelmäßigen Fluktuation von signifikant überdurchschnittlichen und unterdurchschnittlichen Werten interessante Ergebnisse liefern.[310] Bei dieser Studie waren die Signifikanzen mit bis zu 6,5 % zwar deutlich niedriger als bei den Verkehrsunfällen, dafür konnte der Effekt aber anhand einer gigantischen Datenmenge von 227.988 Studienbewerbern nachgewiesen werden. Wollte man einen Zusammenhang zwischen Sternzeichen und Schicksal nachweisen, so wären Replikationen dieser beiden Analysen mit anderem Datenmaterial sicherlich ein vielversprechender Ansatz.

Die „Akte Astrologie" ist zweifelsohne ein Meilenstein in der empirischen Astrologieforschung. Keine andere Studie hat derart große Datenmengen als Grundlage genommen.[311] Auch wenn die Signifikanzen von Sachs für sich genommen noch nichts beweisen, sind sie eine wertvolle Grundlage für weitere Replikationen. Dennoch, dass Astrologie jemals anhand der empirischen Untersuchung von Sonnenzeichen nachgewiesen werden kann, wird in weiten Kreisen der Szene bezweifelt. Vielmehr wird betont, dass die Tierkreisposition der Sonne nur einer von zahlreichen bedeutsamen Faktoren im Horoskop ist. Ohne die Häuser, Planeten und Aspekte können keinerlei sichere Aussagen gemacht werden. Eine Wassermann-Sonne hat im vierten Haus in Konjunktion mit Jupiter ganz andere Wesensmerkmale als im siebten Haus im Quadrat zu Saturn. Deshalb werden von den meisten Astrologen auch die üblichen Zeitungshoroskope, welche jedem Sonnenzeichen ein paar Sätze widmen, als unseriös abgelehnt.[312] Und so ist es besonders spannend, was nach dem Bestseller[313] aus der „Akte Astrologie" geworden ist.

Denn wenig beachtet von der Öffentlichkeit startete Gunter Sachs 2008 ein neues Projekt zur Untersuchung der Astrologie.[314] Dabei griff er die gesammelten Kritikpunkte an der „Akte Astrologie" auf und optimierte auf dieser Grundlage das Studiendesign. Sein Team bestand aus hochkarätigen Experten. Von wissenschaftlicher Seite standen namhafte Statistikprofessoren, die Daten des Statistischen Bundesamts der Schweiz und ein eigenes Team für die Auswertung zur Verfügung. Die fachliche Expertise lieferten vier in Forscherkreisen angesehene Astrologen: Gerhard Lukert, Dr. Rüdiger Plantiko, Roland Meier und Dr. Siegfried Schiemenz.[315] Sie entwickelten Versuchsreihen, die weit in die Methodik der modernen Astrologie hineinreichen. So wurden nicht nur weitere Sonnenzeichen-Untersuchungen gemacht, etwa zu Eheverhalten, Berufswahl und Gesundheit.[316] Es wurden auch Spezialtechniken untersucht wie die Aspekte oder heliozentrische Horoskope.
Besonders ergiebig war die Untersuchung von Aspekt-Figuren. Diese werden gebildet, wenn drei oder mehr Planeten in ein spezielles Winkelverhältnis treten. Neben den klassischen Aspektfiguren wie dem Großen Trigon (120°), dem Sextiltrapez (60°) und der Troika (Konjunktion 0°) wurde auch das Große Quintil (72° - 144°) als signifikant identifiziert.[317] Diese Figuren finden sich in Horoskopen erfolgreicher Politiker, Künstler und Sportler ebenso weitaus häufiger wie in Partner-Horoskopen von besonders langlebigen Ehen.[318] All diese Ergebnisse wurden vom wissenschaftlichen Statistikergremium überprüft und bestätigt.

Mit dem Tod von Gunter Sachs 2011 kamen die Untersuchungen jedoch zu einem jähen Ende.[319] Sein Institut für wissenschaftliche Astrologieforschung, die Cielo-Math AG, forschte noch einige Zeit an der Entwicklung von Software für Datenanalytik und Prognose.[320] Dann verlieren sich die Spuren. 2014 wurden endlich Teile der Forschungsergebnisse veröffentlicht. Man wählte jedoch das ungeschickte Format einer Biographie. Das Buch „Mein astrologisches Vermächtnis – Das Geheimnis von Liebe, Glück und Tod" ist sehr emotional aufgemacht. Zwischen Anekdoten aus dem Leben von Sachs und allerhand journalistischen Basisinformationen über Geschichte und Methodik der Astrologie findet man schließlich im zweiten Teil des Buches die Ergebnisse der astrologischen Auswertungen. Auch wenn diese weitaus spektakulärer sind als die Sternzeichen-Statistiken aus der „Akte Astrologie", das Medienecho blieb stumm. Weder der Boulevard, noch die Astroforscher oder die Skeptiker nahmen davon Kenntnis. Dabei wären die letzten Experimente des Instituts mit selbstlernenden Smart Data Algorithmen besonders ergiebig auf der Suche nach dem empirischen Nachweis der Astrologie.

Astrologische Astrologie-Studien

Auch Astrologen haben versucht, ihre Annahmen empirisch zu prüfen. Es gibt mittlerweile eine Reihe von großen Datenbanken, welche tausende genaue Geburtsdaten von Prominenten, bestimmten Personengruppen oder von Ereignissen enthalten und jedem interessierten Forscher zur Verfügung stellen. Waren frühere Datensammlungen wie die „1001 Notable Nativities" von Alan Leo noch relativ unzuverlässig, so sind detaillierte Quellenangaben und standesamtliche Bestätigung der Geburtszeit heute Standard. Diese Entwicklung begann in den 1980er Jahren mit Sammlern wie Hans-Hinrich Taeger (1944 - 2013) oder Grazia Bordoni (*1945). Am bekanntesten ist die AstroDatabank der amerikanischen Astrologin Lois Rodden (1928 – 2003), welche auch ein eigenes Ratingsystem für Datenqualität etabliert hat. Die Datenbank war bis 2008 als Software erhältlich und ermöglichte detaillierte empirische Auswertungen zu den meisten gebräuchlichen Techniken und Faktoren der Astrologie. Seit dem Konkurs der Software-Firma wird die Datenbank vom Astrodienst Zürich als Online-Wiki gepflegt und frei zur Verfügung gestellt. Sie wird ständig erweitert und enthält mittlerweile über 60.000 Daten.[321]

An Geburtsdaten und Hilfsmitteln zur statistischen Auswertung besteht heute also kein Mangel mehr. Und so gibt es aus Astrologenkreisen einige vielversprechende Studien. Die deutsche Psychologin Ulrike Voltmer (*1952) konnte anhand der Biographien von 400 Testpersonen signifikante Zusammenhänge zwischen den Transiten der langsamen Planeten Uranus, Neptun und Pluto und einschneidenden Lebensereignissen nachweisen. Die Arbeit wurde 2003 veröffentlicht.[322]
In einer anderen Studie untersuchten der Anomalistiker Gerhard Mayer und der Astrologe Martin Garms 2012 die Häufung von Synastrieaspekten zwischen den Horoskopen von Freunden. Sie erwarteten mehr Aspekte zwischen den Planeten der Freunde als bei zufälligen Paaren. Trotz der fortschrittlichen Methodik konnte die Resonanzerwartung im Replikationsversuch nicht bestätigt werden. Die Forscher halten es dennoch für

möglich, dass eine Weiterentwicklung des Studiendesigns einen solchen Nachweis irgendwann bringen könnte.[323]
Die amerikanischen Astrologinnen Judith Hill und Jacalyn Thompson untersuchten ab 1987 den Zusammenhang zwischen Rothaarigkeit und der Stellung des Planeten Mars. Die Analyse der Horoskope von 500 rothaarigen Menschen zeigte, dass diese signifikant häufiger Mars im Aufgang (bis zu 30° vor oder nach dem Aszendenten) hatten als Menschen mit einer anderen Haarfarbe. Mehrere Replikationen mit Daten aus anderen Ländern bestätigten das Ergebnis. Insgesamt wurde die Korrelation anhand von über 3.300 Fällen nachgewiesen.[324]
Die amerikanische Psychologin Pat Harris wies 2005 einen statistischen Zusammenhang zwischen den astrologischen Venus-Jupiter-Transiten und dem Erfolg bei künstlicher Befruchtung nach.[325] Jan Ruis überprüfte die Thesen der Astrologin Liz Greene, wonach Serienmörder Häufungen der Sonne in beweglichen Zeichen, von Mond-Saturn-Aspekten und eine Betonung des 12. Hauses haben müssten. Er fand die These ungewöhnlich hoch bestätigt bei einer Untersuchung von 293 Serienmördern.[326]

Studien wie diese wurden zwar in der Para-Forschung diskutiert, blieben aber ansonsten ohne größere Resonanz. Wie üblich witterten Skeptiker Artefakte und unzureichende Signifikanztests, während Astrologen die Ergebnisse teilweise als ermutigend, teilweise als irrelevant für die Praxis bezeichneten.[327] Erschwerend hinzu kommt ein nicht zu unterschätzender struktureller Nachteil astrologischer Forschung: sie erfolgt weitgehend ehrenamtlich und muss privat finanziert werden. Skeptiker hingegen sind meist durch Festanstellungen in akademischen Organisationen abgesichert und haben dadurch einen langen Atem. Und so schaffen es nur wenige dieser engagierten Forschungsprojekte, über Jahre hinweg die Kraft und die Ressourcen für die notwendigen Replikationen aufzubringen.

Astrologische Zuordnungstests

Die bisherigen Studien haben Datensätze nach signifikanten astrologischen Mustern abgesucht und dazu aus dem Horoskop Einzelfaktoren isoliert. Viele Astrologiekenner bezweifeln jedoch, dass eine solche Herangehensweise der Komplexität des astrologischen Systems überhaupt gerecht werden kann, beziehungsweise dass diese Studien auch die richtigen Faktoren in den richtigen Zusammenhängen untersucht haben. Es gibt aber noch eine andere spannende empirische Methode, mit welcher die Praktiken von Astrologen in ihrer Gesamtheit berücksichtigt werden können inklusive etwaiger unbewusster Faktoren. Bei den Zuordnungstests erhalten Astrologen zu einer Person zwei verschiedene Horoskope und sollen herausfinden, welches der Horoskope das richtige ist. Dabei steht ihnen die Wahl der astrologischen Techniken vollkommen frei. Da die Ergebnisse solcher Zuordnungstests stark von den Details des Versuchsdesigns und den teilnehmenden Astrologen abhängt, ist hier ein ausgeprägter Versuchsleitereffekt gegeben. Insofern ist es auch nicht erstaunlich, dass viele dieser von Skeptikerorganisationen durchgeführten Testreihen negativ ausfielen.[328]

Einen der ersten astrologischen Zuordnungstests führte der bekannte Parapsychologe Hans Bender 1952 – 1954 in Freiburg durch. Da sein Projektantrag mit dem Titel „Untersuchung wissenschaftlich nicht anerkannter Deutungs- und Beratungspraktiken" suggerierte, Wahrsagung widerlegen zu wollen, erhielt die Forschungsreihe sogar großzügige Fördergelder von der DFG. Dadurch konnten umfassende Zuordnungstests mit etwa 150 teilnehmenden Astrologen durchgeführt werden. Eine Auswertung aller Ergebnisse ergab immerhin eine leichte Signifikanz zugunsten der Astrologie. Noch spannender wurde es allerdings, wenn man die Erfolgsbilanzen der einzelnen teilnehmenden Astrologen betrachtete. Denn hier zeigte sich, dass der überwiegende Teil keine Trefferquote über der Zufallswahrscheinlichkeit vorweisen konnte. Ein kleiner Kreis von namhaften Astrologen hingegen erreichte hervorragende Ergebnisse und auch über verschiedene Versuchsreihen hinweg eine beeindruckende Treffsicherheit. Die Ergebnisse dieser fünf Experten allein reichten aus, um das Gesamtergebnis signifikant zu machen. Und für sich allein genommen gaben sie einen eindrücklichen Beleg für die Astrologie. Diese Astrologen waren in der Szene keine Unbekannten: Thomas Ring, Walter Böer, Fritz Riemann, Ernst von Xylander und Willy Probst.[329]

Zuordnungstests sind ein eleganter Weg, um sich der Astrologie empirisch zu nähern ohne die vielfältigen Fallstricke statistischer Mustererkennung. Sie geben den Astrologen größtmögliche methodische Freiheit und können besonders gut an deren natürliche Arbeitsweise angepasst werden. Dennoch erlauben sie quantitativ verwertbare Ergebnisse bezüglich der Treffsicherheit von Astrologen. Vielbeachtet sind die Blindversuche des amerikanischen Psychologen Vernon E. Clark (1911 – 1967), welche dieser in den 1960er Jahren durchführte. In der ersten Aufgabe mussten Astrologen zehn Horoskope den richtigen Berufen zuordnen. In der zweiten Aufgabe wurden den Astrologen zehn Fallgeschichten vorgelegt und sie mussten aus jeweils zwei Horoskopen das passende auswählen. Im dritten Versuch mussten die Astrologen Paralysepatienten und Menschen mit hohem Intelligenzquotienten anhand ihrer Horoskope unterscheiden. Alle Versuchsreihen konnten signifikante Ergebnisse aufweisen mit 64 %, 72 % und 59 % Trefferquote bei einer Zufallswahrscheinlichkeit von 50 %. Clarks Studien konnten von anderen Forschern erfolgreich repliziert werden.[330]

Einen der letzten großen Versuche unternahm 2002 der Sozialwissenschaftler Edgar Wunder (*1969) in der damals neugegründeten Gesellschaft für Anomalistik. Es beteiligten sich 26 Astrologen und 1.700 Versuchspersonen, welche ihre Daten zur Verfügung stellten. Beim Test wurde auf eine neutrale Sichtweise großen Wert gelegt. Den Astrologen wurde großer Komfort eingeräumt. So konnten sie beliebig Fälle aussortieren, welche ihnen zu wenig eindeutig schienen. Sie konnten den Versuchspersonen nahezu beliebige Fragen stellen, um in ihrem Urteil Gewissheit zu erlangen. Lediglich Fragen, welche Rückschlüsse auf das Geburtsdatum zuließen, waren untersagt. Zudem wurde u.a. durch Anonymisierung sichergestellt, dass keine indirekten Informationen der Versuchspersonen gelesen werden konnten.[331]
Im ersten Teil des Experiments hatten die Astrologen zu entscheiden, welches von zwei Horoskopen einer Versuchsperson gehört. Im zweiten Teil erhielten die Versuchspersonen zwei schriftliche Horoskopdeutungen und sollten beurteilen, welche besser zu ihnen passt. Bei beiden Versuchen liegt die Zufallswahrscheinlichkeit bei 50 %. Ende 2002 gab es einen ersten Zwischenbericht, welcher als „ermutigend für Astrologen" bezeichnet wurde. Denn im ersten Experiment wurden 59 %, im zweiten Experiment sogar 64 % der Horoskope richtig zugeordnet, was statistisch deutlich signifikant ist.[332] Ein abschließender Bericht dieser Studie wurde jedoch bis heute nicht veröffentlicht.

Mundanastrologie

Eine andere fruchtbare Möglichkeit der empirischen Astrologieforschung bietet die Mundanastrologie. Bei Horoskopen von Menschen besteht immer die Gefahr von unbewussten Einflussfaktoren irgendwo in der Versuchskette zwischen Proband, Versuchsleiter, Astrologe und Auswertung. Große politische Umbrüche, Naturkatastrophen oder Wirtschaftskrisen hingegen sind vom Beobachter losgelöste Phänomene. Die Prognose hat keinen Einfluss auf das Prognostizierte. Und so werden verblüffende Prognosetreffer von Astrologen über das Weltgeschehen gerne als Beweis für die Astrologie angeführt.

In der Mundanastrologie werden Prognosen auf Basis langfristiger Planetenkonstellationen erstellt. Das sind unter anderem die Aspekte und Zeicheningresse der Langsamläufer Jupiter, Saturn, Uranus, Neptun und Pluto, aber auch Horoskope von Finsternissen, Sonneningresse oder Rückläufigkeitsphasen von Planeten für die kurz- und mittelfristigen Vorhersagen.[333] Mit der Königskonstellation, der Konjunktion von Jupiter und Saturn, haben bereits die Arabischen Astrologen gearbeitet für ihre Prognosen über Jahrzehnte und Jahrhunderte. In der modernen Astrologie stehen zudem die äußeren Planeten Uranus, Neptun und Pluto, sowie unzählige Kleinplaneten und Planetoiden zur Verfügung. Auf dieser Basis wurden ganz erstaunliche Prognosen gemacht.

So sagte der französische Mundanastrologe André Barbault (1921 - 2019) bereits seit 1947 in zahlreichen Artikeln und Vorträgen das Ende des Kommunismus um das Jahr 1990 voraus.[334] Grundlage seiner Prognose war unter anderem der synodische Zyklus von Uranus, dem Indikator des Kapitalismus, und Neptun, dem Signum des Kommunismus. Diese treffen sich alle 172 Jahre. Mit der Konjunktion 1821 im Steinbock wurden Industrialismus und Kapitalismus beherrschend im Zeitgeist. Mit der Opposition um das Jahr 1910 kam es endgültig zum Bruch zwischen Adel, Kapitalisten und Arbeiterbewegung. Und mit der Konjunktion 1993 würde die Mauer zwischen Westblock und Ostblock wieder in sich zusammenfallen und einer neuen globalen Kultur Platz machen.[335] Dabei legte Barbault stets sehr offen und transparent dar, wie er seine Vorhersagen astrologisch ableitete.

Barbault entwickelte zudem auf Basis ähnlicher Arbeiten von Henri-Joseph Gouchon (1898 – 1978) und Claude Ganeau (1912 – 1991) den

„Zyklischen Index", bei dem sämtliche Winkel zwischen den langsamen Planeten aufaddiert und die Werte auf einer Zeitskala eingetragen werden. Erreicht dieser Wert ein Maximum, so befinden sich viele Zyklen in ihrer Wachstumsphase. Die globale Aufbruchsstimmung ist auf ihrem Höhepunkt. Sinkt der Zyklische Index auf sein Minimum, so befinden sich die meisten Zyklen in ihrer abnehmenden Phase. Die weltweite Entwicklung hat jegliche Dynamik verloren. Die Verhältnisse werden instabil. Es kommt zu Unruhen, Verteilungskämpfen und Kriegen.[336] Betrachtet man die Kurve, so fallen die Minima 1914 und 1939 genau mit dem Beginn der beiden Weltkriege zusammen. Die Maxima liegen in den frühen 1960er Jahren und zu Beginn des Millenniums, beides Zeiten euphorischer Aufbruchsstimmung. Für die Zukunft zeigt der Zyklus nach einem tiefen Minimum um 2017 ein Maximum ab Mitte der 2020er Jahre.

Der amerikanische Philosoph und Psychologe Richard Tarnas (*1950) ist vor allem für sein Standardwerk „The Passion of the Western Mind" bekannt.[337] 2006 veröffentlichte er die Ergebnisse seiner langjährigen astrologisch-historischen Studien in „Cosmos & Psyche: Intimations of a New World View" und polarisierte damit die Fachwelt. Denn er führte darin auf 600 Seiten die großen Entwicklungswege der Menschheit auf astrologische Zyklen zurück.
Besonders eingehend erläutert er den Uranus-Pluto-Zyklus als „Epochs of Revolution".[338] Wenn diese beiden Planeten in einem Winkel von 0°, 90°, 180° oder 270° stehen, dann kommt es etwa alle 25 bis 45 Jahre zu Zeiten großer politischer Umbrüche.[339] In diese Auslösungskette reihen sich die Französische Revolution 1789, die Lateinamerikanischen Unabhängigkeitskriege um 1820, die Bürgerlichen Revolutionen 1848 bis hin zur Dekolonisierung Afrikas und den Studentenrevolten der 1960er Jahre. Aufgrund dieses Zyklus sagte Tarnas das nächste Jahrzehnt der Revolution für die 2010er Jahre voraus, politische Umstürze, Gegenbewegungen mit ökologischen, feministischen und zivilrechtlichen Forderungen und Radikalisierung in allen Bereichen, begleitet von einer enormen technologischen Beschleunigung unserer Lebenswelt.[340] Und mit dem Arabischen Frühling startete dann tatsächlich pünktlich zu Beginn der Konstellation 2011 eine Ära der zahllosen Protestbewegungen und Regimewechsel, der Freiheitsdemonstrationen und der politischen Radikalisierung, der ökonomischen Krisen und der massiven Umwälzung aller Lebensbereiche durch Digitalisierung und Globalisierung. Ähnliche astrohistorische Mus-

ter beschreibt Tarnas für die Konstellationen Saturn-Pluto („Crisis and Contraction"), Jupiter-Uranus („Creativity and Expansion") und Uranus-Neptun („Awakenings of Spirits and Souls").[341]

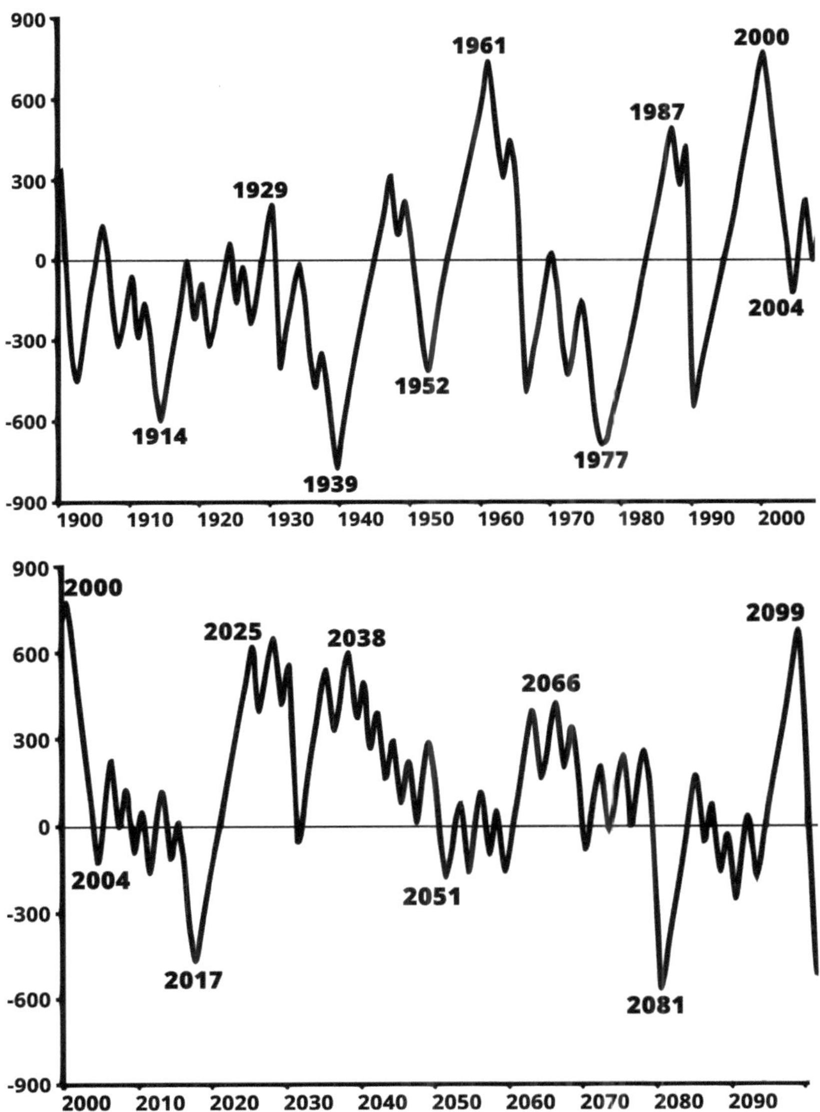

Der Index des zyklischen Gleichgewichts von Claude Ganeau 1900 - 2100

So beeindruckend viele dieser Beispiele aus der Mundanastrologie auch sind, einen Skeptiker werden sie nicht überzeugen. Er hat immer die Möglichkeit, auf den anekdotischen Charakter eingetroffener Vorhersagen, also auf den Zufall zu verweisen: „Tausende Astrologen prognostizieren unentwegt. Da müssen auch ein paar zufällige Treffer dabei sein." Sind die Prognosen für das Zufallsargument eine Nummer zu groß, so gibt es einen weiteren Kunstgriff: die Entastrologisierung von Prognosetreffern. Ein Beispiel gibt der Journalist Helmuth Böttcher (1895 – 1979):

> „Am 8. Januar 1962 schrieb der Astrologe Hans Genuit zu der für den 5. Februar bevorstehenden Planetenhäufung Merkur, Jupiter, Mars und Saturn im Wassermann und der damit verbundenen Sonnenfinsternis: „...löst diese Finsternis an verschiedenen Orten örtlich begrenzte Katastrophen aus. Erdbeben, Stürme, extreme Witterungen, Wasserkatastrophen. Vom 15.1. bis 13.3.1962 wird man eine Häufung von Flugzeug- und Schiffsunglücken beobachten..."
>
> Tatsächlich ereignete sich folgendes: Es gab

	Januar bis März 1962	Vergleichsdaten 1963
Flugzeugunglücke	416	198
Schiffsunglücke	81	123
Zugunglücke	160	47
Busunglücke	65	-
Bergwerksunglücke	406	97
Naturkatastrophen (Lawinen, Flut, Sturm)	4.241	117
Brände, Eruptionen	167	55

> Diese Ergebnisse setzen in Erstaunen. Aber geht es hier um Astrologie oder um Meteorologie? Daß Sonne und Mond auf die Erde einwirken, lehren Jahreszeiten ebenso wie Ebbe und Flut. Wir brauchen also unsere Zuflucht keineswegs zu den Astronomen nehmen."[342]

Dann zitiert Böttcher eine Reihe von Naturwissenschaftlern, welche die Ereignisse mit einer Zunahme der Sonnenflecken während der Planetenballung erklären. Diese spiele eine entscheidende Rolle, denn „die Atome des Gehirns reagieren nach den gleichen kosmischen Gesetzen wie die Atome der Sterne."[343] Die extreme Häufung von Unglücken und Naturkatastrophen wäre über luftelektrische Einflüsse, barometrische und andere Wettereinflüsse zustande gekommen. Zwar muten diese Begründungen nur fünfzig Jahre später fast ebenso mystisch an wie eine astrologische

Erklärung. Böttchers Urteil über diese Prognose ist jedoch klar: „Der Astrologen bedürfen wir dazu nicht. (...) Die Sterne lügen nicht – sie schweigen."[344]

Vielleicht ist es auch ein guter Kunstgriff, den Einfluss der Planeten nicht mehr Astrologie zu nennen, sondern mit wissenschaftlich etablierten Begriffen zu arbeiten. So veröffentlichte ein indisches Forscherteam 2015 den Artikel „Analysing the Spatio-Temporal Link between Earthquake Occurancies and Orbital Perturbations induced by Planetary Configuration".[345] Darin weisen sie einen Zusammenhang nach zwischen den Winkelbeziehungen der Planeten ("Net-Gravity Vector") und der Häufigkeit von Erdbeben. Der Artikel ist im wissenschaftlich-neutralen Fachduktus der Astrophysik verfasst. Die Autoren betonen, dass „die Studie keinen Bezug zur Astrologie hat, sondern vielmehr zur astronomischen und geometrischen Analyse."[346] Dennoch beruft man sich auf den legendären indischen Astrologen Bangalore Venkata Raman (1912 – 1998) als Inspirationsquelle für die Planetenwinkel-Erdbeben-Hypothese.[347]
Eine andere derartige Studie ist „Planetary Dependence of Melanoma" vom griechisch-amerikanischen Forscherteam Konstantin Zioutas und Edward Valachovic.[348] Darin wird ein Zusammenhang zwischen dem Auftreten von Melanomen und dem Merkurzyklus nachgewiesen. Die Studie umspannt den Zeitraum 1973 – 2011. Auch hier wird der Begriff Astrologie vollkommen vermieden, um eine Rezeption in der wissenschaftlichen Gemeinschaft überhaupt erst zu ermöglichen.

Astrologie und Wissenschaft heute

In den beginnenden 2020er Jahren scheint die astrologische Forschung jedenfalls endgültig zum Erliegen gekommen zu sein. Offensichtlich haben Fälle wie Gauquelin und Sachs weitere Forscher nachhaltig abgeschreckt vor dem aussichtslosen statistischen Kampf für die Astrologie. Wissenschaftler, die sich um eine unvoreingenommene Bewertung bemühen, begeben sich auf dünnes Eis und setzen nachhaltig ihren Ruf und ihre Karriere aufs Spiel. Dubiose Forschungen wie die 2D:4D-Theorie[349] müssen ihre leichten Signifikanzen nur anhand weniger hundert Fälle nachweisen, um in renommierten Zeitschriften wie „Nature" publiziert zu

werden. Astrologische Signifikanzen hingegen werden auch nach zahlreichen Replikationen mit zehntausenden Daten nicht akzeptiert.
Betrachtet man viele Kritikpunkte der Skeptiker genauer, so ließen sich dieselben Argumente genauso gut gegen den Großteil der Theorien und empirischen Studien der Volkswirtschaftslehre, der Betriebswirtschaftslehre, der Soziologie, der Psychologie, der Geisteswissenschaften oder der modernen Zukunftsforschung vorbringen. Auch diese genügen den strengen naturwissenschaftlichen Kriterien meist nicht. Dennoch unterrichtet man sie an den Universitäten, verteilt dafür Fördergelder und Preise. Niemandem würde es einfallen, volkswirtschaftliche Marktmechanismen, Sentimentindikatoren, Konjunkturprognosen, ökonometrische Modelle, die Produktlebenszyklusthese, die Gallup-Methode oder die Psychoanalyse durch Kommissionen zur Untersuchung behaupteter paranormaler Phänomene überprüfen zu lassen, wenngleich diese bei einer solchen Analyse wohl ebenso negativ abschneiden würden wie die Astrologie. Denn im Gegensatz zur Sternenkunde widersprechen diese nicht grundsätzlich den herrschenden Paradigmen.

An der Unvereinbarkeit der Astrologie mit den herrschenden Paradigmen muss am Ende jede empirische Forschung scheitern. Zwar gibt es vereinzelt Theorien, welche die Wirksamkeit der Gestirne naturwissenschaftlich zu erklären versuchen. Etwa der britische Astronom Percy Seymour (*1938) entwickelte Ende der 1980er Jahre eine ausführliche Theorie, welche die Wirkung der Planeten anhand von Sonnenaktivität und Geomagnetismus erklärt.[350] Der deutsche Forscher Theodor Landscheidt (1927 – 2004) entwarf ein derartiges Theoriegebäude aus Sonnenfleckenzyklen, Chaostheorie, Quantentheorie, Morphogenetik, physikalischen Schwingungen und Resonanzen, Fibonacci-Folgen und Goldenem Schnitt.[351] Der Psychologe und Physiker Walter von Loucadou (*1945) erklärt die Wirkweise über das Phänomen der Quantenverschränkung.[352] Theorien wie diese legen zwar plausibel nahe, dass eine Wirkung von Planeten auf die irdischen Geschicke auch im Rahmen der etablierten Paradigmen durchaus erklärbar wäre. Doch sind sie für den Mainstream zu exotisch, als dass sie zu einer allgemeinen Anerkennung von Phänomenen wie dem Mars-Effekt führen könnten.
Der Sinologe Michael Lackner (*1953), Direktor des IKGF an der Universität Erlangen, einem der weltweit größten Forschungszentren für Prognostik, hat hierfür den Begriff der Konjektur in die Diskussion eingebracht:

Es ist ja im Grunde ein Paradoxon, dass die moderne „wissenschaftsgestützte" Prognose in der Regel auch auf Konjekturen beruht, trotz aller Simulations- und Szenario-Techniken. (...) Trotzdem verlangt man von der Astrologie «positives» Wissen – im Sinne etwa von Mathematik oder Bereichen der Physik – und lässt dabei ganz außer Acht, dass bedeutende Zweige der Geistes- und Sozialwissenschaften auf nichts anderem als Konjekturen beruhen. (...) bestimmte unserer gegenwärtigen «Wissenschaften» beständig nichts anderes als Konjekturen betreiben und produzieren."[353]

Auch die Theorien der modernen Wissenschaften müssen Lücken ihrer Erklärungsmodelle durch Narrationen auffüllen, diese erzählerisch mit Vermutungen schließen. Bei den astrologischen Konstellationen kommt hinzu, dass die Ceteris Paribus Klausel grundsätzlich unerfüllbar ist. Das komplexe Zusammenspiel der einzelnen Zyklen ist für jeden Zeitpunkt unseres Sonnensystems einzigartig. Die Konstellationen wiederholen sich in ihrer jeweiligen Kombination niemals wieder.[354] Und so kann man zwar selbstähnliche Muster deuten, nicht aber einzelne Faktoren oder deren Kombination unter ansonsten gleichbleibenden Bedingungen isoliert untersuchen. Der Astrologieexperte Dieter Koch nennt noch weitere Gründe, warum die Astrologie sich der Statistik entzieht:

- Ambivalenz
- Mehrdeutigkeit
- Nichtisolierbarkeit
- Transzendenz und Nichtoperationalisierbarkeit

Gründe warum sich astrologische Prinzipien der Statistik entziehen nach Dieter Koch (2003)[355]

Dennoch, so zeigen unter anderem die späten Studien von Gunther Sachs, bergen die selbstlernenden Algorithmen der modernen Datenanalytik eine große Chance, astrologische Muster am Ende doch empirisch nachweisen zu können. Es scheint nahezu paradox, dass die Technologie und die Datenbasis für quantitative Astrologiestudien in den beginnenden 2020er Jahren den Möglichkeiten von Klöckler, Krafft, Jung oder Gauquelin um Lichtjahre überlegen sind, gleichzeitig aber das Interesse an astrologischer Forschung nahezu verebbt ist. Das ist besonders bemerkenswert, da der aktuelle Trend der Retro-Astrologie[356] ja mit sehr mechanistischen Deutungsregeln arbeitet, welche statistisch einfach auszuwerten wären. Astrologen berufen sich jedoch lieber auf das Evi-

denzargument: viele Jahre der persönlichen Erfahrung haben gezeigt, dass Astrologie stimmig ist und funktioniert. Und das reicht aus, um sie zu praktizieren. Bereits Marcus Manilius, Claudius Ptolemäus und Johannes Kepler haben Astrologie mit diesem Argument der Erfahrung gerechtfertigt. Und auch heute führen renommierte Astrologiebefürworter wie der Physiker Carl Friedrich von Weizsäcker (1912 – 2007), der Benediktinerpater Gerhard Voss (*1935) und zahlreiche Astrologen ihre positive subjektive Erfahrung als Argument für die Astrologie an.[357]
Zudem wird die Wirksamkeit der Astrologie gerne mit dem Synchronizitätsprinzip von C.G. Jung erklärt, welches sich einer gezielten empirischen Überprüfbarkeit entzieht.[358] Bereits im ersten Prognostik-Band haben wir bei den Versuchen von Rhines oder Bender zur Präkognition gesehen, dass Routine, Langeweile und Laborsituation paranormale Phänomene zum Verschwinden bringen.[359] Die emotionale Aufladung, das Sinn-Element geht dabei verloren und mit diesem die Grundlage der wahrsagerischen Fähigkeiten. Das Horoskop wäre nach diesem Erklärungsmodell weniger ein Messsystem des Schicksals, sondern vielmehr eine komplexe Projektionsfläche, welche den Betrachter des Alltagsbewusstseins enthebt und ihn so mit dem Quell des kollektiven Unbewussten verbindet. Astrologie wäre nach dieser Betrachtungsweise nicht mehr eine exakte Wissenschaft, sondern vielmehr eine Kunst. Auch der Künstler kann nicht auf Befehl kreativ sein, sondern braucht dazu die entsprechende Stimmung und Atmosphäre. Auch er bedient sich keiner empirisch nachweisbaren Gesetzmäßigkeiten oder replizierbaren Signifikanzen. Dennoch haben seine Werke zweifelsohne Wirkung, Aussage und Bedeutung. Der Betrachter erkennt die Landschaft oder das Gesicht im Gemälde, obwohl der Maler das Bild mit unterschiedlichsten Techniken und Stilmitteln gestalten kann.

Und so bleibt die „älteste Systemtheorie der Welt"[360] seit über 2.000 Jahren ein Mysterium, ein elegantes Symbolsystem, welches selbst auf renommierte Naturwissenschaftler wie Albert Einstein (1879 – 1955) oder Carl Friedrich von Weizsäcker eine große Faszination ausgeübt hat.[361] Auch der Wissenschaftsphilosoph Paul Feyerabend (1924 – 1994)[362] oder der Chemie-Nobelpreisträger Kary Mullis (1944 - 2019)[363] waren leidenschaftliche Fürsprecher für die Astrologie. Politiker wie François Mitterrand (1916 – 1996) oder Ronald Reagan (1911 - 2004) ließen sich bei allen wichtigen Entscheidungen von ihren Astrologinnen Elizabeth Teissier und Joan Quigley beraten.[364] Und wie die Astrologie bereits im Alten Rom in manchen Zeiten als schmuddeliger Aberglaube, in anderen Zeiten als hohe Wissenschaft betrachtet worden ist,[365] so wird wohl auch in den kommenden Jahrhunderten das Pendel mal in die eine, mal in die andere Richtung ausschlagen. Denn eines demonstrieren die empirischen Bemühungen der vergangenen Jahrzehnte deutlich: von anderen akademischen Methoden und Theorien der Sozial- und Geisteswissenschaften unterscheidet sie lediglich, dass sie im herrschenden Paradigmensystem nicht eingeordnet werden kann. Wie das Beispiel von Yoga und Meditation zeigt, kann sich das aber sehr schnell ändern. Waren diese in den 1990er Jahren noch esoterischer Unfug, so sind sie dank gehirntomographischer Wirksamkeitsbelege in kurzer Zeit in der Mitte der Gesellschaft angekommen. Und so kann es gut sein, dass die Entwicklungen der Wissenschaften das offizielle Weltbild irgendwann so weit öffnen, dass die Astrologie darin wieder Platz findet.

07. Sozial- und Humanzyklen

Mond- und Sonnenkalender sowie astrologische Planetenkonstellationen sind traditionell die am weitesten verbreiteten Zyklenmodelle der Prognostik. Sie folgen den Rhythmen der Himmelskörper und setzen diese in Beziehung zu den Rhythmen des Lebens auf der Erde. So ergibt sich eine Vielzahl an Möglichkeiten, die Zeit einzuteilen und diesen Abschnitten verschiedene Bedeutungen zuzuordnen. Das ist jedoch nicht die einzige Art von Schicksalszyklen. Es gibt eine Reihe von modernen Modellen, welche die Prozesse des Lebens und des Sozialen nach anderen Parametern in Kreisläufen ordnen.

Biorhythmen

Die Theorie der Biorhythmen wurde Ende des 19. Jahrhunderts vom Berliner Mediziner Wilhelm Fließ (1858 – 1928), einem engen Freund Sigmund Freuds, erstmals veröffentlicht. Er hatte bei seinen Patienten festgestellt, dass bestimmte Beschwerden in regelmäßigen Perioden wiederkehren:

> „Und wer den wunderbaren Zyklus kennt, den der Rhythmus des Pulsschlages, der Atmung und der Gang der Körperwärme mit der größten Präzision alle 24 Stunden wiederholt, der ist überzeugt, daß auch die anderen Vorgänge des Lebens einem untrüglichen Zeitgesetz unterworfen sind. (...) Und wie die einfachen Töne eine ganz bestimmte und unveränderliche Schwingungsdauer haben, so besitzen auch unsere beiden Perioden eine ebenso konstante Dauer. Bei der einen beträgt diese Dauer 23, bei der anderen 28 Tage, genaue Tage."[366]

Der körperliche Rhythmus entspricht 23 Tagen und betrifft alle physischen Angelegenheiten. Der emotionale Rhythmus beträgt 28 Tage. Ihm folgend die Stimmungen und Wahrnehmungen, Kreativität und Sensibilität. Später kam noch der geistige Rhythmus von 33 Tagen hinzu, welchem Analytik, Logik, Gedächtnis und Kommunikation folgen. Diese drei Rhythmen starten genau zum Zeitpunkt der Geburt, sodass sich die genaue Kombination erst nach mehr als 58 Jahren wiederholt. Kritische Tage in den Krankenbiographien seiner Patienten fallen laut Fließ in diese Perioden von 23 und 28 Tagen. Da auch alle Multiplikationsvarianten davon relevant sind, wird die Berechnung recht aufwändig. Das zeigen folgende Beispiele. Im ersten berechnet Fließ aus dem Krankheitsverlauf einer älteren Dame ihren wahrscheinlichen Todeszeitpunkt. Im zweiten zeigt er, dass auch die Geburtsabstände seiner eigenen Kinder den Biorhythmen folgen:[367]

Apoplektischer Insult	14. Dezember	} 2 x 23
Gehfortschritt	29. Januar	} 3 x 28
Tod	22. April	

I = 984 = 16 x 23 + 22 x 28
II = 477 = 11 x 23 + 8 x 28
III = 1064 = 16 x 28 + 22 x 28

In beiden Fällen müssen die Tage zwischen den Ereignissen erst aus verschiedenen Kombinationen der Vielfachen von 23 und 28 gebildet werden. Viele Berechnungen von Fließ sind noch weitaus komplexer und füllen ganze Seiten.[368] Er untersucht in seinen Büchern verschiedenste Krankheitsverläufe ebenso wie Sterbeabstände und Todeszeitpunkte, Geburtsabstände ganzer Familienstämme, schöpferische Tage oder die synchronen Geburts- und Sterbedaten bei Jahreszwillingen.[369] So herrschen die Biorhythmen über alle Bereiche des menschlichen Lebens und prägen unsere individuelle Verfassung, unsere Stimmung und Leistungsfähigkeit, unsere Kreativität und unser körperliches Befinden.

Aus Fachkreisen gab es dafür freilich massive Kritik. Zu beliebig schienen die Kalkulationen, vor allem dort wo sie auch noch mit Bruchzahlen von 23 und 28 operierten.[370] Fließ wirkte wie besessen von der Denksportaufgabe, alle nur erdenklichen Zeitspannen zwischen Lebensereignissen in mathematischen Formeln mit den Zahlen 23 und 28 auszudrücken. Andererseits wirkten auch viele Ereignisse willkürlich gewählt. Ist ein Gehfortschritt relevant für den Krankheitsverlauf? Hat er nicht schon ein paar Tage früher eingesetzt und wurde nur aus Symmetriegründen erst am berechneten Tag diagnostiziert? Hatten Fließ und die Patienten an den kritischen Tagen auf jede Regung gelauert, die ins Muster des Rhythmus passen könnte? Die Argumentation von Fließ schien vielen Fachleuten sehr subjektiv und anekdotisch. Und so gab es zahlreiche Kontroversen zwischen Fließ und seinen Kritikern. Doch auch mit Befürwortern seiner Theorie überwarf er sich. Der Wiener Psychologe Hermann Swoboda (1873 – 1963) behauptete, die Biorhythmen unabhängig von Fließ entdeckt zu haben. So entbrannte ein öffentlich ausgetragener Urheberrechtsstreit, in welchem Fließ auch die anderen Findungen von Swoboda, etwa dessen Zyklus des Siebenjahrs, zu widerlegen versuchte.[371]

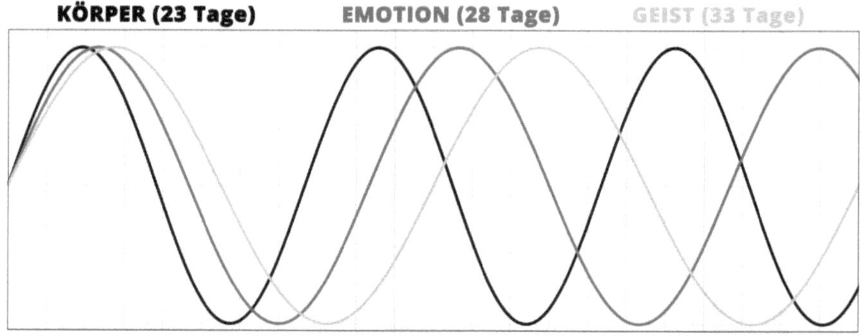

Ein typisches Biorhythmus-Profil

In den 1970er Jahren wurden die Biorhythmen schließlich auch im Mainstream populär. Anbieter von Computerausdrucken und Biorhythmus-Kalkulatoren sorgten für eine rasche Verbreitung und große Beliebtheit als einfache Alltagsorientierung. Körper, Gefühl und Geist wieviel Prozent? Anwendung und Interpretation waren noch einfacher als das tägliche Zeitungshoroskop. Gleichzeitig schienen Biorhythmen viel individueller, weil sie ja vom Tag der eigenen Geburt an berechnet werden. Und so wurden sie zum persönlichen Westentaschenorakel der beginnenden Computerära. Manager richteten ihre Terminkalender und Projekte nach den drei Wellen. Im Hochleistungssport wurden damit Trainingspläne erstellt. Und auch auf den Homecomputern der frühen 1980er Jahre durfte das Biorhythm-Programm nicht fehlen. Dass es einfach zu programmieren war und wenig Speicher benötigte, trug sicherlich zum Erfolg auf den frühen Computern von Casio, Commodore, Sinclair oder Schneider bei. Doch als die Computer dann Laufen lernten, landeten die Biorhythmen bald in der Besenkammer. Heute erfüllen die Biorhythm-Programme im Internet vor allem museale Zwecke.
Und auch von empirischer Seite gilt die Biorhythmus-Theorie heute als widerlegt. 134 wissenschaftliche Studien kamen zum Ergebnis, dass sich die Rhythmen von 23 und 28 Tagen in einem repräsentativen Querschnitt von Biographien nicht häufiger finden als andere Tagesintervalle.[372] Auch

eine Untersuchung von 3.000 Verkehrsunfällen ergab keinerlei höhere Unfallhäufigkeit an kritischen Tagen.[373] So zeigt sich einmal mehr, dass eine Prognosemethode nur einfach und plausibel sein muss, um im Mainstream eine Zeitlang zum Trend zu werden. Und es zeigen sich die großen Tücken der menschlichen Mustererkennung. Glauben wir, oft durch Zufall, ein Muster zu erkennen und beginnen wir, nach Bestätigungen dafür zu suchen, so sehen wir das Muster alsbald überall. Doch ob unser subjektiver Eindruck tatsächlich keine Fata Morgana ist, erfahren wir erst, wenn andere Menschen mit anderen Daten den Versuch wiederholen. Kommen diese zu anderen Ergebnissen, so ist ein üblicher Reflex, das Muster nicht aufzugeben. Stattdessen sucht man nach Hilfshypothesen und Zusatzregeln, um das Muster zu verteidigen. Und so hat auch Fließ bis an sein Lebensende eisern an den endlosen Permutationen von 23 und 28 festgehalten.

Das Team Management System

Bei den Biorhythmen steht der einzelne Mensch im Fokus. Doch auch für die Situation in Teams gibt es zyklische Modelle, welche die Abläufe in Unternehmen in festen Kreisläufen ordnen. Das Team Management System[374] wurde vom britischen Psychologen Prof. Dr. Charles Margerison (*1940) und dem australischen Ingenieur Dr. Dick McCann (*1943) im Rahmen ihrer Unternehmensberaterprojekte für die Queensland University in Brisbane entwickelt. Sie gingen der Frage nach, warum einige Teams sehr erfolgreich waren und andere versagten. Sie identifizierten acht Arbeitsfunktionen (Types of Work), welche einen wichtigen Beitrag zu effektiver Teamarbeit leisten.[375] Diese basieren auf dem Myers-Briggs Typenindikator, welcher aus den Theorien von C.G. Jung entwickelt wurde.[376] Diesen indirekten Rückgriff auf die Lehre von den vier Temperamenten aus der Antike hat das TMS mit vielen modernen Tools der Management-Diagnostik gemein, wie ich ausführlich im Buch über „Die magischen Praktiken des Managements" zeige.[377] Hier heißen die vier Typen Entdecker (Luft), Organisatoren (Feuer), Controller (Erde) und Berater (Wasser). Zwischen diesen vier Typen gibt es jeweils Mischtypen. Zudem wurde ein neunter Typ ins Zentrum des Rades gesetzt: die Verbinder, die zentralen Verkehrsknotenpunkte im Team. Ihre Aufgabe besteht darin, zwischen den anderen acht Typen zu vermitteln und Brücken zwischen den verschiedenen Teamfunktionen zu bauen.

Die bevorzugten Arbeitsfunktionen werden im Team Management Rad folgendermaßen visualisiert:

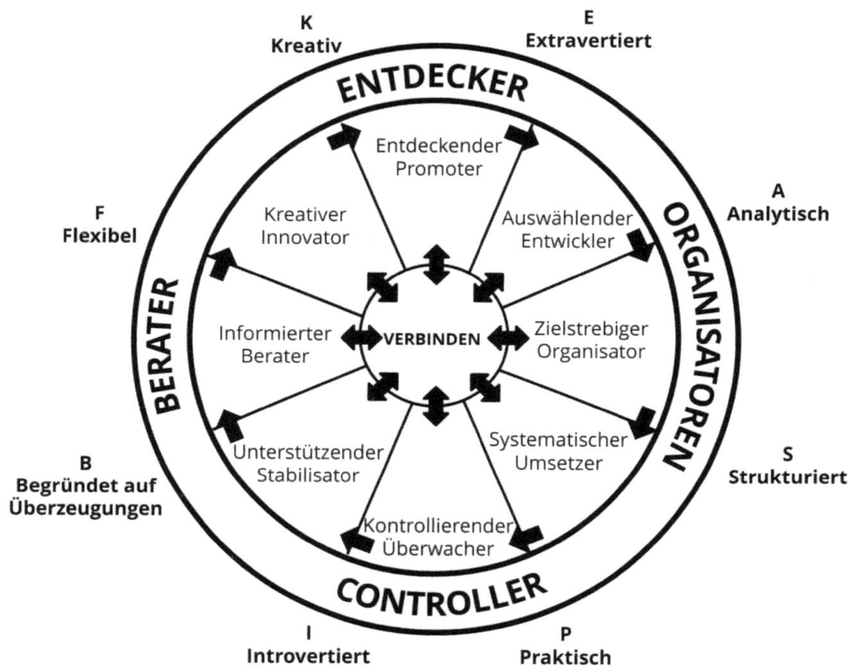

Das Team Management Rad nach Margerison und McCann
inklusive der Arbeitsfunktionen (Pfeile) und Arbeitspräferenzskalen (außen)[378]

Das besondere beim Team Management System im Vergleich zu anderen Tools der Management-Diagnostik ist, dass die acht Typen einen Kreislauf bilden, welcher die in vielen Unternehmen üblichen Phasen des Arbeitsprozesses repräsentiert. Das wird im Rad durch die rechtsherum laufenden Pfeile zwischen den einzelnen Typen angedeutet. Jeweils benachbarte Typen reichen sich im Arbeitsprozess die Staffel weiter, während gegenüberliegende Typen nur wenige Berührungspunkte haben.[379] Die Berater beschaffen die Informationen. Auf dieser Basis bringen die Innovatoren neue Ideen hervor. Die Promoter bringen diese Ideen mit Argumenten und Überzeugungskraft an den Mann. Die Entwickler konzipieren daraus konkrete Produkte. Die Organisatoren planen die dafür notwendigen Arbeitsprozesse. Die Umsetzer erstellen die Produkte. Die Überwacher sorgen für einen sauberen Ablauf und Qualitätskontrolle. Die Stabilisierer halten das Rad dauerhaft am Laufen. Und dann kommen wieder die Berater und bauen die Ergebnisse in ihre Informationsbasis ein, wodurch der Kreislauf wieder von vorne beginnt. Dazwischen sitzen die Verbinder, beispielsweise die Produktmanager, welche zwischen all diesen verschiedenen Arbeitsbereichen vermitteln:[380]

Beraten	Informationen beschaffen und weitergeben
Innovieren	Neue Ideen hervorbringen und damit experimentieren
Promoten	Neue Möglichkeiten erkunden und andere davon überzeugen
Entwickeln	Neue Ideen auswählen und entwickeln
Organisieren	Praktikable Arbeitsweisen planen und festlegen
Umsetzen	Produkte und Dienstleistungen erstellen
Überwachen	Systeme und Ergebnisse auf Qualität kontrollieren und prüfen
Stabilisieren	Standards und Werte aufrechterhalten und sichern

Im Team Management Rad wird nun nicht ein einzelner Mitarbeiter, sondern das ganze Team eingezeichnet, meist als Dreiecke oder Spielfiguren. Dadurch kann man sehen, wo das Team seine Schwerpunkte hat, aber auch wo Lücken und Defizite bestehen. Soll ein Team rund laufen und erfolgreich sein, so ist es einerseits wichtig, dass der entsprechende Arbeitsschwerpunkt des Teams gut besetzt ist. So sollten in einer Controlling-Abteilung auch viele Controller sitzen. Andererseits ist es aber auch wichtig, dass in jedem Team auch die anderen Bereiche vertreten sind, damit in den Arbeitsabläufen keine Lücken entstehen. Die Zuordnung der einzelnen Teammitglieder in diese Bereiche erfolgt wie bei den meisten Management-Tools über einen Fragebogen. Damit wird entschieden, welchen Platz im Hamsterrad der Unternehmensprozesse die einzelnen Teammitglieder am besten ausfüllen können.

Dabei sind sowohl das Konstrukt des Persönlichkeitsmodells, als auch der Fragebogen als Messinstrument dieser Typen unter Psychologieexperten sehr umstritten („Transformationsproblem").[381] Betrachtet man den Zyklus genauer, so wirkt dieser reichlich konstruiert. Das betrifft sowohl die Anordnung der Achsen aus der Jungschen Persönlichkeitstypologie (Introvertiert-Extravertiert, Strukturiert-Flexibel etc.), also auch die Reihenfolge der Arbeitsfunktionen. Warum ist ein „Kontrollierender Überwacher" praktisch-introvertiert? Könnte er nicht genauso extravertiert sein und aktiv seine Zahlen und Normen kommunizieren? Braucht er dazu nicht auch starke analytische Fähigkeiten? Sollte ein „Zielstrebiger Organisator" nicht auch flexibel auf Veränderungen reagieren können? Wie soll er in einer volatilen Welt Projekte voranbringen, wenn er nur analytisch-strukturiert vorgeht, wie das Modell es unterstellt? Zudem ändern sich laufend die Anforderungen der Arbeitswelt. Mögen Marketing und Werbung in den 1980er Jahren noch vor allem ein kreativer Arbeitsbereich für „Entdeckende Promotoren" gewesen sein, so hat sich die Tätigkeit im Zeitalter von Online-Marketing, Suchmaschinenoptimierung, organischen Reichweiten und Social Media Plattformen vor allem zu einer datenanalytischen Arbeit hinentwickelt, mit welcher der stereotype Kreativkopf wohl heillos überfordert wäre. Mag der „Zielstrebige Organisator" in früheren Zeiten noch eine gute Führungskraft gewesen sein, der sein Team antreibt, so wird in Zeiten von flachen Hierarchien, Mitbestimmung und weitreichenden Arbeitnehmerrechten möglicherweise der verständnisvolle Berater die Führungsaufgabe deutlich besser erledigen. An derartigen Beispielen sehen wir, wie sehr das TMS eine Kunstwelt konstruiert, welche auf den ersten Blick zwar plausibel wirkt, bei näherer Betrachtung aber wenig mit der Vielschichtigkeit der Praxis zu tun hat.[382]

Der Generationenzyklus von Strauss-Howe

Biorhythmen decken die Individualprognostik ab. Das Team Management System versucht, unsere Stellung in Gruppen transparent zu machen. Darüber hinaus sind wir aber auch Teil einer Generation, einer Kohorte von Menschen, welche in denselben Jahren geboren sind. Dadurch erhalten wir eine spezielle Prägung durch den Zeitgeist, teilen eine ähnliche Sozialisation, ähnliche Moden und ähnliche Verhaltensweisen, wuchsen mit ähnlichen Spielen auf, hörten ähnliche Musik. Wir sind Kinder unserer Generation und durch diese an einem speziellen Zeitausschnitt im Fluss der Kultur angebunden. Was unsere Generation ausmacht, das versuchen Sozialwissenschaftler seit einigen Jahrzehnten an knackigen Begriffen festzumachen: die Babyboomer, Generation X, Y und Z, die Lost Generation, die 68er, Millennials bis hin zu den Generationen Golf, MTV, Prekär, What? oder Maybe.[383] Dabei scheint es, als wären Generationen Zeitabschnitte der kulturellen Evolution, welche sich im Lauf ihrer Abfolge stetig in etwas Neues wandeln. Doch es gibt auch eine Theorie, nach der sich Generationen zyklisch entwickeln.

Die Generationentheorie von William Strauss (1947 – 2007) und Neil Howe (*1951), auch bekannt als „Fourth Turning Theory" wurde 1991 erstmals präsentiert im Buch „Generations – The History of America's Future, 1584 – 2069". Sie postuliert, dass es vier archetypische Arten von Generationen gibt, welche sich in einem festen Kreislauf durch die amerikanische Geschichte ziehen.[384] Jede Generation ist logische Konsequenz der vorhergehenden Generation. Und nach etwa 90 Jahren beginnt der Zyklus von vorn.[385]

Die einzelnen Generationen werden definiert durch große Wendepunkte („Turnings") der Geschichte, Zäsuren welche die Gesellschaft radikal und nachhaltig verändern. Die erste Art von Zäsuren sind die weltlichen Krisen („Secular Crises"), vor allem große Kriege, Revolutionen und Wirtschaftskrisen. Diese zwingen die Gesellschaft in der Folge, sich neu zu organisieren. Staatliche Institutionen und strenge Gesetze werden über die individuelle Freiheit gestellt. Die zweite Art von Zäsuren nennen Strauss und Howe „spirituelles Erwachen". Hier gelangen neue Gesellschaftsvisionen und Denkweisen zum Durchbruch. Institutionen werden zunehmend kritisch gesehen und verlieren an Macht. Die individuelle Selbstverwirklichung wird zum neuen Dogma. Diese beiden Zäsuren wechseln einander ab im Rhythmus von durchschnittlich 42 Jahren.[386] Entlang dieser beiden Fixpunkte entwickeln sich die vier Phasen eines vollen Generationenzyklus, auch genannt Saeculum:[387]

1. **Hoch (Frühling):** Ein Saeculum beginnt nach einer großen Krise. Die Verhältnisse haben sich nach einer umfassenden Neuformierung endlich wieder stabilisiert. Neue Institutionen und Gesetze sollen die Ursachen der vergangenen Krise in Zukunft verhindern. Der Staat ist stark und fordert Konformität ein zur Wahrung der allgemeinen Sicherheit und Ordnung.

2. **Erwachen (Sommer):** Die Menschen empfinden den starken Staat zunehmend als Einschränkung. Der Drang nach Selbstverwirklichung und persönlicher Freiheit wächst. Neue Ideale und Gegenkulturen werden groß und begehren auf gegen die Autorität des Staates. Eine Aufbruchsstimmung neuer kultureller und sozialer Freiheit prägt die Gesellschaft.

3. **Zerfransung (Herbst):** Dadurch wird die Macht des Staates und seiner Institutionen zunehmend geschwächt. Individualismus steht über Kollektivismus. Man genießt die neu gewonnenen Freiräume. Die alte Ordnung erodiert. Die neuen Ideale des Erwachens haben sich institu-

tionell aber noch nicht verfestigt. Dadurch werden Pluralismus und Vielfalt immer mehr zum Chaos.

4. **Krise (Winter):** So schlittert die Gesellschaft schließlich in eine Krise. Die alte Ordnung bricht zusammen durch Kriege, Revolutionen oder große Wirtschaftskrisen. Der Ruf nach starken Führern und strengeren Gesetzen wird wieder laut. Schließlich wird die alte Ordnung durch eine neue Ordnung ersetzt. Diese soll sicherstellen, dass sich die Krise künftig nicht mehr wiederholen kann. Das alte Saeculum endet. Das neue Saeculum beginnt.

In Anlehnung an verschiedene Kulturzyklentheorien[388] (siehe folgendes Kapitel) vergleichen Strauss und Howe diesen Kreislauf mit den vier Jahreszeiten. In der angloamerikanischen Geschichte identifizieren sie bislang folgende sechs Zyklen:

SAECULUM (Dauer)	**HOCH** 1. Wende	**ERWACHEN** 2. Wende	**ZERFRANSUNG** 3. Wende	**KRISE** 4. Wende
			Rückzug aus Frankreich (1435 – 1459)	Rosenkriege (1459 – 1487)
Reformation (103 Jahre)	Tudor Renaissance (1487 – 1517)	Protestantische Reformation (1517 – 1542)	Intoleranz und Märtyrertum (1542 – 1569)	Armada Krise (1569 – 1594)
Neue Welt (101 Jahre)	Merrie England (1594 – 1621)	Puritanisches Erwachen (1621 – 1649)	Reaktion und Restoration (1649 – 1675)	Glorreiche Revolution (1675 – 1704)
Revolution (92 Jahre)	Augustäische Epoche (1704 – 1727)	Großes Erwachen (1727 – 1746)	Franzosen- und Indianerkrieg (1746 – 1773)	Amerikanische Revolution (1773 – 1794)
Bürgerkrieg (82 Jahre)	Ära des Wohlbefindens (1794 – 1822)	Transzendentes Erwachen (1822 – 1844)	Mexikanischer Krieg & Sektionalismus (1844 – 1860)	Bürgerkrieg (1860 – 1865)
Großmacht (81 Jahre)	Wiederaufbau und Gilded Age (1865 – 1886)	Drittes Großes Erwachen (1886 – 1908)	Erster Weltkrieg & Prohibition (1908 – 1929)	Große Depression und 2. Weltkrieg (1929 – 1946)
Millennial (81 Jahre?)	Amerikanisches Hoch (1946 – 1964)	Bewusstseins-Revolution (1964 – 1984)	Kulturkriege (1984 – 2005?)	Millennial Krise? (2005?-2026?)

Die angloamerikanischen Saecula und ihre vier Phasen nach Strauss / Howe[389]

SAECULUM	HOCH	ERWACHEN	ZERFRANSUNG	KRISE
Familien	stark	geschwächt	schwach	gestärkt
Erziehung	gelockert	unterbehütet	verschärfend	überbehütet
Gender Gap	maximal	verkleinernd	minimal	vergrößernd
Ideale	beständig	neuentdeckt	debattiert	verteidigt
Institutionen	gestärkt	angegriffen	ausgehöhlt	neugegründet
Kultur	harmlos	leidenschaftlich	zynisch	pragmatisch
Sozialstruktur	vereinigt	aufsplitternd	diversifiziert	neuordnend
Weltsicht	einfach	komplizierend	komplex	vereinfachend
Sozialer Fokus	maximales Gemeinwesen	wachsender Individualismus	maximaler Individualismus	wachsendes Gemeinwesen
Sozialer Motivator	Scham	Gewissen	Schuld	Stigma
Größtes Bedürfnis	tun was funktioniert	Innenwelt richten	tun was sich richtig anfühlt	Außenwelt richten
Zukunftsvision	aufhellend	euphorisch	verdunkelnd	bedrohlich
Kriege	restaurativ	kontroversiell	ergebnislos	total
Generation Lebensalter				
0-21	Propheten	Nomaden	Helden	Künstler
22-43	Künstler	Propheten	Nomaden	Helden
44-65	Helden	Künstler	Propheten	Nomaden
66-87	Nomaden	Helden	Künstler	Propheten
Jahreszeit	Frühling	Sommer	Herbst	Winter

Stimmung in den vier Phasen des Sozialzyklus nach Strauss / Howe[390]

Diese vier Phasen eines Saeculums prägen nun das Rad der Generationen. Besonders relevant ist dabei, in welcher Phase eine neue Generation geboren wird. Dies ist der Ausgangspunkt ihrer Entwicklung. Die weitere Lebensspanne einer Generation verläuft dann parallel zu den Zyklusphasen in vier Stufen: In der Kindheit (0-21) sind wir stark von anderen abhängig und akzeptieren die Welt als gegeben. Unsere Generation erhält dadurch ihre Prägung. Als junge Erwachsene (22-43) werden wir gesellschaftlich aktiv und definieren zunehmend unser Selbstverständnis in der Auseinandersetzung mit dem Bestehenden. In der Lebensmitte (44-65) übernimmt unsere Generation die führende Rolle in der Gesellschaft und etabliert ihre Werte als Maßstab. Im Alter schließlich (66-87) ziehen wir uns auf eine beratende Rolle zurück und versuchen, unsere Lebenserfahrung und Werte weiterzugeben.[391] Je nach Altersphase trägt unsere Generation somit ganz andere Aspekte zu den jeweils herrschenden Saeculumphasen bei. Und umgekehrt prägt das Saeculum auf eine ganz andere Art und Weise unsere Generation, je nachdem, in welchem Lebensalter wir die einzelnen Wendephasen erleben:[392]

Propheten (Idealisten - dominant) wachsen als zunehmend verwöhnte Nachkrisen-Kinder auf, rebellieren als narzisstische junge Kreuzritter gegen das Establishment, kultivieren ihre Prinzipien während der Zerfransung als Moralapostel in ihrer Lebensmitte und werden dann zu weisen, respektierten Alten während der nächsten Krise.
Reformation (1483-1511), Puritan (1588-1617), Awakening (1701-1723), Transcendental (1792-1821), Missionary (1860-1882) und Boomers (1943-1960)

Nomaden (Reaktive - rezessiv) beginnen ihr Leben als vernachlässigte Kinder während des Erwachens, werden zu entfremdeten Erwachsenen während der Zerfransung, entwickeln sich während der Krise zu pragmatischen Führern in der Lebensmitte und werden dann im Nachkrisen-Hoch als Vertreter des alten Systems an den Rand gedrängt und ausrangiert.
Reprisal (1512-1540), Cavalier (1618-1647), Liberty (1724-1741), Gilded (1822-1842), Lost (1883-1900) und Generation X (1961-1981)

Helden (Bürgerliche - dominant) starten als zunehmend behütete Kinder während der Zerfransung, werden dann zu heroischen jungen Teamplayern während der Krise, entwickeln sich danach zu energischen und anmaßenden Führern des Nachkrisen-Hochs und werden dann zu machtvollen Alten, welche von den neuen Propheten des Erwachens angegriffen werden.
Arthurian (1433-1460), Elizabethan (1541-1565), Glorious (1648-1673), Republican (1742-1766), G.I. (1901-1924) und Millennial (1982-2004)

Künstler (Adaptive - Rezessiv) wachsen als überbehütete Krisenkinder auf, werden zu sensiblen jungen Erwachsenen im Nachkrisen-Hoch, brechen während des Erwachens aus dem Gewohnten aus als unentschlossene Führer und entwickeln sich dann zu einfühlsamen und beliebten Alten während der Zerfransung.
Humanist (1461-1482), Parliamentary (1566-1587), Enlightment (1674-1700), Compromise (1767-1791), Progressive (1843-1859), Silent (1925-1942) und Generation Z (2005-?)

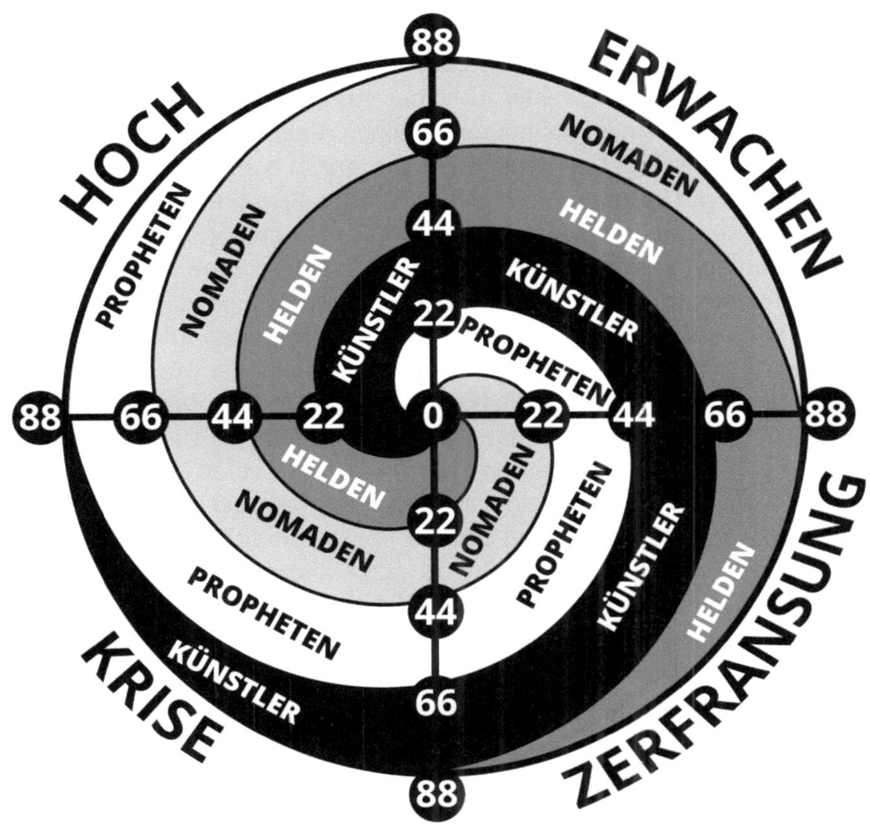

Der Fluss der vier Generationen durch die vier Saecula[393]

So wurden die Babyboomer als aktuelle Vertreter der Propheten-Generation in den USA (ca. 1945 – 1960) in die Aufbruchsstimmung der Nachkriegszeit hineingeboren (Phase1: Hoch). Im Gegensatz zu den vorigen Generationen waren ihnen materielle Stabilität und Sicherheit von Anfang an selbstverständlich. Als junge Erwachsene in den wilden 60er Jahren wurden ihnen die Verhältnisse schnell zu eng und sie rebellierten als Hippies und Bürgerrechtler gegen das Establishment (Phase 2: Erwachen). Im Lauf der 1980er Jahre kamen die Boomer schließlich in ihre Lebensmitte und begannen, ihr Dogma der freien Selbstverwirklichung als bestimmend in der Gesellschaft zu etablieren. Schnell wandelten sie sich von Hippies zu Yuppies und wurden ab den 1990er Jahren zu den ge-

schäftstüchtigen Vorreitern der New Economy (Phase 3: Zerfransung).[394] In den 2010er Jahren schließlich beginnt ihr sehr aktiver Ruhestand mit fürstlichen Renten, von denen nicht nur vorherige, sondern auch nachfolgende Generationen nur träumen können. Denn das Saeculum ist bereits in Phase 4 eingetreten: die Krise. Diese wird vom Balkon der Altersweisheit aus mit Lösungsvorschlägen bedacht („Grey Champions").[395]
Ganz andere Voraussetzungen fand die Generation X (ca. 1961 – 1981) als moderner Vertreter einer Nomaden-Generation vor.[396] Sie erfuhr als Kind ihre Prägung in der Phase 2 (Erwachen) als die jugendlichen Boomer mit ihren Idealen das Establishment massiv torpedierten. Die traditionellen Familienstrukturen begannen sich aufzulösen. Kinder wurden von den Eltern zunehmend als Karrierehindernis angesehen. Aus der freien Liebe wurde die Angst vor AIDS. Diese wachsende Unsicherheit prägte die Generation X. Als junge Erwachsene in der Phase der Zerfransung war es bereits deutlich schwieriger, eine attraktive Karrierenische zu finden. So wurden sie zu materialistischen Einzelkämpfern mit dickem Fell und Burn-Out-Tendenz. Seit sie Mitte der 2000er Jahre langsam in ihre Lebensmitte hineinwachsen, müssen sie pragmatisch durch die Dauerkrise navigieren, welche mit der Finanzkrise 2007 endgültig offensichtlich geworden ist. Und wenn es ihnen so ergeht wie den Nomaden-Generationen davor (z.B. der Lost Generation oder der Gilded Generation), so werden sie nach der Krise in den späten 2020er Jahren als lästige Vertreter des alten Regimes an den Rand der Gesellschaft geschoben.

So prägen die vier Saeculumphasen die vier verschiedenen Generationentypen, welche in einem fest definierten Kreislauf aufeinander folgen. Strauss und Howe berufen sich dabei auf zahlreiche Zyklenmodelle als Inspiration, vom Alten Testament und den antiken Homer und Polybius bis zu Toynbee, Ferrari, Wechssler oder Huntington.[397] Auch sprechen sie bei den vier Generationen von Archetypen[398] und beziehen sich damit einmal mehr auf die Theorien von C.G. Jung. Und so verwundert es nicht, dass sie auch Parallelen zwischen ihren vier Generationen-Archetypen und verschiedenen psychologischen Modellen ziehen,[399] von griechischen Gottheiten über die Theorien von Spranger, Kretschmer[400] oder Thompson bis hin zum Myers-Briggs-Typenindikator[401] oder den klassischen vier Temperamenten. Denn betrachtet man die Charakterbeschreibungen der vier Generationen-Archetypen genauer, so offenbaren sich diese einmal mehr als die ewigen Viertypen, welche seit der antiken Elementen- und

Temperamentenlehre bis hinein in die moderne Management-Diagnostik die uralte Vierteilung der Menschheit propagieren und diese immerzu mit neuen Zeitgeistmasken bekleiden, wie ich ausführlich im Buch über „Die magischen Praktiken des Managements" dargelegt habe.[402] Die kämpferischen, pionierhaften Propheten entsprechen dabei dem Element Feuer (Choleriker), die verunsicherten, materialistisch-pragmatischen Nomaden modernisieren die Zeitgeistmaske des Elements Erde (Melancholiker), die kommunikativ-volatilen Teamplayer der Helden repräsentieren die Luft (Sanguiniker) und die empfind- und einfühlsamen Künstler schließlich beenden den Zyklus im Element Wasser (Phlegmatiker).[403]

Wie bereits der Untertitel des Erstwerks von 1991 ankündigt („Die Geschichte von Amerikas Zukunft 1584 – 2069"), verwenden Strauss und Howe ihr Generationenmodell auch für die langfristige Prognostik. Denn einerseits erlauben die Saecula eine Vorausschau auf den Zeitgeist der kommenden Jahrzehnte. Auf die Phase der Zerfransung würde um 2005 der Winter folgen mit einem Höhepunkt der Krise um 2020. Ab 2025 würde schließlich ein neuer Frühling beginnen, die stabile Phase 01 des neuen Zyklus, ein Hoch.[404] Andererseits werden diese Saecula erst durch das Verhalten der jeweiligen vier Generationen zur Wirklichkeit. Sie manifestieren sich durch ihre Taten im Zeitverlauf. Und so projizieren Strauss und Howe die Entwicklungslinien der gegenwärtigen Generationen in die Zukunft („Komplettieren der Generationen-Diagonalen"), um daraus Szenarien für die kommenden Jahrzehnte abzuleiten.[405] Hierzu verwenden sie auch demografische Extrapolationen, welche spannende Schlüsse für die Zukunft zulassen. So würde die Boom-Generation (Propheten) in den USA bis zum Jahr 2010 die meisten Kongressabgeordneten und Gouverneure stellen und so ihren Gipfel von Macht und Einfluss erreichen. Weit bis in die 2020er Jahre hinein würden sie politisch die dominante Mehrheit sein und aufgrund ihrer Persönlichkeitsprägung außergewöhnlich lange an der Macht festhalten auf Kosten der Generation X.[406] Sie sitzen während der Krise an den Schalthebeln der Macht, während die zu jungen Erwachsenen herangereiften Helden (Millennials 1982 – 2004) als kooperative Teamplayer zu willigen Verbündeten werden.
Aus all diesen verschiedenen Entwicklungsfäden der einzelnen Zyklenverläufe weben Strauss und Howe ihre Prophezeiungen. So würde in den Jahren um 2005 die vierte Wende, der Winter des Zyklus beginnen. Als möglichen Szenarien schildern sie eine Finanzkrise, einen Terroranschlag

auf amerikanischen Boden, einen Shut-Down der Regierung bis hin zu neuen Epidemien.[407] Der Höhepunkt der Krise wird um das Jahr 2020 verortet. Dieser könnte folgende Elemente enthalten:

> **Wirtschaft**: überbordende staatliche Schulden, Bankenpleiten, wachsende Armut und Arbeitslosigkeit, Handelskriege, kollabierende Finanzmärkte und Hyperinflation (oder Deflation)
>
> **Soziales**: wachsende Gewalt zwischen Klassen, Rassen, Herkunft oder Religion mit bewaffneten Gangs und militanten Gruppen
>
> **Kultur**: Die Medien degenerieren zu einem verwirrenden Rauschen, schließlich erstarken die staatliche Zensur und strengere Gesetze
>
> **Technologie**: Kryptoanarchie, High-Tech-Oligarchie, biogenetisches Chaos
>
> **Ökologie**: Klimaschäden, Knappheit von Energie und Wasser, Epidemien
>
> **Politik**: Kollaps der Institutionen, offene Revolten gegen Steuern, Einparteien-Hegemonie, Separatismus, Autoritarismus, nationale Grenzen verschieben sich
>
> **Militär**: Krieg gegen den Terror oder gegen fremde Regime mit Massenvernichtungswaffen

Szenarien für den Höhepunkt (2020) der vierten Wende (2005-2025)
von Strauss / Howe (1997)[408]

Liest man die Forecasts von Strauss und Howe seit dem Jahr 1991, so beschreiben diese den Zustand der Welt im Jahr 2020 erstaunlich gut. Aus der Prägung eines Kindes durch den Zeitgeist des Jahres 1991 lässt sich in dessen Zukunft im Jahr 2020 blicken. Und schaut man all diese kollektivbiographischen Prägungen aller im Jahr 2020 lebenden Generationen zusammen, so ergeben sich Szenarien, welche die Leitschienen der kommenden Jahrzehnte recht treffend antizipieren. Kritiker werden sicherlich auch hier darauf hinweisen, dass man auf Basis anderer Fixpunkte der Geschichte auch andere Generationenzyklen hätte konstruieren können, die Theorie willkürlich wäre. Sind der internationale Terrorismus, die Finanzkrisen, der politische Rechtsruck oder die Klimakrise tatsächlich mit dem amerikanischen Bürgerkrieg, der Weltwirtschaftskrise ab 1929 oder dem Zweiten Weltkrieg vergleichbar? Oder sind sie das übliche Rauschen und auch nicht bedeutsamer als Vietnamkrieg, Ölkrise, Tschernobyl oder

Irakkrieg? Beginnt der Winter schon mit der Dotcom-Blase im Jahr 2000, den Terroranschlägen vom 11. September 2001 oder erst mit der Bankenkrise ab 2007 oder der Wahl von Donald Trump 2016? Ist das Muster im Generationenfluss wie das Rad einer Maschine, ein selbststabilisierender und selbstverstärkender Prozess, der dem Verhalten der Generationen die Drallrichtung vorgibt? Oder entsteht das Muster lediglich durch die Brille des Forschers? Wie bei allen Kultur-, Sozial- und Humanzyklen liegt das am Ende im Auge des Betrachters.

Und da die Theorie von Strauss und Howe gerade in Amerika zahlreiche mächtige Anhänger fand, wurde der Generationenfluss tatsächlich aktiv in die erwartete Richtung forciert. So wurde die Generationentheorie in den 1990ern bald von der Consultingbranche entdeckt, welche mit Generation X, Y und Z großen Konzernen und ganzen Branchen den Weg in die Zukunft weisen. Wie funktioniert effektives Marketing im Zeitalter der Millennials? Welche Werbestrategie knackt die Silver Ager? Wie schafft es die Personalabteilung, die anspruchsvolle Generation Z als Mitarbeiter zu gewinnen? So konstruieren Konstrukte Wirklichkeiten.
Doch nicht nur über Marketing und Personalmanagement beeinflussen die Generationentheorien unser Verhalten. Auch auf die Weltpolitik übte die Lehre von Strauss und Howe beträchtlichen Einfluss aus. Zuerst waren viele Demokraten von der Generationentheorie überzeugt. Der ehemalige US-Vizepräsident Al Gore (*1948) war vom Buch so begeistert, dass er ein Exemplar an alle Kongressabgeordneten schickte. Schließlich versprach die Theorie einen sehr positiven Ausblick auf die künftige Entwicklung der jungen Millennials, was dem Menschenbild der Demokraten sehr entgegenkam.[409] In den 2000er Jahren entdeckte die amerikanische Rechte die Generationentheorie für sich. 2010 erschien der Film „Generation Zero", welcher auf Basis der Strauss/Howe-Theorie düstere Weltuntergangsbilder vom nahenden Kollaps zeichnete. Nur ein starker Staat könne mit eiserner Hand dem Chaos Einhalt gebieten. Der Produzent dieses Films war Steve Bannon (*1953), während der US-Präsidentschaftswahlen 2016 Wahlkampfleiter und später Chefstratege von Donald Trump (*1946) im Weißen Haus. Die „America First" Politik, die Mauer zu Mexiko und die Handelskriege gegen China, Iran und den Rest der Welt setzten eine weltpolitische Spirale in Gang, durch welche rechtskonservative und isolationistische Strömungen in vielen Ländern erstarken konnten. So wurde die Generationentheorie aus dem Jahr 1991 zum Drehbuch

der Weltpolitik 2020. Ob die Geschichte einen anderen Verlauf genommen hätte ohne diese Theorie, welche vielen Köpfen der amerikanischen Politik zum Leitbanner wurde? Oder diente sie lediglich als ideologische Rechtfertigung von Machtplänen, welche von anderen Motiven geleitet waren? War sie nur ein Tarnmantel, um politische Handlungen mit scheinbar wissenschaftlichen Theorien zu rechtfertigen? Auch beim Generationenzyklus ist das Wechselspiel zwischen Prognose, Planung, Leitvisionen und Machtinteressen komplex. Und so bleibt bei dieser faszinierenden Theorie am Ende offen, ob sie tatsächlich ein universelles Muster der amerikanischen Geschichte offenbart, als politisches Leitbanner zur selbsterfüllenden Prophezeiung wurde, lediglich als Herrschaftsinstrument missbraucht wird oder am Ende nur spekulative Musterprojektion bleibt, welche in die Vielschichtigkeit des Weltgeschehens hineininterpretiert wird.

Die zyklische Philosophiegeschichte von Vittorio Hösle

Als letztes Beispiel der zyklischen Sozial- und Humanprognostik wollen wir eine Theorie aus der Philosophiegeschichte betrachten. Denn nicht nur die Prozesse im Menschen, in Gruppen oder gar im Fluss der Generationen werden von manchen Forschern als kreisläufig interpretiert. Auch die Evolution des menschlichen Denkens selbst könnte zyklischen Mustern folgen. Eine solche Theorie stammt vom deutschen Philosophen Vittorio Hösle (*1960) und wurde in seinem Werk „Wahrheit und Geschichte" (1984) veröffentlicht. Er beruft sich dabei auf Franz Brentano, Friedrich Ast, Kuno Freiherrn von Reichlin-Meldegg, Gustav Kafka, Alois Dempf und Kurt Schilling als Vorläufer und Inspiration.[410] Seinen Ausgangspunkt nimmt er bei Hegels Dialektik,[411] wobei er die Pendelbewegung zwischen These, Antithese und Synthese durch Zwischenstufen in einen Kreislauf bringt. Die Geschichte der abendländischen Philosophie

> „verläuft sowohl dialektisch als auch spiralförmig. Sie besteht in ihrer Totalität aus mehreren Perioden oder Zyklen, die unter sich charakteristische Entsprechungen aufweisen; die innere Gliederung einer solchen Periode ist ferner insofern dialektisch, als diejenige Philosophie, die abschließend am Ende eines Zyklus erscheint, einen Fortschritt gegenüber jenen Philosophien darstellt, die ihr in demselben Zyklus vorangehen, und zwar der Art daß sie die Einseitigkeiten, die in den Vorgängerphilosophien das beherrschende Zentrum ausgemacht haben, zu Momenten herabdrückt und ausgleicht."[412]

Der Ausgangspunkt jedes Zyklus ist eine naive realistische Philosophie.[413] Man glaubt an eine objektive Welt, welche durch rationales Denken erkennbar ist. Dieses geht von dogmatischen Voraussetzungen und Vorstellungen aus, welche als allgemeingültig angesehen und deshalb nicht weiter hinterfragt werden (1. Thesis: Realismus). Irgendwann wächst jedoch der Eindruck, dass die Argumentationen der Rationalisten beliebig sind. Deshalb versucht man in der zweiten Stufe, Annahmen empirisch zu beweisen. Die wissenschaftliche Erforschung der Natur rückt in den Vordergrund auf Basis der sinnlichen Wahrnehmung und des Materialismus (2. Übergang: Empirismus).
Der Empirismus führt zur vollständigen Tilgung der letzten dogmatischen Reste aus dem Denksystem. Die Existenz eines Absoluten wird zunehmend abgelehnt. Alles wird in Frage gestellt. Als Sicheres bleiben lediglich die eigene Subjektivität und der Drang nach deren Freiheit. So führt der Empirismus zum völligen Skeptizismus, welcher im Rahmen aufklärerischer Bewegungen langsam die objektivistischen Institutionen wie Staat oder Religionen zersetzt (3. Antithesis: Skeptizismus). Da Skeptizismus und Relativismus aber auf Dauer desaströse Folgen für den politischen Zusammenhalt hätten, kommt der transzendentale Gedanke auf. Und so verlagert die Philosophie ihren Schwerpunkt darauf, die unhinterfragten subjektivistischen Positionen hinter jeder Theorie herauszuarbeiten. Sie beginnt, Objektivismus und Subjektivismus insofern zu versöhnen, als sie erkennt, dass „das Subjekt nicht in der Willkür seiner Launen, sondern nur logischen Gesetzen gehorchend Subjekt sein kann; diese Gesetze sind für das Subjekt nichts Fremdes, sondern sind es selbst; sie konstruieren es als Subjekt ebenso wie sie von ihm als Subjekt konstruiert werden."[414] So entsteht ein subjektiver Idealismus, welcher in den verschiedenen Zyklen beispielsweise von Sokrates, Kant/Fichte und in der Moderne von Husserl vertreten wird (4. Übergang: Selbstaufhebung der Negativität).

Daraus entwickelt sich schließlich als Synthese zwischen Realismus und Skeptizismus ein absoluter, objektiver Idealismus. Diesem geht es um die dialektische Vermittlung alles bisher Gegensätzlichen. Die Idee ist Grundlage und Ausgangspunkt allen Seins, auch der materiellen Erscheinungen. Und diese Ideen sind durch das menschliche Denken objektiv erkennbar (5. Synthesis: objektiver Idealismus). Der objektive Idealismus ist für Hösle Höhepunkt und Abschluss des philosophischen Denkens. Er ist strukturell den anderen Phasen des Zyklus überlegen. Gleichzeitig gibt es eine spiralförmige Entwicklung, nach der die Synthesen der späteren Zyklen von ihrem Material her reichhaltiger sind als die Synthesen der früheren Zyklen. So ist Hegels System konkreter und vielschichtiger als die Lehre Platons. Gleichzeitig ist der objektive Idealismus von Platon aber strukturell auch späteren Ansätzen der Zyklusphasen 1 – 4 überlegen, etwa dem Skeptizismus der Aufklärung oder der Metaphysik Descartes.[415]

Auffällig dabei ist, dass die synthetischen Phasen nicht nur das Ende einer philosophischen, sondern auch einer geschichtlichen Epoche markieren. So beendete Platon die Zeit der griechischen Freiheit, der Neuplatoniker Proklos starb kurz nach dem Untergang des Römischen Reichs, Cusanus nach dem Fall Konstantinopels und Hegel entfaltete sein Wirken zur Zeit der Französischen Revolution.[416] Dass eine solche Rückführung der Philosophiegeschichte auf absolute Prinzipien und Wahrheiten im Zeitalter des Postmodernismus ebenso erfrischend wie umstritten ist, braucht vermutlich nicht weiter ausgeführt werden.

	Thesis (Realismus)	**Übergang** (Empirismus)	**Antithesis** (Skeptizismus)	**Übergang** (Selbstaufhebung der Negativität)	**Synthesis** (objektiver Idealismus)
Griechische Antike	Eleaten	Empedokles, Anaxagoras, Atomisten	Sophistik	Sokrates	Platon
Hellenistisch-Römisch	Aristoteles	Stoa, Kepos	Skeptizismus	Philon von Larissa, Antichos	Neuplatonismus
Mittelalter	Thomas von Aquin		Nominalismus, Mystik		Nicolaus Cusanus
Neuzeit	Metaphysik (Descartes, Spinoza, Leibniz)	Empirismus	Subjektiver Idealismus, Skeptizismus, Aufklärung	Kritizismus, endliche Transzendentalphilosophie	Absoluter Idealismus

Die Phasen der zyklischen Philosophiegeschichte von Hösle[417]

08. Geschichtszyklen und Kulturkreislehren

Nicht nur im Verlauf menschlicher Biografien und gesellschaftlicher Entwicklungen vermuten manche Forscher Kreisläufe. Auch die Menschheitsgeschichte selbst könnte großen Zyklen folgen. Bereits im Kapitel über Wahrsagekalender haben wir einige dieser Ansätze kennengelernt. Diese konstruieren meist ein starr-lineares Zeitschema, bei dem die Jahre, Monate, Tage, manchmal sogar die Stunden in ein ebenmäßiges Bedeutungsraster geordnet werden. Langwelliger und offener sind die Geschichtszyklen und Kulturkreislehren, wobei der Übergang zu den Wahrsagekalendern manchmal fließend ist, wie einige der folgenden Beispiele zeigen.

Die indische Yuga-Zeitrechnung

Eines der ältesten zyklischen Zeitmodelle ist die indische Yuga-Zeitrechnung. Diese ist im Grunde eine typische Weltzeitalterlehre und hätte auch gut in den Abschnitt über „Weltzeitalter, Schicksalschroniken und Stufenleitern"[418] gepasst. Denn auch hier gibt es eine Abfolge von vier Epochen. Ähnlich wie bei den Weltzeitaltern von Hesiod und Ovid oder den Weltreichen des Propheten Daniel dienen bei den hinduistischen Yugas die vier Metalle Gold, Silber, Erz und Eisen als Sinnbild für den fortschreitenden Abstieg der Menschheitsgeschichte. Im Gegensatz zu den linearen Modellen folgt diesem Abstieg allerdings nicht der Weltuntergang, sondern ein abermaliger Aufstieg. Die Zeit pulsiert also durch diese Epochen, von der hellsten zur dunkelsten und wieder zurück. Ein Weltenalter (Mahayuga) dauert 12.000 Götterjahre oder 4.320.000 Menschenjahre. 1.000 solcher Mahayugas entsprechen einem Tag im Leben Brahmas, des ersten und letzten Schöpfungsgottes. In dieser Zeit entfaltet sich seine Schöpfung (Sarga, Pratisarga). Wenn nach einem Tag im Leben Brahmas schließlich nach 4.320.000.000 Jahren die Sonne untergeht, dann kommt es zur Weltzerstörung (Pralaya). Alles löst sich auf. Es folgt die Nacht Brahmas, in welcher die Welt unentfaltet ruht und vor sich hindämmert. Diese Nacht dauert ebenfalls 4.320.000.000 Jahre. Danach wird die Welt in einem neuen Tag Brahmas wiedergeboren. So vergeht Tag um Tag im hundertjährigen Leben des Brahma.

Diese unermessliche Zeitspanne hat für das Leben des Menschen kaum praktische Bedeutung. Bereits die vier Yugas dauern derart lange, dass der bekannte indische Yogi Sri Yukteswar Giri (1855 - 1936) in seinem Hauptwerk „Die Heilige Wissenschaft" (1894)[419] einen Berechnungsfehler vermutete und die Dauer eines Yuga-Zyklus von 4.320.000 Jahren auf 24.000 Jahre korrigiert hat. In diesem Fall entsprächen die Menschenjahre den Götterjahren.

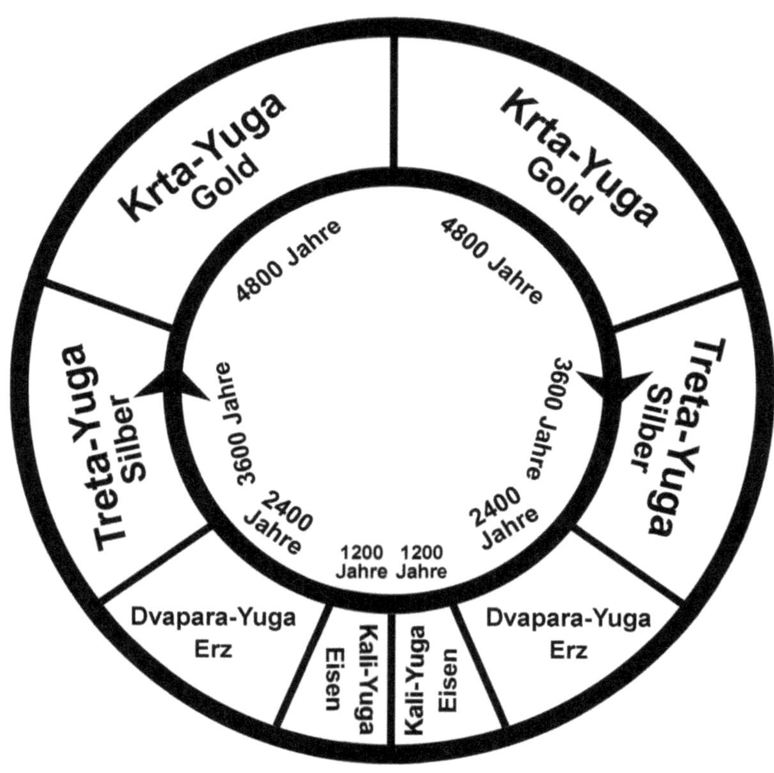

Zeitalter	Krta Yuga	Treta Yuga	Dvapara Yuga	Kali Yuga
Götterjahre	4.800	3.600	2.400	1.200
Menschenjahre	1.728.000	1.296.000	864.000	432.000
Metalle	Gold	Silber	Erz	Eisen
Guna	Sattva	Rajas	Rajas / Tamas	Tamas
Farbe	weiß	rot	gelb	schwarz
Dharma	4/4	3/4	1/2	1/4

Wie diese Aufstellung zeigt, sind die vier Yugas verschieden lang. Am längsten dauert das Krta Yuga, das Goldene Zeitalter. In diesem unschuldigen, wahren Urzustand sind alle Lebewesen glücklich und zufrieden. Es gibt keine Rangunterschiede oder Stände. Jedes Geschöpf lebt gleich lang. Es gibt keinen Hass, Ungerechtigkeit oder Negativität. Das Dharma, das Weltgesetz, wird vollkommen erfüllt. Nach 4.800 Jahren folgt das Treta-Yuga, das Silberne Zeitalter. Dieses dauert 3.600 Jahre. Hier beginnt bereits ein Verfall der Sitten. Das Dharma wird nur mehr zu drei Vierteln befolgt. So müssen die Menschen den Göttern erstmals Opfer bringen, um Vergebung zu erlangen. Danach kommt das Dvapara-Yuga, in welchem die Menschen habgierig, neidisch und streitsüchtig werden. Das Dharma wird nur noch zur Hälfte erfüllt. Dieses Zeitalter dauert 2.400 Jahre. Schließlich bricht die dunkelste aller Epochen an, das Kali-Yuga, das Schwarze oder Eiserne Zeitalter. Im Kali-Yuga ist der Schöpfungsplan vollkommen entartet. Die Dharma-Gesetze werden nur noch zu einem Viertel befolgt. Betrug, Intrigen, Mord und Todschlag, Wollust und sexuelle Ausschweifungen stehen an der Tagesordnung. Die Führer sind grausam und machtgierig. Um der Unterdrückung zu entgehen, müssen sich die Menschen in Tälern verstecken und unter Kälte, Hitze und Regen leiden. Die Lebensspanne des Menschen verkürzt sich gravierend. Niemand wird älter als 23 Jahre. Wenn schließlich nach 1.200 Jahren der Tiefpunkt des Kali-Yuga erreicht ist und die Welt nicht mehr schlechter werden kann, kommt es zur Wende. Die Menschen sehen ein, dass sie zum wahren Dharma zurückfinden müssen. Auf der Suche nach dem Guten schleppen sie sich weitere 1.200 Jahre durch das aufsteigende Kali-Yuga, bis sie schließlich wieder das Dvapara-Yuga, das Erzerne Zeitalter erreichen. Sie steigen im Laufe der Jahrtausende weiter empor zum Silbernen und schließlich zum Goldenen Zeitalter, wo das Dharma wieder vollkommen erfüllt wird. Dann geht der Zyklus wieder von vorne los.

Wie so oft befindet sich die Menschheit derzeit im finstersten aller Zeitalter, im Kali-Yuga. Nach der alten Rechnung begann das Kali-Yuga im Jahr 3102 v. Chr. und wird die kommenden 864.000 Jahre fortdauern. Nach der Rechnung von Sri Yukteswar Giri hingegen war der Tiefpunkt des Kali-Yuga im Jahr 498 n. Chr. Somit befinden wir uns mittlerweile bereits wieder im Anfang des aufsteigenden Dvapara-Yuga. Das Dharma kehrt langsam wieder in die Welt zurück. Im Gegensatz zu den westlichen Heilslehren, etwa der jüdisch-christlichen Kosmologie, gibt es in der hinduistischen Auffassung kein endgültiges Ende. Die Apokalypse ist stets nur ein vorübergehender Schlaf. Sie war bereits unzählige Male und wird noch unzählige Male sein. Ewig dreht sich der Weltenkreislauf (Samsara), ohne Anfang und ohne Ende.[420]

Die Kreisläufe der Staatsformen in der Antike

Wie bei den linearen Weltzeitaltern hält sich auch bei der hinduistischen Yuga-Lehre der prognostische Wert in Grenzen. Zu groß sind die postulierten Zeitspannen. Besser geeignet für Aussagen über die Zukunft sind die verschiedenen Kreisläufe der Staatsformen. Derartige Modelle waren in der Antike sehr beliebt und wurden unter anderem von Platon, Aristoteles, Polybios oder Cicero entworfen.
Bei Platon steht zu Beginn die Monarchie eines weisen und gerechten Herrschers. Dies ist für ihn die ideale Staatsform, nahe an der Vollkommenheit. Doch irgendwann beginnen auch andere Menschen, an die Macht zu drängen. So wird aus dem Königtum eine Timokratie, eine Herrschaft der Vornehmen, welche einander gegenseitig an Macht und Ehre zu übertrumpfen versuchen. Dieses System wird vom Ehrgeiz dominiert und ist bereits Nährboden für Ungerechtigkeiten, Intrigen und Neid. Aus der Timokratie entsteht die Oligarchie, die Herrschaft der Reichen und Besitzenden, manchmal auch die Herrschaft der Wissenden und der Spezialisten. Nur einige Wenige haben die Macht. Die Armen sind ausgeschlossen. Dadurch entstehen schließlich Klassenkämpfe, welche zur Demokratie führen. In ihr herrschen Freiheit und Gleichberechtigung. Doch das kann nicht lange gut gehen. Denn schon bald kippt die Unersättlichkeit nach Freiheit in die Gesetzlosigkeit. Die Herrschaft des Pöbels führt ins Chaos. So wird schließlich aus den eigenen Reihen ein Volksführer aufgestellt, der wieder für Ordnung sorgen soll. Doch sobald dieser von der Macht gekostet hat, wird er davon berauscht und will immer mehr. Die Tyrannis, die Gewaltherrschaft, entsteht. Diese stellt den Tiefpunkt des Staatenzerfalls im Modell Platons dar. Der Tyrann ist ein Populist, der die Armen gegen die Reichen ausspielt. Er nutzt den Klassenantagonismus aus, um sich eine Privatarmee aufzubauen, mit welcher er schließlich seine Schreckensherrschaft über das Volk ausübt. Doch dieser Zustand ist bei Platon nicht zwangsläufig das Ende der Entwicklungen. Manchmal hat das Volk Glück und ein junger Tyrann wird von einem großen Gesetzge-

ber und weisen Philosophen beraten. So wird die Tyrannis zur Einzelherrschaft eines weisen Monarchen. Der Kreislauf beginnt wieder von vorne.[421]

Einen ähnlichen Entwurf gibt es von Aristoteles. Seiner Theorie liegt unter anderem eine Analyse aller damals bekannten Staatsverfassungen, insgesamt 158 Stück, zugrunde. Aristoteles wählt eine etwas andere Reihenfolge als Platon. Zudem sieht er in der Abfolge keine Stufenleiter von der besten zur schlechtesten Staatsform, sondern vielmehr ein Hin- und Herpendeln zwischen gleichrangigen Verfassungsarten und deren Entartungsformen. Auch bei ihm bildet die Monarchie den Ausgangspunkt. Ein einzelner Herrscher steht an der Spitze zum Wohl des Volkes. Doch irgendwann kommt ein ungerechter, bösartiger König und die Monarchie entartet zur Tyrannis, zur Gewaltherrschaft. Diese kann sich jedoch nicht auf Dauer halten, denn früher oder später rebelliert das Volk dagegen. Die Tyrannis wird abgesetzt. Aus Furcht vor einer erneuten Diktatur entscheidet man sich gegen die Monarchie und verteilt stattdessen die Macht auf mehrere Schultern. Man wählt eine Herrschaft der Vornehmsten und Tauglichsten. Die Aristokratie entsteht mit den besten Köpfen an der Spitze. Doch auch die Aristokratie entartet irgendwann und wird zur Oligarchie, beziehungsweise zur Plutokratie, zur Herrschaft der Reichsten. In dieser entarteten Staatsform geht es den Herrschern nur noch um Macht und Besitz. Abermals leidet das Volk. Es beschließt, die korrupte Führungsriege abzusetzen und führt stattdessen die Politie ein, die Bürgerherrschaft. Nun sind Macht und Entscheidungsgewalt auf derart viele Schultern verteilt, dass kein Missbrauch im großen Stil mehr betrieben werden kann. Doch auch die Politie hat ihre Entartungsform in Gestalt der Demokratie, der Herrschaft des Pöbels. Ein solcher Staat, in dem jeder bestimmen kann, gerät alsbald aus den Fugen. Ein starker Führer muss wieder her, um Ordnung zu bringen. So entsteht abermals die Monarchie. Der Zyklus geht in die nächste Runde.
Aristoteles sieht in diesem Kreislauf jedoch kein unabwendbares Naturgesetz, sondern sucht vielmehr nach Wegen, um aus diesem Teufelskreis der ständigen Entartungen auszubrechen. Er empfiehlt als Lösung eine Mischform aus Aristokratie und Demokratie, welche die Macht möglichst in die Hände des breiten Mittelstandes legt. Nur so kann die Staatsform auf Dauer vor Extremen geschützt werden.[422]

Platon	Aristoteles
Monarchie	Monarchie
Timokratie	Tyrannis
Oligarchie	Aristokratie
Demokratie	Oligarchie
Tyrannis	Politie
Monarchie...	Demokratie
	Monarchie...

Der Kreislauf der Staatsformen bei Platon und Aristoteles

Diese Theorien von Platon und Aristoteles gehören zu den ältesten, welche hinter der Abfolge von Gesellschaftsformen ein gesetzmäßiges Muster vermutet haben. Sie zählen zu den Urwerken des Historizismus. Über zweitausend Jahre später griff unter anderem Karl Marx diesen Gedanken wieder auf. Sein Historischer Materialismus postuliert ebenfalls eine naturgesetzliche Abfolge von Herrschaftssystemen, von der Urgesellschaft über Sklavenhaltergesellschaft, Feudalismus und Kapitalismus schließlich zum Kommunismus als goldenen Endpunkt der Entwicklung.[423] Der Unterschied zu den antiken Modellen besteht darin, dass diese keinen Endpunkt kennen, sondern die Herrschaftssysteme in einem großen Kreislauf immer wiederkehren.

Wären derartige Gesellschaftsabfolgen tatsächlich Naturgesetze, so ließen sich daraus hervorragend Prognosen ableiten. Aus Unruhen in einer Oligarchie könnte man beispielsweise das baldige Kommen einer Demokratie vorhersagen. Vergleicht man Platon, Aristoteles, Polybios oder Marx, so fällt jedoch auf, dass jeder Entwurf eine andere Reihenfolge postuliert. Folgt auf die Monarchie nun die Timokratie, die Tyrannis oder doch der Kapitalismus? Allein anhand derartiger Diskrepanzen zeigt sich, dass die Wandlung der Gesellschaftsformen keinem exakten Naturgesetz folgt, wie insbesondere Marx und die nachfolgenden Generationen marxistisch-leninistischer Gesellschaftsprognostiker behauptet haben. Vielmehr handelt es sich dabei um erfahrungsbasierte Spekulationen, welche manchmal stimmen, oft aber auch nicht. Was die Zukunft tatsächlich der Gesellschaft bringen wird, können derartige Staatsformenzyklen nicht offenbaren.

Die mystische Chronologie der Planetengeister

Eine magische Variante des Geschichtszyklus ist die mystische Chronologie der sieben Planetengeister vom Magier-Abt Johannes Trithemius (1462 - 1516).[424] Diese geht auf Lehren zurück, welche bereits in verschiedenen gnostischen und kabbalistischen Schriften aus dem 13. Jahrhundert verkündet worden sind, etwa von Pierre D'Ailly oder Peter von Abano. Im Jahr 1508 legte Trithemius die Theorie im Kaiser Maximilian gewidmeten Werk „De septem secundeis id est intelligentiis sive spiritibus orbes post deum moventibus" („Über die sieben sekundären Ursachen oder Intelligenzien, welche die Umläufe der Himmelssphären lenken nach Gottes Willen") dar. Trithemius stellte sich die Weltgeschichte vor als Herrschaftsabfolge von sieben Engeln, welchen die sieben Planeten unterstehen. Jede Epoche dauert 354 Jahre, 4 Monate, 4 Tage und 4 Stunden. Ein ganzer Zyklus braucht somit 2480 Jahre bis er wieder von vorne beginnt:

Orifiel	Saturn	246 v. Chr. – 108 n. Chr.
Anael	Venus	108 – 462
Zachariel	Jupiter	562 – 816
Raphael	Merkur	816 – 1171
Samael	Mars	1171 – 1525
Gabriel	Mond	1525 – 1880
Michael	Sonne	1880 – 2235

Die Chronologie der Planetengeister nach Trithemius

Diese einzelnen Zeitgeister sind jeweils geprägt vom Charakter des herrschenden Engels. Trithemius untermauert dies mit zahlreichen historischen Beispielen. So soll Gabriel bei der Sprachverwirrung zu Babel oder Michael beim Auszug Israels aus Ägypten geherrscht haben. Am detailliertesten geht Trithemius auf die damals aktuelle Herrschaft des Mars-Engels Samael ein. Er bringt diese mit gewaltsamen Veränderungen auf der Welt in Verbindung. Unter Samaels erster Regierung hat die Sintflut stattgefunden, in der zweiten der Fall von Troja. Nun, in der dritten Regierung von Samael seit Erschaffung der Welt, sollten abermals große Reiche zugrunde gehen und neue entstehen. Trithemius prophezeite aufgrund dieser Zyklen, dass sich eine große Sekte erheben und eine alte Religion zerstören würde noch vor die Herrschaft Samaels vorüber wäre. Als wenige Jahre vor der Thronübergabe an den Engel Michael tatsäch-

lich Luther mit seiner protestantischen Bewegung die katholische Kirche bedrohte, wurde dies als Beweis für die Thesen von Trithemius interpretiert.[425]
Die Chronologie der Planetengeister zeigt, dass die Rede vom Zeitgeist ursprünglich eine wörtliche war. Der Zeitgeist wurde nicht nur als geistige Strömung angesehen. Vielmehr war er Ausdruck einer höheren Wesenheit, welche der Zeit ihren Charakter aufprägt und so die gesellschaftlichen Entwicklungen wesentlich lenkt. Später hat Rudolf Steiner (1861 - 1925), der Begründer der Anthroposophie, diese Lehre von den Zeitgeistern wieder aufgegriffen und auf die Weltgeschichte angewandt. Unter anderem bietet das Buch „Europa – A Spiritual Biography" von Richard Seddon eine ausführliche Darstellung davon.[426]

Die Zeitalter von Giambattista Vico

Auch in der neueren abendländischen Philosophie gibt es zahlreiche Versuche, die Menschheitsgeschichte aus zyklischen Abfolgen zu erklären. Der erste bekannte Vertreter der sogenannten Kulturkreislehren war der italienische Gelehrte Giambattista Vico (1668 – 1744). In seinem Hauptwerk „Grundsätze einer Neuen Wissenschaft über die gemeinschaftliche Natur der Völker" (La Scienza Nuova, 1725) stellte er sein zyklisches Geschichtsbild vor. Jedes Volk durchläuft, analog zu den Lebewesen in der Natur, einen Prozess von der Geburt bis zum Tod. Danach kommen neue, junge Völker, welche dasselbe Schicksal ereilt. Den Lauf der Völker unterteilt Vico getreu einer ägyptischen Lehre in die Zeitalter der Götter, der Heroen und der Menschen. Diese drei Zeitalter entsprechen drei unterschiedlichen Arten von Naturen, von Sitten, von natürlichem Recht, von Sprachen und Charakteren:[427]

> **Das Zeitalter der Götter** ist der Urzustand der Völker. Sein Zentrum ist der unbedingte Glaube an die Macht der Götter. Hier herrscht die phantasieentsprungene, schöpferische Natur der theologischen Dichter. Die Menschen sind wild und grausam und empfinden vor den selbsterdichteten Göttern Furcht und Schrecken. Die Rechtsprechung liegt in der Hand der Götter und wird durch Orakel und Ordale gefällt. Von der Vorsehung wird keinerlei Rechenschaft gefordert. Die göttlichen Völker drücken sich in stummen Kultzeremonien aus. Ihre Buchstaben sind hieroglyphisch und portraithaft.

Das Zeitalter der Heroen ist die zweite Stufe. Es beruht auf Gewalt und Heldentum. Die Heroen werden als Söhne der Götter betrachtet. Ihre Gewalttaten gelten als Gottesurteil. Es herrscht das Faustrecht. Die Regierungen sind heroisch-aristokratisch. Ihren Ausdruck finden diese Völker in Wappen und Abzeichen. Ihre Autorität beruht auf feierlichen Formeln und Gesetzen. Das Zeitalter ist geprägt von empfindlich-eifersüchtiger Tapferkeit. Dieser Epoche entsprechen beispielsweise die Zeiten Homers in Griechenland oder die Zeiten der Heldendichtungen im europäischen Mittelalter.

Das Zeitalter der Menschen ist schließlich der Anbruch von Vernunft und Bescheidenheit. Seine Gesetze sind nicht mehr Götter und Gewalt, sondern das Gewissen, die Vernunft und die Pflicht. Hier sind prinzipiell alle Menschen gleich. Die Regierungsformen sind Republiken und Monarchien. Das Zeitalter der Menschen artikuliert sich mittels Lautbuchstaben, welche nicht mehr mit sinnlichen Bildern verknüpft sind. Anstelle des Glaubens treten Erfahrung und Vernunft.

Eine Parallele dieser drei Zeitalter zum Dreistadiengesetz von Auguste Comte ist offensichtlich.[428] Bei Comte wird mit dem „positiven Stadium" der perfekte Endzustand erreicht, welcher früher oder später die gesamte Welt erfassen würde. Für Vico hingegen ist das Zeitalter des Menschen gleichzeitig auch die Untergangsphase eines jeden Volkes. Und jedem Untergang folgt eine Wiedergeburt. Die Geschichte wiederholt sich. So erklärt Vico ausführlich die Epoche der Barbarei ab den Zeiten der Völkerwanderung als Wiederkehr der alten Barbarei der Urzeiten. Oder er zeigt die ewige Wiederkehr der Lehren auf anhand eines Vergleichs des alten römischen Rechts mit dem mittelalterlichen Feudalrecht. Vico verfällt dennoch nicht in einen Geschichtsfatalismus, denn er betont, dass jede Epoche immer zahlreiche unvorhersehbare Neuerungen bringen würde.[429] Auch wenn viele historische Fakten aus Vicos „Scienza Nuova" heute als überholt gelten, liegt sein Hauptverdienst darin, dass er das zyklische Moment von Kulturen betont hat zu einer Zeit, welche vom Fortschrittsoptimismus geprägt war. Während die meisten seiner Zeitgenossen an einen ewig fortschreitenden Aufstieg der Kulturen und Völker glaubten, zeigte die Kulturkreislehre von Vico, dass auch Kulturen früher oder später wieder untergehen werden, dass es die Fortschritte der Gegenwart bereits in ferner Vergangenheit gegeben hat.

Kulturkreislehren im 19. Jahrhundert

Vico ist nahezu der einzige Vertreter eines zyklischen Geschichtsbewusstseins im 18. Jahrhundert. Erst ab Beginn des 19. Jahrhunderts wird die Kreislaufsicht zunehmend populär. Der deutsche Althistoriker Alexander Demandt (*1937) gibt in seinem Buch „Der Fall Roms" einen ausführlichen Überblick über die Entstehung der neueren Kulturkreislehren.[430] Demandt nennt als einen der ersten Vertreter nach Vico den deutschen Dichter Johann Wolfgang von Goethe (1749 – 1832). Dieser entwarf in seinem Aphorismus „Geistesepochen" (1817) einen Universalzyklus für Individuen und Völker, welcher vom kraftgeladenen Urchaos über die Formwendung schließlich zum sterilen Tohuwabohu der Spätzeit führt.[431]

Die erste systematische Kulturkreistheorie wurde vom deutschen Staatswissenschaftler Karl Vollgraff in seinem vierbändigen Werk „Die Systeme der praktischen Politik im Abendlande" (1828/29) entworfen. Für ihn folgt jede Kultur analog zum organischen Leben einem Zyklus von Entwicklung, Blüte, Ableben und schließlich Verfaulen, beziehungsweise Mumifizierung. Seine Theorie belegt er hauptsächlich, indem er die Geschichte der Griechen und Römer mit der Geschichte des modernen Abendlandes parallelisiert. Diese Methodik sollte fortan die Grundlage der meisten Kulturkreislehren werden. Insbesondere das Römische Reich entwickelte sich zum Prototypen der Hochkultur, welche dem Zyklus von Aufstieg, Hochblüte, Zerfall und Tod gehorchte. Weitere Vertreter waren Heinrich Leo mit seinem „Lehrbuch der Universalgeschichte" (1835), Wilhelm Roscher mit seiner Schrift „Über das Verhältnis der Nationalökonomie zum klassischen Alterthume" (1849), Auguste Romieu mit „L'ère des Césars" (1850), Ernst von Lasaulx mit „Der Untergang des Hellenismus" (1854) und „Neuer Versuch einer alten auf die Wahrheit der Thatsachen gegründeten Philosophie der Geschichte" (1856), der berühmte Schweizer Kulturhistoriker Jacob Burckhardt (1818 – 1897), Nikolai J. Danilewsky mit „Rußland und Europa" (1871), Emil Du Bois-Reymond mit „Culturgeschichte und Naturwissenschaft" (1877), Brooks Adams mit „Das Gesetz der Zivilisation und des Verfalls" (1895), Kurt Breysig mit „Kulturgeschichte der Neuzeit" (1901), Franz Krauss mit dem zweibändigen Werk „Völkertod" (1903/06) oder Emil Hammacher mit seinen „Hauptfragen der modernen Kultur" (1914).[432]

Die Kulturmorphologie von Leo Frobenius

Die prägenden Begriffe der Kulturkreislehre und der Kulturmorphologie gehen schließlich auf den deutschen Ethnologen Leo Frobenius (1873 – 1938) zurück. Er führte diese Bezeichnungen 1896-99 ein, um die Stellung der Kultur als eigenständige, vom Willen des Menschen nicht beeinflussbare Wesenheit, zu betonen:

> „Die Kulturformen sind eigenen Wachstumsprozessen unterworfen, die dem Entwicklungsgange des menschlichen Individuums entsprechen. Plump und unbeholfen gebärden sie sich in ihrer Jugend, energisch und zielbewusst im Mannesalter, kindisch sind die Greisenkulturen usw. Vor allem: nicht der Wille des Menschen bringt die Kulturen hervor, sondern die Kultur lebt „auf" den Menschen. (Heute möchte ich sagen: sie durchlebt den Menschen.)"[433]

Nach jahrelangen Forschungsaufenthalten in Afrika revidierte Frobenius wesentliche Teile seiner „unter dem Staub der Bücherweisheit" entstandenen Kulturkreislehre. Seine Erfahrungen in Afrika, der „segnende Einfluss des Erlebens" hatten in ihm die Überzeugung reifen lassen, dass die starren Gesetzmäßigkeiten seiner ersten Entwürfe zu mechanistisch waren, um den organischen Charakter der Kultur gerecht zu werden. 1921 veröffentlichte er schließlich sein Werk „Paideuma – Umrisse einer Kultur- und Seelenlehre". Darin ersetzte er den Begriff der „Kultur" weitgehend durch den Begriff „Paideuma". Darunter verstand er die Kulturseele, welche Ursprung aller kollektiven Regungen eines Kulturkreises ist. Das Paideuma ist das Wesenhafte, der Stil, das Lebensgefühl einer Kultur. Jedes Paideuma verfügt über ureigene Qualitäten und Manifestationen, ist somit stets einzigartig. Eine solche ureigene Ausdrucksform jedes Paideumas sind die Mythen, Märchen, Fabeln und Dichtungen einer Kultur. Andere Manifestationen sind die Traditionen und Rituale, die Gesellschaftsordnungen oder die gemeinsamen Grundlagen von Wissen und Erkenntnis.

Doch die Paideumas der verschiedenen Kulturkreise haben auch zahlreiche Gemeinsamkeiten. So zeichnet sich jedes Paideuma dadurch aus, dass es sich über drei Stufen hinweg entwickelt und entfaltet. Diese drei Stufen bildet Frobenius in Analogie zur individuellen Entwicklung des Menschen. Den Anfang nimmt das Paideuma in der dämonischen Welt des Kindesalters. Diese ist gekennzeichnet durch eruptive Ausbrüche des

Affekts, welche immer dann auftreten, wenn sich Vorstellungen spontan von der Ebene des Gemütes auf die Ebene des sinnlichen Bewusstseins verschieben. Das Kind spielt mit einem Streichholz und tut dabei so, als wäre dieses eine Hexe. Plötzlich verschiebt sich die Wahrnehmung und das Kind glaubt angsterfüllt, dass das Streichholz tatsächlich eine Hexe ist. Ähnlich geht es dem Paideuma in der ersten Stufe. Es hat noch etwas „Vergeistertes"[434] und beginnt, in Momenten höchster Erregung Dämonen und Geister zu sehen. Während ein solches Verhalten bei Eingeborenenvölkern von den meisten damaligen Ethnologen als rückständig und abergläubisch, als primitiv und barbarisch interpretiert worden ist, sieht Frobenius darin ein erfrischendes Zeichen von Spontaneität, ein immenses schöpferisches Potential. Erst dadurch sind die Urvölker in der Lage, die Realität neu zu erschaffen und so ihre Kultur zu bauen. Dies ist die Grundlage des kulturellen Wachstums.

Mit zunehmender Reife geht das Dämonische des Kindesalters über in das Ideal des Jünglingsalters. Die Ideale sind nicht mehr spontan, sporadisch und folgenlos wie die Dämonen. „Sie sind logisch durchbildet und Elemente einer wenn auch noch intuitiven, so doch bereits kausal geordneten Weltfassung."[435] Das Paideuma wird nicht mehr getrieben durch die verselbständigten Regungen der Innenwelt, sondern orientiert sich bereits stark nach der Außenwelt. Das Ich-Bewusstsein bildet sich und löst sich los vom bisherigen Wir-Bewusstsein. Die Individualität erwacht und möchte die Kultur nach ihrem Willen gestalten. Hier entstehen die großen Visionen und Leitbilder der Kultur. Sie möchte sich in großen, epochalen Monumenten verewigen.
Schließlich werden die stürmenden Jünglinge zu besonnenen Männern. Aus den Idealen werden Tatsachen. Anstelle der ewigen Wahrheiten tritt das Werden und Vergehen der Erscheinungswelt, tritt die strenge Kausalität. Intuition und Inspiration werden durch Wissen, Erfahrung und Nachdenken ersetzt. Anstelle des Subjektivismus tritt der Objektivismus. Der idealistische Jüngling ist zum Mann der Tatsachen geworden. Wissenschaft, Empirie und Ökonomie leiten ihn. Und wenn er die volle Kraft seiner Entwicklungshöhe erreicht hat, wird ihm seine eigene Vergänglichkeit bewusst. Die herbstliche Sorge um die Selbsterhaltung entsteht und mit ihr das Dogma des Nutzbarkeitsdenkens, welches die Ideale der Jugend verdrängt. Und so erstarrt die Kultur im mechanischen Maschinenrad des Tatsachendaseins.[436]

Stufen	erste Stufe	zweite Stufe	dritte Stufe
Altersklassen	Kind	Jüngling	Mann

Paideuma des Individuums

Formen und Wesen	Das Dämonische	Die Ideale	Die Tatsachen
Fläche	Gemüt	Verstand	Vernunft
Phänomene	Schöpfungskraft	Individualität	Verstandesgemäßes Zweckbewusstsein
Charakter	Spontaneität	Zweiheit	Auflösung

Paideuma der Völker (Formen und Perioden)

Kulturstufen	Barbarei	Kulturei	Mechanei
Kulturperioden	der Schöpfung	der Gestaltung	der Erfüllung

Paideuma der Völker (Morphologie der Perioden)

Phänomene	Einschichtig (Geburt des Dämonischen)	Zweischichtig (Entwicklung der Ideale aus dem Dämonischen	Dreischichtig (Harmonisches Ineinandergreifen der Dämonen, Ideale und Tatsachen)
Charakter	primitiv	monumental	phänomenal
Räumlichkeiten	Gemeinde (Sippe)	Volk	Regionen der Ökumene
Zeitlichkeiten	vorzeitlich (ungeschichtlich)	episodisch (geschichtlich)	überzeitlich (übergeschichtlich)

Grundlagen des Paideuma von Leo Frobenius (1921)[437]

Laut Frobenius sind diese drei Phasen nicht nur zeitlich aufeinander folgende Entwicklungsstufen, sondern gleichzeitig die bestehenden tektonischen Schichten einer jeden Hochkultur. Das Dämonische und das Ideale leben in der Tatsachenwelt der dritten Stufe fort:

„Das alte Ägypten hatte neben dem steinernen Tempel des Gottes die Lehmbehausungen des Volkes, die Antike neben ihren Märchen und Fabeln die phi-

losophischen Systeme und großen Dramen, der Okzident neben der Fuge das Volkslied.
In der unteren Schicht lebt das Paideuma einer älteren Periode weiter, lebt und wirkt dämonisch fort und fort auf die obere Schicht, in der sich die Ideale als monumentale Ichbildung einstellen. Diese dämonischen Seelenkräfte der unteren Schicht sind und bleiben überall die Wurzeln des Paideuma, im Volke wie im Individuum. Das lehrt die Betrachtung jeden Unterganges einer Kulturei – auch einer monumentalen."[438]

Die Entfernung von den dämonischen Wurzeln in der voll entwickelten dritten Stufe, in der Mechanei, ist für Frobenius die Ursache des Untergangs von Hochkulturen. Indem Tatsachen und Vernunft das Dämonische, Urtümliche, Gemüthafte dominieren und schließlich ausmerzen, beraubt sich die Kultur ihrer schöpferischen Urkraft. Sie zerstört ihre Wurzeln und muss folglich verwelken. Nur ein harmonisches, ausgewogenes Verhältnis zwischen den drei Schichten des Paideuma, zwischen dem Dämonischen, den Idealen und den Tatsachen kann den Fortbestand einer Kultur auf Dauer gewährleisten. Versucht hingegen die Vernunft, das Irrationale in der Kulturseele zu eliminieren, so ist das Paideuma dem Tod geweiht. Die Kultur muss untergehen.[439]

Der Untergang des Abendlandes von Oswald Spengler

Zu Beginn des 20. Jahrhunderts hatte die Kreislaufsicht der Geschichte also bereits eine breite Basis. Zahlreiche Historiker und Philosophen, sogar Politiker wie der US-Präsident Theodore Roosevelt (1858 – 1919) oder der britische Premierminister James Balfour (1848 – 1930) setzten sich ernsthaft mit dem Gedanken auseinander, dass Kulturen ebenso wie Lebewesen dem Tod geweiht sind, dass auf die Hochblüte unweigerlich Niedergang und Dekadenz folgen müssen.[440] Doch erst als schließlich der Erste Weltkrieg dem allgemeinen Fortschrittsglauben einen herben Schlag versetzte und der modernen Kultur grausam ihre Sterblichkeit vor Augen führte, waren die Kulturkreislehren plötzlich in aller Munde. Dies ist vor allem einem Mann zu verdanken, der es schaffte, die verschiedenen kulturzyklischen Ansätze seiner zahlreichen Vorgänger in einem gigantischen geschlossenen System zu verarbeiten. Dieser Mann war der deutsche Geschichtsphilosoph Oswald Spengler (1880 – 1936) mit seinem epochalen zweibändigen Werk „Der Untergang des Abendlandes – Umrisse einer Morphologie der Weltgeschichte" (1918/22).

Spengler traf damit genau den Nerv seiner Zeit. Der herrisch-bestimmte Ton, die heroische Schicksalsergebenheit seiner Ausführungen sprachen dem darniederliegenden deutschen Volk aus dem Herzen. Dank Spenglers Theorie konnten der Untergang des Deutschen Kaiserreiches und das Ende der Habsburger-Monarchie als Zeichen einer allgemeinen Dekadenz des Abendlandes rationalisiert werden, als naturgesetzliche Notwendigkeit.

Spenglers Grundgedanke ist ähnlich wie jener von Frobenius und seinen Vorgängern. Kulturen sind organische Gebilde, welche sich gleich den vier Jahreszeiten nach folgendem Schema entwickeln: Aufstieg (Frühling), Hochblüte (Sommer), Reife (Herbst) und Zerfall (Winter). Am Schluss steht der Tod der müden, greisen, ausgebrannten, nur noch künstlich am Leben erhaltenen Zivilisation. Einzigartig an Spengler ist jedoch die gigantische Masse an historischen Fakten, welche er zur Untermauerung dieser These ins Feld führt. Auch wenn sich in seinen Ausführungen eine Reihe falschen Fakten eingeschlichen hat, mussten selbst Kritiker den enormen enzyklopädischen Aufwand von Spenglers Werk anerkennen. Spengler sieht sein Buch als „Morphologie der Weltgeschichte", als eine Gestaltlehre der Kulturen. In der Einleitung gibt er dem Leser einen kleinen Vorgeschmack dessen, was ihn auf den folgenden 1.200 Seiten erwartet:

> „Ich habe noch keinen gefunden, der mit dem Studium der morphologischen Verwandtschaft, welche die Formensprache aller Kulturgebiete innerlich verbindet, Ernst gemacht hätte, der über den Bereich politischer Tatsachen hinaus die letzten und tiefsten Gedanken der Mathematik der Hellenen, Araber, Inder, Westeuropäer, den Sinn ihrer frühen Ornamentik, ihrer architektonischen, metaphysischen, dramatischen, lyrischen Grundformen, die Auswahl und Richtung ihrer großen Künste, die Einzelheiten ihrer künstlerischen Technik und Stoffwahl eingehend gekannt, geschweige denn in ihrer entscheidenden Bedeutung für die Formprobleme des Historischen erkannt hätte. Wer weiß es, dass zwischen der Differentialrechnung und dem dynastischen Staatsprinzip der Zeit Ludwigs XIV., zwischen der antiken Staatform der Polis und der euklidischen Geometrie, zwischen der Raumperspektive der abendländischen Ölmalerei und der Überwindung des Raumes durch Bahnen, Fernsprecher und Fernwaffen, zwischen der kontrapunktischen Instrumentalmusik und dem wirtschaftlichen Kreditsystem ein tiefer Zusammenhang der Form besteht?"[441]

Spengler ist der erste, der sich dieser gigantischen Aufgabe annimmt. Dabei konzentriert er sich auf die bisherigen Hochkulturen, welche er in acht große Kulturkreise gruppiert: Die Ägypter, die Babylonier, die Inder, die Chinesen, die antike Kultur, die arabische Kultur, die gewaltsam beendeten Kulturen Mesoamerikas und schließlich, seit 900 n. Chr., die Kultur des Abendlandes. Die „primitiven Kulturen", etwa in Afrika oder Australien, welche bei Frobenius die Grundlage der Kulturtheorie sind, werden bei Spengler nicht weiter beachtet.[442] Jede Hochkultur mit ihren Leistungen ist nichts anderes als äußeres Zeichen der ureigenen Kulturseele. Jede Kulturseele hat ihr ganz charakteristisches Urprinzip. So nennt Spengler die Seele der Antike „apollinisch", die Seele der arabischen Kultur „magisch" oder die Seele des Abendlandes „faustisch". Die apollinische Seele ist gekennzeichnet durch die Prinzipien der Statik, der unmittelbaren Grenze und des Gegenwärtigen. Ihr Ursymbol ist der stoffliche Einzelkörper. Die faustische Seele des Abendlandes hingegen strebt hinaus in die Weite. Ihr Ursymbol ist der reine, unendliche Raum und dessen grenzenlose Ausdehnung.[443] Die gesamte Formensprache jeder Kultur, ihre Weltanschauungen, Künste und politischen Systeme, sind nichts anderes als materiegewordene Wesenheit dieser Urprinzipien.

Anhand der acht Hochkulturen und ihrer Ursymbole erklärt Spengler Gestalt und Wesen der Kulturkreisläufe. Vor dem Beginn einer jeden Kultur steht ein geschichtsloser Dämmerzustand des bloßen Daseins. Im „einförmigen Wellenschlag zahlloser Generationen"[444] verfließt die Zeit. In diesem primitiven Urzustand sind die Menschen ohne größere Ambitionen. Sie ziehen „wie ein schweifendes Tier" durch die Wildnis oder begnügen sich damit, den Acker zu bestellen und das Vieh zu pflegen. Aus dieser ebenmäßigen Fläche tauchen schließlich „in prachtvollen Linien" die großen Kulturen empor.

> „Eine Kultur wird in dem Augenblick geboren, wo eine große Seele aus dem urseelenhaften Zustande ewig-kindlichen Menschentums erwacht, sich ablöst, eine Gestalt aus dem Gestaltlosen, ein Begrenztes und Vergängliches aus dem Grenzenlosen und Verharrenden. Sie erblüht auf dem Boden einer genau abgrenzbaren Landschaft, an die sie pflanzenhaft gebunden bleibt. Eine Kultur stirbt, wenn diese Seele die volle Summe ihrer Möglichkeiten in der Gestalt von Völkern, Sprachen, Glaubenslehren, Künsten, Staaten, Wissenschaften verwirklicht hat und damit wieder ins Urseelentum zurückkehrt. (...) Ist das Ziel erreicht und die Idee, die ganze Fülle ihrer Möglichkeiten vollendet und nach

außen hin verwirklicht, so erstarrt die Kultur plötzlich, sie stirbt ab, ihr Blut gerinnt, ihre Kräfte brechen – sie wird zur Zivilisation."[445]

Dies ist der etwa tausendjährige Gang einer jeden Hochkultur. In ihrer Morgendämmerung, in ihrer Frühlingsphase erwacht die traumschwere Seele aus dem Dämmerzustand des Daseins in das Wachsein. Ein neuer Mythos großen Stils wird geboren, der Ausdruck eines neuen Gottgefühls. Solche Anfangsmythen waren die Veden und die arischen Heldensagen bei den Indern (1500–1200), die Olympischen Götter und die Heldendichtungen Homers in der Antike (1100–800), das Urchristentum mit seinen Evangelien und der Apokalyptik im arabischen Kulturkreis (0–300) oder die Edda und die germanischen Heldensagen, sowie der Katholizismus in der Abendländischen Kultur (900-1200). Darauf folgt die mystisch-metaphysische Ausgestaltung dieses neuen Weltblicks. Die Lehren werden in eine kultivierte Form gebracht, wie etwa durch die Scholastiker und Mystiker des Mittelalters um 1200-1400.
Dann beginnt der Sommer, die Hochblüte der Kultur. Diese Phase kennzeichnet sich durch reifende Bewusstheit und durch städtisch-bürgerliche und kritische Bewegungen. Es kommt zur Auflehnung des Volkes gegen die großen religiösen Formen der Frühzeit. Solche Bewegungen waren der Protestantismus von Luther und Calvin (1400-1600), die Augustinische Reformation in der arabischen Kultur (400-500) oder die orphische Bewegung in Griechenland (7. Jhdt. v. Chr.). Das Volk befreit sich von den strengen Dogmen der Frühlingsphase. Es folgt der Beginn einer rein philosophischen Fassung des Weltgefühls. Dabei erfolgt eine zunehmende Trennung von idealistisch-metaphysischen und realistisch-empirischen Systemen. In Griechenland waren dies die großen Vorsokratiker (600-450), im Abendland Galilei, Bacon, Descartes auf Seiten der Materialisten und Bruno, Böhme oder Leibniz auf Seiten der Idealisten. In dieser Zeit macht die Kultur ihre großen wissenschaftlich-mathematischen Entdeckungen, die Zahlen der Pythagoreer, die Algebra der Araber, die Funktionen und Differentialrechnung, sowie die Naturgesetze im Abendland. Durch den wissenschaftlichen Fortschritt geraten die metaphysischen Lehren immer mehr in den Hintergrund. Der Puritanismus beginnt, die rationalistisch-mystische Verarmung des Religiösen. Als Beispiele nennt Spengler die Zeit des Propheten Mohammed in der arabischen Welt oder die englischen Puritaner im Abendland. Das stürmische Jugendalter, der Sommer endet somit. Die Reifephase beginnt.

Mit dem Siegeszug von Empirismus, Rationalismus und Instrumentalismus beginnt der Herbst der Kultur. Dies ist der Höhepunkt strenggeistiger Gestaltungskraft. Das Zentrum des geistigen Lebens verlagert sich zunehmend in die großen Städte. Man glaubt an die Allmacht des Verstandes, das Dogma der Vernunft. Aufklärerische Bewegungen erziehen die Menschen zur Mündigkeit vor religiösen Hörigkeiten. In diesem Stadium taucht in der indischen Kultur Buddha auf, in der griechischen die Sophisten, Sokrates und Demokrit, in der arabischen der Sufismus und in der abendländischen die Empiriker und Enzyklopädisten wie Locke oder Voltaire. In dieser Zeit reifen und verfestigen sich die Wissensinstitutionen. Man entwirft die großen abschließenden Systeme, welche die ganze Welt erklären sollen. Spengler nennt hier Platon und Aristoteles für die Antike oder Goethe, Kant, Schelling, Hegel und Fichte für das Abendland. Hier, am Ende des Herbstes, im Anbeginn der Abenddämmerung werden die letzten großen, allumfassenden Visionen entworfen, bevor man enttäuscht erkennen muss, dass solche Weltsysteme illusionär und unerreichbar sind. Mit dem Absterben der letzten Träume beginnt der Winter.

Der Winter bringt den Übergang von der Kultur zur weltstädtischen Zivilisation. Die Visionen sind einem nüchternen Rationalismus gewichen. Die seelische Gestaltungskraft erlischt. Diese Endphase ist geprägt von einer materialistischen Weltanschauung und einem Kultus der Wissenschaft, des Nutzens und des Glücks. Bei den Griechen kamen die Kyniker. Im Abendland die Evolutionisten und Materialisten wie Darwin, Spencer, Comte oder Marx. Die mathematische Formenwelt wird innerlich vollendet, etwa durch Euklid und Archimedes in Griechenland (300-250) oder Gauß und Riemann im Abendland (1850-1900). Danach sinkt das abstrakte Denkertum zu einer fachwissenschaftlichen Katheder-Philosophie. In Griechenland kommen die Akademie, die Stoiker und Epikureer, im Abendland die Logiker und Psychologen. Die geistige Entwicklung ist dann abgeschlossen und wird nur noch industriell-mechanisch reproduziert. Bürokratie, Industrie und Technik prägen den grauen Alltag. Eine letzte Weltstimmung breitet sich aus.
Die Zivilisation ist für Spengler die abgestorbene, greise Endphase jeder Kultur. Sie ist ein gigantischer künstlicher Moloch aus Regeln und Routinen, in der jedes schöpferische Leben erstickt. Als verknöcherter Baumriese reckt sie zwar noch Jahrhunderte oder Jahrtausende ihre morschen Äste empor, wie etwa heute China, Indien oder der Islam, aber die Welt-

geschichte bestimmen junge, frische Völker mit ihren neuen, aufstrebenden Kulturen. Die einstigen Träger der Hochkultur versinken wieder aus dem Zustand des Wachseins in den Dämmerzustand des Daseins. Die Ruinen der glorreichen Vergangenheit geraten in Vergessenheit. Im geschichtslosen Dahintreiben drückt der „ewige Bauer" das Samenkorn für die kommende Ernte in den Boden und ist damit zufrieden.[446]

Dieser Lebenszyklus der Kultur spiegelt sich nicht nur in den geistigen Epochen wieder. Detailliert beschreibt Spengler auch die Entsprechungen der jeweiligen Phase in Kunst, Politik und allen anderen Lebensbereichen. Folgende tabellarische Aufstellung fasst die wichtigsten Entwicklungsschritte für die Kunst zusammen:

Ägypter	**Antike**	**Araber**	**Abendland**
		VORZEIT	
Chaos urmenschlicher Ausdrucksformen. Mystische Symbolik und naive Imitation			
Thinitenzeit (2830 – 2600)	Mykenische Zeit (1600-1100)	Persisch-seleukidische Zeit (500-0)	Merowingisch-karolingische Zeit (500-900)
		KULTUR	
Lebensgeschichte eines das gesamte äußere Sein formenden Stils. Formensprache von tiefster symbolischer Notwendigkeit			
I. Frühzeit: Ornament und Architektur als elementarer Ausdruck des jungen Weltgefühls: „Die Primitiven"			
Das Alte Reich (2600-2200)	Dorik (1100-650)	Früharabisch (0-500)	Gotik (900-1500)
1. Geburt und Aufschwung. Aus dem Geiste der Landschaft erwachsende, nicht bewusst geschaffene Formen			
4./5. Dynastie (2550-2320) Geometrischer Tempelstil, Pyramiden	11./9. Jahrh. Holzarchitektur Die dorische Säule	1./3. Jahrh. Kultische Innenräume, Basilika, Kuppelbau, Säulenbögen	11./13. Jahrh. Romanik und Frühgotik, gewölbte Dome
Reihen von Pflanzensäulen und von Flachreliefs, Grabstatuen	Architrav, Geometrischer Stil, Grabvasen	Flächenfüllende Rankenmuster, Sarkophage	Strebesystem, Glasmalerei, Kathedralplastik

2. Vollendung der frühen Formensprache. Erschöpfung der Möglichkeiten und Widerspruch

6. Dynastie (2320-2200) Erlöschen des Pyramiden- und episch-idyllischen Reliefstils	8./7. Jahrh. Ausgang des hocharchaischen dorisch-etruskischen Stils	4./5. Jahrh. Ausgang der bildhaften persisch-syrisch-koptischen Künste	14./15. Jahrh. Spätgotik u. Renaissance Blüte und Ende von Fresko und Statue: Giotto, Michelangelo
Blüte der archaischen Bildnisplastik	Protokorinthische-altattische Tonmalerei	Aufstieg der Mosaikmalerei und Arabeske	Kontrapunkt und Ölmalerei

II. Spätzeit: Bildung einer Gruppe städtisch-bewusster, gewählter, von Einzelnen getragener Künste: „Die großen Meister"

Das Mittlere Reich (2040-1790)	Ionik (650-350)	Spätarabisch (500-800)	Barock (1500-1800)

3. Ausbildung eines reifen Künstlertums

11. Dynastie (2130-1990) Zarte und bedeutende, fast spurlos verschwundene Kunst	Vollendung des Tempelkörpers, die Ionische Säule, Freskomalerei, Aufstieg der freien Rundplastik	Vollendung des Moscheeraumes (zentralkuppelbau Hagia Sophia), Blütezeit der Mosaikmalerei, Vollendung des teppichhaften Arabenskenstils	1500-1650 Der malerische Baustil von Michelangelo bis Bernini Ölmalerei von Tizian bis Rembrandt Aufstieg der Musik von di Lasso bis Schütz

4. Äußerste Vollendung einer durchgeistigten Formensprache

12. Dynastie (1990-1790) Pylonentempel, Labyrinth, Charakterstatuen, historische Reliefs	Blüte von Athen (480-350) – Die Akropolis klassische Plastik von Myron bis Phidias	Ommaijadenzeit 7./8. Jahrh. Vollkommener Sieg der bildlosen Arabeskenkunst über die Architektur	Rokoko Der musikalische Baustil, klassische Musik von Bach bis Mozart, Ende der klassischen Ölmalerei von Watteau bis Goya

5. Ermatten der strengen Gestaltungskraft. Auflösung der großen Form. Ende des Stils: „Klassizismus und Romantik"

Die Wirren um 1700	Alexanderzeit Die korinthische Säule	Maurische Kunst um 800	Empire und Biedermeier, klassizistischer Baugeschmack, Beethoven, Delacroix

ZIVILISATION

Das Dasein ohne innere Form. Weltstadtkunst als Gewohnheit, Luxus, Sport, Nervenreiz. Schnellwechselnde Stilmoden ohne symbolischen Gehalt (Wiederbelebungen, willkürliche Erfindungen, Entlehnungen)

1. „Moderne Kunst". Kunst-„Probleme". Versuche, das Weltstadtbewusstsein zu gestalten und zu reizen. Verwandlung von Musik, Baukunst und Malerei in bloßes Kunstgewerbe

Hykoszeit (1675-1550) minoische Kunst in Kreta	Hellenismus Prunkarchitektur der Diadochenstädte	Sultandynastien 9./10. Jahrh. Spanisch-sizilische Kunstblüte	19./20. Jahrh Liszt, Berlioz, Wagner, Impressionismus, amerikanische Architektur

2. Ende der Formentwicklung überhaupt. Sinnlose, leere, erkünstelte, gehäufte Architektur und Ornamentik. Nachahmung archaischer und exotischer Motive

18. Dynastie (1550-1328) Felsentempel von Dehr el Bahri, Memnonskolosse	Römerzeit 100 v.Chr. – 100 n. Chr. Theater, Colloseum, Triumphbögen	Seldschukenzeit seit 1050 „Kunst des Orients" während der Kreuzzüge	ab 2000

3. Ausgang. Ausbildung eines starren Formenschatzes. Prunken der Cäsaren mit Material und Massenwirkung. Provinziales Kunstgewerbe

19. Dynastie (1328-1195) Riesenbauten von Luxor, Karnak und Abydos, Kleinkunst (Tierplastik, Gewebe, Waffen)	von Trajan bis Aurelian Riesenfora, Thermen, Säulenstraßen, Triumphsäulen, römische Provinzkunst (Keramik, Statuen, Waffen)	Mongolenzeit seit 1250 Riesenbauten z.B. in Indien Orientalisches Kunstgewerbe (Teppiche, Waffen, Geräte)	

„Gleichzeitige" Geistesepochen von Oswald Spengler (1918)[447]

Wie man anhand dieser Aufstellung erkennen kann, wähnte Spengler sich in der Anfangsphase der dekadenten Zivilisation. In der Kunst wird das beginnende 20. Jahrhundert bestimmt durch Trivialisierung und Verflachung. Politisch kennzeichnet diese Phase die Auflösung des Volkskörpers zur formlosen Masse. Einstige Kulturstädte wie Wien, Paris oder Weimar verlieren ihre Vormachtstellung. Stattdessen tummeln sich die Massen in modernen Weltstädten wie Berlin oder New York. Die politischen Systeme lassen die Monarchien hinter sich und gehen zur Demokratie über. Doch die Demokratie ist für Spengler nichts anderes als die Herrschaft der ahnungslosen Masse. Wer das Kapital hat, der kann auch die Massen nach seinem Willen manipulieren. So mündet die Demokratie in einer Herrschaft des Geldes und der Wirtschaftsmächte. Bis zum Jahr 2000 rechnet Spengler mit Imperialismus und Vernichtungskriegen. Die Kosten für Militär und Verwaltung steigen ins Unermessliche. Kunst wird zur Industrie, zum bloßen Reiz des Trivialen. Auch eine „zweite Religiosität“ sagt Spengler voraus. Wie in der Spätantike die Geheimlehren zu blühen begannen, der Mithras-, Isis- und Solkult, die chaldäische Astrologie und andere okkulte Praktiken, so suchen auch die Menschen in der späten abendländischen Zivilisation ihr Heil in esoterischen Lehren und spirituellen Zirkeln. Die greise Kulturseele versucht verzweifelt, in modischen, ausgehöhlten Neuauflagen alter magischer Kulte Lebenskraft zu finden. Doch das mystische Erleben ist versiegt. Das Okkulte bleibt Mode, Unterhaltung, Schwindel.[448]

Etwa ab dem Jahr 2000 folgt nach Spenglers Kulturzyklus die Wiederholung des Cäsarismus. Die Gewaltpolitik siegt über das Geld. Die politischen Formen werden zunehmend primitiv. Die Nationen zerfallen innerlich. So bildet sich ein großes Imperium von primitiv-despotischem Charakter, um mit Gewalt den Untergang hinauszuzögern. Folgt man Spenglers Theorie weiter, so wird die abendländische Kultur schließlich ab dem Jahr 2200 in die endgültige Erstarrung übergehen. Dann sind wir im Zeitalter des Ägyptizismus, des Mandarinentums und des Byzantinismus, zur Zeit der Soldatenkaiser in Rom. Ein Führer meuchelt den nächsten, nur um der Macht und des Reichtums Willen. Das Volk wendet sich resigniert von der Politik der Großen ab und zieht sich in seine kleine Alltagswelt zurück. Der imperiale Mechanismus gerät in zunehmende Ohnmacht gegenüber der Beutelust junger Völker und fremder Eroberer. Langsam dringt der urmenschliche Dämmerzustand des Daseins wieder herauf. Die einstige Hochkultur versinkt im Schlaf des Vergessens.[449]

Spenglers Werk ist bis heute umstritten. Kritisiert wurde vor allem der kulturpessimistische Determinismus, welcher den bevorstehenden Untergang als unabwendbares Naturgesetz darstellt. Seine Kulturmorphologie ist zwar verführerisch aufgrund ihrer einfachen Symmetrie. Bei näherer Betrachtung passen jedoch viele der angeführten historischen Fakten nicht in das Muster. Spengler selbst war sich dessen bewusst. So bezeichnet er sein Werk in der Einleitung als „ersten Versuch, mit allen Fehlern eines solchen behaftet, unvollendet und sicherlich nicht ohne Widerspruch.“[450] Zwar ändert sich nichts an den wesentlichen Aussagen Spenglers, wenn manche seiner geschichtlichen Zusammenhänge heute als widerlegt gelten. Manchmal treibt das starre Schema seines Kulturkreislaufs jedoch recht sonderbare Blüten. So sieht er in Diokletian den Vollender

des Kalifats, in Augustinus einen Denker der arabischen Frühscholastik oder interpretiert die christlichen Auseinandersetzungen im 5. Jahrhundert als Analogon zur protestantischen Reformation.
Insbesondere die arabische Kultur scheint in hohem Maß konstruiert, um die These vom tausendjährigen Zyklus künstlich aufrechterhalten zu können. In ihr sind beispielsweise das Urchristentum oder der Kirchenlehrer Augustinus enthalten, welche traditionell der Spätantike zugerechnet werden. Dafür lässt er die abendländische Kultur erst 900 n Chr. beginnen. Die Merowinger und Karolinger (500-900) hingegen rechnet er noch zur Vorzeit des Abendlandes, beziehungsweise zur spätarabischen Kultur. Das Christentum wird in mehrere Teile zerhackt, um diese Teile verschiedenen Kulturen zuzuordnen. Auch werden die zahlreichen interkulturellen Wechselwirkungen und Befruchtungen kaum berücksichtigt. Die Kulturen erscheinen als geographisch und zeitlich fest abgegrenzte Einheiten, welche lediglich durch Kriege mit dem Rest der Welt in Interaktion treten.[451] Zwar hat Spengler selbst bereits in den 1920er Jahren diese These revidiert. Von Kritikern wird dieser Punkt jedoch bis heute als Argument gegen die Kulturmorphologie herangezogen.[452]

Obwohl Spenglers Bemühen um eine Universalgeschichte seinerzeit ein gewaltiges Echo erregte, sorgten derartige Kritikpunkte für eine zwiegespaltene Bewertung seiner Arbeit. Einerseits wurden Spengler ein ungeheuerer historischer Weitblick und morphologisches Gespür attestiert. Andererseits wurde er als pessimistischer Schwarzseher und Menschenfeind betrachtet. Der elitäre Ton, in welchem er auf den Diskurs über sein Werk herabblickte, tat ein Übriges, um zahlreiche Gönner und Unterstützer zu vertreiben. Aus heutiger Sicht zeigt sich, dass vieles, was Spengler aufgrund seiner Kulturkreislehre prognostiziert hat, tatsächlich eingetroffen ist, beispielsweise der Zweite Weltkrieg, die Dominanz von Technik und Industrie, die Herrschaft des Geldes, die Ballung der Bevölkerung in Großstädten, die Vermassung durch Medien, der Esoterik-Boom oder die immense Erhöhung der Steuerlast und der Militärausgaben. Anderes bleibt reine Interpretationssache. Ist die heutige Kunst nur noch trivial, leer, sinnlos und gekünstelt? Ist das Expansionsstreben Amerikas Zeichen eines neuen Cäsarismus? Ist die geistige Entwicklung des Abendlandes keiner wirklichen Neuerungen mehr fähig? Das alles liegt im Auge des Betrachters.

Dennoch war die Wirkung Spenglers auf die Nachwelt nachhaltig. Zahlreiche bekannte Denker diskutierten Spenglers Kulturkreislehre und entwickelten sie weiter, etwa der Berliner Althistoriker Eduard Meyer, der Philosoph Eduard Spranger, der russische Althistoriker Michael Rostovtzeff, der spanische Soziologe José Ortega y Gasset oder der niederländische Kulturhistoriker Johan Huizinga. Einer der bedeutendsten Nachfolger Spenglers ist der britische Historiker Arnold Toynbee.

Der Gang der Weltgeschichte von Arnold Toynbee

Arnold J. Toynbee (1889 – 1975) gilt als der letzte große Universalhistoriker und Geschichtsphilosoph. Sein Hauptwerk „A Study of History" (deutsche Ausgabe „Der Gang der Weltgeschichte – Aufstieg und Verfall der Kulturen") wurde zwischen 1934 und 1961 veröffentlicht und besteht aus zwölf Bänden. Während Spengler sich selbst als genialen Einzelkämpfer sah, legte Toynbee großen Wert auf die Meinung seiner Fachgenossen. Er stand permanent mit zahlreichen Historikern im Austausch und versuchte, in seinem Werk möglichst viele Ansichten zu berücksichtigen. Die Thesen in „A Study of History" erfuhren deshalb im Laufe der Jahre viele Revisionen.

Auch bei Toynbee stehen die Hochkulturen im Zentrum der Analyse. Seine Gliederung ist weitaus differenzierter als jene von Spengler. Er nennt bis zu 26 verschiedene Kulturen, welche im Laufe der letzten 6.000 Jahre entstanden und großteils wieder vergangen sind. Doch im Gegensatz zu Spenglers Lehre ist der Kreislauf von Aufstieg und Verfall kein Naturgesetz, sondern vom freien Willen des Menschen beeinflussbar. Kultur ist für Toynbee keine eigenständige, übergeordnete Wesenheit („Kulturseele"), sondern sie wird vielmehr durch schöpferische Minderheiten aufgebaut. In deren Händen liegt auch das Schicksal einer Kultur. Je besser sie auf äußere Herausforderungen reagieren und eigenständige Lösungen entwickeln, desto mehr ist der Fortbestand der Kultur gesichert. Erst wenn sich das Lösungspotential nur mehr auf mechanische Nachahmung beschränkt, ist die Kultur dem Untergang geweiht. Aus der schöpferischen Minderheit wird eine herrschende Minderheit, eine Elite, der es nicht mehr um den Fortschritt der Kultur geht, sondern nur mehr um persönliche Macht und Vorteile. So entsteht eine Führerschaft, deren Herrschaft ihr Recht verliert. Die große Masse bemerkt dies und weigert sich, einer derartigen Führerschaft freiwillig zu folgen. Eine innere Opposition, ein „inneres Proletariat“ entsteht. Die Kultur zerfällt im Inneren und wird dadurch leichte Beute für die umliegenden Völker.

Nach dem Zusammenbruch folgt eine Zeit der Unruhen, in welcher sich Kriege und kurze Erholungen abwechseln. Schließlich kommt eine innere oder äußere Macht, welche die Unruhen beendet durch Gründung eines Universalstaates. So wurden die bereits zerrüttete antike Kultur, der darniederliegende Hellenismus und das Rom der Bürgerkriege, durch den Universalstaat von Kaiser Augustus geeint. Der Universalstaat bringt einen „Nachsommer“, eine zweite Scheinblüte. Zudem entwickelt sich aus dem „inneren Proletariat“ heraus eine neue Universalkirche. Der Universalstaat und die Universalkirche sind das Bindeglied der zerfallenden Kultur zu den neuen Kulturen, welche wie Kinder aus dieser hervorgehen. So waren das Römische Reich und das Christentum der Universalstaat und die Universalkirche, an welchen die Antike zugrunde ging und das Abendland entstand. Das spätantike Christentum ist somit ein Übergangswesen, eine Puppe zwischen Raupe und Schmetterling, zwischen Antike und Moderne.
Aufstieg und Zerfall der Kulturen sind also nicht bloß ein schicksalhafter, ergebnisloser Kreislauf wie bei Spengler. Vielmehr bestehen die Leistungen untergegangener Kulturen in den neuen Kulturen fort. Sie werden von diesen assimiliert und weiterentwickelt. Die Philosophie der Griechen, das Recht der Römer oder die Mathematik der Araber bestehen auch in der Moderne fort. So zeigt der gesamte Gang der Weltgeschichte, trotz der zyklischen Entwicklung der einzelnen Hochkulturen, doch die Tendenz einer ansteigenden Entwicklung, eines Fortschritts auf.

Interessant in Bezug zur Prognostik ist, wie Toynbee den weiteren Verlauf des Abendlandes beurteilt. Droht Europa abermals, von „Barbarenvölkern“ überrannt zu werden? Toynbee hält dieser Befürchtung entgegen, dass bislang alle Kulturen aufgrund innerer Schwäche und nicht durch äußere Anstöße untergegangen seien. Der Untergang geschieht nicht durch Mord, sondern durch Suizid. Es gibt jedoch einen Ausweg aus der Bredouille. Dieser besteht darin, die Merkmale der Dekadenz früherer Kulturen zu vermeiden. Dazu ist es laut Toynbee vor allem notwendig, die Vergötzung von Nationalität und Nationalstaat, sowie den damit zusammenhängenden Militarismus in die Schranken zu weisen. Nur so kann das

Abendland dem Zerfallsmechanismus entgehen. Die Medizin sieht er im Christentum, welches in der Geschichte oft genug bewiesen hätte, dass es wandlungsfähig sei und neue Aufgaben lösen kann. An diesem Punkt angelangt wird der empirisch-historische Ansatz Toynbees zu einem ethisch-religiösen. Er wird zur christlichen Geschichtsphilosophie. Auch wenn das Werk Toynbees viel breitere Anerkennung gewinnen konnte als Spenglers Untergangslehre, wurde diese christliche Komponente häufig kritisiert. Etwa der deutsche Historiker Alexander Demandt meint, dass Toynbees „stolz Spenglers Metaphysik entgegengehaltener Empirismus versagt, wo Lebensprobleme angesprochen werden. Spenglers heidnisch-immanentes Naturprinzip wird ersetzt durch den christlich-transzendenten Gottesgedanken."[453]

Phasen	Eröffnung 1494-1568	1. Zyklus 1568-1672	2. Zyklus 1672-1792	3. Zyklus 1792-1914	4. Zyklus 1914- ?
I. Vorkriege	-	-	1667-1668	-	1911-1912
II. allgemeiner Krieg	1494-1525	1568-1609	1672-1713	1792-1815	1914-1918
III. Atempause	1525-1536	1609-1618	1713-1733	1815-1848	1918-1939
IV. ergänzende Kriege	1536-1559	1618-1648	1733-1763	1848-1871	1939-1945
V. allgemeiner Friede	1559-1568	1648-1672	1763-1792	1871-1914	1945- ?

Der abendländische Kriegszyklus von Toynbee[454]

Von diesen religiösen Schlüssen abgesehen, ist Toynbees Argumentation vor allem diskursiv und empirisch. Es wäre, ähnlich wie bei Spengler, unmöglich, die Fülle des dargebotenen Materials nur ansatzweise in unserem Rahmen darzustellen. Als Beispiel möchte ich lediglich seinen Kriegszyklus für das Abendland erwähnen, welchen er durch Analyse der europäischen Geschichte seit 1494 aufgestellt hat. Demnach hat es in den letzten 500 Jahren fünf lange Wellen gegeben, entlang derer sich das abendländische Kriegsgeschehen entfaltet hat. Wie die Aufstellung zeigt, befand sich die Welt zu Beginn der 1950er Jahre am Ende des vierten Zyklus. Dementsprechend ließ dieses Muster für die Folgezeit eine lange Periode allgemeinen Friedens erwarten. Etwa im vorhergehenden Zyklus hat diese über 40 Jahre gedauert. Direkt nach dem Schock des Zweiten Weltkriegs schien eine solche Prognose viel zu optimistisch. Sogar Toynbee selbst war skeptisch, ob das Muster in Anbetracht der Gewalt der

Weltkriege halten würde. Aus heutiger Sicht kann man jedoch sagen, dass diese Vorhersage durchaus eingetroffen ist. Inwieweit und wann dies für die kommenden Jahre auf Vorkriege oder allgemeine Kriege schließen lässt, bleibt abzuwarten. Die Periodizitäten von Toynbees Zyklen variieren viel zu stark, als dass man kommende Phasen zeitlich genau eingrenzen könnte.

Die Kulturdynamik von Pitirim Sorokin

Etwa zeitgleich zu Toynbee veröffentlichte der 1923 aus Rußland in die USA immigrierte Soziologe Pitirim Sorokin (1889 – 1968) die vier Bände seines Hauptwerks „Social and Cultural Dynamics" (1937-41). Sorokin war ein profunder Kenner der Geschichtsphilosophien seiner Zeit.[455] Nach eingehender Analyse der bisherigen Theorien glaubte er jedoch nicht, dass Kulturen notwendigerweise Zyklen durchlaufen. Stattdessen unterteilte er sie entsprechend ihrer „kulturellen Mentalität". Er unterschied drei Arten, welche die Kulturkreise dominieren: die ideationelle, die idealistische und die sensualistische Mentalität. Zwar kommen alle drei Mentalitäten in jeder Kultur vor, doch gibt es meist eine, welche vorherrschend ist. Zu Beginn der Kulturen steht eine hedonistisch-sensualistische Mentalität. Diese ist geprägt von der Sinneswahrnehmung und der Triebbefriedigung. Irgendwann geht sie über in die ideationelle Mentalität. Glauben und Religion erwachen, Götter und Geister. In der weiteren Entwicklung mündet diese in der idealistischen Mentalität, welche beide anderen Geisteshaltungen integriert. In ihr sind Ideelles und Materielles in gleichem Maße vertreten. Die alten, abgeklärten Kulturen enden schließlich wieder in der sensualistischen Mentalität, welche durch Empirismus und Skeptizismus dominiert wird. Dann geht der Zyklus wieder von vorne los. Sorokin grenzt sich allerdings von den anderen Kulturkreislehren ab indem er betont, dass diese Wiederholungen niemals gleich sein können:

> „Wir haben gesehen, dass Rhythmus und Rekurrenz unvermeidbar sind für praktisch alle existierenden sozialen Prozesse, nachdem diese all ihre Möglichkeiten durchlaufen haben. Aber es zeigt sich, dass Rhythmus und Rekurrenz niemals in all ihren Charakteristiken gleich sein können. (...) Jeder von uns isst täglich zu Abend und geht zu Bett. Aber jedes Essen und jeder Schlaf ist unterschiedlich. (...) Deshalb sollten wir die alten Theorien der „ewigen Wiederkehr" aufgeben."[456]

Sorokin löst damit die Symmetrie der Kurve auf und verwandelt sie in ein unregelmäßiges, organisches Pulsieren, welches sich durch die Jahrhunderte zieht. Trotzdem oder gerade deswegen ist seine Methode für mittelfristige Prognosen gut geeignet. Sorokin glaubte, dass die westliche Zivilisation des 20. Jahrhunderts wieder in der sensualistischen, beziehungsweise spätsensualistischen Phase angelangt sei. Diese Ansicht hatte großen Einfluss auf den bereits mehrfach erwähnten Futurologen Herman Kahn,[457] der viele seiner Forcastings und Zukunftsszenarien daraus ableitete. In „The Year 2000" (1967) wendete er Sorokins Begriffe auf die Kunsttheorie an. Dabei interessierte ihn vor allem, inwieweit die Kunst seiner Zeit bereits Ausdruck eines spätsensualistischen Wahrheitssystems und insofern Vorbote einer Revolte gegen Materialismus und Konformismus sein könnte. Seine Beschreibungen zeigen den typischen Abstiegsprozess vieler Stufenleitern und Kulturkreislehren der Geschichte:

Ideationelle Kunst: transzendent, übersinnlich, religiös, geoffenbart, mystisch, symbolisch, allegorisch, statisch, dogmatisch, anbetend, anonym, traditionell, immanent

Idealistische oder integrierte Kunst: gemischter Stil, heroisch, edel, erbaulich, erhaben, patriotisch, moralistisch, verschönt, schmeichelnd, erzieherisch

Sensualistische Kunst: weltlich, naturalistisch, realistisch, empirisch, pragmatisch, visuell, illusionistisch, alltäglich, unterhaltend, interessant, erotisch, satirisch, neuartig, eklektisch, synkretistisch, modisch, technisch vollkommen, impressionistisch, materialistisch, kommerziell, professionell

Spätsensualistische Kunst: Unterwelt, Protest, Revolte, überreif, extrem, sensationslüstern, sinnesaufpeitschend, verdorben, schrullig, gewollt neuartig, exhibitionistisch, vulgär, hässlich, entlarvend, nihilistisch, pornographisch, sarkastisch, sadistisch, zynisch, desillusioniert, chaotisch, atheistisch, entfremdet

Die kulturellen Mentalitäten von Sorokin in der Kunst[458]

Neu an Sorokins Ansatz war vor allem, dass er seine Theorie nicht nur durch ausschweifende historische Narrationen begründete. Vielmehr versuchte er, seine Argumentationen zu objektivieren und diese mit einer Fülle von Tabellen und Statistiken zu belegen. Er entwickelte Indikatorsysteme, um soziale und kulturelle Phänomene messbar und vergleichbar zu machen. Dazu gruppierte er beispielsweise die Werke aller bekannten Philosophen seit 580 v. Chr. in thematische Kategorien und zählte diese in 20-Jahres-Blöcken aus. So erstellte er Diagramme für die Fluktuation zwischen idealistischen und materialistischen Denksystemen im Zeitverlauf.[459] Ähnliche empirische Auswertungen gibt es für die Fluktuation zwischen Eternalismus und Temporalismus,[460] zwischen Realismus, Konzeptionalismus und Nominalismus[461] oder zwischen Singularismus, Universalismus und Mystizismus.[462] Selbst für die weltanschauliche Orientierung von Komponisten und die Themen ihrer Kompositionen errechnete er Tabellen.[463] Doch nicht nur kulturellen, auch sozialen Entwicklungen näherte sich Sorokin statistisch, unter anderem mit der quantitativen Auszählung von Kriegen und inneren Unruhen von Kulturen.[464] Seine Zeitreihenanalysen zeigten keinerlei stabile Muster. Auf diese Weise widerlegte er eine Reihe von damals populären Theorien, welche regelmäßige Zyklen zwischen Kriegs- und Friedenszeiten postulierten.[465]

Gleichförmige Periodizitäten sind in Sorokins Kulturdynamik die Ausnahme. An ihre Stelle setzt er die Fluktuation, ein selbstähnliches, langfristig unberechenbares Auf und Ab, welches mittelfristig aber doch die Prognose kommender Entwicklungen erlaubt. Sein Modell ist der Versuch, die Veränderungen der sozialen und kulturellen Mentalität im Zeitverlauf zu quantifizieren, ein Messsystem sozialer Entwicklungen zu bauen, welches das geistige Pulsieren und Fluktuieren der Kulturen sichtbar macht. Mit diesem Ansatz gilt Sorokin vielen Kennern als eigentlicher schöpferischer Höhepunkt der geschichtsphilosophischen Kulturkreislehren. Dennoch sind seine Bücher, im Gegensatz zu jenen von Spengler oder Toynbee, heute leider nur noch antiquarisch erhältlich.

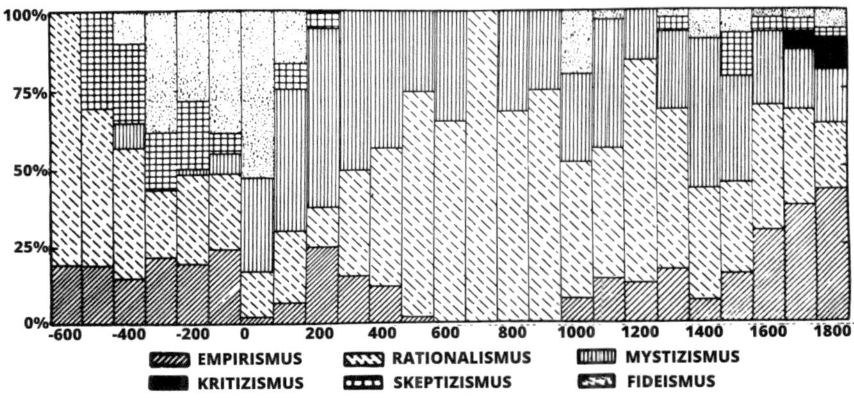

Fluktuation der Wahrheitssysteme in Sorokins Kulturdynamik[466]

Neo-Spenglerianer im 21. Jahrhundert

In der zweiten Hälfte des 20. Jahrhunderts ist es still um die Kulturzyklentheorien geworden. Die Ansicht, dass es in der Geschichte universelle Muster gäbe, gilt dem Historiker-Mainstream von heute als naiv und veraltet. Zudem hat in den vergangenen Jahrzehnten auch in den Geschichtswissenschaften eine enorme Spezialisierung und Verkleinteilung Einzug gehalten. Es ist schon Herausforderung genug, dass der Mediävist mit Schwerpunkt auf die Esskultur der Karolingerzeit den Experten für romanische Baukunst im Voralpenland versteht. Wie soll dann erst eine Denkdisziplin bestehen, welche die Menschheitsgeschichte von Jahrtausenden überblicken und verschiedenste Kulturkreise vergleichen möchte, von der Römischen Republik über die Dynastiewechsel in China bis hin zum mesoamerikanischen Kalenderwesen oder dem Kapitalismus der Moderne?
Die gewaltige Zunahme an historischem Faktenwissen und die fortschreitenden technologischen Mittel der Datenauswertung haben nicht zu einem klareren Gesamtbild von der Menschheitsgeschichte geführt. Vielmehr sucht das akademische Establishment sein Heil in immer feingliedriger Atomisierung. Der Blick aus der eigenen engen Schublade wird trotz des Rufs nach Interdisziplinarität oft als anmaßend abgetan. Wer könnte in Anbetracht der überwältigenden Komplexität und Datenfülle noch wissenschaftlich seriöse Schlüsse ziehen? Muss ein solcher Versuch nicht unweigerlich im Dilettantismus enden? Und ist es im herrschenden postmodernen Paradigma nicht anarchronistisch, nach übergeordneten Schemen oder gar Verlaufsgesetzen zu suchen?[467]

Kulturzyklentheorien wie jene von Spengler oder Toynbee waren Historikern lange Zeit nur noch als kuriose Relikte der Geschichtswissenschaften interessant. Doch mittlerweile drängt eine neue Generation von Forschern in die Öffentlichkeit, welche die Kulturmorphologie als ernsthafte Alternative zur fortlaufenden Spezialisierung betrachtet und der Zerfransung der Postmoderne ein geordnetes und sinngebendes Narrativ entgegensetzt. Ein Vorreiter dieser Strömung ist im deutschen Sprachraum der Althistoriker Alexander Demandt (*1937). In seinem Standardwerk „Der Fall Roms – Die Auflösung des römischen Reiches im Urteil der Nachwelt" gibt er 1984 einen ausführlichen Überblick über die verschiedensten Theorien, warum das Römische Reich untergegangen ist.

Darin werden auch die Kulturzyklentheorien prominent dargestellt.[468] Seither hat Demandt zahlreiche Publikationen verfasst, welche bis heute die Spenglerforschung maßgeblich prägen.[469]
Noch einen Schritt weiter geht der belgische Althistoriker David Engels (*1979). In seinem Buch „Auf dem Weg ins Imperium – Die Krise der Europäischen Union und der Untergang der Römischen Republik" (2014) wendet er die Kulturmorphologie auf die Gegenwart Europas an und zeigt anhand von zwölf Indikatoren zahlreiche Parallelen zur Spätphase der Römischen Republik auf, unter anderem in Bezug auf Einwanderung oder die Veränderungen von Familienstruktur und religiösen Werten.[470] Er bleibt allerdings nicht bei der komparativen Analyse stehen, sondern entwirft auf dieser Basis Lösungsstrategien für eine Erneuerung der Europäischen Union. In „Renovatio Europae" (2019) präsentieren er und weitere Spengler-Experten als Konzept den „Hesperialismus", welcher anstelle des politisch korrekten multikulturellen Universalismus eine Rückbesinnung auf die europäischen Werte der griechisch-römischen und der jüdisch-christlichen Tradition setzt.[471] So wird die historische Analyse zu einem Instrument der Zukunftsbewältigung. Auch der bekannte Ökonom und Fondsmanager Max Otte (*1964) basiert manche Thesen seiner Bestseller über das aktuelle Finanzsystem auf den Lehren Spenglers. So warnt er 2019 in seinem Buch „Weltsystemcrash" vor den kommenden Krisen und Unruhen und skizziert das Entstehen einer neuen Weltordnung.[472]

Gerade um das Jubiläumsjahr von „Der Untergang des Abendlandes" 2018 erlebte Oswald Spengler eine regelrechte Renaissance. Von namhaften Forschern wurde die „Oswald Spengler Society for the Study of Humanity and World History" gegründet, um das Werk Spenglers in die Zukunft zu tragen.[473] Und es erschien eine Reihe von Sammelbänden, welche sich mit der Bedeutung von Spengler im 21. Jahrhundert befassen. Ein Teil der Veröffentlichungen beschäftigt sich mit der Frage, wie man Spenglers Thesen überarbeiten müsse, damit sie auch im Licht des aktuellen historischen Wissensstands bestehen können. So schlägt David Engels vor, die von Spengler postulierten neun Hochkulturen neu zu gruppieren und zu ergänzen auf mindestens vierzehn historische Kulturkreise.[474] Zudem erweitert er den Spenglerschen Biologismus der Lebenskurve in Anlehnung an Vittorio Hösles zyklischer Philosophiegeschichte[475] um die Pendelbewegung der Hegelschen Dialektik.[476]

Andere Publikationen widmen sich den Prognosen Spenglers und deren Bewertung hundert Jahre danach. Dabei sind sich die Experten einig, dass viele Vorhersagen bislang in frappierender Weise eingetreten sind. So wurden die Entwicklungen zum modernen Finanzkapitalismus von Spengler sehr genau beschrieben. Er sah in der Dominanz des Gelddenkens ein Symptom jeder ins Greisenalter eingetretenen Zivilisation. In dieser Phase verlagert sich das Geschehen in die großen Weltstädte. Demokratie als „vollendete Gleichsetzung von Geld und politischer Macht" wird zum Leitsystem. Begleitet wird dies durch das Aufkommen neuer Priester- und Kriegerkasten, erstere in Form der Ökonomen mit ihren wirtschaftsliberalen Ideologien und letztere in Form der Manager, welche diese Ideologien umsetzen. Dies führt unweigerlich zu einer Erodierung der internationalen Wirtschaftsordnung.[477]
Auch das Aufkommen einer „zweiten Religiosität" wurde von Spengler vorweggenommen. Durch den Sieg der materialistischen Weltanschauung verliert die traditionelle Religion ihre Funktion als gesellschaftseinigende Klammer. Da die Menschen aber weiterhin nach Sinn suchen, entstehen neue Pseudoreligionen, welche eklektisch aus Elementen unterschiedlichster spiritueller Traditionen zusammengewürfelt wird. Spengler nennt „den okkultistischen und theosophischen Schwindel, die amerikanische Christian Science, den verlogenen Salonbuddhismus". Seither sind noch zahllose Esoterik-Trends dazugekommen bis hin zum Yogaboom der 2010er Jahre, welcher in erster Linie zur Stressbewältigung instrumentalisiert wird. Für Spengler bleiben diese Pseudoreligionen in erster Linie Entspannung und Zeitvertreib, um der inneren Ödnis des Rationalismus zeitweilig entkommen zu können.[478]

Bei manchen Entwicklungen sind die Neo-Spenglerianer unschlüssig. Insbesondere die genaue Einordnung der Gegenwart im Kulturzyklus werden wohl erst kommende Generationen überblicken können. Ist das für das 21. Jahrhundert von Spengler prognostizierte Weltreich nicht schon seit Jahrzehnten mit der politischen und kulturellen Vorherrschaft der USA etabliert? Ist Donald Trump bereits ein erster Vertreter des neuen Cäsarismus? Ist der Aufstieg Chinas schon Vorbote des Untergangs des westlichen Kulturkreises und das Morgendämmern der von Spengler erst um das Jahr 2200 angenommenen neunten Hochkultur? Oder ist dieser durch die massive Übernahme westlicher Kulturelemente vielmehr Höhepunkt und Vollendung des abendländischen Zyklus?[479]

Theodor W. Adorno (1903 – 1969) attestierte noch im Jahr 1949: „Der Gang der Weltgeschichte gibt seinen unmittelbaren Prognosen in einem Maße recht, das erstaunen müsste, wenn man sich an die Prognosen noch erinnerte. Der vergessene Spengler rächt sich, indem er droht, recht zu behalten."[480] Diese Vorhersage hat sich nicht bewahrheitet. Im 21. Jahrhundert ist Spengler aktueller denn je. Und es zeigt sich, dass die morphologische Analogiebildung auch in Zukunft eine ernstzunehmende Prognosemethode sein kann.[481]

Kultur und Ingenium von Thomas Wangenheim

So begeistert Spenglers Kulturmorphologie im 21. Jahrhundert wieder junge Forscher und inspiriert diese zu neuen Kulturzyklentheorien. Ein spannender Ansatz ist „Kultur und Ingenium" (2013)[482] vom Jenaer Privatgelehrten Thomas Wangenheim (*1980). Sein Duktus scheint aus der Zeit gefallen und orientiert sich in Stil und Sprache am spätmonarchischen frühen 20. Jahrhundert. Trotzdem oder gerade deswegen sind sein Blog und sein Youtube-Kanal sehr populär.[483] Er stellt dort nicht nur seine „fraktale Geometrie der Weltgeschichte" anhand historischer Beispiele vor, sondern ordnet damit auch das aktuelle Zeitgeschehen ein.
Im Zentrum von Wangenheims Theorie steht eine Pendelbewegung zwischen zwei universellen Prinzipien, zwei Ursymbolen, „nämlich eine Abwechslung von Starre und Bewegung, von Punkt und Raum, von Moment und Zeit, von Kultur und Ingenium."[484] Aus der Oszillation zwischen diesen beiden Polen entsteht der Gang der Weltgeschichte.

KULTUR	**INGENIUM**
Licht	Dunkel
Frieden	Krieg
Sein	Werden
Ruhe	Bewegung
Zeitlosigkeit	Raumerfahrung
Punkthaftes Dasein im Jetzt	Dasein in Erinnerung & Ahnung
Tatsachen	Herkunft & Entwicklung
Leben & Tat	Askese & Denken
Erhebung des Wir	Erhebung des Ich und Du
Anstand und Regel	Ausbruch und Regelverstoß
Wissen & Kalkül	Glaube & Gefühl

Rationalismus	Empirismus
Berechnung	Schätzung
Logik	Analogik
Objektivismus	Subjektivismus
Kausalität & Klarheit	Zufall & Wahn
Geradheit und rechter Winkel	Kurve und spitze/stumpfe Winkel
Fläche	Ornament
Ausleuchtungsmalerei	Dunkelheit & Lichtsetzung
Rhythmus	Melodie
Polytheismus	Monotheismus
Greifbarer Gott	Metaphysischer Gott

Kultur und Ingenium von Thomas Wangenheim[485]

Die Charakterisierung der beiden Urprinzipien erinnert stark an das Apollinische und das Dionysische, wie sie bereits von Schelling und Nietzsche beschrieben wurden.[486] Eine wichtige Triebfeder für das Pendeln zwischen diesen beiden Polen ist die Langeweile, beziehungsweise der menschliche Drang nach Abwechslung:

> „Dessen wir zu lang entbehren mußten, hegen wir einen heißen Durst. Was uns ununterbrochen begleitet, lernen wir tief zu verachten. Darin hassen wir schließlich uns selbst und kehren uns in das Vergangene, ernennen es zu unserer Zukunft. Das ist der tiefere Grund für alle Renaissancen und romantischen Bewegungen der Geschichte. Das Abendland hatte sich mit dem Ausklingen der Gotik erstmals satt und ersann schließlich in den letzten beiden Jahrhunderten aus ebendiesem Gefühl neuentstanden das Problem der Antike"[487]

Solche Wechselgänge identifiziert Wangenheim für die ägyptische, die griechische, die römische und die abendländische Kultur. Beispielsweise beginnt die Stilistik der abendländischen Epoche mit der klaren Formsprache der Romanik (Kultur), wechselt dann zur überbordenden, arabesken Anmutung der Gotik (Ingenium), wird in der Renaissance wieder schlicht und klassisch (Kultur), taucht im Barock wieder ins Verspielt-Verschnörkelte (Ingenium), finden im Klassizismus (Kultur) wieder zu den geraden Formen der Antike und wird in der Romantik (Ingenium) wieder obskur und mystisch.

Diese einfache Welle ist jedoch nur der Grundbaustein von Wangenheims Modell. Denn es gibt verschiedene Schwingungen von Kunststilen und Kulturepochen, welche einander überlagern. So entsteht eine komplexe, fraktale Kurve, in welcher beispielsweise das tausendjährige Ingenium des Abendlands in den Stilen abwechselnd vom Ingenen verstärkt und vom Kultischen abgeschwächt wird.[488]

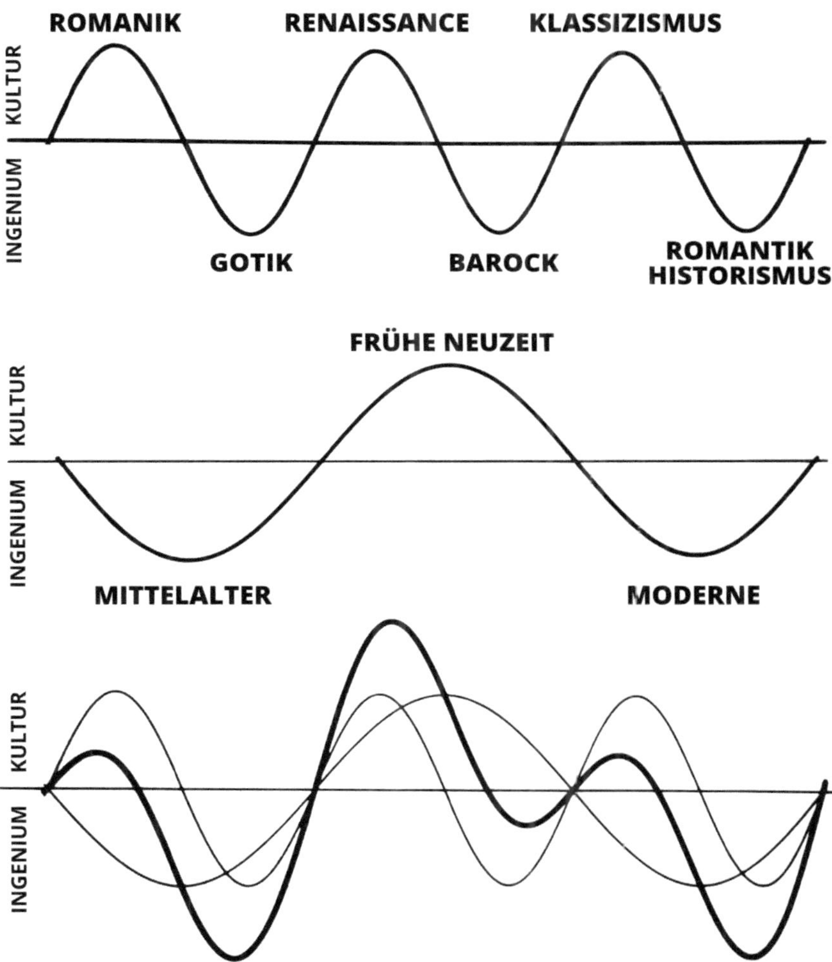

Kultur und Ingenium im Abendland: Kunststile (oben) und Epochen (Mitte) ergeben in Kombination die fraktale Geometrie der Weltgeschichte (unten)[489]

Folgt man Wangenheims „fraktaler Struktur der Weltgeschichte" so befinden wir uns etwa seit dem Jahr 2000 auf dem Weg ins Hochkultische. Alle Kurven pendeln aus vergangenen Ingenien heraus in Richtung Kultur. Eine neue Ära der Renaissance mag auf den ersten Blick erfreulich klingen. Doch Wangenheim schildert die zu erwartenden Schattenseiten:

> „Es ist eine neue Renaissance, welche vor uns erbaut wird. Aber keiner der humanistischen Schwärmer wird sie darin noch wiedererkennen. Denn nun zeigt sich neben Körperkult und Wirtschaftsfokussierung, was die Stadtstaaterei und die attische Sklavenkultur wirklich waren, was die Renaissance mit dem freien Bauern des Hochmittelalters machte (...): Wir sehen den wirtschaftlichen Aufstieg von Banken zu Staatsführern, wie ihn die Renaissance gesehen hat; (...) wir sehen den Niedergang der Wissenschaft und die Geldschinderei der Sophisten, so wie die Renaissance die gelehrten Klosterschulen niedergehen sah."[490]

Obwohl die Kurven Wangenheims einer ganz anderen Geometrie folgen als die Zyklentheorien von Spengler oder Sorokin, bleiben die Aussichten auf Gegenwart und Zukunft ähnlich pessimistisch. Und so stellt sich die Frage, inwieweit derartige Zukunftserwartungen nicht auch einen Einfluss haben auf jene Entscheidungsträger, welche unsere Zukunft prägen.

Kulturzyklen und Politik

Wie wir bereits im Kapitel über die Generationentheorie von Strauss/Howe gesehen haben, prägen zyklische Zukunftsbilder bis heute die Politik.[491] Dabei ist Donald Trump nicht der erste Politiker, der seine Strategien nach derartigen Theorien orientiert. Es gab in den vergangenen Jahrzehnten eine Reihe von US-Präsidenten, welche von Kulturkreislehren beeinflusst waren, beispielsweise Richard Nixon (1913 – 1994) und sein Berater Henry Kissinger (*1923). So sagte Nixon 1971 in einem Interview:

> „Ich denke daran, wie es Griechenland und Rom ergangen ist; wir sehen was überdauert hat – nur die Säulen. Als die großen Zivilisationen der Vergangenheit wohlhabend wurden, als sie den Willen weiterzuleben und Fortschritte zu machen verloren, verfielen sie der Dekadenz, die letzten Endes die Kultur zerstört. Die Vereinigten Staaten treten jetzt in diese Phase ein."[492]

Und Henry Kissinger verlautbarte im Jahr 1974:

„Als Historiker muss man sich der Tatsache bewusst sein, dass letztlich jede Kultur, die es einmal gegeben hat, untergegangen ist. Geschichte ist die Überlieferung von vergeblichen Mühen, von unerfüllten Hoffnungen, von befriedigten Wünschen, die plötzlich etwas anderes waren als erwartet. Als Historiker muss man mit einem Gefühl für die Unausweichlichkeit des Tragischen leben. Als Staatsmann hingegen muss man unter der Voraussetzung handeln, dass Probleme gelöst werden müssen."[493]

Großen Einfluss hatte auch der amerikanische Historiker Carroll Quigley (1910 – 1977) mit seinem Hauptwerk „The Evolution of Civilization" (1961).[494] Sein Kulturkreislauf besteht aus sieben Entwicklungsstufen: Vermischung, Schwangerschaft, Ausdehnung, Konflikt, Weltreich, Dekadenz und Invasion. Er knüpft in seinem Werk an eine Frage an, welche Toynbee Zeit seines Schaffens unbeantwortet gelassen hat: Warum versagen die Zivilisationen? Quigley erklärt den Niedergang von Kulturen damit, dass die „sozialen Instrumente", welche zunächst den Aufschwung ermöglicht haben, irgendwann ein Eigeninteresse entwickeln und dann ihre ursprüngliche Funktion vernachlässigen. Sie werden von den Machthabenden für ihre persönlichen Zwecke missbraucht und können deshalb ihre soziale Funktion nicht mehr ausreichend erfüllen. Für Quigley als gelernten Mathematiker waren diese Entwicklungsgesetze naturwissenschaftliche Tatsachen. Einer seiner prominentesten Studenten war der US-Präsident Bill Clinton (*1946).

Der Kreislauf von Anfang, Aufstieg, Hochblüte, Niedergang und Ende beschreibt den Gang der Kulturen. Die jeweiligen Periodisierungen der einzelnen Theorien variieren dabei stark. Es besteht keineswegs Einigkeit darüber, welche und wie viele Kulturen es genau gab, wie sich diese voneinander abgrenzen und wann ihr Beginn und Ende anzusetzen sind. Der endlose Fluss der Weltkulturen, ihr ewiges Werden und Ineinanderübergehen entziehen sich objektiven Kriterien der Einteilung. Ähnlich verhält es sich mit dem Zyklus selbst. Auch hier haben die verschiedenen Autoren unterschiedliche Ansichten darüber, welche Phasen im Entwicklungsablauf es genau gibt und was genau diese kennzeichnet. Es müssen künstlich Grenzen gesetzt werden, deren Bestimmung die Theorien wesentlich prägt. Eine ungefähre Tendenz teilen sie zwar zumeist, doch ist diese oft zu allgemein für genaue Prognosen.
Aufgrund der großen Dauer der Zyklen sind zeitlich präzise Vorhersagen schwierig. Nur bei wenigen Autoren, wie etwa bei Oswald Spengler, fin-

den sich konkrete Zeitangaben für die Zukunft. Einig sind sich die Kulturkreislehrer jedoch weitgehend über den Stand des Abendlandes in diesem Zyklus. Es steht in der Endphase, im Greisenalter des Kulturkreislaufs. Es ist gefährdet von Dekadenz, Geldimperialismus und Visionenlosigkeit. Es ist umgeben von heranwachsenden, jungen Kulturen, welche nur darauf lauern, dass das Abendland Schwäche zeigt und erobert werden kann.

Bis heute findet diese These ihre Anhänger. Einer der bekanntesten Vertreter des späten 20. Jahrhunderts war der amerikanische Politikwissenschaftler Samuel Huntington (1927 – 2008), der in seinem Buch „The Clash of Civilizations and the Remaking of World Order" (1996)[495] für die Zukunft starke gewalttätige Auseinandersetzung des Abendlandes mit anderen Kulturen, insbesondere dem Islam, vorhersagte. Sicherlich nicht zuletzt aufgrund solcher Theorien konnte der „internationale Terrorismus" des beginnenden 21. Jahrhunderts derart als Gefahr hochstilisiert werden. Sind die Untergangsprophezeiungen lediglich Ausdruck der üblichen existentiellen Bedrohungsgefühle, welche den Menschen immer schon begleitet haben? Basieren sie auf ernstzunehmenden historischen Tatsachen? Oder sind sie am Ende sogar fähig, aufgrund ihres Einflusses auf die Lenker politischer Geschicke zur selbsterfüllenden Prophezeiung zu werden?

Die Zukunft ist so ungewiss und vieldeutig wie die Theorien ihrer Vorhersage. Wie einst die Weltzeitalter in der Antike, im Hinduismus oder in Mesoamerika, wie die Papst- oder Planetengeister-Chronologien des Mittelalters, die Wahrsagekalender und die Astrologie, wie die modernen Wachstumskurven oder Trendextrapolationen, versuchen auch die Kulturkreislehren, die Gezeiten des Schicksals zu ergründen. Doch der Gang der Weltgeschichte bleibt in Schleiern. Und nie kann man sich gewiss sein, ob die entdeckten Muster tatsächliche Gesetzmäßigkeiten oder lediglich Hirngespinste sind.

09. Wirtschaftszyklen

Die Suche in der Zeit nach Rhythmen und Mustern beschäftigt den Menschen bereits seit Jahrtausenden. Bis heute hegen die Zykliker Hoffnungen, dass der Lauf des Schicksals sich aus der Gestalt der Zeit entschlüsseln ließe. Die Kulturkreislehren sind nur ein Beispiel für das zyklische Denken in der Moderne. In enger Beziehung dazu stehen jene Theorien, welche im Auf und Ab der Weltwirtschaft regelmäßige Schwingungen erkennen.

Die ersten Wirtschaftszyklen von Jevons und Juglar

Die Geschichte der Wirtschaftszyklen beginnt in den 1830er Jahren. Als einer der ersten verwendete 1833 der englische Journalist und Ökonom John Wade (1788 – 1875) den Begriff „commercial cycle". 1837 gliederte der britische Bankier Samuel Jones-Loyd (1796 – 1883) den zyklischen Ablauf des Geschäftsbetriebes in zehn verschiedene Phasen:

> „Die Geschichte dessen, was wir Geschäftsbetrieb nennen, ist Subjekt verschiedener Bedingungen, welche periodisch wiederkehren; sie rotiert in einem feststehenden Zyklus: Zuerst finden wir sie in einem Zustand der Ruhe, dann Aufschwung, wachsendes Vertrauen, Erfolg, Aufgeregtheit, Overtrading, Konvulsion, Druck, Stagnation, Elend und schließlich Ende in einem abermaligen Zustand der Ruhe."[496]

Derartige Reden vom Wirtschaftszyklus blieben aber lange Zeit nur ein vager Entwurf. Erst in den 1860er Jahren wurde der Grundstein für die systematische Erforschung von ökonomischen Kreisläufen gelegt. Als Vorreiter gilt der britische Ökonom William Stanley Jevons (1835 – 1882). Dieser veröffentlichte 1862 das Paper „On the Study of Periodic Commercial Fluctuations". Darin untersuchte er die zyklischen Bewegungen von zahlreichen Wirtschaftsdaten wie Diskontsätzen, Insolvenzen oder den Preisen von Staatsanleihen. Teile seiner Terminologie werden bis heute verwendet, etwa die Begriffe „Minimum/Maximum" oder „Saisonschwankung". Jevons identifizierte große Wirtschaftskrisen alle 10-11 Jahre und brachte diese periodischen Schwankungen mit dem Sonnenfleckenzyklus in Verbindung.[497] Auch wenn dieser induktive Ansatz und der Einbezug externer astronomischer Faktoren von der damaligen

Fachwelt als absurd abgelehnt wurden, war es doch Jevons Verdienst, eine empirische Annäherung an das Phänomen der Wirtschaftszyklen initiiert zu haben.[498]

Ebenfalls 1862 erschien „Des crises commerciales et de leur retour periodique en France, en Angleterre et aux Etats-Unis" vom französischen Statistiker Clement Juglar (1819 – 1905). Dies war das erste Buch, welches sich ausschließlich den Wirtschaftszyklen widmete und diese in der Fachwelt etablierte. Juglar verglich die Bevölkerungsstatistiken mit den Diskontsätzen der Banken von Frankreich und England. Er entdeckte, dass beide einer festen Periodizität folgten und es in den Zeitreihen regelmäßig zu Krisen kam. Diese Wirtschaftskrisen waren keine selbständigen Ereignisse, sondern vielmehr gesetzmäßige Phasen dieses Zyklus. Juglar deutete die Tiefphasen im Kreislauf als notwendigen Prozess des Gesundschrumpfens. Das Wirtschaftssystem trennt sich vom Ballast, welcher sich über die Jahre angesammelt hat. Auf jeden Aufschwung folgt unweigerlich der Einbruch. Etwa alle sieben bis elf Jahre ist eine derartige Krise fällig. Bis heute nennt man diesen mittelfristigen Zyklus Juglar-Zyklus. Juglar argumentierte, dass die Krisenerscheinungen wie Kriege, Revolutionen oder Hungersnöte nur Symptome waren. Die Ursache dahinter waren stets Änderungen der Kreditbedingungen. Mit diesem Investitionszyklus nahm die moderne Konjunkturforschung ihren Anfang.[499]

Kitchin-Zyklus und Kuznets Swings

Der Juglar-Zyklus etablierte sich alsbald in der Volkswirtschaftslehre. Zwar variierten seine Minima und Maxima, sowie seine Länge beträchtlich. Doch das Grundmuster schien doch deutlich genug, um seine Existenz als erwiesen zu betrachten. So machte man sich auf die Suche nach weiteren Mustern im Konjunkturverlauf. 1923 veröffentlichte der Engländer Joseph Kitchin (1861 – 1932) seinen Artikel „Cycles and Trends in Economic Factors", in welchem er einen neuen Zyklus, den rund 40-monatigen Kitchin-Zyklus vorstellte. Bei einer Untersuchung der Wirtschaftsstatistiken von England und den USA aus den Jahren 1890 bis 1922 hatte sich dieser deutlich gezeigt. Eine parallel durchgeführte Studie des amerikanischen Harvard-Professors William Leonard Crum (1894 – 1967) fand einen ähnlichen Zyklus von 39, 40 oder 41 Monaten. Seine

Untersuchung ging sogar bis zum Jahr 1866 zurück. Diese Zyklen zeigten sich nur, wenn man Wochen und Monate als Zeiteinheit nahm. Über den mittleren Jahresverlauf hinweg änderte der Kitchin-Zyklus nichts an der Grundrichtung der langfristigen Trends. Am offensichtlichsten tritt er an den Börsen zutage. Auf längere Phasen des Aufschwungs folgen etwa alle 40 Monate ein Einbruch der Aktienkurse und eine mehrmonatige Baisse. Eine Erhöhung der Arbeitslosigkeit und ein Stocken des Absatzes sind die Folge. Dann steigen die Kurse wieder und die Wirtschaftslage entspannt sich. Der Kitchin-Zyklus wird unter anderem auf die Lagerhaltung bei neuen Produkten zurückgeführt.[500]

Bald darauf wurde ein weiterer Zyklus mit der Dauer von 15-25 Jahren in die Konjunkturforschung eingeführt. Der russisch-amerikanische Ökonom und Nobelpreisträger Simon Kuznets (1901 - 1985) publizierte diesen erstmals 1930. Kuznets führte das Schwingungsmuster auf demografische Prozesse durch Migrationsströme zurück. So würden Wellen der Immigration in die USA die Bautätigkeit und die Investitionen in die Infrastruktur stimulieren. Im Gegenzug dazu müssten die Investitionen sinken in jenen Ländern, aus denen ausgewandert wird.[501] Die Kuznets Swings gelten als erwiesen für Deutschland und Großbritannien für die Jahrzehnte vor dem Ersten Weltkrieg. In den USA und in Frankreich scheint das Muster bis in die Zwischenkriegszeit fortzubestehen. Danach scheint es sich zu verflüchtigen. Die Kuznets Swings konnten in diesem Zeitraum nicht nur für Investitionen und Migrationsdaten nachgewiesen werden, sondern auch für Indikatoren wie Produktivität, Profitabilität, Geldangebot oder Agrarproduktion. Deshalb gehen manche Forscher davon aus, dass der Zyklus nicht allein durch demografische Schwankungen erklärt werden kann.[502]

Schweinezyklus und Angebot-Nachfrage-Rhythmen

Wirtschaftszyklen müssen gar nicht immer komplex sein. In manchen Märkten sind die empirischen Schwankungen durch einfache Angebot-Nachfrage-Mechanismen zu erklären. Ein Prototyp dafür ist der Schweinezyklus, welchen der deutsche Agrarwissenschaftler Arthur Hanau (1902 – 1985) erstmals 1927 in seiner Dissertation publiziert hat. Grundlage war die statistische Beobachtung eines regelmäßigen Pendelns zwischen hohen und niedrigen Schweinepreisen mit einer Periodendauer von etwa eineinhalb bis zwei Jahren. Hanau erklärte dies damit, dass hohe Schweinepreise die Hersteller dazu animieren, in Produktionskapazitäten zu investieren. Dadurch kommt es zeitverzögert zu einem Überangebot an Schweinen und die Preise fallen wieder. Durch die fallenden Preise reduzieren die Bauern ihr Angebot und so steigen die Preise wieder.[503]

Dieser Mechanismus wurde schon bald nach seinem Bekanntwerden durchbrochen, da viele Schweinebauern dazu übergingen, ihre Produktion nicht nach den aktuellen, sondern nach den zu erwartenden Preisen zu orientieren. Auf anderen Märkten sind solche Mechanismen bis heute aktiv. So orientieren am Arbeitsmarkt viele Studienanfänger die Wahl ihres Faches nach den aktuellen Branchengehältern und Berufschancen. Sind beispielsweise gerade Webdesigner sehr begehrt, so werden auch viele junge Menschen sich für eine derartige Ausbildung entscheiden. Wenn diese dann vier Jahre später auf den Arbeitsmarkt drängen, kommt es zu einem Überangebot und die Gehälter sinken. Dadurch werden wieder weniger junge Menschen dazu animiert, diesen Beruf zu erlernen. Ähnliche Phänomene lassen sich auf Immobilienmärkten und bei der Förderung von Rohstoffen beobachten. Im Regelfall werden solche Angebot-Nachfrage-Zyklen im Lauf der Zeit schwächer, weil die Marktteilnehmer mit zunehmender Erfahrung die Schwankungen antizipieren und durch ihr Verhalten ausgleichen.

Der Kondratieff-Zyklus

Nicht nur im Verlauf von Monaten und Jahren entdeckten die Ökonomen regelmäßige Schwingungen. Auch in der langfristigen Perspektive von Jahrzehnten scheint die Wirtschaft einem Rhythmus zu folgen. Einer der bis heute bekanntesten Konjunkturzyklen wurde vom russischen Ökonomen Nikolai Kondratieff (1892 – 1938) entdeckt. Als erster Direktor des Konjunkturinstitutes in Moskau wurde er vom jungen Sowjet-Regime beauftragt, die makroökonomischen Grundlagen für die Fünfjahrespläne zu erarbeiten.

1926 veröffentlichte er den Artikel „Die langen Wellen der Konjunktur". Es war zwar bereits seit längerem vermutet worden, dass neben dem kurzen Kitchin und dem mittleren Juglar noch ein langwelliger Zyklus existieren müsse. Doch erst Kondratieff gelang in seiner Arbeit der empirische Nachweis eines Zyklus von 40 bis 60 Jahren. Das Hauptproblem war, dass ihm für einen derart langen Zyklus nur begrenztes Datenmaterial von einem relativ kurzen Zeitraum zur Verfügung stand. Wirtschaftsstatistiken werden erst seit der Industriellen Revolution systematisch erstellt. Vor Mitte des 19. Jahrhunderts war zudem nur das Material von England und Frankreich, in geringerem Ausmaß jenes der USA ausreichend standardisiert und zuverlässig. So analysierte Kondratieff für diesen Zeitraum einen Großteil der zur Verfügung stehenden Statistiken. Er untersuchte die Entwicklung der Warenpreis-Indizes, Zinsraten, Staatsanleihen, Außenhandelsumsätze, Kohle-, Stahl- und Roheisenproduktion, Mineralölverbrauch, Privatersparnisse oder die Gehälter im Bergbau, in der Landwirtschaft und in der Textilbranche. Der Zyklus zeigte sich im Großteil dieser Datenreihen deutlich.[504]

Der erste Durchlauf begann laut Kondratieff um 1790. Der Aufschwung dauerte bis etwa 1815. Dann folgte der Abschwung, welcher zwischen 1844 und 1851 seine Talsohle erreichte. Der erste Zyklus dauerte somit etwa 60 Jahre. Um 1850 begann der zweite Zyklus. Der Aufschwung erfolgte bis zum Gründerkrach 1873, der Abschwung bis in die 1890er Jahre. Der zweite Zyklus dauerte somit nur etwa 45 bis 50 Jahre. Danach begann der dritte Zyklus, der laut Kondratieff in den 1920er Jahren sein Maximum erreicht hatte. Somit ließ dieser Rhythmus eine baldige Abwärtsbewegung erwarten.[505] Kondratieff sollte damit Recht behalten. Schon bald nach Veröffentlichung seiner Theorie wurde mit dem Schwarzen Freitag 1929 die große Weltwirtschaftskrise eingeläutet, welche sich bis in den Zweiten Weltkrieg hineinziehen sollte.
Kondratieff ging dann der Frage nach, welche „empirischen Muster" mit seinem Zyklus verbunden sind. Und er fand einen starken Zusammenhang mit beachtlichen Veränderungen des Wirtschaftslebens. Zu Beginn jedes Zyklus standen technische Innovationen, welche die Produktion und die Märkte revolutionierten. Dabei zählt nicht der Zeitpunkt der Erfindung, sondern jener, zu welchem die neuen Techniken erstmals breite praktische Anwendung finden.[506] So leitete die Industrielle Revolution mit den Innovationen Dampfmaschine und mechanischer Webstuhl den ersten Zyklus ein. Diese neuen Technologien führten etwa ab 1790 zu einem etwa 25-jährigen Wirtschaftsaufschwung. Die neuen Industrien erlebten einen gewaltigen Boom. Um 1815 war der Höhepunkt dieser Technolo-

gien erreicht. Ihre Möglichkeiten waren ausgeschöpft. Der Grenznutzen weiterer Dampfmaschinen war so weit gesunken, dass diese als Zugpferd der Konjunktur zunehmend an Kraft verloren. So erreichte das Wachstum in den 1810er Jahren seinen Höhe- und Wendepunkt. Jahrzehnte der Rezession begannen.

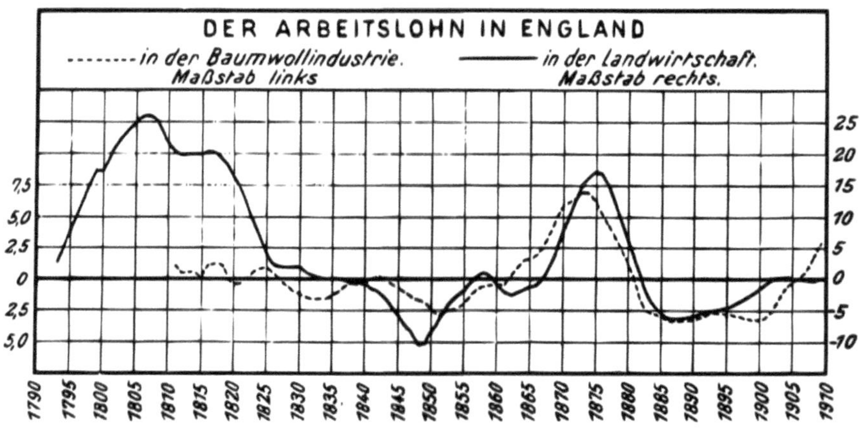

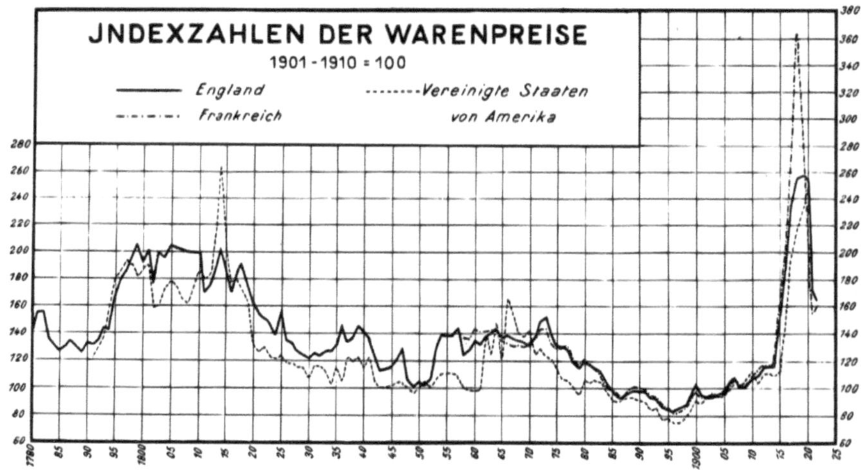

Die langen Wellen der Konjunktur in verschiedenen Statistiken aus Nikolai Kondtratieffs erstem Aufsatz (1926)[507]

Während dieser Abschwungphase des ersten Zyklus wurden die Basistechnologien des zweiten Zyklus erfunden. Kondratieff nennt die Erfindung der verkehrstauglichen Dampflokomotive (1824), der Turbine (1824-27), des Portlandzements (1824), der Erntemaschine (1831), des Telegraphen (1832), der Rotations-Druckmaschine (1846) und der Saatmaschine (1847). Die zunehmende praktische Nutzung dieser Neuerungen leitete ab 1850 den zweiten Zyklus ein. Nun waren nicht mehr die mechanische Industrie und ihre Dampfmaschinen Motor der Konjunktur, sondern der Massentransport. Eisenbahn- und Telegraphennetze wurden über die Länder gezogen. Für ein Vierteljahrhundert erlebte die Wirtschaft einen neuen Aufschwung, bis mit dem Gründerkrach 1873 die Spekulationsblase auf Eisenbahn-Aktien platzte und die Jahrzehnte der „Großen Depression" eingeläutet wurden. In den 1890ern begann schließlich der dritte Zyklus. Die neue Basisinnovation war die Elektrizität, welche damals den Durchbruch zur Massentechnologie schaffte. Sie sorgte für unzählige neue Produkte und Wirtschaftszweige. Selbiges bewirkten die Erfindungen auf dem Sektor der Chemie. Zahlreiche neue Kunststoffe und Fertigungstechniken waren die Folge. Der dritte Zyklus brachte eine enorme Beschleunigung des wirtschaftlichen Tempos und den endgültigen Übergang in die Massenproduktionsgesellschaft.[508]

Neben dem Durchbruch neuer Basistechnologien fand Kondratieff noch eine Reihe von weiteren Mustern, welche die verschiedenen Phasen des Zyklus charakterisieren. Er fasste diese folgendermaßen zusammen:[509]

- Vor und während dem Beginn einer aufsteigenden Welle gibt es tiefgreifende Veränderungen des ökonomischen Lebens der Gesellschaft. Diese Veränderungen manifestieren sich in signifikanten Veränderungen der Technik (welchen wiederum bedeutsame technische Entdeckungen und Erfindungen vorausgehen); in der Beteiligung neuer Länder an den weltweiten ökonomischen Beziehungen; in der Veränderung der Goldproduktion und der Geldzirkulation.

- Die größte Anzahl sozialer Unruhen (Kriege und Revolutionen) tritt während der Aufschwungsphase des Zyklus auf.

- Die Perioden des Abschwungs werden von einer langen und sehr einschneidenden Depression des Agrarsektors begleitet.

- Während der aufsteigenden Wellen des langen Zyklus sind die Unterzyklen durch Kürze der Depressionen und Intensität der Aufschwünge gekennzeichnet. Während der Abwärtsperioden der langen Zyklen zeigt sich das gegenteilige Bild.

Für Kondratieff waren diese Muster nur das Symptom, aber nicht die Ursache der langen Zyklen. Vielmehr sah er die Erklärung in den Besonderheiten des kapitalistischen Wirtschaftssystems, vor allem in dessen Mechanismen zur Akkumulation und Diffusion des Kapitals. Zu Beginn des Aufschwungs erreicht die Kapitalakkumulation eine Intensität, welche erstmals profitable Investitionen in die neuen Basistechnologien erlaubt. Die Produktivkräfte verändern sich dadurch mit rasantem Tempo. Der Wettlauf um die neuen Märkte beginnt. So kommt es zu sozialen Unruhen und inneren Konflikten, im Verlauf derer das Kapital zunehmend zerstreut wird. Und schließlich gerät der wirtschaftliche Aufschwung ins Stocken und der Abschwung folgt, bis eine neue Basistechnologie den nächsten Boom einleitet.[510]
Für das Sowjet-Regime waren Kondratieffs Ergebnisse ein Frevel. Denn laut der offiziellen marxistischen Doktrin stand mit naturgesetzlicher Gewissheit fest, dass der Kapitalismus dem Untergang geweiht ist und die Zukunft dem Kommunismus gehört.[511] Ein Kapitalismus, der nach jeder Krise mit neuen Waffen wiederaufersteht, stand im krassen Widerspruch zu dieser Leitideologie. Und so wurde Nikolai Kondratieff 1930 in Einzelhaft genommen und schließlich im Rahmen von Stalins „Großer Säuberung" 1938 im Gulag erschossen.[512]

Kondratieffs Theorie war anfangs nur in Insiderkreisen bekannt. Dies änderte sich 1939, als der österreichische Ökonom und Nobelpreisträger Joseph Schumpeter (1883 - 1950) sein Werk „Konjunkturzyklen" veröffentlichte. Er behandelte darin eingehend den Kondratieffzyklus und gab ihm auch seinen Namen. So wurden die Langen Wellen der breiten Fachwelt bekannt. Schumpeter rückte als Erklärung die Basisinnovationen ins Zentrum. Die Umwälzungen der Wirtschaftsstruktur gingen seiner Meinung nach von diesen aus. Dabei ist jener Zeitraum relevant, zu dem die neue Technologie in der Lage ist, ein dringendes kollektives Bedürfnis zu befriedigen. So konnte die Dampfmaschine Gegenstände des täglichen Bedarfs zu sehr niedrigen Kosten produzieren. Nachdem dieses Thema abgedeckt war, tat sich als nächstes Nadelöhr die Verbeitung dieser Produkte auf. Die Eisenbahn löste die Pferdekutsche ab, und so konnten die hergestellten Waren zu geringen Kosten überregional transportiert werden. Der kapitalistische Weltmarkt entstand und mit ihm die internationalen Großkonzerne.[513] So wurde als nächstes das Bedürfnis nach immer individuelleren Produkten akut. Auf Basis der Elektrizität und der chemischen Industrie kam die große Zeit der Fließbandproduktion von zunehmend differenzierten Waren für verschiedenste Zielgruppen. Die moderne Konsumgesellschaft entstand.

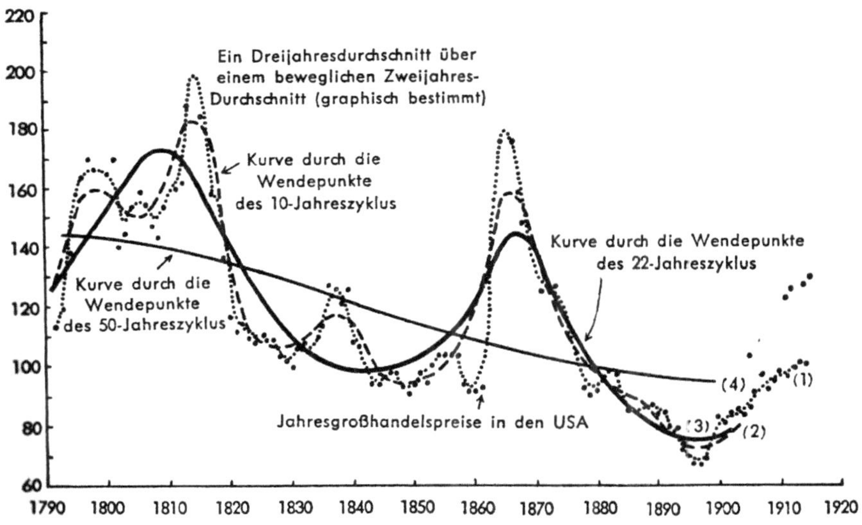

Die ersten zweieinhalb Kondratieff-Wellen in den USA, Schumpeter (1939)[514]

Schumpeter ging davon aus, dass der etwa 55-jährige Kondratieff gemeinsam mit dem 7-11-jährigen Juglar[515] und dem etwa 40-monatigen Kitchin eine zyklische Gesamtbewegung ergibt. Auf dieser Grundlage führte er umfassende empirische Forschungen durch, welche die Existenz der langen Wellen bestätigten. Ein Beispiel ist das Diagramm der jährlichen Großhandelspreise der USA 1790 – 1920. Der Wert 100 auf der y-Achse entspricht dem Jahresdurchschnitt der Periode 1909 – 1914. In den Kurven zeigt sich deutlich das langwellige Muster von etwa 50 bis 60 Jahren.[516]

Durch Schumpeter wurde der Kondratieffzyklus in den volkswirtschaftlichen Diskurs eingeführt. Die Meinungen waren jedoch gespalten, insbesondere weil man nur drei Wiederholungen nicht für aussagekräftig genug erachtete, um daraus ein dauerhaftes Muster abzuleiten. Umso spannender ist die Frage, ob die Entwicklungen der vergangenen Jahrzehnte den Kondratieffzyklus bestätigen.

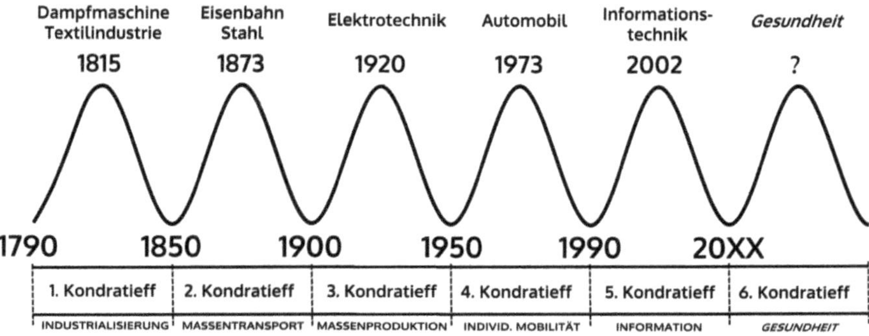

Der klassische Kondratieff-Zyklus, wie er zu Beginn der 2000er gesehen wurde[517]

Eine Reihe von Forschern ist davon überzeugt. Im 21. Jahrhundert sind die langen Wellen nach wie vor im Gespräch. Seit den Zeiten von Kondratieff und Schumpeter werden von den meisten Experten zwei weitere Wellen postuliert. Nachdem Mitte der 1940er Jahre die Wirtschaft ihren Tiefpunkt erreicht hatte, nahm der Automobilsektor als neuer Wachstumstreiber seinen rasanten Aufschwung. Auch das Flugzeug entwickelte sich zum Massentransportmittel. Das Thema des vierten Kondratieff war die individuelle Mobilität. Im Laufe von 30 Jahren expandierte dieser neue Markt so rasch, dass am Ende in den Industriestaaten fast jede Familie motorisiert war. Um 1973 erreichte die Automobilbranche den Höhepunkt ihres Wachstums. Dann stieß sie an ihre Grenzen und kam in die Krise. Der Wendepunkt ist markiert durch die Ölkrisen der 1970er Jahre. Von da an ging die Wirtschaft wieder bergab. Das Bedürfnis nach individueller Mobilität in Form von Autos und Flugzeugen war weitgehend gestillt. So musste sich das Wachstum eine neue Basisinnovation als Treiber suchen.

Und so nahm in den 1980er Jahren der fünfte Kondratieff auf Basis der Informationstechnologie seinen Anfang. Computer wurden zum Werkzeug für jedermann. Das Internet breitete sich aus und verknüpfte alsbald hunderte Millionen von Menschen miteinander. Die große Welle der Digitalisierung begann. Als in den frühen 2000er Jahren schließlich die Dotcom-Blase platzte und die New Economy auf dem Boden lag, da verkündeten die meisten Kondratieff-Experten den Beginn eines langen Abschwungs. Im deutschen Sprachraum machten das Thema vor allem die Autoren Leo Nefiodow (*1939) und Erik Händeler (*1969) populär. Händeler skizzierte die damals bevorstehende Zukunft folgendermaßen:[518]

> **Verteilungskämpfe:** Die Verteilung von staatlichen Steuereinnahmen und Sozialabgaben lässt sich in einer wachsenden Wirtschaft meist ohne gravierende Konflikte lösen. Schwierig wird es jedoch, wenn die zur Verfügung stehenden Mittel nicht wachsen, sondern schrumpfen. Dann brechen unter den verschiedenen Interessensgruppen Verteilungskämpfe aus, welche das Potential haben, Regierungen zu sprengen. Händeler nennt hier Einsparungen beim öffentlichen Dienst, beim Gesundheitssystem und bei den Renten.
>
> **Handelskriege:** Die Stagnation der Märkte führt international zu heftigen Preiskämpfen. Durch den Konkurrenzdruck fallen die Gewinne so stark, dass die Wirtschaft schließlich die regionale Politik dazu drängt, die einheimischen Märkte durch hohe Importzölle zu schützen. Der Liberalismus der Wachstumsphase muss wieder staatlichem Protektionismus weichen.
>
> **Arbeitslosigkeit und gesellschaftspolitisches Klima:** Der wirtschaftliche Abschwung führt zur Erhöhung der Arbeitslosigkeit. Die Menschen müssen immer länger für immer weniger Geld arbeiten. Und sie müssen immer mehr um ihren Job bangen. Wer sich nicht unterordnet und anpasst, der steht sehr bald ohne Arbeit da. Es kommt zu einem Ansteigen von Konformismus und Konservativismus. Damit schwindet die Experimentierfreudigkeit, welche der einzige Ausweg aus der Krise wäre. Erst wenn die Wirtschaft nach Jahrzehnten des Abschwungs komplett am Boden liegt und die Menschen gar nichts mehr zu verlieren haben, beginnen sie wieder, Experimente zu wagen.

Als heißer Favorit für den sechsten Kondratieff galt damals vielen Experten das Thema Gesundheit. So postulierte Leo Nefiodow einen Paradigmenwechsel weg von einer Krankheitsmedizin hin zu einer Gesundheitsmedizin, welche Krankheiten gar nicht erst entstehen lässt. Dabei umfasst der Begriff nicht nur die körperliche Gesundheit, sondern auch die seelische, die soziale und die ökologische Gesundheit. Nur so wären die explodierenden Kosten des Gesundheits- und Pensionssystems bewältigbar. Der Wellness-Boom der 2000er Jahre war für Nefiodow nur ein kleiner Vorbote dessen, was uns im sechsten Kondratieff erwarten könnte. Als Basistechnologie einer solchen Entwicklung wurden nicht nur Genetik und Biotechnologie genannt, sondern auch Soft Skills, Psychotechniken und eine neue Form von Spiritualität oder Religiosität.[519]

Mittlerweile sind zwanzig Jahre vergangen, doch der Wirtschaftsabschwung ist offensichtlich ausgeblieben. Die IT-Branche hat sich von der New Economy Krise schnell erholt und bis in die späten 2010er Jahre ein beachtliches Wachstum fortgesetzt. Das Thema Gesundheit ist nach wie vor weit davon entfernt, das neue Zugpferd der Weltwirtschaft zu werden. Und die Forderung von Nefiodow oder Händeler nach einer ethischen Rückbesinnung auf christliche Werte[520] scheint heute noch antiquierter als in den späten 1990er Jahren.
Und so ist es in den frühen 2020er Jahren ruhig um den Kondratieff geworden. Zwar gibt es immer noch einen eingeschworenen Kreis von Anhängern. Doch das öffentliche Interesse an dieser Theorie ist stark zurückgegangen. Die verbliebenen Kondratieffjünger behelfen sich mit verschiedenen Immunisierungsstrategien, um den Zyklus weiterhin zu rechtfertigen. Einige der Autoren, welche in den frühen 2000er Jahren breitenwirksam den bevorstehenden Abschwung vorhersagten, halten eisern an ihrer Prognose fest und führen die verschiedenen weltpolitischen Entwicklungen und Krisen der vergangenen Jahre als Beweis dafür an, dass wir schon lange mitten im Abschwung sind.[521] Andere Autoren schieben einfach den Anfang des Informationstechnologie-Zyklus um weitere zehn Jahre nach hinten und lassen diesen erst in den 1990er Jahren beginnen, sodass die Ereignisse wieder in die Kurve passen.[522] Doch trotz all dieser Bemühungen passt der Kondratieff heute bei weitem nicht mehr so geschmeidig zu den Ereignissen, wie man dies in den frühen 2000er Jahren vermutet hatte. Was war geschehen?

Der Neo-Kondratieff von Christof Niederwieser

Betrachtet man die verschiedenen Versionen des Kondratieffmodells, so gibt es eine Reihe von Kritikpunkten. Bis heute ist nämlich umstritten, ob sich das Wellenmuster tatsächlich in empirischen Wirtschaftsdaten nachweisen lässt. Sucht man in statistischen Zeitreihen nach der Wellenform, so wird man nicht sofort fündig. Die Daten verschiedener Jahrzehnte und Jahrhunderte sind nicht direkt miteinander vergleichbar, sondern müssen zuerst „geglättet" werden. Methoden der Datenerhebung ändern sich im Lauf der Zeit. Verschiedene Länder berechnen Indikatoren unterschiedlich. Zusammensetzung und Definition von Branchen und Warenkörben ändern sich. Die Datenreihen müssen um Faktoren wie die Inflation oder

Währungsreformen bereinigt werden. Die Methoden der Datenbearbeitung bestimmen dabei wesentlich die endgültige Form der Kurve. Und je nach Methode erhält man die Kondratieffwelle oder auch nicht.
Kondratieff-Jünger umgehen dieses Problem elegant, indem sie bei der grafischen Darstellung des Zyklus zwar die Jahrzehnte auf der X-Achse angeben. Die Y-Achse bleibt aber in der Regel unbeschriftet. "Auf makroökonomischer Ebene lassen sich die langen Wellen tatsächlich nicht nachweisen", räumt die venezolanische Innovationsforscherin Carlota Perez (*1939) ein. „Schaut man aber auf die Ebene der Innovationen und bezieht auch gesellschaftliche und soziale Aspekte mit ein, dann sind die langen Wellen klar erkennbar - auch wenn sich die Veränderungen nicht oder erst später im BIP zeigen oder sich große Wellen überlappen."[523]
Neben diesen methodologischen Unschärfen gibt es auch inhaltliche Kritikpunkte. Betrachtet man die Fortschreibung des Zyklus durch Kondratieffs Nachfolger, so ergeben sich unter anderem folgende Unstimmigkeiten zum tatsächlichen Zeitgeschehen:

Abschwung des Elektrizitäts-Kondratieff bereits ab 1920? Kondratieff selbst prognostizierte 1926, dass der Abschwung der Elektrizitäts-Welle unmittelbar bevorstünde. Seine Nachfolger legten den Höhepunkt in die Zeit um den Ersten Weltkrieg. Dies erfolgte wohl in erster Linie aus Symmetriegründen, da sonst zu wenig Zeit für den Abschwung bis zum Beginn des Automobil-Kondratieff in den 1940ern bleiben würde. Abgesehen vom generellen Wirtschaftseinbruch durch den Ersten Weltkrieg war die Elektrotechnik um 1920 aber noch lange nicht an ihre Wachstumsgrenze gelangt. Vielmehr begannen damals erst die „Goldenen Zwanzigerjahre".

Individuelle Mobilität erst ab den 1940er Jahren? Für Automobil und Flugindustrie wird der Beginn der Welle erst ab den 1940er Jahren postuliert. Die Basistechnologien beider Bereiche hatten aber bereits um 1900 Marktreife erlangt. Seither boomten Automobilbranche und Flugunternehmen und waren auch sehr bald für den Massenmarkt erschwinglich. So wurden bereits zwischen 1908 und 1927 allein von Fords „Model T" über 15 Millionen Stück verkauft. Vom Beginn eines Booms der „individuellen Mobilität" erst ab ca. 1945 zu sprechen ist insofern nicht plausibel.[524]

Abschwung des IT-Kondratieff bereits ab 2001? Um die Jahrtausendwende wurde von den meisten Kondratieff-Anhängern angenommen, dass der Zyklus Informationstechnologie mit dem Platzen der New Economy Blase 2001 seinen Höhepunkt überschritten hatte und sich seither im Abschwung befindet. Das Gegenteil war der Fall: der große Boom von Smartphones und Tablets begann erst Jahre danach. Das Internet-Business

> hat erst nach Platzen der Blase lukrative und tragfähige Geschäftsmodelle entwickelt und zählt bis in die späten 2010er Jahre zu einer der größten Wachstumsbranchen weltweit. IT-Firmen wie Apple, Google, Facebook oder Samsung gehören mittlerweile zu den wertvollsten Marken der Welt. Einen Abschwung der IT-Welle seit den frühen 2000er Jahren hat es definitiv nicht gegeben.

Was war geschehen? Hat sich das Kondratieff-Muster nach seiner Entdeckung in den 1920er Jahren in Luft aufgelöst? Oder wurde das Modell von Kondratieffs Nachfolgern in der steten Jagd nach dem nächsten Trend falsch fortgeschrieben?
Allein auf Basis von makroökonomischen Daten lässt sich dies nicht entscheiden. Deshalb habe ich mich mit einem qualitativen Ansatz dieser Frage genähert. Grundlage ist eine Datenbank mit den wichtigsten 5.000 Ereignissen der Jahre 1400 – 2000. Darin sind große Kriege und Revolutionen ebenso verzeichnet wie das Aufkommen neuer Erfindungen, Gründungen großer Firmen und Staaten, die Veröffentlichungen einflussreicher Bücher und Filme, das Aufkommen neuer Modetrends, Kunst- und Musikstile, Schaffenshöhepunkte berühmter Persönlichkeiten und auch große Kriege, Katastrophen und Krisen. Mit dieser Datenbank habe ich ausgewertet, ob es in der Geschichte Perioden gibt, in denen bestimmte Ereigniskategorien kumulieren. Und tatsächlich kamen Phasen zum Vorschein, in welchen sich große gesellschaftliche Umbrüche deutlich häufen. Im Zeitraum 1790 – 1900 stimmen diese erstaunlich genau mit den Eckpunkten des klassischen Kondratieffzyklus überein. Ab den 1920er Jahren hingegen kommt es zu einer deutlichen Verschiebung, welche die Entwicklungen der vergangenen hundert Jahre in einem ganz anderen Licht erscheinen lassen.

Zwar beginnt die dritte Welle synchron um das Jahr 1900. Jedoch beschränkt sich diese nicht auf Elektrotechnik und Massenproduktion. Sie beinhaltet auch die Bereiche Automobil, Flugindustrie und Massenmedien, welche in diesem Zeitraum ebenfalls zur Marktreife gelangten und ihr rasantes Wachstum begannen. Umfassende Elektrifizierung aller Lebensbereiche, Massenproduktion am Fließband, die ersten Automobilkonzerne, die ersten Luftfahrtunternehmen, Linien-Zeppeline und Motorflugzeuge, Transatlantik-Funk, Schallplatten, Radio, Kino, all das entstand während der wenigen Jahre um die Jahrhundertwende und wurde zum neuen Wachstumstreiber der Weltwirtschaft. Anstelle der trägen Großmaschinerien der zweiten Welle flitzten nun wendige Insektenschwärme spezialisierter Technologien in alle Richtungen über den Erdball und verästelten sich in sämtliche Lebensbereiche hinein. Die materiellen Nervenbahnen wurden um den Globus gelegt. Der Zyklus der „Globalen Vernetzung" umfasst als Leitmotiv auch den Beginn der „individuellen Mobilität" und der „modernen Konsumgesellschaft" als Unterthemen. 1929 stößt dieser mit dem „Schwarzen Freitag" an seine Grenzen. Ein Jahrzehnt der Weltwirtschaftskrise und das Aufkommen faschistischer Diktaturen fallen in diesen Zeitraum und markieren den Wendepunkt in die Abschwungphase. Dem Zweiten Weltkrieg folgt in vielen Ländern ein Wirtschaftswunder, welches aber nicht auf neuen Basisinnovationen gründet, sondern auf dem Wiederaufbau. Erst in den 1960er Jahren wird der Zeitgeist wieder von einer Flut neuer Ideen und radikalen Paradigmenwechseln erfasst.

In den 1960er Jahren findet der Zyklus der „Globalen Vernetzung" seine Vollendung durch die Eroberung des Weltraums: Ab 1962 beginnt die Ära der zivilen Kommunikationssatelliten. Die menschliche Expansion in den Raum wird gekrönt durch die erste bemannte Mondlandung 1969 und die erste Weltraumstation Saljut 1 im Jahr 1971. Damit ist der Zyklus der globalen Vernetzung vorerst abgeschlossen und gleichzeitig auf eine neue Ebene gebracht. Nun verlagert sich der Fokus auf die innere Expansion, auf Qualität und Quantität der durchs globale Nervensystem gejagten Einheiten. Diese werden immer kleiner, differenzierter, detaillierter, komplexer, schneller.
So entstanden in den 1960er Jahren die Basistechnologien für den neuen Zyklus: der moderne Computer, das Internet (ursprünglich „Arpanet"), die Informationstechnologie, Elektronik und Nanotechnologie. Was für den ersten Kondratieff die Dampfmaschine war, ist für den neuen Zyklus der Mikroprozessor, der 1971 erstmals Marktreife erlangte in Form des „Intel 4004". Waren die bisherigen Zyklen auf die Optimierung der materiellen Warenflüsse fokussiert, so stehen nun die geistigen Güter, die Verarbeitung und Verbreitung von Gedanken, Ideen und Wissen im Vordergrund. Leitthema des aktuellen Neo-Kondratieff ist die Umwandlung der analogen Welt in „Information". Die Produktionsgesellschaft wird zur Wissensgesellschaft. Damit verbunden ist eine zunehmende Atomisierung der Welt: Optimierung, Rationalisierung, Perfektionierung, Differenzierung, Spezialisierung, Systemisierung, Detailorientierung, Miniaturisierung.

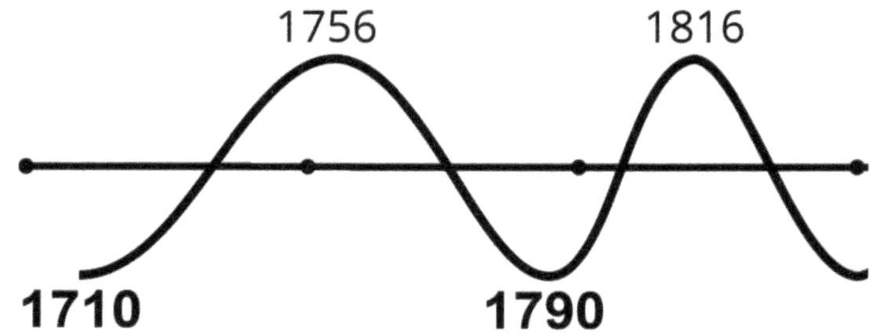

Leitmotiv	**FRÜHINDUSTRIALISIERUNG**		**INDUSTRIALISIERUNG**	
Basis-Technologien	Dampfmaschine (Newcomen) Eisenproduktion		Dampfmaschine (Watt) Mechanischer Webstuhl	
Wirtschafts-krisen	Hungernot/Pest Europa	Siebenjähriger (Welt)-Krieg	Staatsbankrott Frankreich	Jahr ohne Sommer Hungersnot Wirtschaftskrise Spanien
Politische Revolutionen	Ungarn-Aufstand Bauernaufstand Bayern Jakobitenaufstand	Siebenjähriger (Welt)-Krieg	Französische Revolution	Lateinamerika Unabh. Griech. Revolution
Sozialepoche	**AUFKLÄRUNG**		**LIBERALISMUS**	
Gegenkulturen & Neue Denksysteme	Aufklärung	Materialismus Physiokratismus	Freiheit, Gleichheit, Brüderlichkeit Abolitionismus Frauenrechte	Liberalismus Biedermeier
Kunststile	**SPÄTBAROCK**		**ROMANTIK**	
	Rokoko	Klassizismus Sturm und Drang	Früh/Hochromantik	Spätromantik

Der Neo-Kondratieff Paradigmenzyklus
von Christof Niederwieser

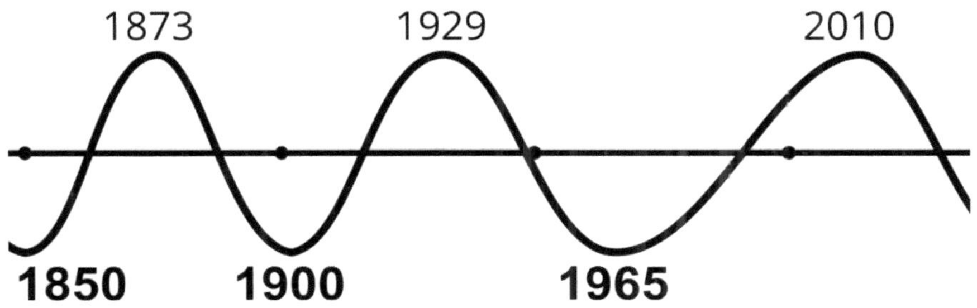

MASSENMOBILITÄT		**GLOBALE VERNETZUNG**		**INFORMATION**	
Eisenbahn Dampfschiff Stahl Telegraphie		Elektrizität Massenproduktion Automobil, Flugzeug Telefon Radio, Schallplatte, Film		Mikroprozessor Internet Informationstechnologie Nanotechnologie Weltraumfahrt	
Börsenkrach Bankenkrise Hungersnot	Gründerkrach Große Depression Osmanischer Staatsbankrott	Hungersnot China Rezession Russland	Weltwirtschaftskrise	Hungersnot China	Globale Finanzkrise Eurokrise
Revolution 1848 Taiping Revolut.	Balkanaufstand Samurai-Revolte	Boxeraufstand Russische Revolut.	Faschist. Umstürze	Kulturrevolution Studentenrevolten Afrika Dekolonis.	Arabischer Frühling Occupy/Femen Massenproteste div.
KAPITALISMUS		**KONSUMGESELLSCHAFT**		**WISSENSGESELLSCHAFT**	
Kommunismus Anarchismus	Imperialismus Arbeiterparteien	Bolschewismus Lebensreform Suffragetten	Faschismus	Hippies Umweltbewegung Feminismus Black Power	Shareconomy Digital Natives #Metoo Veganismus
		Relativitätstheorie Quantentheorie		Systemtheorie Chaostheorie	
REALISMUS		**JAZZ/BLUES**		**POP/ROCK**	
Historismus Realismus	Naturalismus Impressionismus Symbolismus	Expressionismus Jugendstil	Nationalistischer Monumentalismus Comics Swing	Pop Art Minimal Art	Virtual Art Youtubismus VR Gaming

Zum Höhe- und Wendepunkt dieser Welle in den 2010er Jahren kommen zunehmend die Schattenseiten dieser Entwicklung zum Vorschein: ADHS, Multitasking, permanente Informationsüberflutung, Onlinesucht, Überwachungswahn durch Big Data oder die ausufernden Compliance-Regulierungen sind einige Symptome. Das Wachstum der IT-Branche hat seinen Zenit erreicht.

Auffällig am revidierten Kondratieffzyklus ist die Tatsache, dass sich alle Eckpunkte der Kurve durch beschleunigte Innovationstätigkeit auszeichnen. Die Initialpunkte bringen dabei den Durchbruch neuer Basistechnologien. Ideen und Erfindungen, die zuvor lose im Untergrund gegärt haben, entwickeln plötzlich eine Eigendynamik. Sie vernetzen sich, inspirieren einander. Der Zeitgeist bringt ungeahnte neue Anwendungsmöglichkeiten, neue Materialien und Erfindungen aus Nachbardisziplinen, welche der aufkeimenden Basistechnologie endlich zur Marktreife verhelfen. Lukrative neue Märkte entstehen. Investoren stellen nun genügend Kapital zur Verfügung, um die technischen Visionen zu verwirklichen. Die neue Technologie entwickelt sich zu einem Boom, bei dem jeder dabei sein will. Die einst versponnenen Garagen-Ideen werden zum neuen Mainstream, wie dies bereits Kondratieff und Schumpeter diagnostiziert haben.
Aber auch die Höhe-und Wendepunkte der Wellen zeichnen sich durch eine starke Innovationsbeschleunigung aus. Doch läuft der Prozess weniger geschmeidig. Die neuen Technologien wirken noch plump, bizarr, unförmig, grob. Sie sind unhandlich und kompliziert, kaum für den Massenmarkt geeignet. Dabei dringen bereits Schemen der Basistechnologien des kommenden Neo-Kondratieff durch. Diese Phasen bilden somit eine Brücke von den Innovationen des laufenden Zyklus hin zu den Innovationen des folgenden Zyklus. In diesen Zeiten der beginnenden Krise werden die Basisbedürfnisse des kommenden Zyklus erstmals offensichtlich. Aber man versucht diese noch auf Grundlage der alten Technologie zu lösen.

So begann die Geschichte des Bewegtfilms zu Beginn der Welle „Globale Vernetzung" Ende des 19. Jahrhunderts mit den ersten Kurzfilmen. Bald begannen die Kinos zu boomen. Zum Höhepunkt dieses Zyklus erwachte das neue Bedürfnis, Filme nicht nur im Kino, sondern auch zuhause sehen zu können. Und so entstanden zu dieser Zeit zahlreiche entsprechende

Innovationen: der erste Tonfilm (1927), das erste transatlantische TV-Bild (1928), das erste vollelektronische Fernsehgerät (1930), der erste Farbfilm und der erste Fernsehsender (beide 1935). Die ersten TV-Geräte waren noch riesig, teuer, mit kleinem, verrauschtem Bild, ein unförmiges Nischenprodukt für die wohlhabende Avantgarde. Sie fungierten aber als Innovationsbrücke vom Kino hin zum modernen TV-Massenmarkt, der schließlich in den 1960er Jahren seinen Boom begann mit dem ersten TV-Satelliten (1962) und der flächendeckenden Einführung von Farbfernsehen.
Ähnlich entwickelte sich der Computer. Die ersten klobigen Großrechner entstanden während der Krise in den 1930er Jahren. Sie zeigten das neue Bedürfnis, mit der etablierten Elektrotechnik nicht nur Klang und Bild, sondern auch komplexe Denkprozesse simulieren zu können. Neuartige Rechenmaschinen wie der IBM601 (1931) oder der Zuse Z1 (1936) füllten ganze Räume, fraßen Unmengen an Energie, waren schwerfällig und sehr kompliziert zu bedienen. Das ändert sich schlagartig in den 1960er Jahren. Plötzlich drängten zahlreiche Kleinrechner auf den Markt, die am Schreibtisch Platz hatten und auch für mittelständische Unternehmen erschwinglich und bedienbar waren, wie der PDP-8 von DEC (1964 der erste Rechner unter 20.000 Dollar) oder der 9100-A von Hewlett Packard (1968 der erste „Personal Computer"). Als 1971 mit dem Intel 4004 der erste Mikrochip in Serienfertigung ging, war schließlich die passende Basisinnovation für den neuen Zyklus der Informationstechnologie verfügbar.

Neue Erfindungen können sich nur unter den passenden ökonomischen Vorbedingungen durchsetzen. Für Nikolai Kondratieff waren die neuen Technologien deshalb lediglich die Wirkung der „Langen Wellen". Die Ursache sah er in den Gesetzmäßigkeiten des Kapitalismus: das Kapital fließt dorthin wo sich am meisten verdienen lässt, wo sich Investitionen am meisten lohnen. Damit beschreibt Kondratieff ein wichtiges Merkmal der langen Wirtschaftszyklen. Jedoch gibt es gerade in den großen Mustern der Menschheitsgeschichte selten rein monokausale Zusammenhänge. Vielmehr gruppieren sich um entscheidende Ereignisse und Wendepunkte Bedeutungscluster, die derart komplex ineinander verwoben sind, dass man Ursache und Wirkung nicht mehr trennen kann. In der Systemtheorie spricht man von Interdependenz, einem wechselseitigen Zusammenhang.[525] Diese Bedeutungscluster, diese interdependenten Gewebe von Erscheinungen, bezeichne ich als Morphologie des Zeitgeists. Auch die Morphologie des Neo-Kondratieff lässt sich in derartigen Bedeutungsfeldern beschreiben. Ausgangspunkt aller Start- und Wendepunkte des Zyklus sind massive Krisen des bestehenden Systems, meist in Form von Wirtschaftskrisen. Diese sorgen für eine tiefe Unzufriedenheit mit den herrschenden Machtverhältnissen. Neue Denksysteme, die schon länger im Untergrund ausgebrütet worden sind, bekommen dadurch Auftrieb. Sie schwappen an die Oberfläche des Zeitgeistes und entwickeln sich immer mehr zu Massenbewegungen. Gegenkulturen entstehen als Alternative zum bisherigen Mainstream. Plötzlich ist im Kollektiv die Bereitschaft zum radikalen Wandel da. Immer mehr Menschen sind davon überzeugt, bei einem Umsturz mehr zu gewinnen als zu verlieren. Zu allem entschlossen, gehen sie auf die Barrikaden. An jenen Orten des Globus, wo der Druck am größten ist, brechen politische Revolutionen aus. Es kommt zu Systemumstürzen. Dieser Zeitgeist der Revolution erfasst schließlich alle Lebensbereiche. Überall steigt die Bereitschaft, Neues zu wagen: in Wissenschaft und Technik, in der Kunst, in der Mode. Und immer mehr werden die ursprünglich revolutionären Ideen zum neuen Mainstream.

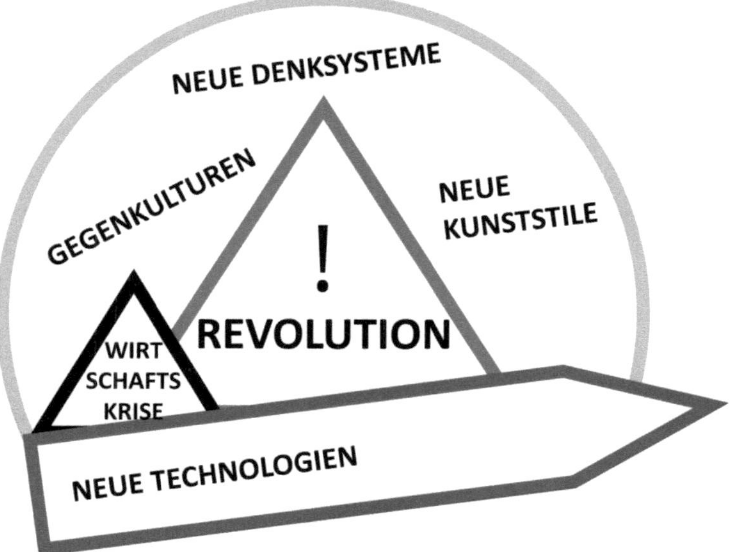

Die Morphologie der Start- und Wendepunkte des Neo-Kondratieff

Eine häufige Ursache des Systemwechsels sind Misswirtschaft und Schuldenschwemme. Die Herrschenden haben zu lange in Saus und Braus gelebt auf dem Rücken des Volkes. Riesige Schulden haben sich aufgetürmt, die irgendwann nicht mehr bedient werden können. Das System bricht zusammen. So entfachte der vom verschwenderischen Adel und Klerus verursachte Französische Staatsbankrott 1788 jenen Volkszorn, der sich 1789 in der Französischen Revolution entlud. Dies änderte die Machtverhältnisse nicht nur in Frankreich, sondern am gesamten europäischen Kontinent erheblich zugunsten des Bürgertums. Mit einem erstarkten Unternehmertum war die sozioökonomische Grundlage für die Industrielle Revolution gelegt.
1847 war geprägt vom Börsenkrach in England, einer Bankenkrise in Frankreich und einer Hungersnot in Deutschland, verursacht durch Missernte und Kartoffelfäule. Das brachte die allgemeine Unzufriedenheit zum Überkochen und trieb die Bürger Anfang 1848 auf die Straße. Revolutionen und Unruhen machten sich in ganz Europa breit: Februarrevolution in Frankreich, Märzrevolution in Deutschland und Österreich, Beginn der Unabhängigkeitskriege in Italien. Ein ähnliches Bild bot sich in China, wo 1846-49 eine große Hungersnot wütete, welche 1851 zur Taiping-Rebellion führte, dem mit 30 Millionen Toten blutigsten Bürgerkrieg der Geschichte. In den europäischen Monarchien konnten die Revolutionäre bald von den Herrschern besänftigt werden. Weitreichende Zugeständnisse an das Bürgertum ebneten den Weg für das „Zeitalter des Kapitals" (Eric Hobsbawn).[526] Der zweite Kondratieff auf Basis von Eisenbahn, Dampfschiff, Stahl und Telegraphie nahm seinen Anfang.

Analoge Entwicklungen finden sich zu allen Start- und Wendepunkten der Wellen.[527] Wirtschaftskrisen und Revolutionen sind die sichtbarsten Symptome des notwendigen Systemwechsels. Sie öffnen aber nicht nur den Zeitgeist für neue Paradigmen in Politik, Kultur und Technik. Vielmehr sind sie gleichzeitig selbst von diesen verursacht. Denn der technologische Fortschritt verändert kontinuierlich Wirtschaft und Gesellschaft. Neue Akteure und Länder weiten ihre Macht aus. Geldkreisläufe und Ressourcen verlagern sich. Alte Industrien kommen in die Krise und werden durch neue Industrien verdrängt. Ganze Berufsstände werden von neuen Technologien ersetzt und sterben aus. Neue Berufsbilder entstehen. Das sorgt für soziale Unruhen. An den Kardinalpunkten des Neo-Kondratieff spitzt sich die Lage zu. Herrschende Machtverhältnisse und Gesellschafts-

strukturen sind den gewachsenen technologisch-ökonomischen Verhältnissen nicht mehr angemessen. Vormals unterdrückte Bevölkerungsschichten nutzen die neuen Technologien, um sich vom Joch zu befreien und Macht zu erlangen. Die Verlierer des Wandels versuchen mit aller Gewalt ihre schwindende Macht zu verteidigen. So sind Wirtschaftslage, technologischer Wandel und politische Revolutionen untrennbar ineinander verschränkt.
Verbunden ist dieser Systemwechsel mit dem Aufkommen eines neuen Lebensgefühls, welches sich in neuen Moden und künstlerischen Ausdrucksformen manifestiert. So entstand als Begleit-Soundtrack der Französischen und Industriellen Revolution in den 1790er Jahren die Stilepoche der Romantik. Sie löste in kürzester Zeit die gepuderten Perücken des späten Rokoko ab. Ebenfalls gegen das Ancien Régime wandten sich die aufkommende Salonmusik des Bürgertums und die Blasmusik des einfachen Volkes. Zum Höhepunkt der Industrialisierungs-Welle kam der Biedermeier hinzu. Beide wurden zu Beginn des Eisenbahn-Kondratieff um 1850 vom Historismus abgelöst. Der Elektrizitäts-Kondratieff brachte ab 1900 einerseits Jugendstil und Expressionismus. Andererseits kamen die ersten Populärstile in Form von Blues und Jazz auf. Und der Informations-Kondratieff ab den 1960er Jahren wurde von den verschiedensten Spielarten der modernen Popmusik flankiert, welche damals entstanden: Pop, Rock, Funk, Soul, Reggae, Elektro, Metal und all die unzähligen zeitgenössischen Kombinationen daraus.

Der Neo-Kondratieff ist also nicht nur ein Wirtschaftszyklus. Er zeigt vielmehr die großen Paradigmenwechsel der Gesellschaft an. Seit der Industriellen Revolution stehen dabei die ökonomischen Prozesse im Vordergrund. Aber die historische Gestaltanalyse zeigt, dass sich dieses zyklische Muster bereits davor deutlich durch die Weltgeschichte zieht. So geht der Industriellen Revolution eine frühindustrielle Welle voraus, welche um 1710 in Großbritannien begann. Die wichtigste Basisinnovation war die Erfindung der Dampfmaschine durch Thomas Newcomen (1663-1729) im Jahr 1712, welche bald in tausenden Bergwerken zum Einsatz kam, um das Grubenwasser abzupumpen. Etwa zeitgleich wurde von Abraham Darby (1676-1717) ein neuer Hochofen konstruiert, mit dem bei der Verhüttung von Eisenerz die knappe Holzkohle durch die reichlich verfügbare Steinkohle ersetzt werden konnte. Dank Kohle und Eisen be-

gann der Aufstieg Englands zur führenden Wirtschaftsmacht, welchen die Briten auch zunehmend in politische Macht umwandeln konnten.
Der Höhepunkt dieser Welle fand in den 1750er Jahren statt. Nach dem Siebenjährigen Krieg, dem ersten Weltkrieg der Geschichte, musste Frankreich die amerikanischen Kolonien an die Briten abgeben. England wurde zur Weltmacht. Und die ersten Brückentechnologien hin zum nächsten Zyklus kamen auf. Das Schnellschützen-Webschiffchen von John Kay (1704-1780) setzte sich im Mainstream durch und revolutionierte die Textilproduktion. Bald darauf wurden die ersten Spinnmaschinen erfunden und machten so die Textilbranche zum Vorreiter der Industrialisierung. Diese Frühindustrialisierungs-Welle dauerte mit 80 Jahren besonders lange. Das ist immer dann der Fall, wenn die Basistechnologie sehr neuartig ist und dadurch mehr Zeit braucht, um sich zu entfalten. Auch bei der aktuellen Informationstechnologie-Welle zeichnet sich diese deutlich längere Dauer von 80 Jahren ab. Und es scheint, dass das Wellenmuster auch in den Jahrhunderten davor erkennbar ist bis zurück zur Erfindung des Buchdrucks um 1450. Davon werde ich in künftigen Publikationen berichten.

Kliometrie und Kliodynamik

Die klassischen Konjunkturzyklen hatten ihre Hochphase von den 1920er Jahren bis in die 1950er Jahre hinein. Dann sahen die Ökonomen diese Theorien zunehmend kritisch. Zwar ist bis heute unbestritten, dass das Wirtschaftswachstum kein stetiger Fortschritt ist, sondern in Wellen verläuft. Doch das komplexe Wechselspiel von Branchen, Märkten und Regionen schien keinen einfachen, regelmäßigen Wellenformen zu folgen. So entstand Ende der 1950er Jahre die Kliometrie als Teildisziplin der Wirtschaftsgeschichte. Sie ist auch als „New Economic History" bekannt. Der Begriff bildet sich aus dem Namen der griechischen Muse der Geschichte, Clio, und dem griechischen Begriff fürs Messen,[528] sodass der Terminus als „Geschichtsmessung" übersetzt werden kann. Wichtige Vertreter waren die amerikanischen Ökonomen Robert W. Fogel (1926 – 2013) und Douglass C. North (1920 – 2015), welche für ihre Arbeit 1993 den Nobelpreis erhielten.[529]
Ziel der Kliometrie ist die quantitative Überprüfung wirtschaftshistorischer Theorien. Das erfordert zum einen, dass diese Theorien in makro-

ökonomischen Rechenmodellen operationalisiert werden. Zum anderen werden große historische Datenmengen benötigt, um zu verifizieren, inwieweit das Ergebnis des Rechenmodells den historischen Fakten entspricht.[530] Dabei wird auch mit der kontrafaktischen Analyse gearbeitet, also mit Was-wäre-wenn-Szenarien. So versucht man, den Einfluss von einzelnen Ereignissen auf den Gang der Geschichte zu isolieren. Beispielsweise untersuchte Fogel, was wohl geschehen wäre, wenn es die Erfindung der Eisenbahn nie gegeben hätte. Dabei stellte er fest, dass dies das Wachstum des Pro-Kopf-Einkommens der Amerikaner kaum beeinflusst hätte. So widerlegte er die allgemein verbreitete Theorie, dass der amerikanische Wirtschaftsboom des späten 19. Jahrhunderts wesentlich durch den Aufschwung der Eisenbahntechnologie befördert worden wäre. Mit demselben methodischen Ansatz wurde widerlegt, dass die Sklaverei gegen Ende schon lange unrentabel gewesen wäre und die Südstaaten deshalb den Bürgerkrieg verloren hätten.[531] Oder es wurde untersucht, welche finanzpolitischen Fehler die FED während der Weltwirtschaftskrise der frühen 1930er Jahre gemacht hat, um aus dieser Analyse Handlungsempfehlungen für künftige Wirtschaftskrisen abzuleiten.[532]

Kritiker werfen der Kliometrie freilich vor, dass die quasihistorischen Denkspiele noch lange kein Beweis für die präsentierten Thesen seien, nur weil sie sich exzessiv der Statistik bedienen. Vielmehr sei das Formelwerk mathematisierter Subjektivismus, da auch ein empirisches Modell nicht wertneutral konstruiert werden kann. Zwar mögen die Algorithmen zu einem rechnerisch eindeutigen Ergebnis kommen. Die Realitätsdefinition wird jedoch bereits an den Grundannahmen des Rechenmodells vorgenommen, sodass das Ergebnis immer nur eine Pseudoobjektivität sein kann und nicht – wie von Kliometrikern gerne postuliert[533] – ein fast naturgesetzlicher Beweis der präsentierten Thesen.[534]
Mit ihren makroökonomischen Modellen praktiziert die Kliometrie über weite Strecken eine moderne Form der Zeichendeutung, wie wir sie bereits im zweiten Prognostik-Band kennengelernt haben. Sie betreibt Zeichenkultivierung über ökonomische Kennzahlen und Wirtschaftsindikatoren.[535] Und sie baut daraus ökonometrische Prognosesysteme aus künstlichen Zeichen.[536] Von der herkömmlichen Volkswirtschaftslehre unterscheidet sie dabei weniger die Methodik als vielmehr der zeitliche Fokus auf der Vergangenheit. Ein wichtiger Bereich der Kliometrie ist aber auch die Zeitreihenanalyse, um lineare und zyklische Muster im Verlauf mak-

roökonomischer Daten zu finden. Manche dieser Studien erstrecken sich über Jahrhunderte oder gar Jahrtausende und basieren häufig auf der Pionierarbeit des britischen Ökonomen Angus Maddison (1926-2010), welcher die wichtigsten Kennzahlen von Wirtschaftssystemen bis zurück ins Römische Reich rekonstruiert hat.[537] So werden beispielsweise die Wachstumskurven verschiedener Länder, Branchen und Indikatoren im Rahmen der Industriellen Revolution analysiert[538] oder Wirtschaftszyklen im Zusammenhang mit der Großen Depression der 1930er Jahre[539] oder in der Entwicklung Italiens vor dem Ersten Weltkrieg.[540]

Dort wo die Kliometrie die Veränderungen im Zeitverlauf besonders stark in den Fokus rückt, nennt sie sich mittlerweile Kliodynamik. Der Begriff wurde 2003 vom russisch-amerikanischen Evolutionsbiologen Peter Turchin (*1957) eingeführt. Geschichte wird hier als naturwissenschaftlich messbares dynamisches System betrachtet, welches mit gigantischen Datenbanken erfasst und analysiert werden kann. Die Kliodynamik wirkt an vielen Stellen wie eine moderne Form der Kulturzyklentheorien, so als ob Pitirim Sorokin die Möglichkeiten von Smart Data zur Verfügung gestanden wären.[541]
Besonders deutlich wird dies bei den „Secular Cycles", welche Peter Turchin und Sergey Nefedov 2009 publiziert haben. Sie identifizieren „wiederkehrende Muster der Veränderung. Jahrhundertelange Perioden der Bevölkerungsexpansion kommen vor langen Perioden der Stagnation und des Niedergangs."[542] Ihr Zyklus dauert meist um die 300 Jahre, manchmal auch deutlich kürzer. Er beginnt mit einer Phase der Expansion, in welcher die Bevölkerung stark wächst. Die Stimmung ist optimistisch. Das Einkommen ist hoch. Es herrscht Frieden. Der Staat greift zunächst kaum ein (Laissez Faire), erstarkt aber zunehmend, was sich in steigenden Steuern spiegelt. Irgendwann erreicht der Zyklus die zweite Phase: Stagflation. Nach dem Wachstum kommt es zur Kompression. Das Bevölkerungswachstum bremst auf hohem Level deutlich ab. Der Staat ist am Höhepunkt seiner Macht, bekommt aber zunehmend Gegenwind. Die Stimmung wird pessimistischer. Das Einkommen sinkt. Die Kritik an den Eliten, aber auch der interne Wettbewerb um die Ressourcen wächst. So kippt der Zyklus schließlich in seine disintegrative Hälfte. Die dritte Phase ist die Krise, der Niedergang des Staates. Die Verhältnisse werden unsicher und instabil. Die Bevölkerung beginnt zu schrumpfen. Die großen Vermögensunterschiede in der Gesellschaft führen zu sozialen Unruhen.

So tritt der Zyklus schließlich in seine Endphase ein: die Depression. Die Bevölkerung erreicht ihren Tiefstand. Dadurch werden wieder Ressourcen frei für die nächste Expansionsphase.[543]

Soweit unterscheiden sich die „Secular Cycles" von Turchin und Nefedov kaum von all den anderen Kulturzyklentheorien. Doch hundert Jahre nach Spengler gibt es einen wesentlichen Unterschied. Die Thesen werden massiv durch makroökonomische Statistiken, Zeitreihen und Diagramme untermauert. Dabei stehen neben verschiedenen wirtschaftlichen und politischen Indikatoren vor allem demografische Daten wie Bevölkerungswachtum oder Kindersterblichkeit im Zentrum. Hier knüpft die Kliodynamik nahtlos an Sorokin an, der im Buch auch häufig zitiert wird.[544] Da das Datenmaterial im 21. Jahrhundert viel umfassender und genauer ist, kommen Turchin und Nefedov auf eine andere Abgrenzung der bisherigen Wellenmuster. Exemplarisch nennen sie im Buch folgende Zyklen:

ZYKLUS	**Expansion**	**Stagflation**	**Krise**	**Depression**
Plantagenet-Zyklus (England 1150-1485)	1150-1260	1260-1315	1315-1400	1400-1485
Tudor-Stuart-Zyklus (England 1485-1730)	1485-1580	1580-1640	1640-1660	1660-1730
Kapetinger-Zyklus (Frankreich 1150-1450)	1150-1250	1250-1315	1315-1365	1365-1450
Valois-Zyklus (Frankreich 1450-1660)	1450-1520	1520-1570	1570-1600	1600-1660
Republik-Zyklus (Rom 350-30 BC)	350-180 BC	180-130 BC	130-30 BC	
Prinzipat-Zyklus (Rom 30 BC – 285 AD)	27BC – 96AD	96-165	165-197	197-285
Moskau-Zyklus (1460-1620)	1460-1530	1530-1565	1565-1615	
Romanov-Zyklus (1620-1922)	1620-1800	1800-1905	1905-1922	

"Secular Cycles" verschiedener Länder nach Turchin/Nefedov (2009)[545]

Und einmal mehr sehen wir, wie das Motiv der ewigen Wiederkehr selbst immer wiederkommt. Das Muster des Kreislaufs bleibt dasselbe, von den hinduistischen Yugas über die Kulturzyklen von Frobenius und Spengler bis zur Kliodynamik des 21. Jahrhunderts. Nur die Zeitgeistmaske ändert sich und blickt uns nun in der modernen Einkleidung des digitalen Datenfetischismus entgegen.

Wirtschaftszyklen in Börse und Politik

Zyklenmodelle haben bis heute großen Einfluss auf die Politik. Das gilt für die Kulturzyklen[546] ebenso wie für die Wirtschaftszyklen, wobei sich beide Bereiche gerade in der Kliometrie stark vermischen. Zwar ist die genaue Definition und Dauer der Zyklen umstritten. Doch reicht es für die Schlagparole der „antizyklischen Konjunkturpolitik" schon, in prosperierenden Zeiten zu sparen, um in wirtschaftlich schwierigen Zeiten den finanziellen Spielraum für Investitionen zu haben, so wie dies in der Bibel bereits der ägyptische Pharao auf Anraten von Josef getan hat.[547] Auf diese Weise wurden in den 2000er Jahren viele Einsparungs- und Privatisierungsmaßnahmen von Regierungen gerechtfertigt. Auch die Geldpolitik der Zentralbanken war lange Zeit von dieser Maxime geprägt. Seit der Weltfinanzkrise 2007 freilich scheint diese Stabilisierungspolitik vergessen. Unabhängig vom Wirtschaftswachstum feuern die Zentralbanken aus allen Rohren, auch in den guten Jahren. Inwieweit dies bereits selbst Kennzeichen der typischen Krise in der Spätphase eines Zyklus ist, bleibt abzuwarten.

Nicht nur in der Wirtschaftspolitik, auch in der Börsenprognostik werden zyklische Modelle herangezogen, obwohl diese von vielen Experten als reine Spekulation kritisiert werden. Einen Einblick in diese Praktiken hat bereits das Kapitel „Technische Chartanalyse" im zweiten Prognostik-Band gegeben.[548] Hier werden die graphischen Darstellungen der Kursverläufe nach bestimmten Mustern abgesucht. Idealtypische Formationen wie Flagge, Abbruchsspalt oder Kopf- und Schulternsohle geben Hinweise auf den künftigen Verlauf der Aktienkurse und bilden somit Investitionssignale. Das Problem dabei ist, dass diese Idealmuster in der Praxis selten so eindeutig vorkommen, wie dies die einschlägigen Lehrbücher suggerieren. Vielmehr müssen die Formationen phantasievoll in das chaotische Auf und Ab der Charts hineinprojiziert werden. Und manche dieser Formationen folgen auch zyklischen Mustern, wie folgendes Beispiel zeigt.

Elliott-Waves

Eine der beliebtesten Methoden der Technischen Analyse sind die Elliott-Waves. Dieses Muster wurde in den 1930er Jahren vom amerikanischen Buchhalter Ralph Nelson Elliott (1871 – 1948) entwickelt. Elliott hatte 1929 an der Wall Street einen Teil seines Vermögens verloren. Da er während der Wirtschaftskrise krank und arbeitslos war, nutzte er die Zeit, um die Kursverläufe des amerikanischen Aktienmarktes eingehend zu untersuchen. Dabei fand er 1934 heraus, dass diese einem wiederkehrenden Muster folgten. 1938 stellte er seine Entdeckung im Buch „The Wave Principle" der Öffentlichkeit vor.[549]

Das Grundmuster der Elliottwellen basiert auf der Fünfzahl. Zu Beginn steht die ansteigende Impulswelle (1). Dieser folgen eine kleinere Korrekturwelle nach unten (2), eine weitere Impulswelle nach oben (3), eine weitere kleinere Korrekturwelle nach unten (4) und schließlich eine letzte Bewegung nach oben (5). Damit ist der Anstieg einstweilen beendet. Es folgen drei abschließende Korrekturwellen (A, B und C), deren Gesamttendenz nach unten geht. Dann beginnt das Muster wieder von vorne.

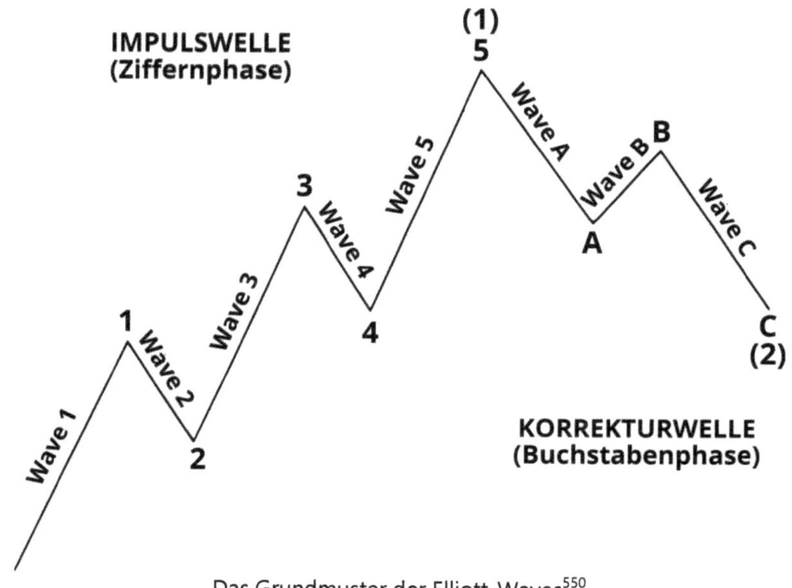

Das Grundmuster der Elliott-Waves[550]

Dieses Muster ist das Basiselement der Elliott-Waves. Von der kleinsten bis zur größten Welle folgen alle Bewegungen der Börsenkurse diesem Schema. Drei dieser Wellen bilden wiederum eine größere Aufschwungswelle. Zwei der Abwärtswellen bilden eine größere Abwärtswelle und so fort. Der genaue Schlüssel der fraktalen Verschachtelungen folgt laut Elliott der Fibonacci-Reihe. Er ist von folgenden Proportionen bestimmt:

	Impulswelle	+ Korrekturwelle	= Zyklus
Gesamtwelle	1	1	2
Unterwelle 1. Stufe	5	3	8
Unterwelle 2. Stufe	21	13	34
Unterwelle 3. Stufe	89	55	144
(...)			

Anzahl der Wellen auf der jeweiligen Stufe der Elliott-Waves[551]

Elliotts Muster lässt sich sowohl ins Kleine, als auch ins Große beliebig fortschreiben. Jede Welle besteht aus zahlreichen Unterwellen und ist selbst wiederum Bestandteil zahlreicher größerer Wellen. Das Muster findet sich im Minutenkursverlauf, im Tageskursverlauf, im Monatskursverlauf, im Jahreskursverlauf bis hinauf in die Jahrzehnte, Jahrhunderte und Jahrtausende. Elliott formulierte für all diese Stufen eine eigene Nomenklatur. Er benannte sie von der größten bis zur kleinsten folgendermaßen: Grand Supercycle, Supercycle, Cycle, Primary, Intermediate, Minor, Minute, Minuette und Subminuette. Jede dieser Stufen erhielt eine eigene Notation, eine eigene Schrift zum Durchnummerieren der einzelnen Wellen. Folgende Grafik zeigt die Stufen Intermediate (eingeklammerte Zeichen), Primary (eingekreiste Zeichen) und Cycle (römische Zahlen I und II).[552]

So ziehen sich die Elliottwellen durch das Auf und Ab der Aktienkurse. Zumindest möchten dies die entsprechenden Lehrbuch-Grafiken suggerieren. Wie bei den anderen Methoden der Chart-Analyse, ist es in der Praxis meist nicht so einfach, die genauen Entsprechungen des Musters im chaotischen Zickzack der Börsenbewegungen festzulegen. Nur selten folgen die Charts eindeutig der Elliott-Wellenbewegung. Für einen Anfänger ist es meist unmöglich, das Muster überhaupt zu sehen im Gekräckel der Kursfluktuationen. Vielmehr wird von den Elliott-Anhängern betont, dass nur jahrelange Erfahrung und Übung die Kunst des Wellendeutens lehren können. Nur wer das komplette Regelwerk der Elliottwellen

an tausenden Charts erprobt hat, kann das Muster identifizieren und damit Tradingerfolge erzielen.
In dieser Argumentation sind die Wellendeuter den Physiognomen, Astrologen und anderen Orakelkennern der magischen Welt sehr ähnlich. Auch für diese sind Deutungsregeln keine einfachen Gesetzmäßigkeiten, sondern müssen erst durch die Jahre der Erfahrung durchdrungen und verstanden werden, bevor sie zuverlässige Prognosen erlauben. Und so sehen auch Elliott-Trader ihr Tun weniger als exakte Wissenschaft, sondern vielmehr als Kunst oder auch als „qualitative Methode". Dieser Begriff hat gleich zwei Vorteile: er muss sich keiner Quantifizierbarkeit stellen und klingt zudem für den Laien „qualitativ hochwertig".

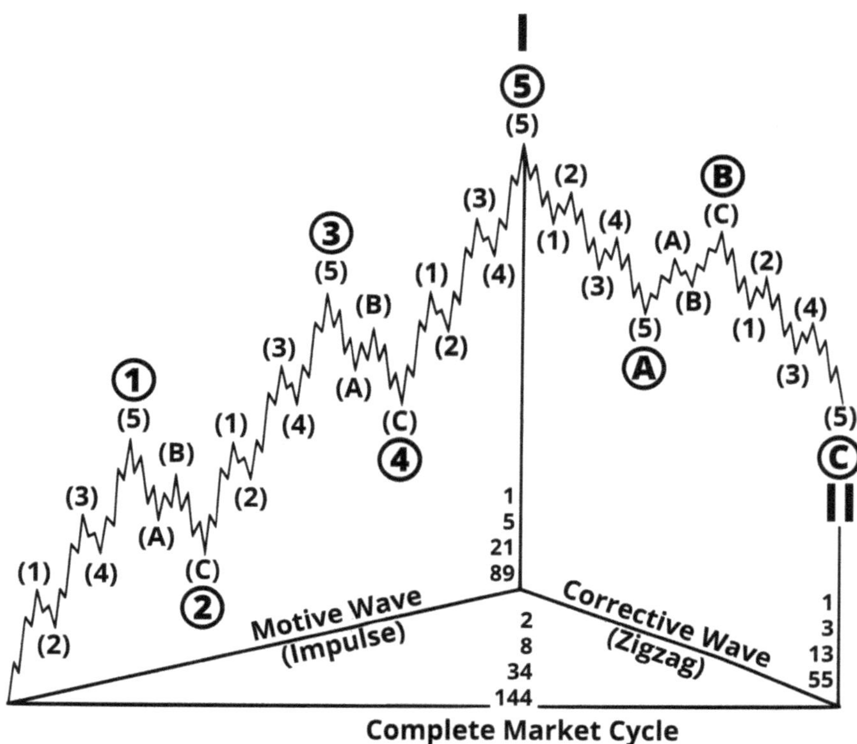

Intermediate, Primary und Cycle -
Die Elliottwelle in der Elliottwelle in der Elliottwelle[553]

Einer der es in dieser Kunst zum Guru gebracht hat, ist der amerikanische Analyst Robert Prechter (*1949). Prechter war einer der wenigen, die den großen Börsencrash von 1987 richtig vorhergesehen hatten. So wurde er über Nacht zum Börsenstar. Die Elliottwellen wurden dadurch erst richtig populär. Zwar gab Prechter auch eine Reihe schwerwiegender Fehlprognosen ab. Doch dies konnte seinem legendären Ruf keinen Abbruch mehr tun. Seither ist seine Analysefirma „Elliott Wave International" etabliert und beschäftigt mittlerweile über zwanzig Analysten, welche in den amerikanischen Medien gerngesehene Interviewpartner sind.[554] In alter Prophetenmanier halten sie ihre Voraussagen möglichst allgemein, sodass sie gar nicht widerlegt werden können. Denn jede Marktprognose trifft bekanntlich irgendwann ein, wenn man nur lange genug wartet und den genauen Zeitpunkt des Eintreffens offen lässt.[555]

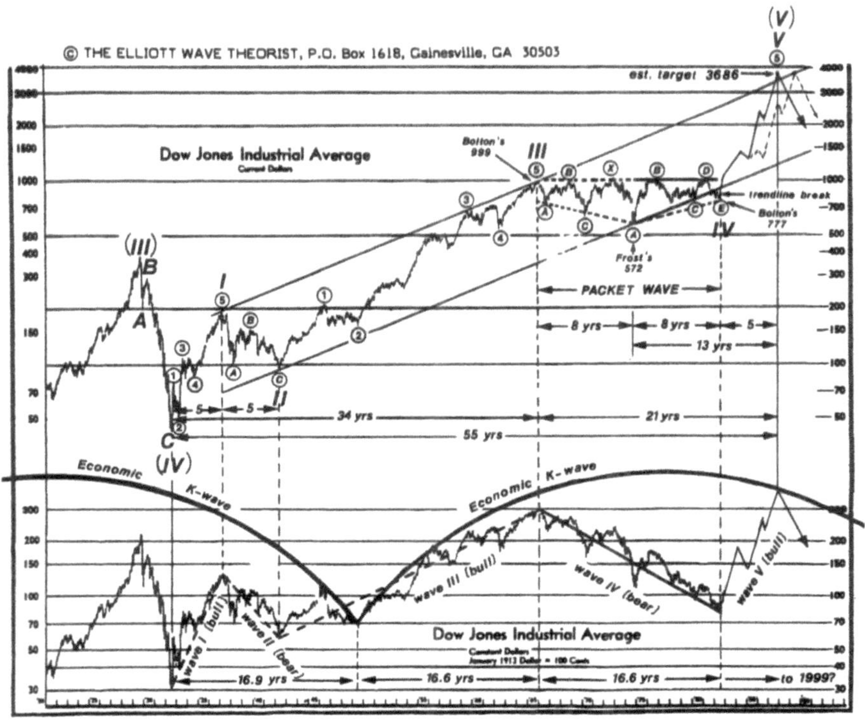

Die Elliottwellen im Dow Jones 1920 – 1995, aus Frost/Prechter (1999)[556]

Von Robert Prechter und seinem Mitarbeiter Alfred Frost stammt auch eines der bekanntesten Lehrbücher über das „Elliott Wave Principle" (1978). Dieses enthält unter anderem ein Diagramm vom Verlauf des Dow Jones zwischen 1920 und 1995. Hier zeigt sich, wie schwer es in der Praxis ist, die 5-3-Frequenz der Elliottwellen eindeutig zu identifizieren. Die Nummerierungen wirken bei näherer Betrachtung ziemlich willkürlich. Warum erhält im Zeitraum 1930-40 jede noch so kleine Welle eine eigene Ziffer, während im Zeitraum 1950-60 selbst offensichtlichste Kursbewegungen ignoriert werden? Warum dauert ein Zyklendurchlauf in den 1930ern nur 5 Jahre, während er später volle 35, beziehungsweise 21 Jahre dauert? Die Elliott-Analysten meinen dazu, dass bei den Elliottwellen die zeitlichen Abstände keine Rolle spielen, sondern dass diese beliebig variieren. Dennoch drängt sich hier stark der Verdacht auf, dass einfach stur das Muster 1-2-3-4-5-A-B-C durchgezogen wird ohne Rücksicht auf die tatsächlichen Kursbewegungen. Denn irgendwo findet man immer eine Kurvenecke, an der man eine Zahl anlegen kann, wenn man nur lange genug danach sucht.

Es stellt sich überhaupt die Frage, warum die Wirtschaft ausgerechnet nach dem Fünfermuster Elliotts funktionieren sollte. Die dementsprechenden Erklärungen der Elliott-Jünger holen weit aus und sind vielfältig. Einerseits wird die Massenpsychologie bemüht. Denn für die Technischen Analysten ist das Marktverhalten nicht Spiegel der tatsächlichen Wertbewegungen. Vielmehr resultiert es aus dem Anlegerverhalten, also aus psychologischen Faktoren. In einem Buch über Elliott-Wave-Finanzmarktanalyse heißt es:

> „Dass eine Nachricht, wie z.B. die Veröffentlichung einer Bilanz oder das Ernteergebnis bei einem Agrarprodukt, sich nicht direkt auf den Kurs niederschlägt und somit objektiv das Marktgeschehen bestimmt, ist offensichtlich. Denn der Trader mit seiner Psyche filtert die Nachricht und setzt sie in zwei Grundverhaltensmuster um, nämlich – überspitzt formuliert – in Gier und Angst. Er ist es, der entscheidet, ob gekauft oder verkauft wird und nicht die Nachricht an sich. (...) Genau hier setzt die Elliott Wave Analysemethode ein: Sie klassifiziert die immer wiederkehrenden Verhaltensmuster der Trader, die in ihrer Gesamtheit die Kursbildung ausmachen. (...) Die wichtigste Erkenntnis ist, dass sich die einzelnen Marktteilnehmer in ihren Reiz-Reaktions-Schemata so stark gleichen, dass sich ihre Einzelverhaltensweisen in der Gesamtheit wieder zu einer massenpsychologischen Gesamtverhaltensweise bündeln, die dann wiederum klassifizierbar und dadurch prognostizierbar wird."[557]

Doch warum sollten die „Reiz-Reaktions-Schemata" von „Gier und Angst" ausgerechnet dem Elliott-Muster folgen? Handelt es sich dabei schlichtweg um ein Elementargesetz des Sozialen? Oder steckt in dem Muster am Ende ein tieferer Sinn? Diese Frage wird gerne mit szientifesken Ausführungen über Fraktale und Chaostheorie, den Goldenen Schnitt und die Goldenen Spirale oder über die Fibonacci-Reihe beantwortet. Denn diese Muster finden sich überall in der Natur, in den Proportionen des menschlichen Körpers ebenso wie in der Struktur der DNA, in der Verteilung der Samen einer Sonnenblumenblüte, im Wachstum von Kaninchenpopulationen oder in der Gestalt von Schnecken, Hörnern, Wasserwirbeln, Hurrikans oder Galaxiespiralen. Stets folgen die Muster des Lebens der Fibonacci-Reihe, welche durch die fortlaufende Addition der zwei letzten Zahlen einer Reihe entsteht: 1, 1, 2, 3, 5, 8, 13, 21, 34, 55, 89, 144, 233, 377, 610 und so fort. Nach den ersten paar Zahlen pendelt sich das Verhältnis von zwei aufeinanderfolgenden Fibonacci-Zahlen bei einem Wert von etwa 0,618 zu 1 ein. Dies entspricht dem Goldenen Schnitt. Und wenn schon die Vielfalt der Natur derart oft diesem Muster folgt, warum sollten es dann nicht auch die Aktienkurse tun? So in etwa lautet die Argumentation der Elliott-Anhänger.[558]
Für Kritiker hingegen stellt sich die Frage umgekehrt. Warum sollten die Börsenkurse den Fibonacci-Zahlen und dem Goldenen Schnitt folgen, nur weil manche Strukturen in der Natur dies tun? Und so bleibt es am Ende eine Frage des Glaubens, ob man das Fibonacci-Trading der Elliott-Waves akzeptieren will oder nicht. Für die Anhänger sind die Elliottwellen ein im Wesen der Dinge verborgenes Naturgesetz, dessen Verständnis viele Jahre der Erfahrung bedarf. Für die Skeptiker bleibt die Elliott-Theorie zahlenmystische Spielerei und esoterische Spekulation ohne empirischen Hintergrund. Denn in einem sind sich Anhänger und Kritiker einig: das Muster tritt in der Praxis fast nie so plastisch und eindeutig zutage wie die Grafiken in den Lehrbüchern suggerieren. Vielmehr muss man mit viel Erfahrung und Intuition, beziehungsweise mit viel Einbildungskraft nach dem Muster suchen. Ob es tatsächlich ein höheres Gesetz ist oder am Ende nur ein Hirngespinst, wird wohl noch lange eine Frage des Glaubens bleiben.

Und so wollen wir unseren Einblick in die Zyklenmodelle der Wirtschaft beenden. Sie zeigen einmal mehr, dass das Primodell des Kreislaufs bis heute populär ist und auch im 21. Jahrhundert unter gefälligen Zeitgeistmasken in der offiziellen Welt etabliert ist.[559] Folgende Tabelle gibt abschließend einen Überblick über Dauer und Ursache der wichtigsten Wirtschaftszyklen:

ZYKLUS	**DAUER (Jahre)**	**URSACHE**
Schweinezyklus	2	Angebot-Nachfrage-Anpassungen
Kitchin	3-5	Lagerhaltung neuer Produkte
Juglar	7-10	Kreditbedingungen für Investitionen
Jevons	10-11	Sonnenfleckenzyklus
Kuznets	15-25	Demografie und Infrastruktur
Kondratieff	45-60	Neue Basis-Technologien
Neo-Kondratieff	50-80	Kollektive Paradigmenwechsel
Elliott	n.d.	Goldener Schnitt / Fibonacci-Reihe

Die bekanntesten Wirtschaftszyklen im Vergleich

10. Weltklima und Wetterzyklen

Der Mensch ist eingebettet in eine Vielfalt von Zyklen. In seinem Körper tummeln sich Schlaf-, Verdauungs- und Hormonzyklen. Sein Leben ist geprägt von Modezyklen, Generationenzyklen und Wirtschaftszyklen. Selbst seine Kultur- und Geistesgeschichte scheint über die Jahrhunderte Kreisläufen zu folgen. Doch über all dem thront eine weitere Sphäre, welche unser Schicksal entscheidend prägt, auch wenn uns dies lange Zeit nicht bewusst war. Denn auch Wetter und Klima folgen Periodizitäten, welche den Gang der Weltgeschichte entscheidend beeinflussen.

Klima und Menschheitsgeschichte

Erst in den vergangenen Jahrzehnten hat die Wissenschaft entdeckt, dass einschneidende gesellschaftliche Entwicklungen von Wirtschaftskrisen, Verteilungskriegen und Hungersnöten bis hin zum Aufstieg und Fall ganzer Hochkulturen häufig durch Klimaveränderungen ausgelöst werden. So wurde die Expansion des Römischen Reichs nach Norden stark vom römischen Klimaoptimum, einer Warmphase zwischen 50 v. Chr. und 250 n. Chr., begünstigt. Als die Temperaturen dann wieder sanken, wurden die nördlichen Provinzen zunehmend unattraktiv. Das raue Klima senkte nicht nur die Erträge. Es trieb auch hungrige Völker aus dem Norden Richtung Süden. Als die Winter schließlich so kalt wurden, dass viele Gewässer zufroren, wurden einst effektive natürliche Grenzen wie der Rhein plötzlich überwindbar. So konnten 406/407 in der Silvesternacht 80.000 Vandalen, Sueben und Alanen den Rhein überschreiten und ins Römische Reich einfallen. Die Völkerwanderung erreichte ihren Höhepunkt und führte alsbald zum Fall Roms.[560]

Ähnlich verheerend wirkte sich der Beginn der Kleinen Eiszeit in Europa aus. Nach Jahrhunderten der Blüte im Hochmittelalter wurde es ab 1310 nass und kalt. Sintflutartige Regenfälle vernichteten die Ernten. Die Getreidepreise stiegen enorm. Der Große Hunger 1315-1322 zerstörte weite Teile der europäischen Infrastruktur und raffte in manchen Gebieten bis zu einem Drittel der Bevölkerung dahin. Die folgenden Jahrzehnte brachten kaum Erholung. Als schließlich 1348 die Pest in Europa einfiel, hatte sie bei der chronisch geschwächten Bevölkerung leichtes Spiel. Das größte Massensterben der europäischen Geschichte begann. Die Menschen

sahen darin eine Strafe Gottes für unmoralisches Verhalten und reagierten mit Massenhysterie. Flagellantenzüge, Tanzwut und Judenpogrome sollten das Klima gnädig stimmen. Die Not machte aber auch erfinderisch. Und so initiierten Pest und Kleine Eiszeit eine technologische Innovationswelle, welche über Humanismus und Renaissance schließlich in die Neuzeit führte.[561]
Viele Umbrüche der Menschheit wurden durch derartige Klimaveränderungen ausgelöst. So führte eine Dürreperiode um das Jahr 2150 v. Chr. zum Zusammenbruch des Alten Reichs in Ägypten und des Akkadischen Reichs in Mesopotamien. Ähnlich endeten die Induskultur um 1700 v. Chr. und die mykenische Hochkultur um 1200 v. Chr.[562] Der Zusammenbruch der Maya-Hochkultur im 9. Jahrhundert n. Chr. stand im direkten Zusammenhang mit einer dauerhaften Verschiebung des Sommermonsuns nach Süden. Der Regen in Mexiko blieb aus. Einst florierende Großstädte wurden durch die Dürre in nur wenigen Jahrzehnten entvölkert. Die Mayakultur verschwand.[563] Und auch bereits in prähistorischer Zeit war das Klima wichtiger Motor für Veränderungen. So konnten Kontinente wie Australien oder Amerika nur besiedelt werden dank der Landbrücken, welche die Eiszeit durch das Sinken des Meeresspiegels erzeugt hatte.[564] Und nach dem Ende der letzten Eiszeit begann um 10.000 v. Chr. schließlich im Neolithikum die Sesshaftwerdung des Menschen als wichtigste Vorbedingung der ersten Hochkulturen.[565]

Manche dieser Klimaveränderungen werden durch unregelmäßige Extremereignisse verursacht. Insbesondere der atmosphärische Staub durch große Vulkanausbrüche kann das Klima für Jahrzehnte abkühlen. So löste der Ausbruch des indonesischen Vulkans Tambora 1816 in Europa und Nordamerika das „Jahr ohne Sommer" aus. Bis in den Juli hinein gab es Frost. Missernten, Überschwemmungen und Hungersnöte waren die Folge, sowie die erste weltweite Cholera-Pandemie. Der Himmel blieb noch für Jahre von den Vulkanpartikeln düster eingefärbt, wovon viele Landschaftsgemälde der Romantik zeugen.[566] Die Explosion des Vulkans Toba auf Sumatra vor etwa 75.000 Jahren war noch viel größer und hat vermutlich sogar zu einem jahrelangen „Vulkanischen Winter" geführt.[567] Eine ähnliche Auswirkung haben Meteoriteneinschläge. Diese passieren zwar sehr selten, können dann aber umso verheerendere Auswirkungen haben wie beim großen Massenaussterben vor 65 Millionen Jahren, welches unter anderem das Ende der Dinosaurier brachte.[568] Andere wichtige, unregelmäßige Einflussfaktoren sind die Verlagerung großer Luft- und Meeresströmungen, die Konzentration von Treibhausgasen und plattentektonische Prozesse. Es gibt aber auch Klimafaktoren, welche zyklischen Mustern folgen und sich insofern besonders gut für die Prognostik eignen.

Die Dürreuhr von Wheeler

Ein erster Versuch in diese Richtung ist die „Dürreuhr" vom amerikanischen Psychologen Raymond Wheeler (1892 – 1961). Dieser begann in den 1930er Jahren, die Wetter- und Klimaveränderungen der letzten 2.000 Jahre zu erforschen, um eine Verbindung mit dem menschlichen Verhalten nachzuweisen. Dabei entdeckte er enge Beziehungen zwischen Wetterzyklen und historischen Faktoren wie Regierungsformen, Kriegen, Kulturstilen und anderen menschlichen Leistungen.
Sein Basiszyklus hat eine Dauer von zirka 100 Jahren, wobei die Länge zwischen 70 und 120 Jahren variiert. Er besteht aus vier etwa gleich langen Wetterphasen: warm-feucht, warm-trocken, kalt-feucht und kalt-trocken. Warmphasen gehen für Wheeler mit einem humanistischen Zeitgeist einher, bei dem das große Ganze im Fokus steht. Der Staat steht über dem Individuum und sorgt für starken inneren Zusammenhalt. Der Expansionsdrang nimmt zu und führt zu internationalen Kriegen. Wenn die warm-feuchte in die warm-trockene Phase übergeht, wird der Staat häufig despotisch. Die Macht liegt in den Händen weniger Eliten, welche kompromisslos die Regeln bestimmen. Die Wirtschaft boomt. Dann beginnt die Kaltphase, welche laut Wheeler von einem mechanistischen Zeitgeist geprägt wird. Der Fokus verschiebt sich vom großen Ganzen zu kleinen Einheiten. Die Wirtschaft schlittert in die Depression. Die Menschen werden aggressiv und streben nach Unabhängigkeit. Sie wollen ihr Schicksal in die eigene Hand nehmen. Es kommt zu Revolutionen, Anarchie und Bürgerkriegen. Das führt zu Reformen, welche die individuellen Rechte und die Demokratie stärken. Mit Beginn der nächsten Warmphase stabilisiert sich der reformierte Staat schließlich wieder. Nationalismus und Expansionsstreben erwachen abermals. Ein neuer Zyklus beginnt.

Dieser 100-jährige Basiszyklus wird durch weitere Zyklen ergänzt. Wheeler identifiziert alle 510 Jahre extreme Kältedürren, in welchen es zu großen Revolutionen und Bürgerkriegen kommt. Und es gibt einen 170-

Jahreszyklus, der mit weniger starken Kältedürren korrespondiert. Besonders extrem werden die Ereignisse, wenn alle drei Zyklen zusammenfallen, was in der Dürreuhr um 460, 975, 1460 und gegen Ende des 20. Jahrhunderts angezeigt ist. Und so prognostizierte Wheeler auch eine Epoche enormer Kälte und Dürre, verbunden mit sozialen Unruhen. Diese Voraussage wurde jedoch weder von der Weltlage, noch von der Wetterlage bestätigt.[569] Einerseits mag dies damit zusammenhängen, dass Klimadaten zu Wheelers Zeiten noch sehr ungenau und lückenhaft waren. Andererseits weiß man heute auch, dass das Weltklima nicht gleichgeschaltet ist. Manche Veränderungen brauchen Jahrzehnte, um sich über die Kontinente zu verbreiten. Andere wirken sich lokal sehr unterschiedlich aus. So können Dürren in einer Region mit Überschwemmungen in einer anderen Region zeitlich zusammenfallen. Diese Effekte sind in der Dürreuhr nicht bedacht. Dennoch war Wheelers Theorie ein erster Versuch, den enormen Einfluss des Klimas auf die Menschheitsgeschichte systematisch zu erforschen.

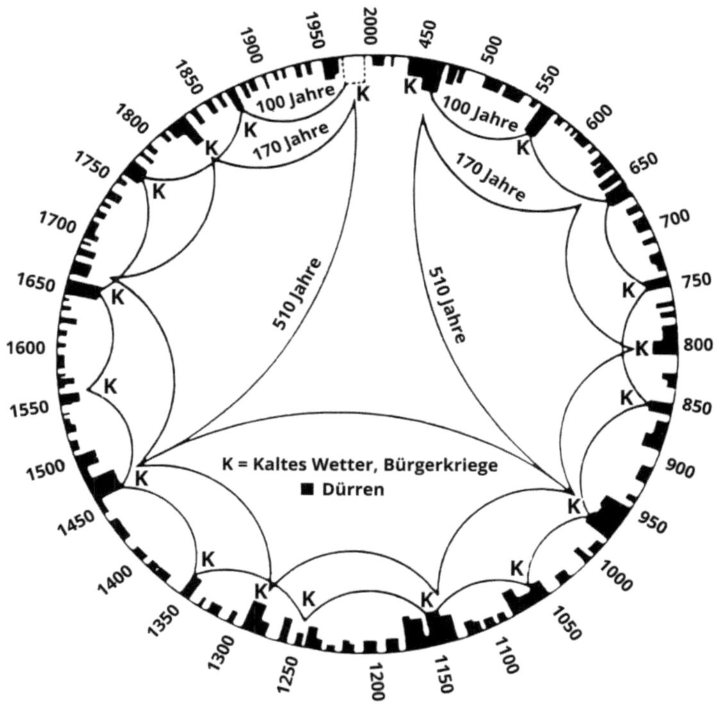

Die Dürreuhr von Raymond Wheeler[570]

Die Milankovic-Zyklen

Weitaus zuverlässiger für die Klimaprädiktion sind die Milankovic-Zyklen. Diese basieren auf langfristigen Schwankungen der Erdachse und der Erdumlaufbahn. Der serbische Physiker Milutin Milankovic (1879 – 1958) hat diesen Effekt 1941 erstmals berechnet. Demnach ist die langfristige Position der Erde zur Sonne regelmäßigen Veränderungen unterworfen. Diese verursachen periodische Klimawechsel. So wandert die Präzession der Erdachse in einem Zyklus von 19 – 23.000 Jahren. Die Neigung der Erdachse zur Umlaufbahn pendelt in einem Rhythmus von 40.000 Jahren. Schließlich schwankt auch noch die Erdumlaufbahn in Zyklen von 100.000 und 400.000 Jahren. Dadurch verändert sich kontinuierlich die Verteilung der Sonnenenergie über den Globus um +/-10 %. Im Verlauf weniger Generationen ist dieser Effekt minimal. Erst wenn man lange Zeitabschnitte betrachtet, werden diese Verschiebungen sichtbar.[571]
Am offensichtlichsten zeigt sich dieser Effekt anhand der Eiszeiten. Immer dann, wenn die Sonnenstrahlung auf der Nordhalbkugel minimal wird, kommt es dort zu einer Kälteperiode. Eine Analyse der letzten 500.000 Jahre zeigt, dass der Zyklus von Kalt- und Warmphasen stark mit den astronomischen Veränderungen übereinstimmt. Dies konnte auch 1976 anhand einer Isotopenanalyse von Tiefseesedimenten nachgewiesen werden.[572] Die Analysen zeigen zudem, dass in der Vergangenheit die Kälteperioden stets wesentlich länger gewesen sind als die Wärmeperioden. Im Alpenraum waren die letzten Eiszeiten jeweils um die 80.000 Jahre lang, während die Wärmephasen (Interglaziale) nur etwa 15 – 20.000 Jahre dauerten. Die letzte Eiszeit erreichte ihren Höhepunkt vor etwa 20.000 Jahren und endete vor ungefähr 12.000 Jahren. Wir befinden uns somit in der zweiten Hälfte einer kürzeren Wärmephase, bevor im Laufe der nächsten Jahrtausende eine neue Eiszeit von 80.000 Jahren zu erwarten ist.[573]

Aufgrund der Milankovic-Zyklen war die Hauptsorge der Klimatologen lange Zeit das „Global Cooling“. Da die Temperaturen zwischen 1940 und 1975 kontinuierlich gefallen waren, herrschte unter Experten Einigkeit darüber, dass eine neue Kaltzeit unmittelbar bevorstünde. Dabei vermutete man auch anthropogene Ursachen. Die Luftverschmutzung würde dafür sorgen, dass weniger Sonnenlicht an der Erdoberfläche ankommt. Dieser Effekt würde die Abkühlung noch beschleunigen. Erst in den späten 1970er Jahren setzte sich in der Fachwelt die Meinung durch, dass das „Global Warming" die größere Gefahr ist. Nicht eine Abkühlung durch Feinstaub wäre die Folge der menschlichen Umweltverschmutzung, sondern eine Erderwärmung durch den Treibhauseffekt.[574] Heute geht man davon aus, dass die Abkühlung seit den 1940er Jahren tatsächlich vom Menschen verursacht war über Aerosole und dass die Erderwärmung durch Treibhausgase ohne diesen kühlenden Effekt noch viel stärker wäre.[575] Dennoch wird die Eiszeit-Panik der 1970er Jahre von Klimaskeptikern bis heute gerne als Argument gegen die Zuverlässigkeit von Klimaprognosen zu Feld geführt. Dabei besteht unter den Klimaforschern der frühen 2020er Jahre ein überwältigender Konsens bezüglich der Erderwärmung und ihrer anthropogenen Ursachen. Wie sich das komplexe Wechselspiel zwischen Treibhauseffekt und Milankovic-Zyklen langfristig entwickeln wird, ob dadurch eine kommende Eiszeit gar verhindert werden kann und welche Regionen der Welt wie betroffen sein werden, darüber lässt sich allerdings keine seriöse Prognose machen.

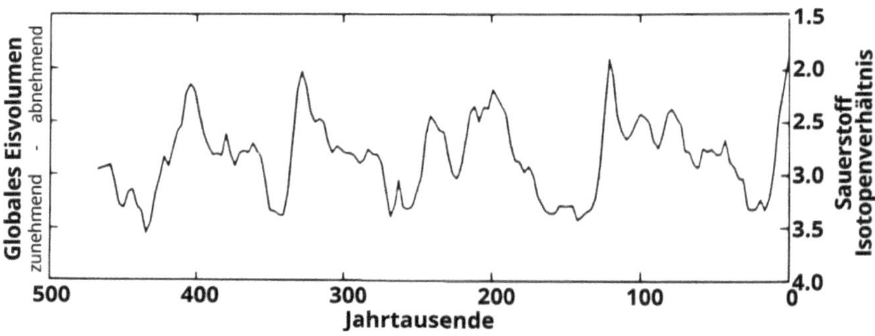

Die Kälte- und Warmphasen der vergangenen 500.000 Jahre entsprechen der schwankenden astronomischen Erde-Sonne-Distanz[576]

Die Milankovic-Zyklen zeigen, dass die astronomischen Schwankungen der Erdbahn langfristig einen enormen Einfluss auf das Klima und insofern auch auf die Geschicke der Menschheit haben. Sie können große evolutionäre Entwicklungen erklären. Für unmittelbare Prognosen hingegen sind sie nur bedingt von Bedeutung. Es gibt aber auch eine Reihe von kurzwelligen Zyklen, welche für die meteorologische Vorhersage herangezogen werden. Der bekannteste ist der Sonnenfleckenzyklus.

Der Sonnenfleckenzyklus

Der Sonnenfleckenzyklus ist wohl einer der meistuntersuchtesten Anwärter darauf, ein Schicksalsrhythmus zu sein. Bereits seit der Antike waren die dunklen Flecken auf der Sonne bekannt. Durch ihre Größe von 2.000 bis 40.000 Kilometern Durchmesser sind sie oft auch mit freiem Auge sichtbar. Sonnenflecken sind magnetische Anomalien, welche über die Oberfläche der Sonne wandern und mit gewaltigen Eruptionen einhergehen. In Phasen mit hoher Sonnenfleckenaktivität erhöht sich die Energieabstrahlung um 0,1 %, wobei die Änderungen im UV-Bereich deutlich stärker sein können.[577] Seit der Erfindung des Fernrohrs werden die Sonnenflecken systematisch beobachtet und erfasst. Die ersten Aufzeichnungen durch Galileo Galilei reichen bis ins Jahr 1610 zurück. Bald entdeckte man, dass Anzahl und Ausdehnung dieser Flecken periodisch zu und abnimmt. Die Abstände zwischen den Maxima betragen durchschnittlich 11 Jahre, wobei sie zwischen 9 und 14 Jahren variieren können. Es gibt aber auch Jahre, in denen die Flecken gar nicht auftreten. Eine solche Phase war das Maunder-Minimum 1650-1720 zum Höhepunkt der kleinen Eiszeit.[578]

Lange Zeit war es in der Wissenschaft verpönt, diesem Zyklus einen Einfluss auf die irdischen Geschehnisse zuzubilligen. Dass kosmische Faktoren eine Wirkung auf die Welt des Menschen haben sollten, das klang zu sehr nach Astrologie. Heute gilt es in der Meteorologie als erwiesen, dass Phasen niedriger Sonnenfleckenaktivität auch mit einer Senkung der Wintertemperaturen auf der Erde korrespondieren.[579] Wie genau dieser Zusammenhang entsteht, ist noch nicht restlos geklärt. Allerdings wird mittlerweile vermutet, dass die Sonnenflecken von den Gravitationsfeldern der massereichen Planeten beeinflusst werden. Besonders ein Zusammenhang mit der 11,8-jährigen Umlaufzeit von Jupiter, dem massereichsten Planeten des Sonnensystems, gilt als gesichert.[580]

Die folgende Grafik zeigt die mittlere Anzahl von Sonnenflecken seit 1610. Natürlich verlockte eine derart regelmäßige Schwingung zahlreiche Forscher, nach Zusammenhängen mit den Geschehnissen auf Erden zu suchen. So entdeckte man, dass die Sonnenflecken Einfluss auf das Auftreten des Nordlichts oder auf Störungen im Kurzwellenfunk ausüben.[581] Auch zeigt sich in der Zeitreihe der Pestausbrüche ab 1348 ein deutlicher Rhythmus von 9-12 Jahren, teilweise bis ins 19. Jahrhundert hinein. Hier stellte man fest, dass die Populationen von Ratten und Flöhen als wichtige Bindeglieder im Pestzyklus wesentlich von der Strenge des Winters betroffen sind. Diese steht in engem Bezug zur Nordatlantischen Oszillation (NAO), welche wiederum der Sonnenaktivität folgt. So steuert der Sonnenfleckenzyklus indirekt den Pestzyklus. Diese Zusammenhänge gelten als erwiesen.[582]

Weniger eindeutig waren Studien, welche eine Beziehung zwischen Sonnenflecken und Selbstmorden untersuchten. In den 1930er Jahren behaupteten die deutschen Forscher Bernhard und Traute Düll, dass an Tagen mit erhöhter Sonnenfleckenaktivität die Selbstmordrate um 8 % steigen würde. Spätere Forschungen konnten diesen Zusammenhang jedoch nicht bestätigen. Andere Untersuchungen zeigten, dass Selbstmorde und Einlieferungen in psychiatrische Anstalten an Tagen mit starken magnetischen Störungen oder kosmischer Strahlenaktivität gehäuft auftreten würden. Alex Pokorny und Roy Mefferd testeten 1966 einige dieser Studien, indem sie die Werte für magnetische Störungen durch Zufallszahlen ersetzten. Auch mit dieser Zufallsreihe wiesen die Selbstmorde und Psychiatrieeinweisungen signifikante Korrelationen auf. Die Ergebnisse waren also ein Artefakt.

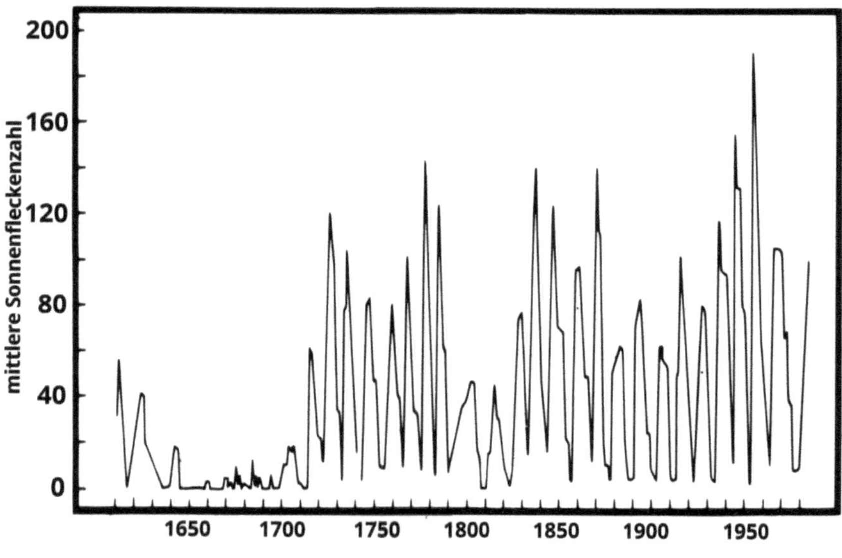

Die Sonnenfleckenzyklen seit 1610[583]

Etwa zur selben Zeit wurden in Deutschland zwei Untersuchungen durchgeführt, welche einen signifikanten Zusammenhang zwischen elektromagnetischen Störungen und Unfallneigung nachwiesen. Bei der einen zeigte eine Analyse von 362.000 Betriebsunfällen im Zeitraum von zwei Jahren eine Zunahme von 20–25 % an Tagen mit elektromagnetischen Störungen durch niederfrequentierte elektrische Wellen. Die andere Studie belegte anhand von 21.000 Verkehrsunfällen, dass diese an Tagen mit derartigen Störungen beträchtlich zunahmen. Hans Jürgen Eysenck überprüfte diese Ergebnisse, indem er die britischen Straßenverkehrsunfälle des Jahres 1979 mit den Werten für elektromagnetische Aktivität verglich. Dabei konnte er keine derartige Korrelation feststellen. Vielmehr zeigte die Statistik sogar eine leichte Tendenz dahingehend, dass es an Tagen mit magnetischen Störungen zu weniger Unfällen kommt. Die These von einem Zusammenhang zwischen magnetischer Aktivität und Unfallneigung konnte also nicht gehalten werden. Ähnlich erging es den meisten derartigen Studien. Zwar konnten für alle möglichen Bereiche signifikante Korrelationen mit der Sonnenfleckentätigkeit belegt werden, beispielsweise mit der Sterblichkeitsrate bei Kranken, der Anzahl der Herzanfälle, der Hautkrebsrate oder mit Epidemien wie Cholera, Diphterie, Typhus und Pocken. Doch keines dieser Ergebnisse konnte unabhängigen Replikationen standhalten.[584]

Auch ein Zusammenhang mit den zyklischen Abläufen im Wirtschaftsleben wurde schon früh untersucht, wie wir im Kapitel über „Wirtschaftszyklen" am Beispiel von William Stanley Jevons gesehen haben.[585] Dieser stellte fest, dass sich große Wirtschaftskrisen etwa alle zehn bis elf Jahre wiederholen. Er machte dafür die Sonnenflecken verantwortlich. Einige Jahrzehnte später untersuchten Warren Persons und Henry L. Moore, ob die Sonnenflecken auch Einfluss auf die Ernten und somit auf die Getreidepreise hätten. Wie bei den Versuchen von Jevons zeigten manche Perioden eine gewisse Übereinstimmung mit den Sonnenfleckenzyklen. In anderen Phasen gab es keinen Zusammenhang.[586]
Heute gelten derartige Theorien für die meisten Wirtschaftsforscher als widerlegt. Dennoch erscheinen immer wieder Arbeiten, welche einen Zusammenhang zwischen Sonnenflecken und Wirtschaftsleben nachzuweisen versuchen. So stand das „Fourth International Symposium in Economic Theory and Econometrics" im Jahr 1987 unter dem Motto „Economic complexity: chaos, sunspots, bubbles and nonlinearity". Gleich vier

Beiträge dieser Veranstaltung beschäftigten sich in komplizierten Rechenmodellen mit der Sonnenfleckenthematik.[587]

Während die Sonnenfleckenzyklen in Meteorologie und Klimaforschung heute etabliert sind, bleiben sie in der Sozialprognostik eine verlockende Spielerei. Ihr regelmäßiger, aber dennoch organisch schwankender Rhythmus ist geradezu prädestiniert dazu, mit den torkelnden Periodizitäten des menschlichen Treibens verglichen zu werden. Wie bei den empirischen Untersuchungen zur Macht von Sonne, Mond und Planeten müssen sich dabei zwangsläufig verschiedene Korrelationen einstellen, je mehr Datenreihen verglichen werden. Ob diese Signifikanzen tatsächlich tragfähig sind oder nur ein Nebenprodukt des Zufalls, müssen unabhängige Replikationen zeigen. Und so gibt es bis heute zahlreiche Forscher, welche an einen Zusammenhang zwischen Sonnenflecken und menschlichem Schicksal glauben. Denn dieser konnte bislang weder eindeutig bewiesen, noch widerlegt werden. Schließlich liegt selbst bei statistischen Zahlen die Interpretation im Auge des Betrachters. Die Frage, was Muster und was Zufall ist, kann letzten Endes nur er entscheiden.

Weitere meteorologische Zyklen

Milankovic-Zyklen und Sonnenfleckenzyklen gehören sicherlich zu den beeindruckendsten Kreisläufen aus Meteorologie und Klimaforschung. Daneben gibt es noch eine Reihe weiterer Wetterrhythmen, welche zur Vorhersage verwendet werden. Am bekanntesten und in den gemäßigten Klimazonen offensichtlichsten sind die saisonalen Schwankungen zwischen den Jahreszeiten. Ab den Subtropen zeigt sich der Jahresrhythmus vor allem in den Monsunwinden, welche über Trockenzeit und Regenzeit entscheiden. Dabei folgt ihre Stärke über die „Südliche Oszillation" einem Zyklus von 2-2,5 Jahren, welcher manchmal auch 5-7 Jahre dauern kann. Ebenfalls für Vorhersagen genutzt werden die kurzfristigen Polschwankungen der Erde, welche einem Zyklus von 12-15 Monaten folgen und Auswirkungen auf die atmosphärische Zirkulation haben. Für Wochenprognosen wird zudem ein etwa 30-tägiger Zyklus beachtet, der häufig bei den Witterungsschwankungen im Winterhalbjahr auf der Nordhalbkugel auftritt.[588]

Ein weiterer kurzwelliger Zyklus ist die Sägesignatur, ein zweijähriger Rhythmus, der sich in vielen Klimareihen findet. Dabei alterniert die Temperatur, in manchen Regionen auch der Niederschlag Jahr für Jahr. Das hat beispielsweise in Europa von 1500 bis 1550 dazu geführt, dass in Sommern mit ungeraden Jahreszahlen die Weinlese durchschnittlich 16 Tage später einsetzte als in den geraden Jahren. In dentrologischen Analysen zeigt sich dies in Baumringen, welche in geraden Jahren um ein Drittel breiter waren. Die Sägesignatur steht mit großräumigen Verschiebungen der Windzirkulation im Zusammenhang. Daneben gibt es Zyklen von 5,5 Jahren, von 10 bis 12 Jahren und von 22 bis 33 Jahren, wobei sich diese Rhythmen vermutlich vom Sonnenfleckenzyklus ableiten. Manche Perioden sind regionenspezifisch. So wurden im Mittleren Westen der USA Dürreperioden in Abständen von etwa 20 bis 23 Jahren festgestellt. Bei vielen dieser Muster liegen die genauen meteorologischen Wirkzusammenhänge noch im Dunklen.[589]

Im langfristigen Verlauf von Klimadaten wurden ebenfalls Regelmäßigkeiten entdeckt. So gab es über Nord- und Mitteleuropa in den vergangenen 900 Jahren eine deutliche Häufung von Hochdrucklagen jeweils in den 30er und 80er Jahren, was auf einen 50-jährigen Zyklus hinweist. Auch ein 100-jähriger Zyklus wurde identifiziert, um welchen sich die strengsten und mildesten Winter eines Jahrhunderts gruppieren. So fanden die mildesten Winter in Mittelengland in den Jahren 1734, 1834 und 1935 statt. Ein weiterer Zyklus von etwa 200 Jahren spielt bei den Veränderungen der Windströmungen eine Rolle. Dieser wurde beispielsweise in Statistiken zur Häufigkeit von Südwest-Bodenwinden in England gefunden. Auch die Monsunwinde und damit die Regenfälle in Afrika folgen dieser Oszillation. Viele dieser Zyklen erscheinen in den Beobachtungsdaten unterschiedlichster Teile der Welt. Da sie aber meist eine Schwankungsbreite von mehreren Jahren haben, werden sie für kurz- und mittelfristige Wetterprognosen nur sehr vorsichtig einbezogen. Noch grober sind die Ultralangzeitzyklen von 2.000, 20.000 und 100.000 Jahren.[590]
All diese verschiedenen Zyklen lassen sich in Klimadatenreihen der Vergangenheit nachweisen. Doch ihr Wechselspiel ist komplex. Sie überlagern einander und interagieren miteinander. Inwieweit sie sich gegenseitig auslöschen oder ergänzen, lässt sich meist erst im Nachhinein feststellen. Schließlich tritt der anthropogene Einfluss als Wild Card hinzu. Und so bleibt es auch hier eine Gewichtungskunst, die Summe all dieser vielfältigen Entwicklungskurven in der Prognose richtig zu deuten.

Zyklische Prognostik in Magie und Moderne

Schon zu Urzeiten hat der Mensch entdeckt, dass sich manches in der Natur in Kreisläufen bewegt. Tag und Nacht, das Zunehmen und Abnehmen des Mondes und die Jahreszeiten waren die ältesten Zyklen, nach welchen der Mensch die Zeit periodisierte. Aus diesen Rhythmen entwickelte er die ersten Kalender. Medizinräder und Kreisgrabenanlagen gaben ihm eine bessere Orientierung in der Zeit. Sie zeigten ihm den Verlauf des Jahres an und mit diesem die richtigen Zeitpunkte für Aussaat und Ernte. Und bald fragte er sich, ob die Zyklen der Zeit nicht auch noch andere Bereiche seines Lebens betreffen könnten und Einfluss auf sein Schicksal haben. So entstand die Chronomantie.
Man baute den Göttern der Zeit prachtvolle Tempel. Man huldigte dem Lauf der Sonne mit kunstvollen Megalithen, Palästen und Pyramiden. Als die ersten Hochkulturen ihre gigantischen Bauwerke schufen, die Ägypter, die Babylonier, die Maya und Azteken, die Mississippi-Kulturen und viele andere, da war auch die Huldigung der Zeit hell erblüht. Komplexe Wahrsagekalender entstanden und epische Sagen von Weltzeitaltern, welche dem Menschen kundtaten, woher er kommt und wohin er geht.

Manche Kulturen trieben die Suche nach dem Schicksalscode so weit, dass sie die Bindung der Wahrsagekalender an den Lauf von Sonne und Mond auflösten. Stattdessen konstruierten sie eigene Zyklen, welche sich nicht an astronomischen Abläufen orientierten und dem Puls des Schicksals noch besser entsprechen sollten. Die Wahrsagekalender der Maya und Azteken oder das verflochtene Zyklenwerk der Warigakalender auf Bali sind Beispiele dafür. Andere Kulturen wendeten ihren Blick in den Nachthimmel und beobachteten den Lauf der Planeten. Zuerst deuteten sie die Wandelsterne als Zeichen der Götter. Als sie entdeckten, dass auch die Planeten gleichmäßigen Zyklen folgten, wurden auch diese für Vorhersagen verwendet. Die Sterndeutung entwickelte sich über die Jahrtausende vom Wahrsageinstrument zur Wissenschaft. Aus der Astrologie wurde die Astronomie. Doch auch im 21. Jahrhundert glauben viele Menschen an die Macht der Wahrsagekalender und der Sterne. Bauernregeln und Mondkalender sind nach wie vor im Volksglauben verwurzelt. Astro-

logie ist bis heute Teil vieler moderner Kulturen. Wissenschaft und Forschung hingegen sind skeptisch.
Zwar gibt es eine Reihe von Studien, welche signifikante Zusammenhänge zwischen irdischen Geschicken und dem Lauf von Mond, Sonne und Planeten nachweisen. Doch viele davon konnten nicht hinreichend repliziert werden. Und jene Ergebnisse, welche mehrfach Replikationen mit riesigen Datenmengen standhalten konnten, bemühten sich meist vergeblich um wissenschaftliche Anerkennung. Artefakte oder Datenmanipulation sind die Immunisierungsparolen für alle Resultate, welche nicht mit den herrschenden Paradigmen der Wissenschaft in Einklang stehen. So bleibt es am Ende eine Glaubensfrage, ob man in astronomischen Zyklen eine Offenbarung des Schicksals erblicken möchte oder nicht.

Ähnliches gilt für die Stufenleitern und Kulturkreislehren der Historiker und Philosophen. So plausibel diese auf den ersten Blick erscheinen, die Verflechtungen geschichtlicher Entwicklungen sind stets weit komplexer und vieldeutiger. Je nachdem, wie die historischen Ereignisse gewichtet und interpretiert werden, ändert sich die Gestalt des Zyklus. Wo eine Kultur beginnt oder endet, was sie voneinander abgrenzt und verbindet, wie lange sie dauert und in welcher Phase die Gegenwart gerade steht, kann nicht neutral entschieden werden. Deshalb gibt es in all diesen Fragen erhebliche Unterschiede zwischen den verschiedenen Kulturzyklentheorien. Freilich, viele sehen das moderne Abendland in der Spätphase des Kreislaufs, kurz vor dem Niedergang, vor Vergreisung und Mumifizierung. Untergangspropheten wie Oswald Spengler leben mit ihrem Kulturfatalismus bis heute in Schlagwörtern wie Dekadenz oder Kulturkampf fort. Andere hegen Hoffnung und machen Mut für ein neues Morgen. Etwa Frobenius, Toynbee oder Sorokin sehen zwar die zyklischen Muster der Vergangenheit, halten einen Untergang des Abendlandes aber dennoch für vermeidbar, sofern gewisse Bedingungen erfüllt werden.

Inwieweit die Kultur- und Generationenzykliker mit ihren Prognosen bislang Recht behalten haben, ist schwer zu beurteilen. Viele beschreiben allgemeine Tendenzen, welche zeitlich nicht näher eingegrenzt werden. Solche Vorhersagen lassen sich schwer verifizieren. Andere geben durchaus konkrete Zeiträume an. Doch bleibt es persönliche Ermessenssache, ob man die Prädiktionen als eingetroffen erachtet. Ist unser 21. Jahrhundert tatsächlich geprägt von trivialer Unterhaltungskunst, einer zweiten,

verflachten Religiosität, der Herrschaft des Geldes und dem Aufkommen eines neuen Cäsarismus, wie Oswald Spengler dies antizipiert hat? Befinden sich die frühen 2020er Jahre wirklich am Höhepunkt einer Krise, welche durch überbordende staatliche Schulden, Klassenkämpfe, High-Tech Oligarchie und den Kollaps der Institutionen gekennzeichnet ist, wie es William Strauss und Neil Howe in den 1990er Jahren prognostiziert haben?
Hat sich der Kriegszyklus von Arnold Toynbee nun bestätigt oder nicht? Wohl hat es wie vorausgesagt ab 1945 eine längere Phase des allgemeinen Friedens gegeben. Aber in Anbetracht der vorhergehenden Zyklen wäre ein neuer allgemeiner Krieg bereits seit den 1980er Jahren überfällig. Wieviel Zeit ohne einen großen Krieg muss noch verstreichen, bis man den Zyklus als obsolet erklären kann? Oder ließen sich gar kleinere Kriege mit internationaler Beteiligung, etwa die Golfkriege oder der ominöse Krieg gegen den Terrorismus als bereits eingetroffene Fortschreibung des Zyklus interpretieren? Was ist überhaupt ein „allgemeiner Krieg", ein „Ergänzungskrieg" oder ein „allgemeiner Friede"? All dies liegt am Ende im Auge des Betrachters.

Auch bei den Wirtschaftszyklen besteht dieser Interpretationsspielraum. Der Kondratieff kann 40 bis 60 Jahre dauern, vielleicht auch noch kürzer oder länger. Die Elliottwaves sind zeitlich vollkommen unbestimmt. Ein Durchlauf des Musters kann nur fünf Jahre dauern, aber auch 34 Jahre und länger. Dadurch ergibt sich ein großer Spielraum, um die Zyklenmuster in den Zeitverlauf hineinzubiegen. Für die unmittelbare Zukunft bleibt stets unbestimmt, wann genau die Trendumkehr erfolgen wird. Den zweiten Spielraum bietet die Y-Achse der Wellenlinien. Was genau bedeutet wirtschaftlicher Aufschwung? Welche empirischen Werte sind hierfür Maßstab? Nach welchen rechnerischen Methoden versucht man, die Zahlen verschiedener Jahrzehnte oder gar Jahrhunderte vergleichbar zu machen? Mit diesen Entscheidungen stehen und fallen der Kondratieff und andere Zyklen.
Bei den Elliottwaves ist der Spielraum noch größer. Hier muss man gar nicht erst die Kurswerte glätten, um das Muster zu bekommen. Denn irgendwann geht jeder Kurs rauf oder runter. So reicht es, die Abfolge 1-2-3-4-5-A-B-C einigermaßen plausibel in den Verlauf der Aktien-Charts einzutragen. Angenommen wir befinden uns bereits seit geraumer Zeit in der Aufwärtsbewegung 1. Was sagt dies für die Zukunft? Entweder kann

es weiterhin bergauf gehen. Dann ist die Phase 1 eben besonders lang. Oder es wird irgendwann bergab gehen. Dann ist das eben die Phase 2. Wie es auch kommt, das Muster muss immer irgendwie Recht behalten. Und wenn abertausende Analysten und Börsenspekulanten mit dieser Methode ihre Voraussagen und Investitionen tätigen, so müssen nach der Zufallswahrscheinlichkeit auch ein paar darunter sein, welche damit spektakuläre Prognosetreffer erzielen und ein Vermögen verdienen. So entstehen die Gurus und Legenden der Börse.

Viele dieser Zyklenmodelle sind auf den ersten Blick faszinierend und scheinen plausibel. Pendelt nicht auch das menschliche Dasein zwischen Tag und Nacht, zwischen Erfolg und Krise? Folgen nicht auch Organisationen, Völker und Kulturen den vier Jahreszeiten von Aufbruch, Blüte, Niedergang und Tod? Das Primodell des Kreislaufs ist eine Urkategorie des menschlichen Denkens und begleitet uns seit Jahrtausenden.[591] Und so scheint uns der Gang der Geschichte wohlgeordnet durch die Brille dieser Theorien. Doch je mehr Modelle man betrachtet, je mehr unterschiedliche Rhythmen, Periodisierungen und Wellenlängen man übereinanderlegt, desto mehr wird der Fluss der Zeit wieder zum undurchdringlichen weißen Rauschen.
Die Erscheinungen der Welt sind mannigfaltig. Was ist ein Aufschwung? Was ist ein Abschwung? Gibt es nicht zu jedem Zeitpunkt unzählige Kurven, die nach oben zeigen und ebenso viele, welche nach unten weisen? Welche davon haben tatsächlich historische Bedeutung? Hat nicht ein Großteil dieser Theorien ebenso frappante Treffer wie Fehlprognosen zu verzeichnen? Ist es vielleicht überhaupt ein Wesensmerkmal historischer Muster, dass diese verschwinden, sobald sie entdeckt werden? Je tiefer man in das Wellengestrüpp der Geschichte eintaucht, desto mehr muss man feststellen, dass die Entwicklungsstränge komplex und verworren sind. Man wird für jeden Zeitpunkt der Geschichte einen Zyklus finden, der die Geschehnisse erstaunlich gut erklärt und andere, welche gar nicht passen. Der Gläubige findet somit immer etwas zum glauben und der Zweifler immer etwas zum zweifeln. Hierbei macht es gar keinen Unterschied, ob es sich um archaische Wahrsagekalender, Astrologie, Kulturkreislehren oder moderne Wirtschafts- und Sozialzyklen handelt.

Das gilt selbst für die auf exakten naturwissenschaftlichen Messungen basierenden Klima- und Wetterzyklen. Zwar zeigen sich zahlreiche

Rhythmen in den meteorologischen Daten der Vergangenheit. Manche davon sind sogar durch langfristig berechenbare astronomische Faktoren erklärbar, wie etwa die Milankovic-Zyklen, welche sehr gut die vergangenen großen Eiszeiten erklären. Doch ob diese Muster auch in Zukunft fortbestehen und insofern zuverlässige Vorhersagen erlauben, bleibt offen. Denn gerade das globale Klimasystem ist komplex und reagiert sensibel auf unzählige nichtlineare Einflussfaktoren. Spontanereignisse wie Vulkanausbrüche und Meteoriteneinschläge, aber auch der Einfluss des Menschen oder das Wechselspiel der verschiedenen Zyklen miteinander können etablierte Muster jederzeit verstärken, abschwächen oder auch komplett verändern. Und so bleibt auch die Prognostik auf Basis naturgesetzlicher Zyklen am Ende eine Deutungskunst, welche es uns erlaubt, uns den Veränderungen im Zeitverlauf systematisch anzunähern und die Muster von Entwicklungen zu ergründen.

Zyklische Phasen im Vergleich

Das Primodell des Kreislaufs, das Ideal von Anfang, Aufschwung, Höhepunkt, Niedergang und Neuanfang prägte bereits vor Jahrtausenden die archaischen Wahrsagekalender oder die vedische Yuga-Lehre. Es lebt bis heute fort in Kulturkreislehren, Produktlebenszyklen, ökonomischen Wellentheorien oder Konjunkturzyklen. Der Zyklus ist ein Urmodell der menschlichen Vorstellung. Wie dieses Schema mit Welt gefüllt wird, ändert sich von Zeitgeistmaske zu Zeitgeistmaske. Doch der ewige Zyklus des Werdens und Vergehens bleibt hinter all dem Maskenspiel bestehen. Dies zeigt der exemplarische Vergleich einiger bekannter Zyklenmodelle:

MODELL	1. PHASE	2. PHASE	3. PHASE
Yugas	Kali-Dvapara-Treta Eisen-Erz-Silber	Krta Gold	Treta-Dvapara-Kali Silber-Erz-Eisen
Vico	Zeitalter der Götter	Zeitalter der Heroen	Zeitalter d. Menschen
Comte	theologisch-fiktiver Zustand	metaphysisch-abstrakter Zustand	wissenschaftlich-positiver Zustand
Frobenius	Das Dämonische, Barbarei	Das Ideale, Kulturei	Die Tatsachen, Mechanei
Spengler	Vor/Frühzeit, Frühling	Kultur, Sommer	Zivilisation, Herbst, Winter

Toynbee	Beginn	Aufschwung und Höhepunkt	Niedergang und Zerfall
Sorokin	Ideationell	Idealistisch	Sensualistisch
Quigley	Vermischung, Schwangerschaft, Ausdehnung	Konflikt, Weltreich	Dekadenz, Invasion
Produkt-lebenszyklus	Einführung, Wachstum	Reife	Sättigung, Rückgang, Ende
Kondratieff	Aufschwung	Hochkonjunktur	Abschwung, Krise
Generationen-zyklus	Hoch	Erwachen	Zerfransung, Krise
Turchin	Expansion	Stagflation	Krise, Depression

Verschiedene Zyklenmodelle im Vergleich

Ob man den Zyklus in drei, vier oder noch mehr Phasen unterteilt, bleibt am Ende irrelevant. Die meisten Modelle beschreiben alle einen sehr ähnlichen Verlauf, bekleiden diesen aber mit unterschiedlichen Begrifflichkeiten und Charakterisierungen. Auch in den Längen der Perioden gibt es manchmal gewisse Ähnlichkeiten. So dauert der Kondratieffzyklus ungefähr so lange wie der 52-Jahre-Zyklus der Maya und Azteken. Der etwa 10-jährige Juglar-Zyklus deckt sich ungefähr mit den Sonnenfleckenzyklen. Dennoch ist es nicht so, dass man all diese Zyklen übereinanderlegen könnte und dann ein scharfes Bild des Zeitgeschehens bekommt. Vielmehr wird es dadurch zum Nebelmeer, wie ein Film, der so lange mit verschiedenen Bildern belichtet wird bis er vollkommen weiß ist.

Kreis, Welle und Spirale

Das Urmuster des Zyklus wird in den Symbolen Kreis, Welle und Spirale zum Bild. Der Kreis ist Symbol für die ewige Wiederkehr des Gleichen. Monat für Monat, Jahr für Jahr kehren Mond und Sonne an dieselben Punkte des Kreises zurück. Und ebenso durchläuft die Menschheit das Rad des Lebens, welches sich dreht und dreht, dessen Speichen wiederkehren und wiederkehren. Der Kreis ist eines der ältesten Bilder für den Zyklus. Vor allem in den statischen Modellen der Archaik erfreute er sich großer Beliebtheit. Das Symbol des Kreises betont die Gemeinsamkeiten, die Wiederkehr des Gleichen. Er stammt noch aus Zeiten, in welchen Fortschritt kein Thema war.

Das zweite Symbol des Zyklus ist die Welle. Das ewige Auf und Ab von Wellenbergen und Wellentälern ist nichts anderes als ein in die Zeitachse aufgefächerter Kreis. Wie der Kreis das Statische betont, so zeigt die Welle vor allem das Fortschrittselement. Die Welle verläuft entlang der Zeitachse vom Früher zum Später. Sie ist mehr Weg als Ort. Die Entwicklungen im Zeitverlauf, die Unterschiede der einzelnen Zyklendurchläufe rücken in den Mittelpunkt. Während der Kreis die Gemeinsamkeiten betont, steht bei der Welle die Polarität im Fokus, die Pendelbewegung zwischen zwei Gegensätzen, die Oszillation zwischen Extremzuständen. Während im Kreis alles beim Alten bleiben muss, können Wellenberge und Wellentäler, Maxima und Minima variieren. So ist die Welle auch das bevorzugte Zyklensymbol der Moderne. Konjunkturzyklen, Börsencharts und Klimawellen werden fast immer in dieser Manier dargestellt.

Das dritte Symbol des Zyklus ist die Spirale. Auch sie fächert den Kreis in die Zeit hinein. Je weiter sich die Spirale von ihrem Mittelpunkt entfernt, desto mehr Zeit ist verstrichen. Die Spirale versucht, Kreis und Welle in sich zu vereinen. Ihr Verlauf ist nicht so gleichförmig wie der Kreis. Von Umlauf zu Umlauf kann es zu Fluktuationen, Unregelmäßigkeiten und Ausreißern kommen. Immer wieder wabert der Arm der Spirale aus der Bahn, um alsbald wieder zurückzukehren. Das Kreiselnde, die Rotation des Kreises bleibt dennoch erhalten. Deshalb wird die Spirale gerne bei jenen Modellen als Bild herangezogen, welche das Archaische und das Moderne in sich vereinen.

Und so wird das Primodell des Kreislaufs wohl auch in Zukunft immer wiederkehren unter stets erneuerten Zeitgeistmasken. Nur das Wie und das Wann bleiben offen. Und stets wird der Zweifel es begleiten. Denn der Geist ist Gedanke und Gespenst zugleich.

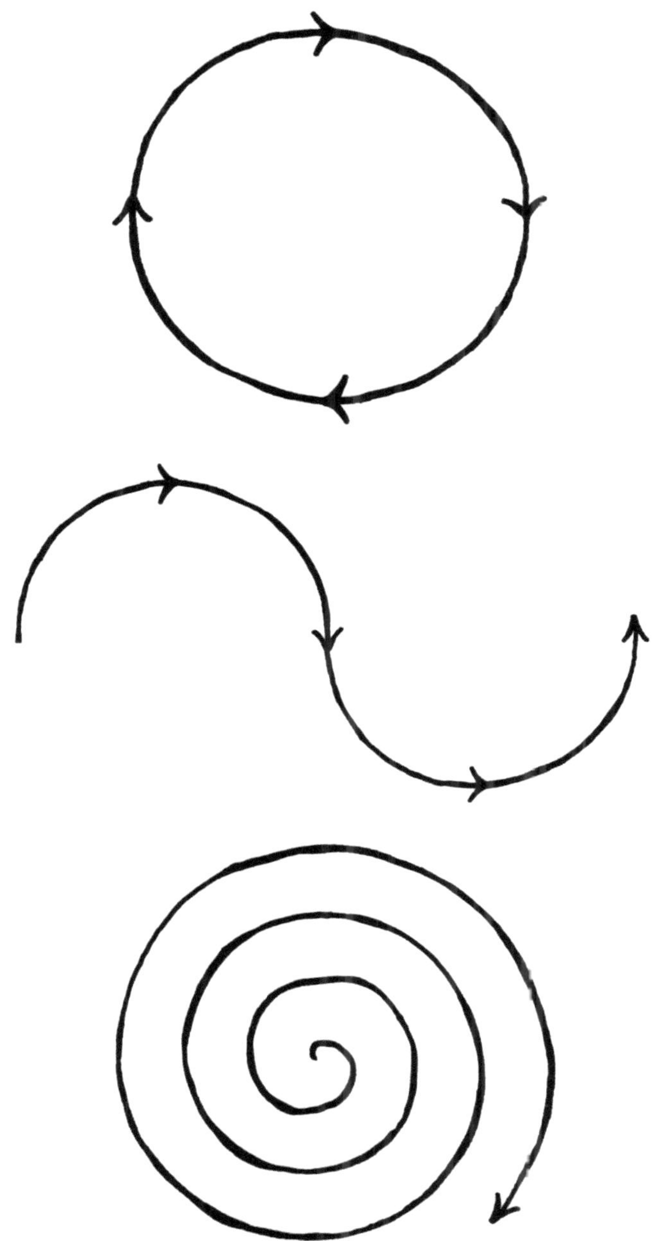

Die Ursymbole des Zyklus: Kreis, Welle und Spirale

Quellen

Einleitung

[1] siehe Niederwieser (2016), S. 283ff
[2] siehe Niederwieser (2016), S. 291ff
[3] Niederwieser (2002), S. 7ff und Niederwieser (2018), S. 17ff

I. LINEARE ZEITMODELLE

01. Weltzeitalter, Schicksalschroniken und Stufenleitern

[4] Hesiod (1996), S. 11ff
[5] Schönberger in Hesiod (1996), S. 104
[6] Ovidius (1958), S. 10ff
[7] Thulin (1968), III S. 63ff; Grummond (2006), S. 42f; Turfa (2012), S. 21ff
[8] nach Pfiffig (1975), S. 160f
[9] Tristram (1985), S. 19ff
[10] Tristram (1985), S. 22ff
[11] Tristram (1985), S. 28
[12] Fleming (1999), S. 4ff
[13] Fleming (1999), S. 49, 61 und Bildanhang
[14] nach Bender (1986), S. 99ff
[15] Niederwieser (2015), S. 50
[16] Buch Daniel, Kapitel 2
[17] Buch Daniel, Kapitel 7
[18] Newton (1733), S. 30f; siehe auch Niederwieser (2015), S. 87f
[19] Newton (1733), S. 25ff
[20] Waters (1980), S. 19ff
[21] Waters (1980), S. 19ff
[22] Niederwieser (2015), S. 73f
[23] Breuer (2003), S. 32f, 36f
[24] Wilhelmy (1981), S. 462
[25] Niederwieser (2015), S. 100ff
[26] Bebel (1907), S. 39ff
[27] mehr zur Hegelschen Geschichtsphilosophie und Dialektik in Niederwieser (2018), S. 17f und 24ff
[28] Hegel (1961), S. 168
[29] siehe Niederwieser (2015), S. 121 und Niederwieser (2018), S. 18
[30] Comte (1824), S. 2ff, 115ff; Störig (1995), S. 474f
[31] Erhellendes über „Bild und Realität" findet sich in Kappler (2004), S. 544ff
[32] siehe Schopenhauers Philosophie in Niederwieser (2018), S. 26ff
[33] mehr zur „Marxistisch-Leninistischen Gesellschaftsprognostik" in Niederwieser (2015), S. 103ff
[34] Marx (1848), S. 42
[35] Marx nach Popper (1992), II, Band S. 130, 161
[36] Marx nach Kosing (1985), S. 381f, 530, 472, 175f, 272 und 475ff
[37] Schachnasarow (1982), S. 20f

02. Moderne Wachstumskurven und Trend-Extrapolationen

[38] Glasl / Lievegoed (1993), S. 55ff
[39] Tuckman (1965), S. 384ff
[40] mehr über den Produktlebenszyklus u.a. in Kotler (2016), S. 508ff, Aumayr (2016), S. 264ff, Graf (1999), S. 260ff und Weber (1999), S. 76ff
[41] zur Bedeutung der Variablen in der Formel siehe S. 47f (Kapitel „Wachstumskurven")
[42] Weber (1999), S. 77
[43] vgl. u.a. Graf (1999), S. 260ff; Weber (1999), S. 76
[44] Graf (1999), S. 257
[45] angelehnt an Ausubel / Grubler / Nakicenovic (1988) in Modis (1994), S. 254
[46] vgl. Graf (1999), S. 250ff und Metz (2002)
[47] Lem (1964), S. 15
[48] Brehmer (1910)
[49] Dr. Everard Hustler in Brehmer (1910), S. 245ff
[50] Karl Peters in Brehmer (1910), S. 105
[51] Ellen Key in Brehmer (1910), S. 117
[52] Malthus (1803)
[53] Malthus (1803), S. 5ff
[54] Malthus (1803), I S. 10f
[55] Malthus (1803), II S. 38ff
[56] Allerdings gibt es auch Demografen aus der Frühzeit, welche nicht in diese Falle getappt sind und bereits Jahrzehnte vor Malthus eine Stabilisierung der Weltbevölkerung vorausgesagt haben, u.a. Johann Peter Süßmilch (1742) – siehe Vortrag Horx (2019)
[57] Morus (1958), S. 229f
[58] Plumpe (2017), S 51ff
[59] Original-Studie Meadows (1972)

[60] Niederwieser (2015), S. 131 und Niederwieser (2016), S. 283ff
[61] Meadows (1992), Meadows (2012) und Randers (2013)
[62] Meadows (2012), S. 175ff
[63] Meadows (2012), S. 178ff
[64] Meadows (2012), S. 250ff
[65] Meadows (2012), S. 228ff
[66] Niederwieser (2015), S. 127ff
[67] Kahn (1967), S. 150
[68] vgl. http://www.worldbank.org/ unter „Data & Research" – aufgerufen am 10.06.2006
[69] nach Kahn (1967), S. 46
[70] Kahn (1967), S. 66ff
[71] Kahn (1967), S. 308ff
[72] Niederwieser (2016), S. 157ff
[73] Fucks (1965), S. 11
[74] Fucks (1965), S. 10f
[75] Fucks (1965), S. 70
[76] United Nations, Department of Economic and Social Affairs (2017), S. 1
[77] Fucks (1965), S. 124ff
[78] Fucks (1965), S. 131
[79] www.de-ipcc.de – aufgerufen am 29.08.2019
[80] IPCC (2014), S. 8ff
[81] Majewski (2019) und Staudinger (2018)
[82] Hutton (1788)
[83] Kießling (2019)
[84] zur Extrapolationsfalle siehe S. 50f
[85] Mölg (2019)
[86] zu Entscheidungsmaschinen siehe Niederwieser (2016), S. 18f und S. 262ff
[87] Niederwieser (2019/1), Niederwieser (2019/2) und Merkel (2019)
[88] u.a. Kurzweil (2005), S. 24ff; Kurzweil (2012), S. 196ff
[89] Kurzweil (2005), S. 10ff
[90] Kurzweil (2005), S. 17ff und 56ff
[91] Moore nach Kurzweil (2005), S. 56ff; genau sprach Moore davon, dass man alle zwei Jahre doppelt so viele Transistoren in einem Schaltkreis unterbringen kann.
[92] Grafik aus Kurzweil (2005), S. 70
[93] vgl. auch Kapitel „Menschcomputer oder Computermensch" in Niederwieser (2016), S. 303ff
[94] https://trends.google.com/trends/explore?date= all&q=Sony,Samsung,Apple – aufgerufen am 23.08.2019

II. ZYKLISCHE ZEITMODELLE

01. Archaische Zeitmessung und Kalenderbauten

[95] Für den belgischen Historiker David Engels (*1979) ist es von diesen biologistischen Theorien nur ein kurzer Schritt zur Zyklizität, siehe Engels (2015), S. 25; dieser Artikel „Biologistische und zyklische Geschichtsphilosophie. Ein struktureller Annäherungsversuch" bietet auch eine hervorragende Zusammenfassung der verschiedenen geschichtsphilosophischen Zeitvorstellungen.
[96] Darstellungen der Jahreszeiten und des Mondzyklus aus Kircher (1650), S. 252
[97] mehr zur Geschichte der Zeitmessung in Niederwieser (2016), S. 151ff
[98] Soldt (1995), S. 18, 69ff, 97
[99] Hahn (1989), S. 40ff
[100] Whitrow (1991), S. 50f und Watson (2008), S. 291; rein rechnerisch wäre auch 4241 v. Chr. als Einführungsjahr des ägyptischen Kalenders möglich.
[101] Assmann in Brockhaus (2004) unter „ägyptischer Kalender"
[102] Reichert (2004), S. 54ff; Gibson (1998), S. 27ff
[103] Märtin (2004), S. 40ff; Reichert (2004), S. 52ff
[104] Korp (1990), S. 2f
[105] nach Korp (1990), S. 95f
[106] aus Squier / Davis (1848), Plate XXXV
[107] Pauketat (2004), S. 6ff, Feest in Brockhaus (2004) unter „Mounds: Grab- und Tempelhügel des östlichen Waldlands"
[108] Pauketat (2004), S. 10ff, 67ff
[109] siehe S. 32f
[110] siehe S. 280
[111] Behringer (2011), S. 97ff und Lamb (1989), S. 187
[112] Brockhaus (2004) unter „Pyramiden" und „Teotihuacán: Stadt der Götter"; Wilhelmy (1981), S. 20ff
[113] Wilhelmy (1981), S. 307
[114] Whitrow (1991), S. 150f
[115] nach Wilhelmy (1981), S. 304

02. Wahrsagekalender

[116] Livingstone in Harper / Kalinowski (2017), S. 409
[117] Harper / Kalinowski (2017), S. 2f
[118] Livingstone in Harper / Kalinowski (2017), S. 414 und 411f
[119] Harper / Kalinowski (2017), S. 3
[120] siehe S. 32f
[121] Niederwieser (2015), S. 73f
[122] siehe S. 32f
[123] Roys (1933), S. 182ff; Whitrow (1991), S. 148ff; Stierlin (1977), S. 270ff
[124] Breuer (2003), S. 33f
[125] Lanczkowski (1989), S. 55ff; Breuer (2003), S. 33ff
[126] Pink (1993), S. 49ff, 209ff, 295ff
[127] für eine umfassende Darstellung des chinesischen Kalenders im Vergleich zur abendländischen Astrologie siehe Döbereiner (1989)
[128] Hahn (1989), S. 44ff
[129] Tabelle der Zyklen 1984-2008 aus https://de.wikipedia.org/wiki/60-Jahre-Zyklus - aufgerufen am 19.09.2019
[130] Sárközi (1992), S. 34, 41
[131] Wales (1983), S. 13
[132] vgl. Lackner (2019/2), S. 21
[133] insbesondere in Taiwan - siehe Lackner (2019/1)
[134] siehe u.a. Reiter (2006) unter den jeweiligen Tagen
[135] siehe http://wetterpropheten.ch - aufgerufen am 25.08.2019

03. Empirik moderner Kalenderprognostik

[136] eine ausführliche Darstellung der empirischen Studien über die Macht des Mondes findet sich bei Eysenck (1982), S. 199ff
[137] Eysenck (1982), S. 203
[138] Eysenck (1982), S. 205ff
[139] Eysenck (1982), S. 208ff
[140] McDonald (1966), S. 81ff
[141] Eysenck (1982), S. 214ff
[142] Eysenck (1982), S. 217ff
[143] Paungger (1991)
[144] Wunder (2002/3), S. 91ff
[145] Bradley (1962), S. 748ff
[146] siehe S. 96f
[147] Eysenck (1982), S. 124ff
[148] nach Kaulins (1979), S. 15
[149] auch Kisker (1980), S. 571ff
[150] Lossau (2005), S. 1
[151] Scholz (2005), S. 4
[152] Eysenck (1982), S. 128f
[153] Salib (2006), S. 416ff
[154] siehe S. 168ff

04. Die Geschichte der Astrologie

[155] exzellente und sehr ausführliche Darstellungen der Geschichte der Astrologie finden sich in Stuckrad (2007) und Berling (2009); weitere Elemente dieses Kapitels stammen v.a. aus Brand (2000), S. 20ff; Brennan (2017); Rochberg (2004), S. 98ff, 273ff und Eysenck (1982), S. 39ff
[156] mehr über diesen Prozess von der Himmelsbeobachtung zur Astrologie in Niederwieser (2017), S. 20ff
[157] u.a. Berling (2009), S. 155 und Whitrow (1991), S. 150f
[158] Soldt (1995), S. 23
[159] Eysenck (1982), S. 40
[160] ausführlich zu den Ursprüngen und Entwicklungsverläufen der Astrologie in Mesopotamien in Maul (2013), S. 237ff und Stuckrad (2003), S. 43ff; sowie komprimiert in Brand (2000), S. 18ff; Eysenck (1982), S. 39ff und Berling (2002), S. 16ff
[161] Eysenck (1982), S. 41 und Stuckrad (2007), S. 69
[162] u.a. Brennan (2017), S. 13ff; Stuckrad (2007), S. 86ff
[163] u.a. Hürlimann (1998), S. 24
[164] Böttcher (1965) bereits im Titel „Sterne, Schicksal und Propheten – Dreißigtausend Jahre Astrologie"
[165] Cicero (44 v.Chr.), S. 129f
[166] Stiehle (2011), S. 130f
[167] Stiehle (2011), S. 128f
[168] Fels in Manilius (1990), S. 491ff
[169] Brennan (2017), S. 98f und Rudolf (2018), S. 30; eine moderne englische Übersetzung stammt von Dykes (2017)
[170] Joshi in Lutz (1999), S. 158ff; Michaels (1998), S. 321f
[171] ausführlich hierzu siehe Weiss (1987), S. 177ff
[172] Koch (2007) aufgerufen am 01.07.2019
[173] Welches bei genauerer Betrachtung gar nicht so finster war, siehe u.a. Stuckrad (2007), S. 159ff

[174] Brand (2000), S. 34ff, 44ff; Zoller (1989), S. 15ff

[175] Bei Nachtgeburten hingegen wird die Distanz vom Mond zur Sonne verwendet.

[176] Zoller (1989), S. 303ff

[177] Flammarion (1880), S. 693

[178] Kotyk (2017/2), S. 25f, 57f und Kotyk (2018), S. 2f

[179] Kotyk (2017/1), S. 213f und 241

[180] Kotyk (2017/1), S. 275ff

[181] Kotyk (2017/2), S. 41

[182] Pankenier (2013), S. 205ff

[183] Pankenier (2013), S. 194ff

[184] Pankenier (2013), S. 443

[185] Bischof Burchard von Worms kurz nach 1000 in seiner Kirchenrechtssammlung nach Herbers (2019), S. 7

[186] Stuckrad (2007), S. 202ff; Heiduk (2007), S. 216f und Schoener (2016), S. 165ff

[187] Herbers (2019), S. 24ff

[188] Sasportas (1987), S. 563ff

[189] siehe Niederwieser (2017), S. 105f

[190] u.a. Ludwig (2013), S. 146ff und Hoppmann (1998), S. 108f

[191] Hoppmann (1998), S. 105ff

[192] Ludwig (2013)

[193] ausführlich u.a. in Minois (2002), S. 400ff

[194] siehe Niederwieser (2018), S. 126

[195] Hoppmann (1998), S. 63ff

[196] Die packenden Ereignisse um die „Große Wesserung" hat der Schriftsteller Werner Bergengruen im unterhaltsamen Roman „Am Himmel wie auf Erden" verarbeitet – Bergengruen (1947) – wenngleich dort Johannes Carions Charakter viel weniger derb dargestellt ist als dies zeitgenössische Beschreibungen und Carions Horoskop nahelegen.

[197] Roettig (1999), S. 27ff, 39ff; Hoppmann (1998), S. 44ff; Strauß (1926), S. 69ff und Pankenier (2013), S. 408f

[198] Niederwieser (2016), S. 59f

[199] Morus (1958), S. 82

[200] Niederwieser (2015), S. 90f; eine literarische Aufbereitung der Dechiffrierung von Nostradamus Prophezeiungen findet sich in Dumézil (1989)

[201] Barnes (2016), S. 172f

[202] Kepler (1602), S. 45, 55f

[203] Kepler (1619), S. 11ff; Kepler (1602), S. 38

[204] Kepler (1602), S. 35, 48ff

[205] mehr dazu in Niederwieser (2018), S. 64ff, 79 und 116f

[206] Campion (2017) ab Minute 11:00 (aufgerufen am 24.05.2019)

[207] ausführlich hierzu Herbst (2010)

[208] Eysenck (1982), S. 42

[209] für die hervorragende deutsche Übersetzung im Chiron Verlag siehe Lilly (1647)

[210] u.a. Stuckrad (2007), S. 271ff

05. Astrologie in der Moderne

[211] viele spannende Details zur astrologischen Arbeit von Alan Leo finden sich u.a. in Gansten (2011)

[212] zu den Vertretern der modernen Astrologie siehe Rodden (2003) in den jeweiligen Biographien

[213] Schubert-Weller (1996), S. 130ff; Hürlimann (1998), S. 258ff

[214] Lefeldt in Witte (1959), S. 71f

[215] Witte (o.A.), S. 202ff; Witte (1959), S. 69

[216] siehe u.a. Witte (1959), S. 6; Brummund (1990), S. 3 und Schubert-Weller (1996), S. 238

[217] Bedeutung siehe u.a. Witte (1959), S. 69 und Brummund (1990), S. 22f

[218] Rudolph in Witte (1959), S. 12ff; Rudolph (1933), S. 55f; weitere „überzeugende Beispiele eines Praktikers" finden sich in Stuiber (1974)

[219] Witte (1959) unter den entsprechenden Formeln

[220] Schubert-Weller (1996), S. 237ff und Stuckrad (2007), S. 324

[221] Witte (1924), S. 18

[222] siehe u.a. Ebertin (1925)

[223] Ebertin (1950)

[224] Hürlimann (1998), S. 296ff; Schubert-Weller (1996), S. 272ff

[225] Ebertin (1933), S. 36ff

[226] Ebertin (1933), S. 57ff

[227] Ebertin (1933), S. 104

[228] eine ausführliche chronologische Beschreibung der Arbeit Karl-Ernst Kraffts für das Nazi-Regime, seiner Verhaftung und seines Todes im KZ Buchenwald findet sich in Howe (1995); zum Tod von Korsch siehe Stuckrad (2007), S. 332

[229] Hürlimann (1998), S. 316

[230] siehe Mayer (in Vorbereitung) im Kapitel „Thomas Ring's astrological anthropology"

[231] Döbereiner (1987/2)

[232] u.a. Spiegel (1974), S. 64f und Spiegel (1981), S. 234

[233] Details zu den Verkaufszahlen von Döbereiners Heyne Tierkreisbüchern in Sachs (1999), S 57ff – siehe auch Kapitel über die Studien von Gunter Sachs in diesem Buch, S. 168ff
[234] Döbereiner (1992), S. 5
[235] Döbereiner (1987/1), S. 10, 19, 22
[236] Döbereiner (2006), S. 4
[237] siehe Franzobel (2010) – Foto von Franzobel am Buchrücken mit einem Döbereiner-Seminarband ganz oben auf seinem Bücherstapel
[238] ausführlich zu Jungs Theorien, welche ihrerseits stark von den traditionellen Weltsichten der Magie, Alchemie und Astrologie beeinflusst waren, in Niederwieser (2018), S. 83ff
[239] siehe Ring (1956), S. 8ff
[240] siehe Riemann (1961)
[241] mehr dazu in Niederwieser (2018), S. 213
[242] Riemann (1976)
[243] so zählte z.B. der Deutsche Astrologenverband DAV Ende der 1990er Jahre 1.100 Mitglieder im Vergleich zu 600 Mitgliedern im Jahr 2019; siehe Mayer (in Vorbereitung) im Kapitel „The situation from the 1990s onwards"
[244] https://www.astrodata.com/Ueber-uns - aufgerufen am 31.07.2019
[245] http://www.sfer.ch/de/schule/geschichte.php - aufgerufen am 31.07.2019
[246] http://www.astrologieheute.ch unter „Portrait" – aufgerufen am 31.07.2019
[247] Weiss (2016) und Weiss (2018)
[248] Roscher (1989), S. 433ff
[249] Roscher (1994)
[250] Roscher (2003)
[251] mehr Informationen zur Swiss Ephemeris des Astrodienst Zürich auf https://www.astro.com/swisseph/swephinfo_e.htm - aufgerufen am 29.07.2019
[252] Siehe https://trends.google.de/trends mit Suchwort „Astrologie" in den verschiedenen Ländern 2004 bis 2019 – aufgerufen am 28.07.2019
[253] Späth (2004) und Eike Wenzel in Seiderer (2011)
[254] vgl. auch Niederwieser (2018), S. 41
[255] Brennan (2019)
[256] https://trends.google.de/trends/explore?date=all&geo=DE&q=Astrologie - aufgerufen am 27.06.2019
[257] eigene Auskunft der Adviqo AG auf http://www.adviqo.com/de/unternehmensprofil - aufgerufen am 01.03.2015. Diese Zahlen scheinen mittlerweile rückläufig zu sein. Denn am 29.07.2019 wird die Anzahl der Mitarbeiter auf der Startseite nur noch mit 250 angegeben.
[258] ausführlich zur Wiederentdeckung der alten astrologischen Klassiker in Brennan (2017), S. 134ff und 138ff
[259] deutsche Übersetzung von Mayer (in Vorbereitung) im Schlusswort

06. Empirische Studien zur Astrologie

[260] vgl. Maul (2013), S. 237ff und Schoener (2016), S. 149ff
[261] Klöckler (1927), S. 14
[262] Klöckler (1927), S. 225, 233 und 351
[263] u.a. Klöckler (1927), S. 198ff
[264] Gauquelin (1988), S. 235ff
[265] u.a. Schwab (1933), S. 116ff
[266] ausführlich über die astrologische Arbeit von Karl-Ernst Krafft für das Nazi-Regime in Howe (1995)
[267] Krafft (1928), S. 7
[268] Krafft (1928), S. 19
[269] Krafft (1928), S. 20f
[270] Krafft (1928), S. 30ff
[271] Gauquelin (1988), S. 240ff
[272] Smit (o.A.) auf http://www.astrology-and-science.com unter „Grand summary" - http://www.astrology-and-science.com/U-gran2.htm - aufgerufen am 24.06.2019
[273] Dean (1977)
[274] siehe u.a. Koch (2003), S. 106ff
[275] Smit (o.A.)
[276] Eysenck (1982)
[277] Jung (1952) in Jung (1976), S. 497ff
[278] Jung (1952) in Jung (1976), S. 564, 514
[279] Jung (1952) in Jung (1976), S. 511f
[280] mehr zu Jungs Synchronizitätsprinzip und Sheldrakes Morphogenetischen Feldern im vierten Prognostik-Band
[281] Ähnliche Kunstgriffe der Legitimation – Blendwerkzeuge der Verwissenschaftlichung - sind auch in der modernen Management-Diagnostik sehr beliebt. Auch dort muss sehr häufig Carl Gustav Jung als Legitimationsautorität herhalten; siehe Niederwieser (2018), S. 225ff
[282] u.a. Gauquelin (1986), Gauquelin (1994)

[283] Gauquelin (1988), S. 233ff

[284] Eysenck (1982), S. 220ff; Seymour (1992), S. 174ff; Gauquelin (1986), S. 11ff

[285] Gauquelin (1986), S. 16

[286] nach Gauquelin (1994), S. 54

[287] Gauquelin (1986), S. 17ff, 34, 61f, 90f, 119f, 144f

[288] ausführlich zu den vier Temperamenten in Niederwieser (2018), S. 116ff

[289] Gauquelin (1994), S. 230

[290] siehe Niederwieser (2016), S. 85ff

[291] Gauquelin (1994), S. 164ff, 170

[292] Gauquelin (1994), S. 162ff

[293] Eysenck (1982), S. 230ff

[294] Kommission Para nach Eysenck (1982), S. 237f

[295] Eysenck (1982), S. 241, 250

[296] Ertel (2005), S. 182-207; Koch (2003), S. 103 – Bei seinen umfassenden Replikationen bestätigte Ertel den Eminenzeffekt bzw. Professionseffekt. Den Hereditätseffekt (Planetenstellungen werden vererbt) und die Character-Trait-Hypothese (Planetenstellungen formen den Charakter) hingegen konnte er nicht bestätigen – siehe Ertel in Mayer (2015), S. 324

[297] Ertel (2005), S. 183; Ertel in Mayer (2015), S. 323f

[298] siehe u.a. Ertel in Mayer (2015), S. 325 und Koch (2003), S. 107f

[299] siehe Ertel (2005), S. 183

[300] Sachs (1999), S. 210

[301] nach Sachs (1999), S. 61, 179

[302] Sachs (1999), S. 175ff, 137, 191ff

[303] Sachs (1999), S. 195, 161

[304] Sachs (1999), S. 294ff

[305] siehe u.a. Niehenkes „Stellungnahme zu dem Buch Die Akte Astrologie von Gunter Sachs" - http://www.astrologiezentrum.de/aktuelles/akte/akte1.html - aufgerufen am 03.05.2018

[306] Chumsky/Ehling in Sachs (1999), S. 237

[307] Diesen Fehler machen im Übrigen auch die meisten empirischen Auswertungen von Astrologen. Hat man eine Signifikanz gefunden, so wird diese gleich zur Regel erkoren und man macht sich auf die Suche nach weiteren Regeln, statt diese Zeit mit zugegebenermaßen mühevollen und langwierigen Replikationen zu verbringen.

[308] siehe S. 108

[309] Sachs (1999), S. 177ff

[310] Sachs (1999), S. 127

[311] am Ende über 20 Millionen Daten, Sachs (2014), S. 77

[312] zur Unterbewertung der Sonne in weiten Teilen der Astrologieszene siehe Niederwieser (2017), S. 73

[313] das Buch stand 21 Wochen auf der Spiegel-Bestsellerliste und wurde in mehrere Sprachen übersetzt, siehe Sachs (2014), S. 18

[314] Sachs (2014), S. 20

[315] Siehe u.a. Sachs (2014), S. 250f

[316] Sachs (2014), 140ff, 260ff

[317] Sachs (2014), S. 194ff, S. 258

[318] Sachs (2014), S. 171ff, 212ff

[319] Sachs (2014), S. 21

[320] Ruzas (2012), S. 92f

[321] Stand am 01.08.2019, aufgerufen auf https://www.astro.com/astro-databank

[322] Voltmer (2004)

[323] Mayer und Garms in Stiehle (2011), S. 251ff und Ertel in Mayer (2015), S. 327

[324] Hill (1997), S. 163ff

[325] Ertel in Mayer (2015), S. 327

[326] Ruis (2008), S. 7 - 43

[327] Wunder (2004), S. 211ff

[328] vgl. Koch (2003), S. 134ff

[329] Mayer (in Vorbereitung) im Kapitel „The post-war period until the 1990s"

[330] Eysenck (1982), S. 109ff

[331] Wunder (2002/1), S. 275ff

[332] Wunder (2002/2)

[333] zur Vielfalt der mundanastrologischen Methodik siehe Baigent (1989)

[334] u.a. Barbault (2016), S. 145, sowie Barbault (2007) und Barbault (2014), S. 147ff; weiteres über die Methodik in Barbault (1987)

[335] Barbault (1967) in Barbault (2014), S. 153ff – neben Uranus-Neptun spielte bei Barbaults Vorhersagen auch der Saturn-Neptun-Zyklus eine wichtige Rolle

[336] siehe u.a. Harvey in Baigent (1989), S. 144ff, Weiss (2015), S. 15ff und Hofbauer (2011)

[337] Tarnas (1991)

[338] Tarnas (2006), S. 139ff

[339] mit einem Spielraum („Orbis") von 10° bei Quadraten (90°) und 15° bei Konjunktionen (0°) und Oppositionen (180°)

[340] Tarnas (2006), S. 468f

[341] Tarnas (2006, S.207ff, 289ff und S. 353ff

[342] Böttcher (1965), S. 340f

[343] Böttcher (1965), S. 342

[344] Böttcher (1965), S. 342, 348

[345] Jeganathan (2015), S. 123ff

[346] Jeganathan (2015), S. 124
[347] Jeganathan (2015), S. 124 und 145
[348] Zioutas (2018)
[349] Niederwieser (2016), S. 94ff
[350] Seymour (1992)
[351] Landscheidt (1994)
[352] Loucadou (1997), S. 100ff und Loucadou (2012), S. 48ff
[353] Lackner (2019/2), S. 22
[354] vgl. Niederwieser (2017), S. 26f
[355] Koch (2003), S. 119ff
[356] siehe S. 147f
[357] einen ausführlichen Überblick über die verschiedenen Evidenzargumente gibt Schoener (2016), S. 129ff
[358] vgl. S. 155ff und S. 141f
[359] zur Präkognitionsforschung siehe Niederwieser (2015), S. 61ff
[360] vgl. Niederwieser (2017), S. 22ff
[361] Mertz (1995), S. 62f
[362] siehe Feyerabend (1980) und Niederwieser (2018), S. 40ff
[363] Mullis (1998), S. 143ff
[364] Schoener (2016), S. 14, Teissier (1997) und Quigley (1990)
[365] vgl. S. 112f

07. Sozial- und Humanzyklen

[366] Fließ (1925), S. 2f
[367] Fließ (1925), S. 115 und S. 175
[368] u.a. Fließ (1925), S. 195ff und Fließ (1924), S. 84 - 296
[369] v.a. Fließ (1924)
[370] z.B. Fließ (1924), S. 220ff
[371] siehe Swoboda (1906) und Fließ (1925), S. 252ff
[372] Hines (1998), S. 19ff
[373] Pircher (1972), S. 135ff
[374] ausführlich zum Team Management System in Niederwieser (2018), S. 187ff
[375] Wagner / Tscheuschner (2008), S. 17ff
[376] Wagner / Tscheuschner (2008), S. 22; ähnliche Ausführungen finden sich auch bei McCann (1988), S. 7
[377] Niederwieser (2018)
[378] in Anlehnung an McCann (1988), S. 9; Wagner / Tscheuschner (2008), S. 62 und 227 oder Wagner in Schimmel-Schloo (2002), S. 251
[379] Wagner / Tscheuschner (2008), S. 31
[380] Wagner / Tscheuschner (2008), S. 30
[381] mehr über die fragwürdige wissenschaftliche Validität des TMS und anderer Tools der Management-Diagnostik in Niederwieser (2018), S. 186ff und besonders S. 225ff
[382] Niederwieser (2018), S 191
[383] Wobei sich viele dieser Generationenkonstrukte inhaltlich überlappen und auch je nach Autor und Land zeitlich etwas anders definiert werden.
[384] Strauss / Howe (1991), S. 69ff und Strauss / Howe (1997), S. 91ff; Strauss und Howe fanden ähnliche Zyklen auch in anderen Ländern, siehe Strauss / Howe (1997), S. 119ff
[385] Strauss / Howe (1991), S. 85 – die einzelnen bisherigen Zyklen dauerten mit einem Ausreißer zwischen 80 und 112 Jahren – im Durchschnitt 89 Jahre
[386] Strauss / Howe (1991), S. 71
[387] Strauss / Howe (1997), S. 99ff – im englischen Original High, Awakening, Unraveling und Crisis; gerade der Begriff „Unraveling" ist schwer zu übersetzen. Er bezeichnet z.B. das Entwickeln eines Wollknäuels, wodurch ein ungeordneter Haufen Schnurgewirr entsteht. Deutsche Äquivalenzen wären im Kontext der Generationentheorie Zersplitterung, Entordnung oder eben Zerfransung.
[388] Strauss / Howe (1997), S. 74
[389] übersetzt aus Strauss / Howe (1997), S. 138 und S. 50
[390] Übersetzt aus Strauss / Howe (1997), S. 105
[391] Strauss / Howe (1991), S. 60ff
[392] u.a. Strauss / Howe (1997), S. 84 und S. 98
[393] Grafik von Niederwieser (2019), S. 199 auf Basis der Strauss/Howe-Generationentheorie
[394] Strauss / Howe (1991), S. 299ff
[395] Strauss / Howe (1997), S. 279ff
[396] Strauss / Howe (1991), S. 317ff
[397] u.a. Strauss / Howe (1997), S. 90 und S. 39 - mehr zu diesen Theorien im nächsten Kapitel "Geschichtszyklen und Kulturkreislehren"
[398] u.a. Strauss / Howe (1997), S. 98
[399] u.a. Strauss / Howe (1997), S. 72ff
[400] zu Kretschmer siehe Niederwieser (2016), S. 79ff
[401] zum MBTI siehe Niederwieser (2018), S. 204ff
[402] Niederwieser (2018)
[403] Strauss und Howe treffen allerdings eine ganz andere Zuordnung der vier Generationen-Archetypen zu den vier Temperamenten, siehe Strauss / Howe (1997), S. 74

[404] u.a. Strauss / Howe (1991), S. 381ff
[405] Strauss / Howe (1991), S. 374ff
[406] Strauss / Howe (1991), S. 403
[407] Strauss / Howe (1997), S. 272ff
[408] Strauss / Howe (1997), S. 277
[409] Fluchs (2019)
[410] Hösle (1984), S. 108ff und 118ff
[411] siehe u.a. Niederwieser (2018), S. 24ff
[412] Hösle (1984), S. 131f
[413] zusammenfassende Darstellung des Zyklus in Hösle (1984), S. 133ff
[414] Hösle (1984), S. 137
[415] Hösle (1984), S. 141
[416] Hösle (1984), S. 159
[417] die Tabelle folgt der Kapitelstruktur von Hösle (1984), S. 7ff
[418] siehe S. 20ff

08. Geschichtszyklen und Kulturkreislehren

[419] Yukteswar (1894) in der deutschen Übersetzung von (1993)
[420] Michaels (1998), S. 330ff
[421] Störig (1995), S. 166ff
[422] Störig (1995), S. 174ff und 186; Popper (1992/2), S. 49ff
[423] siehe S. 37ff
[424] zum Magier-Abt Johannes Trithemius siehe auch Niederwieser (2018), S. 45
[425] Silbernagel (1868), S. 124ff
[426] siehe Seddon (1995)
[427] Vico (1930), S. 346ff
[428] zum Dreistadiengesetz von Comte siehe S. 36f
[429] Vico (1930), S. 399ff
[430] Demandt (1984), S. 431ff
[431] noch ausführlicher stellt Demandt Goethes Universalzyklus dar in Engels (2015), S. 222ff
[432] siehe Demandt (1984), S. 431ff; einen weiteren Überblick bietet Sorokin (1953)
[433] Frobenius (1921), S. 4
[434] u.a. Frobenius (1921), S. 60
[435] Frobenius (1921), S. 65f
[436] Frobenius (1921), S. 68ff
[437] Robenius (1921), S. 117
[438] Frobenius (1921), S. 113f
[439] Frobenius (1921), S. 18ff, 59ff, Tabelle S. 117, 65ff
[440] Demandt (1984), S. 442ff
[441] Spengler (1918/22), S. 8
[442] Die archaischen Ursprünge der Kulturen behandelte Spengler erst in seinem Aufsatz „Der Mensch und die Technik" – Spengler (1931)
[443] Spengler (1918/22), S. 113ff, 226ff, 234ff
[444] Spengler (1918/22), S. 142
[445] Spengler (1918/22), S. 143
[446] Spengler (1918/22), Tafeln ab S. 71
[447] nach Spengler (1918/22), S. 76ff; ein Auszug dieser Tabelle findet sich auch im Kontext der qualitativen Prognosemethoden der Moderne in Niederwieser (2015), S. 154ff
[448] Spengler (1918/22), S. 145, 941ff
[449] Spengler (1918/22), Tafeln ab S. 71
[450] Spengler (1918/22), S. 70
[451] Felken (1972) in Spengler (1918/22), S. 1252; Demandt (1984), S. 446ff
[452] Merlio in Fink / Rollinger (2018), S. 530f
[453] Cohn in Toynbee (1954), S. XXI ff; Demandt (1984), S. 459ff
[454] Toynbee nach Morus (1958), S. 162
[455] siehe u.a. Sorokin (1953)
[456] übersetzt aus Sorokin (1957), S. 673
[457] siehe S. 56f, auch Niederwieser (2015), S. 127ff, 166ff, 176ff
[458] Zusammenfassung aus Kahn (1967), S. 53ff; Die Kunststile werden ausführlich dargestellt in Sorokin (1957), S. 78ff
[459] Sorokin (1957), S. 285ff
[460] Sorokin (1957), S. 309ff
[461] Sorokin (1957), S. 324ff
[462] Sorokin (1957), S. 336ff
[463] Sorokin (1957), S. 177 und S. 184
[464] Sorokin (1957), S. 533ff
[465] Sorokin (1957), S. 560ff
[466] Sorokin (1957), S. 242
[467] mehr zum Stand der komparatistischen Geschichtsphilosophie in der Postmoderne in Engels (2018), S. 79ff und Engels (2015), S. 8ff
[468] Demandt (1984)
[469] Die wichtigsten Artikel Demandts zu Spengler wurden im Rahmen des 100. Jubiläums von „Der Untergang des Abendlandes" in einem Sammelband veröffentlicht – Demandt (2017)
[470] Engels (2014)
[471] Engels (2019)
[472] Otte (2019)
[473] Siehe https://www.oswaldspenglersociety.com – aufgerufen am 14.10 2019
[474] Engels in Fink/Rollinger (2018), S. 453ff, insbesondere S. 461
[475] siehe S. 204ff

[476] Engels in Fink/Rollinger (2018), S. 465ff
[477] Otte in Engels/Otte/Thöndl (2018), S. 25ff und Otte in Fink/Rollinger (2018), S. 357ff
[478] Krebs in Fink/Rollinger (2018), S. 333ff
[479] vgl. hierzu u.a. Farrenkopf in Fink/Rollinger (2018), S. 305ff; Merry ebenda, S. 345ff oder Merry in Engels/Otte/Thöndl (2018), S. 49ff
[480] Adorno (1950), S. 115
[481] siehe hierzu auch Niederwieser (2015), S. 152ff
[482] Wangenheim (2013)
[483] https://thwangenheim.wordpress.com und Kanal „Thomas Wangenheim" auf Youtube – aufgerufen am 16.10.2019
[484] Wangenheim (2013), S. 47
[485] Auszug aus Wangenheim (2013), S. 68 (letzte Klapptafel)
[486] siehe Niederwieser (2018), S. 108
[487] Wangenheim (2013), S. 11
[488] Wangenheim (2013), S. 49f
[489] Grafiken nach Wangenheim (2013), S. 43, 45 und 50
[490] Wangenheim (2013), S. 51
[491] siehe S. 203f
[492] Nixon nach Demandt (1984), S. 464
[493] Kissinger nach Demandt (1984), S. 464
[494] Demandt (1984), S. 462
[495] Huntington (1998)

09. Wirtschaftszyklen

[496] Jones-Loyd nach Arnold (2002), S. 1
[497] siehe auch S. 287f
[498] Morgan (1990), S. 18ff und 43f
[499] Barnett (1998), S. 2ff; Arnold (2002), S. 1ff; Morgan (1990), S. 41ff und Korotayev (2010), S. 11
[500] Schumpeter (1939), S. 174f; Plumpe (2017), S. 21 und Morus (1958), S. 276f
[501] Solomou (1990), S. 101ff und Korotayev (2010), S. 11ff
[502] Solomou (1990), S. 170f
[503] Deutsche Rentenbank-Kreditanstalt (1933), S. 33ff
[504] Kondratieff (1984), S. 32ff, 37ff
[505] Kondratieff (1984), S. 60ff; gute Zusammenfassung als Tabelle in Kondratieff (1926), S. 589f
[506] Kondratieff (1926), S. 593ff
[507] Kondratieff (1926), S. 583 und 579
[508] Eine ausführliche Darstellung der ersten drei Kondratieff-Wellen findet sich in Schumpeter (1939), S. 263ff
[509] Kondratieff (1984), S. 103
[510] Kondratieff (1984), S. 103ff
[511] vgl. S. 37ff
[512] u.a. Nefiodow (2001), S. 208
[513] Der große britische Universalhistoriker und Kondratieff-Anhänger Eric Hobsbawn (1917 – 2012) bezeichnet diese Ära als „The Age of Capital", siehe Hobsbawn (1975)
[514] Schumpeter (1939), S. 481
[515] Kondratieff selbst stellte ebenfalls einen 6 bis 11-jährigen Unterzyklus fest, siehe Kondratieff (1928), S. 40
[516] Schumpeter (1939), S. 481, 1089
[517] siehe u.a. Händeler (2005); Nefiodow (2001); sowohl die genauen Jahresangaben, als auch die Bezeichnungen der einzelnen Wellen variieren leicht je nach Autor
[518] Händeler (2005), S. 18ff
[519] u.a. Nefiodow (2001), S. 118ff; Nefiodow in Thomas (1998), S. 190ff und Händeler (2005), S. 295ff
[520] u.a. Nefiodow (2001), S. 253ff
[521] siehe die achte und vollständig bearbeitete Auflage von Händeler (2005) aus dem Jahr 2011
[522] siehe Eberl (2013), S. 12f
[523] Müller (2010)
[524] Als Beleg für diese These wird gerne eine Statistik über die „Anzahl der in Italien registrierten Autos 1950 – 1990" angeführt – siehe Nefiodow (2001), S. 7 – Allerdings wird sich im zerbombten Nachkriegs-Europa kaum eine Statistik finden, welche ab 1950 nicht steil nach oben zeigt.
[525] Watzlawick (2003), S. 129f
[526] siehe Hobsbawn (1975)
[527] mehr Details hierzu in der Grafik auf S. 260f – ausführlichere Publikationen hierzu sind in Arbeit
[528] Walter (2006), S. 31
[529] Walter (2008), S. 182f
[530] Diebolt (2016), S. vi
[531] Haupert in Diebolt (2016), S. 21ff
[532] Temin in Diebolt (2016), S. 36
[533] siehe u.a. Diebolt (2016), S. v ff
[534] vgl. auch Niederwieser (2016), S. 264ff und 309ff
[535] siehe Niederwieser (2016), S. 166ff
[536] siehe Niederwieser (2016), S. 276ff
[537] u.a. Maddison (2006)
[538] Clark in Diebolt/Haupert (2016), S. 197ff
[539] Pensieroso (2009), S. 101ff
[540] Sella/Marchionatti (2012), S. 307ff

[541] zu Sorokin siehe S. 233ff
[542] übersetzt aus dem Produkttext von Turchin/Nefedov (2009)
[543] Turchin/Nefedov (2009), S. 33f
[544] u.a. Turchin/Nefedov (2009), S. 87, 145f, 176f, 187, 222 und 307
[545] Turchin/Nefedov (2009), Inhaltsverzeichnis
[546] zu „Kulturzyklen und Politik" siehe S. 242ff
[547] siehe Niederwieser (2015), S. 49f
[548] Niederwieser (2016), S. 269ff
[549] Heussinger (1997), S. 6f; Casti (1992), S. 270f
[550] nach Frost/Prechter (1999), S. 23
[551] Frost/Prechter (1999), S. 25ff
[552] Frost/Prechter (1999), S. 25ff
[553] nach Frost/Prechter (1999), S. 26
[554] siehe Website von „Elliott Wave International" - https://www.elliottwave.com/About/About-Us - aufgerufen am 04.09.2019
[555] Pomeranz (2005), S. 2
[556] Frost/Prechter (1999), S. 222
[557] Heussinger (1997), S. 8f
[558] Frost/Prechter (1999), S. 91ff
[559] mehr zum Modell der Zeitgeist-Tektonik in Niederwieser (2018), S. 34ff und S. 238ff

10. Weltklima & Wetterzyklen

[560] Sirocko (2013), S. 132ff; Behringer (2011), S. 86ff und Lamb (1989), S. 176ff
[561] Sirocko (2013), S. 138ff, Behringer (2011), S. 142ff und Lamb (1989), S. 214ff
[562] Behringer (2011), S 74ff
[563] Behringer (2011), S. 97ff
[564] Behringer (2011), S. 51ff
[565] Lamb (1989), S 135ff; Behringer (2011), S. 59ff
[566] Sirocko (2013), S. 14f und Behringer (2011), S. 217ff
[567] Behringer (2011), S. 31f
[568] Sirocko (2013), S. 24f
[569] Casti (1992), S. 135ff
[570] nach Casti (1992), S. 136
[571] Sirocko (2013), S. 27 und Lamb (1989), S. 78ff
[572] Hays / Imbrie / Shackleton (1976), S. 1121ff
[573] vgl. Witzemann (1999), S. 174ff und Lamb (1989), S. 406f
[574] Behringer (2011), S. 246ff
[575] Behringer (2011), S. 260ff
[576] Hays (1976) in Milankovic (1995), S. 159
[577] Sirocko (2013), S. 127
[578] Lamb (1989), S. 358f; Sirocko (2013), S. 16
[579] Sirocko (2013), S. 152
[580] Sirocko (2013), S. 144; dass die Planeten die Sonnenflecken beeinflussen und diese wiederum Ereignisse auf der Erde, ist übrigens auch Basis von Percy Seymours Versuch, Astrologie naturwissenschaftlich zu erklären, siehe S. 184
[581] Eysenck (1982), S. 155ff; Landscheidt (1994), S. 190ff
[582] Sirocko (2013), S. 142, 152f und Lamb (1989), S. 345ff
[583] nach Eysenck (1982), S. 156
[584] Eysenck (1982), S. 164ff
[585] siehe S. 245
[586] Morus (1958), S. 201
[587] Barnett (1989), S. 3ff
[588] Lamb (1989), S. 63 und 367
[589] Lamb (1989), S. 80, 233, 264, 395 und 399
[590] Lamb (1989), S. 69, S. 301ff und S. 398ff
[591] mehr über das Konzept der Primodelle in Niederwieser (2018), S. 34ff und 237ff

Literatur

Adorno, Theodor W. (1950) *Spengler nach dem Untergang* in „Der Monat – Eine internationale Zeitschrift", Heft 20, Berlin: OMGUS

Arnold, Lutz (2002) *Business Cycle Theory*, New York: Oxford University Press

Aumayr, Klaus (2016) *Erfolgreiches Produktmanagement: Tool-Box für das professionelle Produktmanagement und Produktmarketing*, Wiesbaden: Springer Fachmedien

Baigent, Michael / Campion, Nicholas / Harvey, Charles (1989) *Mundan-Astrologie: Handbuch der Astrologie des Weltgeschehens*, Wettswil: Edition Astrodata

Barbault, André (1987) *Astrologische Zukunftsdeutung: Transite*, Zürich: M&T Verlag

Barbault, André (2007) *Vierzig Jahre Vorhersage: eine Bilanz* in Meridian 4/2007 – 1/2008, Lenzkirch: Jehle & Garms oHG

Barbault, André (2014) *The Value of Astrology – From Ancient Knowledge to Today's Reality*, London: The Astrological Association

Barbault, André (2016) *Planetary Cycles Mundane Astrology*, London: The Astrological Association

Barnes, Robin B. (2016) *Astrology and Reformation*, New York: Oxford University Press

Barnett, Vincent (1998) *Kondratiev and the Dynamics of Economic Development – Long Cycles and Industrial Growth in Historical Context*, Houndmills: Macmillan Press Ltd.

Barnett, William u.a. (1989) *Economic complexity: chaos, sunspots, bubbles and nonlinearity – Proceedings of the Fourth International Symposium in Economic Theory and Econometrics*, New York: Cambridge University Press

Bebel, August (1907) *Charles Fourier – Sein Leben und seine Theorien* in der Ausgabe von (1978), Leipzig: Reclam Verlag

Behringer, Wolfgang (2011) *Kulturgeschichte des Klimas – Von der Eiszeit bis zur globalen Erwärmung*, München: dtv Verlagsgesellschaft

Bender, Hans (1986) *Zukunftsvisionen, Kriegsprophezeiungen, Sterbeerlebnisse*, München: Piper Verlag

Bergengruen, Werner (1947) *Am Himmel wie auf Erden*, München: Nymphenburger Verlagshandlung

Berling, Peter (2009) *Zodiak: Die Geschichte der Astrologie – Von den Anfängen bis in die Gegenwart*, Berlin: Ullstein Buchverlage

Böttcher, Helmuth (1965) *Sterne Schicksal und Propheten - Dreißigtausend Jahre Astrologie*, München: Bruckmann Verlag

Bradley, Donald / Woodbury, Max u.a. (1962) *Lunar Synodic Period and Widespread Precipitation* in "Science" 137, 7th September 1962, Washington: Science / American Association for the Advancement of Science

Brand, Rafael Gil (2000) *Lehrbuch der klassischen Astrologie*, Mössingen: Chiron Verlag

Brehmer, Arthur Hrsg. (1910) *Die Welt in 100 Jahren* in der Ausgabe von (2010), Hildesheim: Georg Olms Verlag

Brennan, Chris (2017) *Hellenistic Astrology – The Study of Fate and Fortune*, Denver: Amor Fati Publications

Brennan, Chris (2019) *Teaching Western Astrology in Modern China – Interview mit David Railey* auf The Astrology Podcast - Episode 204, http://theastrologypodcast.com/2019/05/06/teaching-western-astrology-in-modern-china/

Breuer, David / Geiger, Jürgen (2003) *Azteken*, Köln: DuMont

Brockhaus (2004) Digitalversion, Mannheim: Brockhaus Verlag

Brummund, Ruth (1990) *Regelwerk – Neufassung*, Hamburg: Udo Rudolph Buchhandlung und Verlag

Campion, Nicholas (2017) *The Revival of Astrology*, Interview mit Chris Brennan im "Astrology Podcast" - http://theastrologypodcast.com/2017/06/29/modern-revival-of-astrology-with-nick-campion/

Casti, John L. (1992) *Szenarien der Zukunft – Was Wissenschaftler über die Zukunft wissen können*, Stuttgart: Klett-Cotta

Cicero, Marcus Tullius (44 v.Chr.) *De Divinatione*, in der deutschen Übersetzung von Raphael Kühner (o.A.), München: Wilhelm Goldmann Verlag

Comte, Auguste (1824) *Cours de philosophie positive* in der gekürzten deutschen Ausgabe von (1933) *Die Soziologie – Die Positive Philosophie im Auszug*, Leipzig: Alfred Kröner Verlag

Dean, Geoffrey u.a. (1977) *Recent Advances in Natal Astrology: A Critical Review 1900 – 1976*, Perth: Camelot Press

Demandt, Alexander (1984) *Der Fall Roms – Die Auflösung des römischen Reichs im Urteil der Nachwelt*, München: Verlag C.H. Beck

Demandt, Alexander (2017) *Untergänge des Abendlandes – Studien zu Oswald Spengler*, Köln: Böhlau Verlag

Deutsche Rentenbank-Kreditanstalt Hrsg. (1933) *Beiträge zur Bäuerlichen Betriebsforschung: Ackernahrung / Zinsleistungsfähigkeit / Naturalumsatz / Nutzviehhaltung / Schweinezyklus*, Berlin: Verlag von Reimar Hobbing

Diebolt, Claude / Haupert, Michael Hrsg. (2016) *Handbook of Cliometrics*, Berlin: Springer-Verlag

Döbereiner, Petra (1989) *Die chinesische und die abendländische Astrologie – Ein Vergleich zwischen den fernöstlichen und den europäischen Tierkreiszeichen*, München: Heyne Verlag

Döbereiner, Wolfgang (1987/1) *Astrologische Wetterprognosen von damals – oder Dokumente einer Inquisition und ihrer Unterdrückung*, München: Verlag Döbereiner

Döbereiner, Wolfgang (1987/2) *Erste Veröffentlichungen von 1953 bis 1957*, München: Verlag Döbereiner

Döbereiner, Wolfgang (1992) *Hamburger Vorträge / Berliner Vorträge*, München: Verlag Döbereiner

Döbereiner, Wolfgang (2006) *Der Wandel des Lebens im Tierkreis*, Herrsching: Verlag Döbereiner

Dumézil, Georges (1989) *Der schwarze Mönch in Varennes - Nostradamische Posse*, Frankfurt am Main: Suhrkamp Verlag

Dykes, Benjamin (2017) *Dorotheus of Sidon - Carmen Astrologicum: The 'umar Al-Tabari Translation*, Minneapolis: The Cazimi Press

Eberl, Ulrich (2011) *Zukunft 2050 – Wie wir schon heute die Zukunft erfinden*, Weinheim Basel: Beltz & Gelberg

Ebertin, Elsbeth (1925) *Ein Blick in die Zukunft – Unabwendbare Geschehnisse in nächster Zeit 1926*, Görlitz: Regulus Verlag

Ebertin, Reinhold (1933) *Mensch im All – Monatszeitschrift für Menschenkenntnis* (Seiten fortlaufend nummeriert), Erfurt: Ebertin Verlag

Ebertin, Reinhold (1950) *Kombination der Gestirneinflüsse*, Aalen: Ebertin Verlag

Engels, David (2014) *Auf dem Weg ins Imperium: Die Krise der Europäischen Union und der Untergang der Römischen Republik. Historische Parallelen*, München: Europa Verlag

Engels, David Hrsg. (2015) *Von Platon bis Fukuyama – Biologistische und zyklische Konzepte in der Geschichtsphilosophie der Antike und des Abendlandes*, Bruxelles: Éditions Latomus

Engels, David / Otte, Max / Thöndl, Michael Hrsg. (2018) *Der lange Schatten Oswald Spenglers: Einhundert Jahre Untergang des Abendlandes*, Lüdinghausen und Berlin: Manuscriptum Verlagsbuchhandlung

Engels, David Hrsg. (2019) *Renovatio Europae: Plädoyer für einen hesperialistischen Neubau Europas*, Lüdinghausen und Berlin: Manuscriptum Verlagsbuchhandlung

Ertel, Suitbert (2005) *Die neo-astrologische Entdeckung Gauquelins – Rückblick auf fünf Forschungsjahrzehnte (1955 – 2005)* in Zeitschrift für Parapsychologie und Grenzgebiete der Psychologie 47/48/49, Freiburg im Breisgau: Aurum Verlag

Eysenck, Hans Jürgen / Nias, David (1982) *Astrologie – Wissenschaft oder Aberglaube?*, München: dtv Deutscher Taschenbuch Verlag

Feyerabend, Paul (1980) *Erkenntnis für freie Menschen – Veränderte Ausgabe*, Frankfurt am Main: Suhrkamp Verlag

Fink, Sebastian / Rollinger, Robert Hrsg. (2018) *Oswald Spenglers Kulturmorphologie: Eine multiperspektivische Annäherung*, Wiesbaden: Springer VS

Flammarion, Camille (1880) *Astronomie Populaire – Description Générale Du Ciel*, Paris: C. Marpon et E. Flammarion

Fleming, Martha (1999) *The Late Medieval Pope Prophecies – The Genus nequam Group*, Tempe: Arizona Center for Medieval and Renaissance Studies

Fließ, Wilhelm (1924) *Das Jahr des Lebendigen*, Jena: Eugen Diederichs

Fließ, Wilhelm (1925) *Zur Periodenlehre – Gesammelte Aufsätze*, Jena: Eugen Diederichs

Fluchs, Sarah (2019) *Der Zauber der Generationen* in VDI Nachrichten vom 09.07.2019, Düsseldorf: VDI Verlag

Franzobel (2010) *Lusthaus oder Die Schule der Gemeinheit*, Innsbruck-Wien: Haymon Verlag

Frobenius, Leo (1921) *Paideuma – Umrisse einer Kultur- und Seelenlehre*, München: C.H. Beck'sche Verlagsbuchhandlung

Frost, Alfred / Prechter, Robert (1999) *Elliott Wave Principle – Key to Market Behavior*, Chichester: John Wiley & Sons Ltd

Fucks, Wilhelm (1965) *Formeln zur Macht – Prognosen über Völker, Wirtschaft, Potentiale*, Stuttgart: Deutsche Verlags-Anstalt

Gansten, Martin (2011) *Reshaping karma: an Indic metaphysical paradigm in traditional and modern astrology* in Campion (2011) *Cosmologies: Proceedings of the Seventh Annual Sophia Center Conference 2009*, Ceredigion: Sophia Center Press

Gauquelin, Michel (1986) *Planetare Einflüsse auf Persönlichkeit und Lebensweg*, Freiburg: Verlag Hermann Bauer

Gauquelin, Michael (1988) *Written in the Stars*, Wellingborough: The Aquarian Press

Gauquelin, Michel (1994) *Cosmic Influences on Human Behavior – The Planetary Factors in Personality*, Santa Fe: Aurora Press

Gibson, Alex (1998) *Stonehenge and Timber Circles*, Charleston: Tempus Publishing Inc.

Glasl, Friedrich / Lievegoed, Bernard (1993) *Dynamische Unternehmensentwicklung – Grundlagen für nachhaltiges Change Management*, Bern: Haupt Verlag

Graf, Hans Georg (1999) *Prognosen und Szenarien in der Wirtschaftspraxis*, Zürich: Verlag Neue Zürcher Zeitung

Grummond, Nancy Thomson de (2006) *Etruscan Myth, Sacred History, and Legend*, Philadelphia: University of Pennsylvania Museum of Archeology and Anthropology

Hahn, István (1989) *Sonnentage – Mondjahre: Über Kalendersysteme und Zeitrechnung*, Leipzig: Urania Verlag

Händeler, Erik (2005) *Die Geschichte der Zukunft – Sozialverhalten heute und der Wohlstand von morgen (Kondratieffs Globalsicht)*, Moers: Brendow Verlag

Harper, Donald / Kalinowski, Marc Hrsg. (2017) *Books of Fate and Popular Culture in Early China – The Daybook Manuscripts of the Warring States, Qin, and Han*, Leiden: Brill

Hays, James D. / Imbrie, John / Shackelton, Nicholas (1976) *Variations in the Earth's Orbit: Pacemaker of the Ice Ages* in Science Vol 194, Issue 4270, Washington: AAAS

Hegel, Georg Wilhelm Friedrich (1961) *Philosophie der Geschichte*, Stuttgart: Reclam Verlag

Heiduk, Matthias (2007) *Offene Geheimnisse – Hermetische Texte und verborgenes Wissen in der mittelalterlichen Rezeption von Augustinus bis Albertus Magnus*, Freiburg: Dissertation an der Albert-Ludwigs-Universität

Herbers, Klaus (2019) *Prognostik und Zukunft im Mittelalter: Praktiken – Kämpfe – Diskussionen*, Stuttgart: Franz Steiner Verlag

Herbst, Klaus-Dieter (2010) *Die Schreibkalender im Kontext der Frühaufklärung*, Jena: Verlag HDK

Hesiod (1996) *Werke und Tage*, Stuttgart: Reclam Verlag

Heussinger, Werner (1997) *Elliott-Wave-Finanzmarktanalyse – Kurse erfolgreich prognostizieren*, Wiesbaden: Gabler Verlag

Hill, Judith (1997) *The Astrological Body Types – Face, Form, and Expression*, Bayside: Borderland Sciences Research Foundation

Hines, Terrence (1998) *Comprehensive Review of Biorhythm Theory* in Psychological Reports 1998 Aug; 83(1):19–64, Thousand Oaks: Sage Publishing

Hobsbawn, Eric (1975) *The Age of Capital 1848 – 1875* in der Ausgabe von (2014), London: Abacus

Hofbauer, Stefan (2011) *Astrologische Zyklen und Prognose* auf https://hofastro.com/astrologische-zyklen-und-prognose/ - aufgerufen am 29.08.2019

Hoppmann, Jürgen (1998) *Astrologie der Reformationszeit – Faust, Luther, Melanchthon und die Sternendeuterei*, Berlin: Verlag Clemens Zerling

Horx, Matthias (2019) *Das Zukunfts-Geheimnis. Kann man das Morgen voraussagen – und warum sollte man das tun? Über die Perspektiven der Prognostik in einer hyperkomplexen Welt. Erkenntnisse und Erfahrungen aus 25 Jahren Trend- und Zukunftsforschung*, Vortrag am 23.07.2019 im Rahmen der IKGF-Konferenz „Die Zukunft der Prognostik" in Erlangen

Hösle, Vittorio (1984) *Wahrheit und Geschichte – Studien zur Struktur der Philosophiegeschichte unter paradigmatischer Analyse der Entwicklung von Parmenides bis Platon*, Stuttgart - Bad Cannstatt: frommann-holzboog

Howe, Ellic (1995) *Uranias Kinder: Die seltsame Welt der Astrologen und das Dritte Reich*, Weinheim: Beltz Athenäum Verlag

Huntington, Samuel (1998) *The Clash of Civilizations and the Remaking of World Order*, London: Touchstone Books

Hürlimann, Gertrud (1998) *Astrologie – Ein methodisch aufgebautes Lehrbuch*, Zürich: M & T Verlag

Hutton, James (1788) *Theory of Earth*, Edinburgh: Royal Society of Edinburgh

IPCC (2014) *Klimaänderung 2014: Synthesebericht*, Genf: IPCC, Bonn: Deutsche Übersetzung durch Deutsche IPCC-Koordinierungsstelle

Jeganathan / Gnanasekaran / Sengupta (2015) *Analysing the Spatio-Temporal Link between Earthquake Occurancies and Orbital Perturbations induced by Planetary Configuration* in IROSSS – International Journal of Advancement in Remote Sensing, GIS and Geography 2015 Vol.3, No. 2, Aligarh: IROSSS Birla Institute of Technology Mesra

Jung, Carl Gustav (1976) *Die Dynamik des Unbewußten*, Olten und Freiburg im Breisgau: Walter Verlag

Kahn, Herman / Wiener, Anthony J. (1967) *The Year 2000 – A Framework for Speculation on the next thirty-three Years* in der deutschen Fassung von (1968) *Ihr werdet es erleben - Voraussagen der Wissenschaft bis zum Jahre 2000*, Wien: Verlag Fritz Molden

Kappler, Ekkehard (2004) *Bild und Realität: Controllingtheorie als kritische Bildtheorie. Ein Ansatz zu einer umfassenden Controllingtheorie, die nicht umklammert* in Pietsch, Gotthard / Scherm, Ewald (2004) *Controlling: Theorie und Konzeptionen (S. 544 – 572)*, München: Verlag Franz Vahlen

Kaulins, Andis (1979) *Cycles in the Birth of Eminent Humans* in Cycles 30, No. 1, Pittburgh: Foundation for the Study of Cycles

Kepler, Johannes (1602) *De Fvndamentis Astrologiae Certioribvs* in der Übersetzung von (1999) *Von den gesicherten Grundlagen der Astrologie*, Tübingen: Chiron Verlag

Kepler, Johannes (1619) *Harmonice Mundi* in der deutschen Übersetzung von Max Caspar (1939) *Weltharmonik*, München-Berlin: Verlag R. Oldenbourg

Kießling, Wolfgang (2019) *Forecasting Life's Future from its Deep-Time History*, Vortrag am 23.07.2019 im Rahmen der IKGF-Konferenz „Die Zukunft der Prognostik" in Erlangen

Kircher, Athanasius (1650) *Obeliscus Pamphilius, hoc est interpretatio nova et hucusque intentata obelisci hieroglyphici*, Rom: Typis Ludouici Grignani

Kisker, K.P. / Meyer, J.E. / Müller, C. / Strömgren, E. (1980) *Grundlagen und Methoden der Psychiatrie, Teil 2*, Berlin: Springer Verlag

Klöckler, Herbert Freiherr von (1927) *Astrologie als Erfahrungswissenschaft*, Leipzig: Verlag Emmanuel Reinicke

Koch, Dieter (2003) *Kritik der astrologischen Vernunft – Eine Klärung des Anspruchs der Astrologie, Antworten der Astrologie an ihre Kritiker*, Frankfurt am Main: Verlag der Häretischen Blätter

Koch, Dieter (2007) *Was ist dran am siderischen Tierkreis?* Auf https://www.astro.com/astrologie/in_vedic_g.htm

Kondratieff, Nikolai (1926) *Die langen Wellen der Konjunktur* in Archiv für Sozialwissenschaft und Sozialpolitik, Band 56, S. 573 – 609, Tübingen: Verlag von J.C.B. Mohr

Kondratieff, Nikolai (1928) *Die Preisdynamik der industriellen und landwirtschaftlichen Waren (Zum Problem der relativen Dynamik und Konjunktur)* in Archiv für Sozialwissenschaft und Sozialpolitik, Band 60, S. 1 - 85, Tübingen: Verlag von J.C.B. Mohr

Kondratieff, Nikolai (1984) *The Long Wave Cycle*, New York: Richardson & Snyder

Korotayev, Andrey / Tsirel, Sergey (2010) *A Spectral Analysis of the World GDP Dynamics: Kondratieff Waves, Kuznets Swings, Juglar and Kitchin Cycles* in "Structure and Dynamics eJournal", Volume 4, Issue 1, Irvine: University of California

Korp, Maureen (1990) *The Sacred Geography of the American Mound Builders*, Lewiston: The Edwin Mellen Press

Kosing, Alfred (1985) *Wörterbuch der marxistisch-leninistischen Philosophie*, Berlin: Dietz Verlag

Kotler, Philip / Armstrong, Gary / Harris, Lloyd C. / Piercy, Nigel (2016) *Grundlagen des Marketing*, Hallbergmoos: Pearson Deutschland

Kotyk, Jeffrey (2017/1) *Buddhist Astrology and Astral Magic in the Tang Dynasty* Dissertation, Leiden: Leiden University

Kotyk, Jeffrey (2017/2) *Iranian Elements in Late-Tang Buddhist Astrology* in "Asia Major", Volume XXX, Part 1 2017, Taipei: Academia Sinica

Kotyk, Jeffrey (2018) *The Sinicization of Indo-Iranian Astrology in Medieval China* in Sino-Platonic Papers Number 282: Philadelphia: Department of East Asian Languages and Civilizations

Krafft, Karl Ernst (1928) *Astro-Physiologie – Über gesetzmässige Beziehungen zwischen dem Gestirnstand zur Geburtszeit, der Bewegung der Gestirne und dem Ablauf der Lebensvorgänge im menschlichen Körper*, Leipzig: Astra-Verlag

Kurzweil, Ray (2005) *The Singularity is near*, New York: Penguin Books

Kurzweil, Ray (2012) *How to Create a Mind – The Secret of Human Thought Revealed*, New York: Penguin Books

Lackner, Michael (2019/1) *Tradition und Gegenwart der Prognostik*, Vortrag am 23.07.2019 im Rahmen der IKGF-Konferenz „Die Zukunft der Prognostik" in Erlangen

Lackner, Michael (2019/2) *Freiheit ist zwischen Schicksal und Prognose angesiedelt* Interview mit Armando Bertozzi in Astrologie Heute August/September 2019, Wettswil: Astrologie Heute

Lamb, Hubert (1989) *Klima und Kulturgeschichte – Der Einfluß des Wetters auf den Gang der Geschichte*, Hamburg: Rohwohlt Taschenbuch Verlag

Lanczkowski, Günter (1989) *Die Religionen der Azteken, Maya und Inka*, Darmstadt: Wissenschaftliche Buchgesellschaft

Landscheidt, Theodor (1994) *Astrologie – Hoffnung auf eine Wissenschaft?*, Innsbruck: Resch Verlag

Lem, Stanislaw (1964) *Summa technologiae* in der deutschen Ausgabe von (1981), Frankfurt: Suhrkamp Verlag

Lilly, William (1647) *Christian Astrology* in der deutschen Version von (2007) *Christliche Astrologie*, Tübingen: Chiron Verlag

Lossau, Norbert (2005) *Geburtsmonat bestimmt den Schulerfolg – Wer im Januar, Februar oder März geboren wurde, bekommt später die besseren Noten* in „Die Welt", Ausgabe vom 15. November 2005, Berlin: Axel Springer AG

Loucadou, Walter von (1997) *PSI-Phänomene: Neue Ergebnisse der Psychokinese-Forschung*, Frankfurt: Insel Verlag

Loucadou, Walter von (2012) *Die Geister, die mich riefen – Deutschlands bekanntester Spukforscher erzählt*, Köln: Bastei Lübbe Verlag

Ludwig, Klemens (2013) *Astrologie in der Kunst – 4000 Jahre kosmische Harmonie und Ästhetik*, Tübingen: Chiron Verlag

Lutz, Albert u.a. (1999) *Orakel – Der Blick in die Zukunft*, Zürich: Museum Rietberg

Maddison, Angus (2006) *The World Economy: A Millennial Perspective / Historical Statistics*, Paris: OECD Publishing

Majewski, Detlev (2019) *Numerische Wettervorhersage. Physikalische Grundlagen und praktische Realisierung*, Vortrag am 23.07.2019 im Rahmen der IKGF-Konferenz „Die Zukunft der Prognostik" in Erlangen

Malthus, Thomas (1798) *An Essay on the Principle of Population* in der Version von (1999), New York: Oxford University Press

Malthus, Thomas (1803) *Essay on the Principle of Population, Second Edition – Vol. I & II* in der Version von (1958), London: J. M. Dent & Sons Ltd.

Manilius, Marcus (1990) *Astronomica - Astrologie*, Stuttgart: Reclam Verlag

Märtin, Ralf-Peter (2004) *Die Spur der Sterne – Ein Kalender aus der Bronzezeit* in National Geographic 1/04, Hamburg: National Geographic Deutschland

Marx, Karl / Engels, Friedrich (1848) *Manifest der Kommunistischen Partei* in der Ausgabe von (2009), Hamburg: Nikol Verlagsgesellschaft

Maul, Stefan (2013) *Die Wahrsagekunst im Alten Orient – Zeichen des Himmels und der Erde*, München: Verlag C.H. Beck

Mayer, Gerhard (in Vorbereitung) *Contemporary Astrology in Germany – Actors and Clientele*, Beitrag zum kommenden Sammelband der Konferenz „Horoscopy across Civilizations: Comparative Approaches to Western, Indian, and Chinese Astrology and Chronomancy" am 29.06.2016, IKGF Erlangen; herausgegeben von Lackner, Michael / Heiduk, Matthias / Heilen, Stephan

Mayer, Gerhard / Schetsche, Michael / Schmied-Knittel, Ina / Vaitl, Dieter Hrsg. (2015) *An den Grenzen der Erkenntnis – Handbuch der wissenschaftlichen Anomalistik*, Stuttgart: Schattauer GmbH

McCann, Dick (1988) How to Influence Others at Work – Psychoverbal communication for managers, Oxford: Heinemann Publishing

McDonald, Robert (1966) *Lunar and Seasonal Variations in Obstetric Factors* in The Journal of Genetic Psychology, 1966, 108, 81-87, Milton Park: Taylor & Francis

Meadows, Dennis L. (1972) *Die Grenzen des Wachstums – Bericht des Club of Rome zur Lage der Menschheit* in der Ausgabe von (1994), Stuttgart: Deutsche Verlagsanstalt

Meadows, Donella und Dennis / Randers, Jørgen (1992) *Die neuen Grenzen des Wachstums*, Stuttgart: Deutsche Verlags-Anstalt

Meadows, Donella / Randers, Jørgen / Meadows, Dennis (2012) *Grenzen des Wachstums: Das 30-Jahre-Update*, Stuttgart: S. Hirzel Verlag

Merkel, Christina (2019) *Prognose-Experten treffen sich in Erlangen: Lässt sich die Zukunft vorhersagen?*, Interview mit Christof Niederwieser in der Nürnberger Zeitung NR Wissen, Nürnberg: Verlag Nürnberger Presse

Mertz, Bernd (1995) *Also sprachen für die Astrologie... – Zitate berühmter Persönlichkeiten*, Wettswil: Edition Astrodata

Metz, Rainer (2002) *Trend, Zyklus und Zufall*, Wiesbaden: Franz Steiner Verlag

Michaels, Axel (1998) *Der Hinduismus – Geschichte und Gegenwart*, München: Verlag C.H. Beck

Milankovic, Milutin (1995) *Milutin Milankovic 1879 – 1958: From his Autobiography*, Katlenburg-Lindau: European Geophysical Society

Minois, Georges (2002) *Die Geschichte der Prophezeiungen: Orakel – Utopien - Prognosen*, Düsseldorf: Patmos Verlag

Modis, Theodore (1994) *Die Berechenbarkeit der Zukunft – Warum wir Vorhersagen machen können*, Basel: Birkhäuser Verlag

Mölg, Thomas (2019) *Prognose und Projektion. Pfade in die Zukunft für die Klimaforschung*, Vortrag am 23.07.2019 im Rahmen der IKGF-Konferenz „Die Zukunft der Prognostik" in Erlangen

Morgan, Mary (1990) *The History of Econometric Ideas – Historical Perspectives on Modern Economics*, New York: Cambridge University Press

Morus (1958) *Die Enthüllung der Zukunft: Prophetie – Prognose - Planung von Babylon bis Wall Street*, Hamburg: Rowohlt Verlag

Müller, Anja (2010) *Das Comeback von Kondratieff* im Handelsblatt vom 18.04.2010, Düsseldorf: Handelsblatt GmbH

Mullis, Kary (1998) *Dancing Naked in the Mind Field*, New York: Pantheon Books

Nefiodow, Leo (2001) *Der sechste Kondratieff – Wege zur Produktivität und Vollbeschäftigung im Zeitalter der Information*, Sankt Augustin: Rhein-Sieg-Verlag

Newton, Sir Isaac (1733) *Observations Upon The Prophecies Of Daniel, And The Apocalypse Of St. John*, London: J. Darby and T. Browne

Niederwieser, Christof (2002) *Über die magischen Praktiken des Managements - Persönlichkeitsmodelle des modernen Managements im kulturhistorischen Vergleich*, München und Mering: Rainer Hampp Verlag

Niederwieser, Christof (2015) *Prognostik 01: Zukunftsvisionen*, Norderstedt: BoD

Niederwieser, Christof (2016) *Prognostik 02: Zeichendeutung*, Trossingen: Zukunftsverlag

Niederwieser, Christof (2017) *Das Gruppenhoroskop: Schlüssel zur Kollektiv-Astrologie*, Rottweil: Zukunftsverlag

Niederwieser, Christof (2018) *Die magischen Praktiken des Managements – Persönlichkeitsmodelle im kulturhistorischen Vergleich*, Rottweil: Zukunftsverlag

Niederwieser, Christof (2019/1) *Tradition und Gegenwart der Prognostik*, Vortrag am 23.07.2019 im Rahmen der IKGF-Konferenz „Die Zukunft der Prognostik" in Erlangen

Niederwieser, Christof (2019/2) *Zu Gast bei Bayern Plus: Zukunfsforscher Christof Niederwieser*, Radiointerview für BR - Bayern Plus mit Thomas Viewegh am 06.08.2019

Otte, Max (2019) *Weltsystemcrash: Krisen, Unruhen und die Geburt einer neuen Weltordnung*, München: FinanzBuch Verlag

Ovidius Naso, Publius (1958) *Metamorphosen*, Zürich: Artemis & Winkler Verlag

Pankenier, David (2013) *Astrology and Cosmology in Early China - Conforming Earth to Heaven*, New York: Cambridge University Press

Pauketat, Timothy (2004) *Ancient Cahokia and the Mississippians*, New York: Cambridge University Press

Paungger, Johanna / Poppe, Thomas (1991) *Vom richtigen Zeitpunkt : die Anwendung des Mondkalenders im täglichen Leben*, München: Hugendubel

Pensieroso, Luca (2009) *Real Business Cycle Models of the Great Depression* in Cliometrica (2011) 5: S. 101-119, Berlin: Springer Verlag

Pfiffig, Ambros Josef (1975) *Religio Etrusca*, Graz: Akademische Druck- und Verlags-anstalt

Pink, Peter Wilhelm (1993) *Wariga – Beiträge zur balinesischen Divinationsliteratur*, Berlin: Dietrich Reimer Verlag

Pircher, Louis (1972) *Biorhythmik und Unfallprophylaxe* in Zeitschrift für Präventivmedizin Volume 17, Issue 1, Seite 135-140, Basel: Birkhäuser Verlag

Plumpe, Werner (2017) *Wirtschaftskrisen – Geschichte und Gegenwart*, München: Verlag C.H. Beck

Pomeranz, Eduard (2005) *Chartanalyse: Esoterik, Kunst oder Wissenschaft* in FTC Medienservice – Hintergrundwissen für Journalisten & Finanzprofis 11/05, Wien: FTC GmbH

Popper, Karl (1992) *Die offene Gesellschaft und ihre Feinde 1 & 2*, Tübingen: J.C.B. Mohr (Paul Siebeck)

Quigley, Joan (1990) *What does Joan say? My seven Years as White House Astrologer to Nancy and Ronald Reagan*, New York: Carol Publishing Group

Randers, Jørgen (2013) *2052 – Der neue Bericht an den Club of Rome – 40 Jahre nach „Die Grenzen des Wachstums"*, München: oekom verlag

Reichert, Uwe (2004) *Der geschmiedete Himmel – Die Himmelsscheibe von Nebra* in „Spektrum der Wissenschaft" 11/04, Heidelberg: Spektrum der Wissenschaft Verlagsgesellschaft

Reiter, Martin (2006) *Bauernregeln, Wetterboten, Lostage*, Salzburg: Weltbild Verlag

Riemann, Fritz (1961) *Grundformen der Angst und die Antinomien des Lebens*, München: Ernst Reinhardt Verlag

Riemann, Fritz (1976) *Lebenshilfe Astrologie – Gedanken und Erfahrungen*, München: Pfeiffer Verlag

Ring, Thomas (1956) *Astrologische Menschenkunde I: Kräfte und Kräftebeziehungen*, Zürich: Rascher Verlag

Rochberg, Francesca (2004) *The Heavenly Writing – Divination, Horoscopy, and Astronomy in Mesopotamian Culture*, New York: Cambridge University Press

Rodden, Lois (2003) *Astrodatabank*, Worchester: AstroDatabank Company

Roettig, Petra (1999) *Zeichen und Wunder – Weissagungen um 1500*, Hamburg: Hamburger Kunsthalle

Roscher, Michael (1989) *Das Astrologie-Buch: Berechnung, Deutung, Prognose*, München: Droemer Knaur

Roscher, Michael (1994) *Kritische Grade in der Prognose*, Nürnberg: Roscher Verlag

Roscher, Michael / Völkel, Werner (2003) *Das Buch der Häuserherrscher: Querverbindungen im Horoskop*, Tübingen: Chiron Verlag

Roys, Ralph (1933) *The Book of Chilam Balam of Chumayel*, Washington: Carnegie Institution

Rudolf, Stefanie (2018) *Syrische Astrologie und das syrische Medizinbuch*, Berlin: Walter de Gruyter

Rudolph, Ludwig (1933) *Eine glänzende Bestätigung Wittescher Transneptunplaneten durch Voraussage* in „Mensch im All" 2 / November 1933, Erfurt: Ebertin Verlag

Ruis, Jan (2008) *Statistical Analysis of the Birth Charts of Serial Killers* in Correlation 25(2) 2008, London: The Astrological Association

Ruzas, Stefan (2012) *Der Playboy und die Jagd nach der Sternenformel* in Focus 9/2012, Berlin: Hubert Burda Media

Sachs, Gunter (1999) *Die Akte Astrologie – Wissenschaftlicher Nachweis eines Zusammenhangs zwischen den Sternzeichen und dem menschlichen Verhalten*, München: Goldmann Verlag

Sachs, Gunter (2014) *Mein astrologisches Vermächtnis – Das Geheimnis von Liebe, Glück und Tod*, München: Scorpio Verlag

Salib, Emad / Cortina-Borja, Mario (2006) *Effect of month of birth on the risk of suicide* in British Journal of Psychiatry 188, May 2006, London : Royal College of Psychiatrists

Sárközi, Alice (1992) *Political Prophecies in Mongolia in the 17 – 20th Centuries*, Budapest: Akadémiai Kiadó

Sasportas, Howard (1987) *Astrologische Häuser und Aszendenten*, München: Droemer Knaur

Schachnasarow, Georgij C. (1982) *Die Zukunft der Menschheit*, Leipzig: Urania Verlag

Schimmel-Schloo, Martina / Seiwert, Lothar / Wagner, Hardy Hrsg. (2002) PersönlichkeitsModelle – Die wichtigsten Modelle für Coaches, Trainer und Personalentwickler, Offenbach: Gabal Verlag

Schoener, Gustav-Adolf (2016) *Astrologie in der Europäischen Religionsgeschichte – Kontinuität und Diskontinuität*, Frankfurt am Main: Peter Lang Verlag

Scholz, Rembrandt / Doblhammer, Gabriele u.a. (2005) *Winterkinder besser gerüstet gegen Krankheiten – Geburtsmonat wirkt sich in Deutschland noch bis zum Lebensalter von 105 Jahren aus* in "Demografische Forschung aus erster Hand" 2005 / Nr. 3, Rostock: Max-Planck-Institut für demografische Forschung

Schubert-Weller, Christoph (1996) *Wege der Astrologie – Schulen und Methoden im Vergleich*, Mössingen: Chiron Verlag

Schumpeter, Joseph (1939) *Konjunkturzyklen – Eine theoretische, historische und statistische Analyse des kapitalistischen Prozesses* in der Ausgabe von (1961), Göttingen: Vandenhoeck & Ruprecht

Schwab, Friedrich (1933) *Sternenmächte und Mensch – Statistische und experimentelle Beiträge zur modernen Astrologie*, Zeulenroda in Thüringen: Bernhard Sporn Verlag

Seddon, Richard (1995) *Europa – A Spiritual Biography*, London: Temple Lodge

Seiderer, Sophia (2011) *Mit Esoterik lässt sich reales Geld machen* in „Die Welt" vom 16.04.2011, Berlin: Axel Springer Verlag

Sella, Lisa / Marchionatti, Roberto (2012) *On the Cyclical Variability of Economic Growth in Italy 1881-1913: a Critical Note* in Cliometrica (2012) 6: S. 307-328, Berlin: Axel Springer Verlag

Seymour, Percy (1992) *Astrologie – Beweise der Wissenschaft*, Frankfurt: Zweitausendeins

Silbernagel, Dr. (1868) *Johannes Trithemius*, Landshut: Verlag von F.G. Wölfle

Sirocko, Frank (2013) *Geschichte des Klimas*, Stuttgart: Konrad Theiss Verlag

Smit, Rudolf (o.A.) *Astrology – my Passion, my Life, my personal Disaster* auf www.astrology-and-science.com

Soldt, Wilfred H. Van (1995) *Solar Omens of Enuma Anu Enlil: Tablets 23 (24) – 29 (30)*, Leiden: Nederlands Instituut voor het Nabije Oosten

Solomou, Solomos (1990) *Phases of Economic Growth 1850 – 1973: Kondratieff Waves and Kuznets Swings*, Cambridge: Cambridge University Press

Sorokin, Pitirim (1953) *Kulturkrise und Gesellschaftsphilosophie – Moderne Theorien über das Werden und Vergehen von Kulturen und das Wesen ihrer Krisen*, Stuttgart: Humboldt Verlag

Sorokin, Pitirim (1957) *Social & Cultural Dynamics – A Study of Change in Major Systems of Art, Truth, Ethics, Law and Social Relationships*, Boston: Porter Sargent Publisher

Späth, Nikos (2004) *Schamanismus, Okkultismus, Kohlemachismus* in „Welt am Sonntag" vom 23.05.2004, Berlin: Axel Springer Verlag

Spengler, Oswald (1918/22) *Der Untergang des Abendlandes – Umrisse einer Morphologie der Weltgeschichte* in der Ausgabe von (2003), München: dtv Deutscher Taschenbuch Verlag

Spengler, Oswald (1931) *Der Mensch und die Technik* in der Ausgabe von (2016), Berlin: Holzinger

Spiegel (1974) *Planeten, Propheten und Profite* in Zeitschrift „Der Spiegel" Nr. 53/1974, S. 62ff, Hamburg: Telegramm Spiegelverlag

Spiegel (1981) *Auf der Welle des Okkulten* in Zeitschrift „Der Spiegel" Nr. 49/1981, S. 232ff, Hamburg: Telegramm Spiegelverlag

Squier, Ephraim George / Davis, Edwin Hamilton (1848) *Ancient Monuments of the Mississippi Valley*, Washington: Smithsonian Institution Press

Staudinger, Michael (2018) Vortrag über Vorhersagen in der Meteorologie am 16.11.2018 im Rahmen des Workshops „Die Kunst der Vorhersage", Wien: SORA Institute

Stiehle, Reinhardt / Voltmer, Ulrike (2011) *Astrologie & Wissenschaft*, Tübingen: Chiron Verlag

Stierlin, Henri (1977) *Das außergewöhnliche Volk der Maya* in Rott-Illfeld, Sybille (Übersetzung) *Die letzten Geheimnisse unserer Welt*, Stuttgart: Verlag Das Beste

Störig, Hans Joachim (1995) *Kleine Weltgeschichte der Philosophie*, Frankfurt: Fischer Taschenbuch Verlag

Strauß, Heinz Artur (1926) *Der astrologische Gedanke in der deutschen Vergangenheit*, München und Berlin: Oldenbourg Verlag

Strauss, William / Howe, Neil (1991) *Generations – The History of America's Future, 1584 – 2069*, New York: William Morrow and Company

Strauss, William / Howe, Neil (1997) *The Fourth Turning – What the Cycles of History tell us about America's Next Rendezvous with Destiny*, New York: Broadway Books

Stuckrad, Kocku von (2007) *Geschichte der Astrologie: Von den Anfängen bis zur Gegenwart*, München: C.H. Beck Verlag

Stuiber, Ludwig (1974) *Astrologische Experimente – Überzeugende Beispiele eines Praktikers*, Hamburg: Witte Verlag

Süßmilch, Johann Peter (1742) *Die göttliche Ordnung in den Veränderungen des menschlichen Geschlechts aus der Geburt, dem Tode und der Fortpflanzung desselben*, Berlin: Verlag Daniel August Gohls

Swoboda, Hermann (1906) *Die gemeinnützige Forschung und der eigennützige Forscher – Antwort auf die von Wilhelm Fließ erhobenen Beschuldigungen*, Wien und Leipzig: Wilhelm Braumüller

Tarnas, Richard (1991) *The Passion of the Western Mind*, New York: Ballantine Books

Tarnas, Richard (2006) *Cosmos & Psyche: Intimations of a New World View*, New York: Plume

Teissier, Elisabeth (1997) *Sous le Signe de Mitterand, Sept Ans d'Entretiens*, Paris: aux Editions

Thomas, Hans / Nefiodow, Leo Hrsg. (1998) *Kondratieffs Zyklen der Wirtschaft – An der Schwelle neuer Vollbeschäftigung?*, Herford: BusseSeewald Verlag

Thulin, C. O. (1968) *Die Etruskische Disciplin*, Darmstadt: Wissenschaftliche Buchgesellschaft

Toynbee, Arnold J. (1954) *Der Gang der Weltgeschichte – Aufstieg und Verfall der Kulturen*, Stuttgart: Verlag W. Kohlhammer

Tristram, Hildegard (1985) *Sex aetates mundi – Die Weltzeitalter bei den Angelsachsen und den Iren*, Heidelberg: Carl Winter Universitätsverlag

Tuckman, Bruce (1965) *Developmental sequence in small groups* in Psychological Bulletin Volume 63 - Number 6, Washington: American Psychological Association

Turchin, Peter / Nefedov, Sergey (2009) *Secular Cycles*, Princeton: Princeton University Press

Turfa, Jean MacIntosh (2012) *Divining the Etruscan World: The Brontoscopic Calendar and Religious Practice*, New York: Cambridge University Press

United Nations, Department of Economic and Social Affairs, Population Division (2017) *World Population Prospects: The 2017 Revision, Key Findings and Advance Tables*, Working Paper No. ESA/P/WP/248, New York: United Nations

Vico, Giambattista (1930) *Die Neue Wissenschaft über die gemeinschaftliche Natur der Völker*, Berlin: Walter De Gruyter & Co.

Voltmer, Ulrike (2004) *Lebenslauf und astrologische Konstellationen – Eine empirische Studie zur Prüfung behaupteter Zusammenhänge*, Sandhausen: Gesellschaft für Anomalistik

Wagner, Hartmut / Tscheuschner, Marc (2008) Das Team Management System - Der Weg zum Hochleistungsteam, Offenbach: Gabal Verlag

Wales, Quaritch (1983) *Divination in Thailand*, London: Curzon Press

Walter, Rolf (2006) *Geschichte der Weltwirtschaft – Eine Einführung*, Köln: Böhlau Verlag

Walter, Rolf (2008) *Einführung in die Wirtschafts- und Sozialgeschichte*, Köln: Böhlau Verlag

Wangenheim, Thomas (2013) *Kultur und Ingenium – Eine fraktale Geometrie der Weltgeschichte*, Waltersdorf: Schmidtsche Verlagsbuchhandlung

Waters, Frank (1980) *Das Buch der Hopi – Nach den Berichten der Stammesältesten aufgezeichnet von Kacha Hónaw (Weißer Bär)*, Düsseldorf: Eugen Diederichs Verlag

Watson, Peter (2008) *Ideen – Eine Kulturgeschichte von der Entdeckung des Feuers bis zur Moderne*, München: Goldmann Verlag

Watzlawick, Paul (2003) *Wie wirklich ist die Wirklichkeit? Wahn – Täuschung - Verstehen*, München: Piper Verlag

Weber, Jürgen (1999) *Einführung in das Controlling (8. Auflage)*, Stuttgart: Schäffer-Poeschel Verlag

Weiss, Claude (1987) *Astrologie – Eine Wissenschaft von Raum und Zeit*, Wettswil: Edition Astrodata

Weiss, Claude (2015) *Wohlstand und Armut, Heimatlose und Flüchtlinge: Jupiter/Saturn/Neptun und der Index des zyklischen Gleichgewichts* in Astrologie Heute Nr. 177, Wettswil: Astrologie Heute

Weiss, Claude (2016) *Warum wir uns inkarnieren – Das Geheimnis des karmischen Neumondes*, Wettswil: Edition Astrodata

Weiss, Claude (2018) *Die 28 Mondphasen der Geburt – Eine inspirierende Erweiterung des klassischen 8-Phasen-Mandalas*, Wettswil: Edition Astrodata

Whitrow, Gerald (1991) *Die Erfindung der Zeit*, Hamburg: Junius Verlag

Wilhelmy, Herbert (1981) *Welt und Umwelt der Maya – Aufstieg und Untergang einer Hochkultur*, München: R. Piper & Co. Verlag

Witte, Alfred (1924) *Die Differenzierung der Planeten* in „Astrologische Rundschau" April 1924, Leipzig: Theosophisches Verlagshaus

Witte, Alfred (1959) *Regelwerk für Planetenbilder*, Hamburg: Witte Verlag

Witte, Alfred (o.A.) *Der Mensch – eine Empfangsstation kosmischer Suggestionen* , Hamburg: Witte Verlag

Witzemann, Friedrich Wilhelm (1999) *Die Planeten als Teil-Ursache der periodischen Sonnenaktivität – Zusammenhänge, Einflüsse und Auswirkungen auf das Klima der Erde*, Rothenburg: Petra Bülow Verlag

Wunder, Edgar (2002/1) *Erfahrung, Wissen, Glaube – ihr Beziehungsgeflecht bezüglich der Astrologie* in „Zeitschrift für Anomalistik" Band 2, Sandhausen: Gesellschaft für Anomalistik

Wunder, Edgar (2002/2) *Aus der GfA: Statusbericht zum Astrologie-Test 2002 (Stand 5.12.2002)* auf https://www.anomalistik.de/aktuell/aus-der-gfa/status-astrologie-test-2000 - aufgerufen am 31.07.2019

Wunder, Edgar / Schardtmüller, Michael (2002/3) *Moduliert der Mond die perioperative Blutungsgefahr und andere Komplikationsrisiken im Umfeld von chirurgischen Eingriffen?* in „Zeitschrift für Anomalistik" Band 2, Sandhausen: Gesellschaft für Anomalistik

Wunder, Edgar u.a. (2004) *Kommentare zu Ulrike Voltmer: „Lebenslauf und astrologische Konstellationen. Eine empirische Studie zur Prüfung behaupteter Zusammenhänge"* in „Zeitschrift für Anomalistik" Band 4, Sandhausen: Gesellschaft für Anomalistik

Yukteswar, Sri (1894) in der deutschen Übersetzung von (1993) *Die Heilige Wissenschaft*, Bern: Scherz Verlag

Zioutas, Konstantin / Valachovich, Edward (2018) *Planetary Dependence of Melanoma* in Biophysical Reviews and Letters, 13 (2018) 1-18, Singapur: World Scientific

Zoller, Robert (1989) *Astrologie und Zahlenmystik – Die Arabischen Punkte im Horoskop*, München: Hugendubel

Themenregister

Personenregister

Christof Niederwieser

Die magischen Praktiken des Managements

336 Seiten
86 Abbildungen und Tabellen

ISBN 978-3-9464-9501-7

2. Auflage
(deutlich erweiterte Neuauflage)

ZUKUNFTSVERLAG
Rottweil 2018

Den wahren Charakter von Menschen zu erkennen und daraus die Eignung als Mitarbeiter abzuleiten, das ist erklärtes Ziel der Management-Diagnostik. Dabei beruft man sich gerne auf die neuesten Erkenntnisse der Wissenschaft.

„Die magischen Praktiken des Managements" blickt hinter die Fassade der Fortschrittlichkeit moderner Managementforschung. Auf einer Reise in die magischen Denkwelten unserer Vorfahren werden historische Persönlichkeitsmodelle mit den Methoden der aktuellen Betriebswirtschaftslehre verglichen. Vielgelehrte Theorien wie die Managertypen von Maccoby, die Menschenbilder von Schein oder die Führungsstile im 3D-Modell von Reddin, aber auch kommerzielle Diagnostik-Tools wie DISG®, MBTI®, Insights®, LIFO®, HBDI® oder TMS werden antiken Typologien gegenübergestellt und weisen dabei erstaunliche Parallelen auf...

17 Jahre nach der vergriffenen Erstauflage ist nun endlich die deutlich erweiterte Neuausgabe dieses Klassikers da. Mit zahlreichen neuen magischen Praktiken, einem Kochrezept für Diagnostik-Tools, dem Modell der Zeitgeist-Tektonik und über 150 zusätzlichen Seiten an neuem Material.

Christof Niederwieser
PROGNOSTIK 01:
Zukunftsvisionen

208 Seiten
34 Abbildungen und Tabellen

ISBN 978-3-9464-9511-6

2. Auflage
ZUKUNFTSVERLAG
Rottweil 2020

Der Blick in die Zukunft hat eine lange Geschichte. Orakelpriester, Propheten und Visionäre prägten mit ihren Vorhersagen die Geschicke ganzer Völker und Kulturen. Und auch heute sind Wettervorhersagen, Konjunkturprognosen, Börsenzyklen und Megatrends allgegenwärtig.

Der erste Band der PROGNOSTIK-Reihe stellt jene Arten der Zukunftsschau vor, die auf Intuition und Inspiration gründen: Trance und Besessenheit, Wahrträume, Präkognition, religiöse Zukunftsmythen, Utopien, Gesellschaftsvisionen und Science Fiction bis hin zu den qualitativen Methoden der aktuellen Trend- und Zukunftsforschung. Und nicht selten findet sich Modernes in den magischen Methoden und Magisches in den Modellen unserer Zeit.

Infos & Leseproben:
www.prognostik.com